小说修辞研究（修订版）

XIAO SHUO XIU CI YAN JIU

李建军 著

二十一世纪出版社集团
21st Century Publishing House Group
全国百佳出版社

目　录

第四章　宏观修辞技巧

第五章　讲述与展示（上）

第六章　讲述与展示（下）

第七章 微观修辞技巧

第八章 小说的修辞效果

第九章 小说修辞病象的个案分析

第十章　小说伦理与去作者化问题

第一章

导　论

在所有旨在总结传统小说经验和揭示现代小说问题的理论著作中，我们也许很难找到哪部书像布斯的《小说修辞学》那样富有创见，那样了解小说的性质和特点，那样清楚而冷静地洞察和剖析了现代小说的局限和病症，那样既有助于作者又有助于读者，或者说，有助于促进作者和读者通过小说的写作和阅读，契会于一个理想的精神交流情境。这部出版于20世纪60年代初的小说理论经典，不仅使“小说修辞”这一概念广为人知，而且还拓宽了修辞的意义边界，使之包蕴了包括小说技巧在内的旨在促进读者理解作品的所有因素，从而标志着一个富有新意、充满生气、前景广阔的小说理论流派的产生和形成。

一、小说修辞的理论基源及定义

修辞学（Rhetoric），源于古希腊文rhetorica、拉丁文rhetorike（techne），原意为演讲之技巧，是专门研究演讲者为了打动、说服听众，应该具备什么样的修养和采取什么样的手段的学问。但这个概念本身在后来漫长的时间里，被人们赋予了非常丰富、复杂乃至矛盾的意义。不过，小说修辞这一概念，却既不是一个否定性的概念，也与我们一般所讲的修辞不完全相同。它远绍亚里士多德的《修辞学》，并创造性地把亚里士多德的修辞理论，运用于对小说艺术的研究和分析。

布斯的小说修辞显然不同于中国现代修辞理论对修辞的理解和认识。我们通常所讲的修辞，是一个与语法相对应的语言学范畴，它是指在语法解决了把话说规范、逻辑解决了把话说正确的前提下，谋求如何把话说巧、说好。我们现在通行的教科书及工具书对修辞的界定，都存在这种域界过窄、不科学、不完整的问题。中国最权威的《现代汉语词典》对“修辞”的定义是：“修饰文字词句，运用各种表现手法，使语言表达得准确、鲜明而生动有力。”[①]直到1996年7月的修订版中，对修辞的定义还是一仍其旧，毫无改变。这一定义典型地反映了我们对修辞的普遍看法，即把修辞限定在“文字词句”或“词语”的范围，这就缩小了修辞的域界，把丰富、多样的修辞方法、手段和策略等同于修辞格，等同于公式化了的一些教条。

究其原因，首先在于中国古代虽然有丰富的修辞经验，但是关于修辞的理论却比较贫乏。古人的修辞理论或者侧重于反复强调修辞的意义或作用，或者偏重于考察修辞与人的道德品格的关系，而对修辞本身的规律却重视不够，极少总结。逮及中国现代修辞的创立和发轫期，又正值世界修辞学的跌落期，最初的研究者，“受辞格派的影响较深”[②]，偏重于对辞格的研究。无论是1923年出版的唐钺先生的《修辞格》，还是20世纪30年代出版的陈介白的《新著修辞学》和陈望道的《修辞学发凡》，都着重研究修辞格。这不仅缩小了修辞学的研究范围，而且还直接造成了我国修辞研究和修辞教学中褊狭和教条的倾向。而这

① 中国社会科学院语言研究所词典编辑室编：《现代汉语辞典》，1155页，北京，商务印书馆，1977。

② 骆小所：《现代修辞学》，13页，昆明，云南人民出版社，1994。

正是欧洲的辞格学派影响的结果。从16世纪到19世纪在修辞研究中占上风的辞格学派，“实际上是在拉姆斯理论指导下，专心致志于辞格的分类、命名、辨析的形式主义学派。他试图用结构的形式对修辞进行静态的分析和描述，而忽略了辞格使用的灵活性以及修辞产生的内在原因和交际功能”[①]。欧洲修辞学的衰败，就在于把古希腊的生气勃勃的修辞学，压缩到对语词、辞格形式化研究的框套里。在这种理论所提供的视域里，我们显然看不到作为叙事艺术主宰样式的小说世界，没法把各种各样的小说技巧都纳入到修辞之中，没法把复杂的修辞主体关系及制约修辞活动的语境因素和支援因素，都涵括到修辞研究的整体结构之中。因此，我们只有回到古希腊，回到亚里士多德那里，才能更完整地理解修辞活动，才能找到布斯的小说修辞理论赖以形成的思想基源。

亚里士多德的《修辞学》《诗学》，乃是小说修辞据以抽绎、归纳出关于小说的基本范畴和理论原则的经典文本。亚氏的两部著作分别探讨了演讲者和戏剧及史诗作者，为了达到一定的目的、获得一定的效果，所应遵循的原则，所应采取的技巧、手段。他认为演讲和诗都是在可然律提供的空间里，选择最有说服力和感染力的手段来影响听众或读者。《修辞学》就是要研究“为什么有些人是凭熟练技巧而成功的，有些却是碰运气而成功的”[②]，就是要说明“修辞是有用的。真理和正义自然比它们的对立面强一些，所以如果判决不当，当事人应对自己的失败负责，受到责备”[③]，因为，当事人虽然是正义的，但他未能选择有效的修辞术来申说自己的“真理”，从而维护正义。基于这样的认识，他给修辞所作的界定，简洁而准确，今人的见解，亦无以上之：“修辞术的定义可以这样下：一种能在任何一个问题上找出可能的说

① 骆小所:《现代修辞学》,11页。

② [古希腊]亚里士多德:《修辞学》,22页,北京,三联书店,1991。

③ [古希腊]亚里士多德:《修辞学》,23页。

服方式的功能。”[①]这样，亚里士多德就避免了柏拉图极端否定修辞学的偏颇。柏拉图把修辞与真理对立起来，认为二者不能兼具并得：

人们若想成为高明的修辞术家，丝毫用不着管什么真理，正义，或善行……人们所关心的只是怎样把话说得动听。动听要靠逼真或自圆其说，要照艺术说话，就要把全副精力摆在这上面。……总之，无论你说什么，你首先注意的是逼真，是自圆其说，什么真理全不用你去管。全文遵守这个原则，便是修辞术的全体大要了。[②]

在柏拉图看来，修辞就是诡辩的代名词：“若是一个人按照修辞术来争辩是非，他可以把同一件事对一批人时而说的像是，时而说的像非，他爱怎样说就怎样说。”[③]不过，亚里士多德虽然强调修辞的功能和作用，但也并没有把修辞看作与道德无关的纯技巧的行为，相反，他以辩证的态度，赋予修辞以伦理的性质和道德的内涵。他说：“有些修辞学作者在他们的课本中认为演说者的善良品质无补于他们的说服力，这个说法不合乎事实；其实演说者的性格可以说是最有效的说服手段。”[④]此处所讲的“性格”，按照亚里士多德自己在《诗学》中的解释，是“指显示人物抉择的话……一段话如果一点不表示人物的取去，则其中没有性格”[⑤]，而据朱光潜先生的解释，则是“指善良的性格，即道德品质”[⑥]。后来，亚里士多德索性把修辞学当作“伦理学的分支”，进一步指出：

---

① [古希腊]亚里士多德:《修辞学》,24 页。

② [古希腊]柏拉图:《文艺对话集》,164—165 页,北京,人民文学出版社,1988。

③ [古希腊]柏拉图:《文艺对话集》,145 页。

④ [古希腊]亚里士多德:《修辞学》,25 页。

⑤ [古希腊]亚里士多德、贺拉斯:《诗学·诗艺》,24 页,北京,人民文学出版社,1984。

⑥ [古希腊]亚里士多德:《修辞学》,24 页。

演说者要使人信服，须具有三种品质，因为使人信服的品质有三种，这三种都不需要证明的帮助，它们是见识、美德和好意。……任何一个显然具有这三种品质的人，必然能使听众信服。①

可见，从对道德、伦理的重视方面看，亚里士多德与柏拉图是一致的，只不过柏拉图在处理它们与修辞的关系时，是以消极的态度得出否定性的结论，而亚里士多德则以积极、辩证的态度，得出肯定性的结论。亚里士多德分析修辞问题的原则，是适度的原则，辩证的原则。修辞既不能脱离人的道德品质，也不完全是纯技巧性的问题，因此，对演说家来讲，"任何一种手法使用得太过火，……应该预先责备自己"②。

亚里士多德的《修辞学》正像吉尔伯特和库恩所说的那样，由于"对演说家的说服力的缘由和条件所作的深刻分析，总的来说是人文科学方面的一篇杰作"③。其实，还应该指出，这部杰作不仅已经而且还将继续对人文学科发生巨大的影响。现代小说修辞理论，就是在这部杰作的启发下产生和形成的。亚里士多德强调修辞主体的道德品质状况对修辞本身的影响，强调演说者的"见识、美德和好意"等因素对于说服听众的重要性，这些都对布斯的小说修辞产生了巨大的影响。布斯批评客观展示派、"纯视点"派和纯形式派小说观，强调作者在小说中的修辞性介入，强调作者应该在作品中引导、控制读者的反应，强调小说家要向读者显示自己的道德立场，要满足读者这样的要求，即"在价值的世界中，他站在什么地方——也就是，知道作者想让他站在什么地方"④，等等，都可以被看作是坚持和发扬亚里士多德的修辞理论的

① [古希腊]亚里士多德:《修辞学》,70页。
② [古希腊]亚里士多德:《修辞学》,165页。
③ [美]K. 吉尔伯特、H. 库恩:《美学史》(上卷),23页,上海,上海译文出版社,1989。
④ [美]韦恩·布斯:《小说修辞学》,80页,南宁,广西人民出版社,1987。

基本原则和精神的表现，充分显示了古希腊的伟大的精神遗产，对于克服现代艺术的形式化、封闭化、非道德倾向的巨大作用和力量。

小说修辞的形成与修辞学和演讲术赖以存在的或然律有关。或然律不同于必然律。必然律要求人说明唯一的原因，并接受由这唯一的原因导致的必然结果。而或然律则具有选择性，从观点到技巧，都给主体留下了选择的自由和空间。所以，亚里士多德说：“按照艺术的原则制定的法则同或然式证明有关，或然式证明是一种‘证明’，因为我们设想事理已经得到了证明的时候，我们就完全信以为真。”① 加拿大学者高辛勇先生在《修辞学与文学阅读》中把“可能性”这个概念看作“演说修辞”产生的原因与基础，是演说之所以有别于“逻辑（logic）”的主要特性。如果逻辑建立在“真”（或“必然性”）的基础和原则之上，修辞则明白地是以“可能性”为其论说的原则或出发点。这一点尤其是“修辞”的中心概念，是“修辞”语言与“逻辑/科学”语言的区分所在，两者的对立也成为西方思想史里最基本的争论点之一，也是为什么所谓“求真”的传统必定要多方打击“修辞”的基本原因。②从高辛勇的这一观点，我们甚至可以看到从福楼拜到亨利·詹姆斯，再到卢伯克推崇对“真”的展示，却无一例外地否定多样化的作者介入性讲述的部分原因。而布斯则指出，“不论一部作品多么逼真，它总带有人工设计的痕迹”③，它是作者为了影响读者，而从多种可能中选择出来的。他在《小说修辞学》第一章对《十日谈》中第五天的第九个故事展开的种种可能性角度所作的分析，充分说明了修辞与或然律的关系，说明了在一定的限度内，作者完全可以根据具体的修辞目的，来选择有利于达到这一目的叙述视角等修辞策略。

---

① ［古希腊］亚里士多德：《修辞学》，23 页。

② 参见高辛勇（Karl Kao）：《修辞学与文学阅读》，119—120 页，北京，北京大学出版社，1997。

③ ［美］韦恩·布斯：《小说修辞学》，65 页。

我们既已说明了现代小说修辞与古希腊修辞理论的联系，说明了它是古代演讲术的精神和方法在现代小说研究中的体现和应用，现在该来进一步具体地考察和认识小说修辞与现代修辞理论的内在联系，从而为它下一个能够揭示其特殊性质的定义。

布斯的小说修辞理论的形成，与现代修辞研究的发展是紧密地联系在一起的。由于唐纳德·布赖恩特（Donald Bryant）、劳埃德·比彻尔（Lloyd Bitzer）、肯尼斯·博克（Kenneth Burke）等人的卓越努力，修辞学从20世纪50年代起，就呈现出盛况空前的复兴之势，成为当今最有影响的学科之一，被用来考察和评价几乎所有的人类行为，形成对人类行为进行修辞化研究的趋势。他们改变了人们在极为漫长的时间里，对修辞和修辞学的消极态度和否定性的认识。这些对修辞的否定性的认识，在哈德逊看来，至少包括这样几层意思："装腔作势的语言；夸夸其谈空洞无物的语言；为掩盖意义而弄虚作假的语言；诡辩语言；文字修饰及修辞格的研究；学术圈中常见的大学一年级的写作；最后，最不常见的一种，整个口语艺术，特别是劝说性话语。"[①] 在布赖恩特看来，这些对修辞的认识和定义，"都证明修辞学家们不时地脱离了他们从修辞的创始人那里，继承过来的这一艺术的范围较广的哲学。因此，为了给修辞重新定义，我只好回到这一范围较广的哲学上来"。很显然，他主张用亚里士多德的修辞观来认识和界定修辞，因为亚里士多德的"修辞理论跟他的诗学一样，其科学上的显赫是无与伦比的，尽管很多世纪以来它经历了很多补充和修改"[②]。这样，他就把修辞界定为"信息及劝说性话语的基本原理。修辞所有的其他意义都是这一主要意义的部分派生物或加上了道德色彩的派生

① [美]肯尼斯·博克等著:《当代西方修辞学:演讲与话语批评》,82页,北京,中国社会科学出版社,1998。

② [美]肯尼斯·博克等著:《当代西方修辞学:演讲与话语批评》,85页。

物”[①]，“修辞是知识性及劝说性言语的基本原理，它主要是在可能这个领域里运作，它的目标是实现最大的可能性作为公众定论的基础，它是所有那些对这一定论有影响的题材的组织性、激励性原则”[②]。莫里斯·内坦森则试图通过对修辞不同层面的意义的考察，来克服人们对修辞的莫衷一是的混乱认识。在他看来，人们只有将修辞理论与修辞实践区分开来，才能克服这种认识上的混乱。修辞理论“从根本上指的是修辞哲学”，而修辞实践“则以这一哲学为基础研究修辞术与修辞法的结构”[③]。虽然他所作的这种划分未必有助于人们彻底解决在对修辞的界定上存在的问题，但他对修辞的狭义到广义所作的排列（“修辞有以下这些方面：口语与书面语中的修辞意图，游说的技巧，游说的总的基本原理，最后是修辞哲学”[④]），确实有助于人们更细致地认识修辞的不同意义。

总之，这些属于实用主义批评的现代新亚里士多德主义修辞理论，都直接继承了亚里士多德关于修辞的基本观点，也大都如艾布拉姆斯所说的那样，把修辞看作劝说的工具，把艺术活动看作修辞活动的一个种类，这样，也就“把艺术作品视为达到某种目的的手段，从事某件事情的工具，并常常根据能否达到既定的目的来判断其价值”[⑤]。可以看出，布斯的《小说修辞学》，体现的正是美国20世纪50年代新亚里士多德主义学派从古典修辞学中重新确立和肯定的基本观念和态度，即把修辞看作积极的，而不是消极的行为，一种旨在为了说服人们，而不仅仅是陈述一个事实的自觉活动。这种致力于振兴古典修辞学的现代学术观点，给了布斯充分的自信和学理上的依据，来对现代

① ［美］肯尼斯·博克等著：《当代西方修辞学：演讲与话语批评》，85页。
② ［美］肯尼斯·博克等著：《当代西方修辞学：演讲与话语批评》，91页。
③ ［美］肯尼斯·博克等著：《当代西方修辞学：演讲与话语批评》，201页。
④ ［美］肯尼斯·博克等著：《当代西方修辞学：演讲与话语批评》，208页。
⑤ ［美］M.H.艾布拉姆斯：《镜与灯》，16页，北京，北京大学出版社，1989。

小说理论和创作中以绝对的、片面的态度否定修辞的倾向进行尖锐、大胆的批评和深刻、有力的剖析。

小说修辞这个概念虽然是布斯《小说修辞学》的核心范畴，但他在这部著作中却始终没有给它下过一个明确的定义。布斯是在批评各种错误的小说观念和偏激的创作倾向的过程中，逐渐向人们显示他对小说修辞的基本观点的。在这本小说理论著作的第一章里，他通过对《十日谈》中一个故事的分析，指出小说在叙述视角选择上的“人为性”；在第二章分析了强调“现实主义”的客观真实性和“幻觉”效果的种种观点，进一步指出小说中总是存在着“人工痕迹”，作家的声音从未消失；第三章和第四章，否定了要求小说家“客观”“中立”“冷漠”和追求“纯艺术”的种种理论，指出不论小说家怎样想做到客观、中立，他也无法不在小说中显示自己的情感态度，纯粹的展示是一个谎言，小说总是具有叙述性和评价色彩的，总是具有主观性的，“中立”和“冷漠”是不存在的，“纯粹”的艺术性的小说也是不存在的。他指出小说无视读者的观念是错误的。他说亚里士多德虽然也强调戏剧场面，但却从未将对问题的认识推向片面和极端，“他明白承认，诗人的职责之一，便是对观众产生效果”[①]。同样，“最优秀的小说家也曾写出一些除帮助了读者之外似乎是不必要的场面。在上下文之中，这些场面是恰当的，批评家若是想为这些小说家的简洁辩护，最好的理由应该是读者的需要，而不是‘自然物’的必要细节的完美”[②]，因此，“我们认为作家就是向我们讲话，想让我们去阅读，尽一切可能使他的作品能被人阅读的一个人物”[③]。由这些论述，我们可以看出布斯的小说修辞观念与亚里士多德的修辞理念是一脉相承的，小说修辞就是小说家通过自己在小说中的存在和介入，通过显示着作

① [美]韦恩·布斯:《小说修辞学》,100 页。

② [美]韦恩·布斯:《小说修辞学》,108 页。

③ [美]韦恩·布斯:《小说修辞学》,112 页。

者的主观评价态度和明确的目的性的手段、技巧和策略，来“说服”读者接受作者在小说中所塑造的人物所宣达的信念和价值立场，从而在作者和读者之间建立一种积极的交流关系。布斯倒是在《小说修辞学》出版二十一年之后为这部著作再版所写的跋文中，从两个层次上对小说修辞作了界定：

小说之中的修辞，即公开的可辨认的手段（最极端的形式便是作家的评论），与作为修辞的小说，即广义的修辞，整部作品的修辞的方面被视作完整的交流活动。①

可见，修辞在他看来不仅是指作家为了帮助读者而介入小说的种种手法和技巧，而且，从广义的层面来看，整个小说本身就是修辞性的，它是为了实现作者与读者的交流这一根本目的而存在的。

英国的小说家和小说理论家戴维·洛奇教授几乎完全接受了布斯的小说修辞观，也把小说看作修辞性的艺术：“我一向把小说视为修辞艺术——也就是说，我们在阅读过程中，小说家‘劝说’我们与他同持某种观点；如果成功，读者会沉浸在那种虚构的现实中，如痴如醉。”②浦安迪先生力求更全面地理解小说修辞，也试图给出一个更完整的定义。他将小说中的修辞分作两个层次来理解：“广义地说，指的是作者如何运用一整套技巧，来调整和限定他与读者、与小说内容之间的三角关系。狭义地说，则是特指艺术语言的节制性运用。”③前一层面属于“西方的修辞学概念”，“它含有美学上的创造意义，是叙事学的核心功能之一”④，而后者则是“语言学意义上的修辞，即与语法相对应的修

① [美]韦恩·布斯:《小说修辞学》,428 页。

② [英] D. 洛奇:《小说的艺术》,序言,9 页,北京,作家出版社,1998.

③ [美]浦安迪 (A.H.Plaks) :《中国叙事学》,102 页,北京,北京大学出版社,1996。

④ [美]浦安迪 (A.H.Plaks) :《中国叙事学》,98 页。

辞"[1]。浦安迪主要从布斯所确立的小说修辞的意义层面上，对中国的奇书文体进行分析，但也不排除对这些作品的语言修辞进行分析。

在以上三种定义中，洛奇的定义简明扼要，强调了小说修辞的说服性质和它可能获得的积极效果；浦安迪的定义则比较周密，尤其注意到了修辞"关系"的重要性；布斯的定义则显得更为彻底、完整和深刻，他把小说本身就看作修辞的方式，同时强调了作者的介入性技巧的作用和"交流"的意义。这样，他就维护了人们在长期经验基础上形成的常识和观念，即小说必须为读者接受，必须有助于人们之间的交流和沟通，或者，正如伟大的托尔斯泰所说的那样，必须是"人与人相互交流的手段之一"[2]。

为了更好地理解和研究小说修辞，本书试图在整合已有定义的基础上，寻求更为完整、准确的界定：小说修辞是小说家为了控制读者的反应，"说服"读者接受小说中的人物和主要的价值观念，并最终形成作者与读者间的心照神交的契合性交流关系而选择和运用相应的方法、技巧和策略的活动。它既指作为手段和方式的技巧，也指运用这些技巧的活动。作为实践，它往往显示着作者的某种意图和效果动机，是作者希望自己所传递的信息能为读者理解并接受的自觉活动；作为技巧，它服务于实现作者让读者接受作品、并与读者构成同一性交流关系这一目的。

二、布斯小说修辞研究的贡献和意义

布斯的小说修辞理论，不仅意味着亚里士多德《修辞学》的精神在 20 世纪小说研究中的复活，而且也是他对传统小说的宝贵经验进行总结、对现代小说中的问题进行反思的结果。他的重大的理论贡献，

---

① [美]浦安迪(A.H.Plaks):《中国叙事学》,98 页。

② [俄]托尔斯泰:《列夫·托尔斯泰文集》,第十四卷,172 页,北京,人民文学出版社,1992。

就在于系统地分析了人们由于刻意求新而否定传统小说贴近读者展开讲述的倾向，充分地肯定了传统小说在促进读者与作者的沟通和交流方面，所提供的经验和规范，同时指出了由于无视这种经验和一味地反叛这些规范，现代主义小说已变得越来越难以理解，离普通读者越来越远。现代主义小说作者只有正确地认识小说的修辞性质，充分发挥自己在小说中的修辞性介入作用，通过运用有助于读者理解小说的修辞技巧和手段，才能克服作品与读者之间的对立，才能最终解决作者与读者之间的隔绝状态以及难以沟通的异化关系形态。

20 世纪小说理论和小说创作的一个突出倾向就是把展示和讲述对立起来，追求客观展示效果，并要求作者退出小说，以非人格化的方式展开叙述。19 世纪的福楼拜是这种倾向的最先的倡导者和最典型的代表。福楼拜认为作者在小说中的任何介入，都必然会破坏小说的艺术性，他说："你越是富于个人色彩，你就越会软弱无力。我总在这方面感到有罪过，因为我总会把自己带入到所写的一切事物中。"①"让我们记住：非个人化是力量的标志。让我们专注于客观性，……让我们成为反映外在真实的放大镜"②。到了 20 世纪，亨利·詹姆斯直接继承并发展了福楼拜强调客观展示的小说观念。他把福楼拜尊为"小说家的小说家"③，他像福楼拜一样，要求在小说中"排除作者的武断"④，追求"印象的丰满"⑤，而反对作者的介入，反对像白桑特（Sir Walter Besant）那样从道德的角度考察、评价小说："艺术问题（从最广义来说）是如何写作的问题；而道德问题——完全是另一回事，……您怎么能够如此

① G.Becker ed,Movements of Modern Literary Realism, Princeton,1963, p.91.

② G.Becker ed,Movements of Modern Literary Realism,pp.93-94.。

③ 转引自［美］卫姆塞特、布鲁克斯:《西洋文学批评史》,626 页,北京,中国人民大学出版社,1987。

④ 崔道怡等编:《"冰山理论":对话与潜对话》,上册,5 页,北京,中国工人出版社,1987。

⑤ 崔道怡等编:《"冰山理论":对话与潜对话》,上册,9 页。

轻易地把这二者统一起来呢？”[①] 尽管亨利·詹姆斯的理论，像英国批评家 C·P·斯诺所讲的那样，“总的来看，……只有害处而不是益处”[②]，尽管韦勒克也批评这种将“小说戏剧化的最远的后果，即意识流和心灵的戏剧化，事实上完全瓦解了外部现实”[③]，尽管亨利·詹姆斯式的小说让普通读者很难读懂，但珀西·卢伯克先生却依然后继其武，把他的理论奉为金科玉律，反对菲尔丁、托尔斯泰、巴尔扎克式的讲述，而坚持认为必须“要等到小说家认为他的故事是要作为一件要展示出来的事物，要如此这般展示出来，那会不讲自明，这才开始显出小说创作的艺术技巧的作用”[④]，他要求小说家要“完全避免了纯粹的叙述”[⑤]，“把他们（人物）的感情戏剧化，以生动方式体现他们的感情，而不是直截了当把它叙说出来”[⑥]，认为只有这样，才能“将作品向戏剧性效果方向提高”，“向增强画面印象方向推进”[⑦]。最后，这些反对作者修辞性介入的观点，竟然凝固为坚硬而冰冷的教条，它告诉人们作者介入的讲述是坏的，是非艺术的，而福楼拜式的展示是好的，艺术的。

---

① 崔道怡等编:《“冰山理论”：对话与潜对话》,上册,22 页。事实上,贝桑特 (W·Besant) 的观点倒是更为稳妥可取,他在《小说的艺术》一书中说:“近代小说将抽象的思想变为有生命的模型;它给予思想,它增强信仰的能力,它传布比实在世界中所见的更高之道德;它管领怜悯、钦仰与恐怖的深感;它引起并维持同情;它是普遍的教师;它是读众所愿读的唯一书籍;它是人们能晓得别的男女的情形的唯一途径;它能慰人寂寥,给人以思想、欲望、知识、甚至志愿;它教给人以言谈,供给妙句,故事,事例,以使谈料丰富。它是亿万人的欣然之源泉,幸而人们不太吹毛求疵。为此,从公众图书馆书架上取下的,五分之四是小说,而所买的书籍十分之九是小说。”这段话得到老舍先生的认同:“这一段话没有过分的地方:小说是文艺的后起之秀,现在它已压倒一切别的艺术了。”(舒舍予:《文学概论讲义》,169 页,北京,北京出版社,1984)

② [美]亨利·詹姆斯:《黛西·密勒》,340 页,上海,上海译文出版社,1985。

③ [美]R. 韦勒克:《文学思潮和文学运动的概念》,246 页,北京,中国社会科学出版社,1989。

④ [英]珀·卢伯克、爱·福斯特、爱·缪尔:《小说美学经典三种》,45 页,上海,上海文艺出版社,1987。

⑤ [英]珀·卢伯克、爱·福斯特、爱·缪尔:《小说美学经典三种》,46 页。

⑥ [英]珀·卢伯克、爱·福斯特、爱·缪尔:《小说美学经典三种》,49—50 页。

⑦ [英]珀·卢伯克、爱·福斯特、爱·缪尔:《小说美学经典三种》,157 页。

然而，这种绝对化的观点所导致的结果，正像布斯所批评的那样，“叙述方式变化的许多复杂的问题，被简化为一个方便的划分公式，即把艺术的‘展示’与非艺术的‘讲述’划分开来”[①]。布斯《小说修辞学》的巨大贡献，就是通过对小说作品的细致分析，有力地反驳了这种有害的观点和教条，说明小说创作从来都离不开作者的介入，只不过现代小说同传统小说相比，在控制我们的信念、兴趣和倾向的手段和方式上有所不同而已。他正确地指出：“我们必须明白，我们不是要反对作家的评论，而是要反对观念与戏剧化事物之间的一种不和谐。”[②]也就是说，“作家可以闯入作品，直接控制我们的感情，但是，他必须使我们相信，他的‘闯入’至少同他展示的场面一样，是经过仔细安排，十分恰当的”[③]。很显然，用什么方法并不重要，重要的是它对我们所起的作用，也就是它的修辞效果，所以，我们不能要求作者退出小说，而是应该要求他以经过仔细安排的、“十分恰当的”方式介入小说。在确立了根据具体的效果样态来评价修辞技巧的原则的同时，他还客观地指出了被人们忽略的作者介入式的“讲述”的普遍的作用和意义，正在于“它表现出来的道德选择，也在于体现在这种选择之中对读者感情的影响效果”[④]。总之，布斯指出了偏执于追求“展示”效果的诸种理论的片面性，驳倒了小说可以成为一个自足的客体和纯粹的表现的理论，从而像华莱士·马丁所评价的那样，“除去了将作为一种艺术的小说与以语言传达意义的日常方法相隔的界标”[⑤]。

布斯小说修辞理论的贡献，不仅表现在他令人信服地说明了小说的修辞性质，改变了人们关于小说的错误观念，而且还表现在他对传

---

① [美]韦恩·布斯:《小说修辞学》,11页。

② [美]韦恩·布斯:《小说修辞学》,191页。

③ [美]韦恩·布斯:《小说修辞学》,215页。

④ [美]韦恩·布斯:《小说修辞学》,15页。

⑤ [美]华莱士·马丁:《当代叙事学》,11页,北京,北京大学出版社,1999。

统小说和现代小说修辞技巧和手段的细致、认真的分析和考察上。在他看来，“一部完整的小说修辞学是应该讨论这些手段的”①。他对人称、戏剧化叙述者和非戏剧化叙述者、评论、内心透视、观察者距离的控制、场面与概述等修辞手法和技巧的研究，都是具有启发性的。尤其是他对传统小说中显示作家声音的评论的作用以及与读者的反应直接相关的距离控制技巧的研究，都给人们留下了非常深刻的印象。这样，他就拓展了人们关于修辞的观念，正如陈传才先生所说的那样，他“把修辞从语言层面扩展到叙述技巧和策略的层面，奠定了小说修辞作为小说理论重要研究课题的基础”②。修辞的目的在于“说服”受众接受信息发送者的观点和立场，在于通过对有效的技巧、手段的选择，影响别人的思想和行为，尤其是净化他们的伦理情感和影响他们的道德行为，这是以亚里士多德《修辞学》和朗吉努斯《论崇高》为代表的欧洲古典修辞学的精神和灵魂。布斯的小说修辞理论的另一个贡献，就是把这种精神贯穿到自己的研究过程中，也就是把小说修辞道德化和伦理化。这就为他的小说理论提供了一个坚实的基础，不仅使他的理论与一切形式主义、唯技巧主义的小说观念相比，显得更为合理和更合乎小说创作的实际，而且流贯着一种古老而又永远年轻的人文主义精神。这种精神赋予艺术家这样的自信：即使“艺术不能变革世界，但却有助于变革能够变革世界的男女们的意识和倾向”③。这种精神使小说家像加西亚·马尔克斯那样明确地意识到自己通过小说影响读者的作用和责任：“对我来说，一个作家能起到真正重要的影响是他的作品能够深入人心，改变读者对世界和生活的某些观念。”④

布斯强调小说修辞的道德影响作用，首先是针对着现代小说创作

① [美]韦恩·布斯:《小说修辞学》,283页。

② 陈传才:《文学理论新编》(修订本),5页,北京,中国人民大学出版社,1999。

③ [美]H. 马尔库塞:《现代美学析疑》,23页,北京,文化艺术出版社,1987。

④ [哥伦比亚]马尔克斯、门多萨:《番石榴飘香》,8页,北京,三联书店,1987。

和理论无视甚至否定小说的道德教谕作用这一倾向的。现代审美观念普遍把谈论审美活动的道德性，视为对于审美的不道德。正像布斯所说的那样："很多人只要听到谈论基于道德的感情就会厌烦，尤其当这些感情具有肯定的色彩时。"[①] 然而，写小说这一活动在布斯看来，本身就是一个道德行为，甚至对修辞技巧的选择和运用，都体现着这种道德的性质，比如，对叙述者的选择就是这样，"它是一个道德的，而非仅仅是技巧的、视角（故事就通过这个视角讲述出来）的选择"[②]。他批评亨利·詹姆斯、加缪、罗伯—格里耶、纳博科夫、乔伊斯等人的小说中存在着"道德和精神问题的混乱"[③]。他着重考察了在现代小说中备受欢迎的非人格化叙述技巧（impersonal narration），指出这种"非人格化叙述如此经常地带给我们道德上的难题，以至于我们实在没法将道德问题视为与技巧毫无关联的问题而悬置不论"[④]。他认为这种手法固然有利于赢得读者对人物的同情，但是，它也"特别容易使读者陷入迷误，尤其是当这种客观是经由一个极为不可靠的叙述者来展开的时候，就更是这样了"[⑤]。

我们一定要说，作家有义务尽其最大努力使他的道德立场明白清楚。对许多作家来讲，总会发生两种义务的冲突，一种是作家在表面上显得冷静、客观的义务，另一种是他有义务通过使作品的道德基础显示得明白清楚而增加其他效果。无人能代替作家作出选择，但是，如果谬称艺术性的选择总是以纯粹和客观作为取舍的标准，则绝非明智之举。[⑥]

---

① [美]韦恩·布斯:《小说修辞学》,210 页。
② [美]韦恩·布斯:《小说修辞学》,276 页。
③ [美]韦恩·布斯:《小说修辞学》, ,304—311、344—349、396—397、402—403 页。
④ W.C.Booth, The Rhetoric of Fiction, Chicago,1961,p.378.
⑤ W.C.Booth, The Rhetoric of Fiction, p.388.
⑥ W.C.Booth, The Rhetoric of Fiction, , p.389.

总之，布斯的修辞技巧的选择和运用体现着道德的内容、具有道德性质的观点，虽然很难为那些追求纯粹美的人们所接受，但却符合小说创作的实际情况，它不仅使布斯的小说修辞理论本质上成为一种具有伦理性质的道德实践修辞学，而且使他的修辞学说充满着改善人类生存境况，提升人类道德境界的内在激情和巨大力量，无论对于克服西方现代主义小说的非道德化创作倾向，还是对于我们改变当代中国小说创作的欲望化写作趋势，都具有不容置疑的引领作用和启发意义。

布斯小说修辞理论的另一个贡献，是从修辞的角度，强调了作者与读者通过小说进行交流和沟通的意义，认为小说家修辞的任务，就在于克服彼此的隔膜和对立，而臻达认识和情感上的同一和认同境界。他指出：

归根到底，小说家创造的不仅仅是个人的形象。隐含着作家第二自我的每一笔，都会有助于形成适合欣赏他的作品的读者。这种交流的行动，是文学存在的根本原因，但在当代批评中，却遭到漠视、悲叹和否定。[①]

他又以调侃的口吻指出：

严肃作家中流行的一般态度，就是将任何明显地对读者的顾及，看作是艺术本来光洁面孔上的污点。如果有人不够开化，问哪些才是严肃作家，回答很容易得到：他们就是那些写作时绝不想着读者的作家。[②]

① [美]韦恩·布斯:《小说修辞学》,97 页。
② [美]韦恩·布斯:《小说修辞学》,98 页。

布斯认为作者与读者之间的这种交流，不仅是小说，而且是所有写作中“共同的成分”。他曾在一篇题为《修辞形态》的文章中用“修辞形态”这个概念，来描述言者、听者与论题之间的平衡关系，认为“区别有效的交流与无效的交流的正是这一平衡”①；他批评一种“学究式”的修辞形态，指出“这种形态忽略或淡化说话者与听众之间的个人关系，完全依赖有关某一题材的陈述，也就是说它摒弃了该为某一特定的听众完成某一使命的概念”②。与强调文学的形式特征或表现方面的客观性质等流行的观点相反，布斯把小说当作人类的交流方式的一种，这使他的小说修辞学又可以被称作人际交流修辞学。

如果说现代主义文学强调人与人之间的差异、分离乃至对立，因而对人们通过修辞进行交流和沟通丧失信心，转而以晦涩的形式表现不具有普遍性的纷乱的内心印象，或一味地追求某种并不能引发深层心灵对话和精神沟通的外在效果，那么，布斯的小说修辞理论，就一反这种自我封闭而又自命高雅的倾向，对人与人之间同一、接近、契合的共同性一面，表示了更多的信任和关注，而且认为人的存在和本质正是通过相互之间认同性的沟通和交流才得到确证的，这正像他在《现代教义和认同修辞学》中所说的那样，我们正“是在形成共同的目的、价值和意义的过程中创造出来的；实际上，我们相互之间相像胜过差异，我们存在于共性之中比存在于个性中更有价值；离开了我们之间的关系去考察，我们事实上就变得什么也不是了”③，而这种思想又是基于他对人的本质的真正具有现代意识和积极态度的深刻认识之上：“人在本质上是一种自我创造和再创造，一个符号操作［者］，一

① 转引自［美］大卫·宁等著:《当代西方修辞学》,248—249 页,北京,中国社会科学出版社,1998。

② 转引自［美］大卫·宁等著:《当代西方修辞学》,249 页。

③ 转引自杜维明:《儒家思想新论:创造性转换的自我》,81 页,南京,江苏人民出版社,1996。

种信息交换器，一个沟通者，一个劝说者和操纵者，一个探究者。”[①] 由于着力强调人类情境、内在心性及行为方面的共同性、互通性和社会性，布斯的强调认同、交流和沟通的修辞学就不仅肯定了人类精神的成长和发展性，而且“确认了通过群众共享和相互激励而形成的未分割的自我的完备性”[②]，这是“对‘我们之间自然而然的、不可避免的相互作用的方式从常识角度’给予肯定”[③]。

这样，由于强调作者为了达到修辞目的在小说中的介入性和人为性，由于强调技巧的道德性和道德教谕的重要性，由于把主体间的交流看作小说修辞的根本目的，布斯的小说修辞理论，就不仅具有启发人们正确地理解小说艺术的价值和功能的作用，同时，它还有助于克服在20世纪颇为流行的表现主义、唯美主义、客观形式主义以及否定人的主体地位和作用的结构主义和解构主义等理论和思潮中的消极因素。例如，表现论片面地强调作者情感的自足性，否定艺术的传达性、目的性和交流性，因而根本上是反修辞论的。克罗齐说，“寻求艺术的目的是可笑的。……艺术的内容须经选择说也是错误的”[④]。他认为艺术“是离效用、道德以及一切实践的价值而独立的”[⑤]，这样，他就否定艺术的交流性质，“一个艺术家没有传达他的作品的必要，一个真正的诗人只是一个自言自语者”[⑥]。科林伍德则走得更远，他不仅从体裁上歧视小说等艺术样式，而且直接否定古希腊的修辞学理论。他说古希腊人的“艺术”概念强调“通过自觉控制和有目标的活动以产生预期效果的能力”[⑦]，因而，不仅属于与“真正艺术”相对的“陈旧含义”，而且，

① 转引自杜维明:《儒家思想新论:创造性转换的自我》,82页。

② 转引自杜维明:《儒家思想新论:创造性转换的自我》,82页。

③ 转引自杜维明:《儒家思想新论:创造性转换的自我》,82页。

④［意］克罗齐:《美学原理·美学纲要》,60页,北京,外国文学出版社,1983。

⑤［意］克罗齐:《美学原理·美学纲要》,60页。

⑥《朱光潜全集》,第4卷,335页,合肥,安徽教育出版社,1988。

⑦［英］R.G.科林伍德:《艺术原理》,15页,北京,中国社会科学出版社,1985。

“这种理论简直是一个粗俗的错误”①。表现论美学认为，艺术创作的预期目标与效果实现之间的联系是不存在的，技巧对真正的艺术来讲也是没有用的，手段与目的、计划与执行、原料和成品之间并没有什么必然的联系。②这样，他们就表现出一种反理智、反修辞的审美个人主义倾向。而布斯的小说修辞理论则反其道而行之，把艺术还原为一种与人的社会实践在本质上一致的理性的、自觉的交流活动，这确实有助于克服表现主义将艺术活动封闭化、神秘化、贵族化的消极倾向。

布斯小说修辞理论的意义，还突出地表现在它有助于人们认识和分析与小说样式密切相关的结构主义叙事理论的局限和问题。结构主义试图归纳出一种普遍有效的、不受人的主观意识影响的、客观的结构图式和关系范式。受结构主义影响，大多数叙事学理论都侧重于从各种叙事文本中归纳具有普适性的深层结构规律和叙事法则。它们往往以文本为中心，封闭地进行具有语法化倾向的形式主义分析，所有有机的因素都被分离开来作静态的结构分析。作者的各不相同的创作过程和具体的修辞目的，读者的充满个体差异性的体验活动，往往都被忽略掉了。文学的道德内涵、情感色彩以及促进主体间沟通和交流的作用等重要方面，也不在这些叙事学研究者的视野之内。他们似乎相信，文本的意义单纯通过各种叙事元素的公式化配置就可以获得，而不是作者通过自觉的修辞活动与读者相互交流的结果。热奈特就认为：“作为叙述，叙述方式靠与它所叙述的故事的关系而生存；作为方式，它又靠与它的叙述活动的关系而生存。”③在这种关系图式中，既没有作者的修辞动机和作品的修辞效果的位置，也看不到读者的存在。

布斯就曾批评热奈特的“《叙事话语》说明了普氏（普鲁斯特）叙

① [英]R.G.科林伍德:《艺术原理》,20页。

② 参见[英]R.G.科林伍德:《艺术原理》,第2章第2节。

③ 张德寅编:《叙述学研究》,188页,北京,中国社会科学出版社,1989。

事是如何写成的，却没有说它有什么用”[1]，批评他“过分集中于叙述信息概念和含义概念”，而“并未努力探索读者与人物，特别是与叙述者之道德和性（情）感上的利害关系”[2]。而热奈特自己的话，也证明了布斯的批评绝非诬妄之论。热奈特不认为叙事的技巧会影响到人们对人物的好恶[3]，他最后的结论是：“《叙事话语》涉及的是叙事和叙述，不是故事，主人公的优缺点和有无风度基本上与叙事或叙述无关，而与故事内容有关，与故事天地有关……”[4]热奈特显然忽略了这样一个事实，那就是小说家正是为了表现一定的内容，为了在读者身上引起某些预期的反应和效果，才选择并运用这种而不是那种技巧的。这说明研究叙述技巧和规律的叙事学，只有把技巧和叙述方式与特定的内容及作者为了影响读者的考虑联系起来，也就是说，只有像布斯那样，把小说叙事研究修辞化而不是语法化，才能走出形式主义的困境，而不会满足于归纳出一些干巴巴的公式或“语法”。

三、布斯小说修辞理论的局限及本书写作的基本思路

布斯的《小说修辞学》确实像美国学者 A. 沃尔顿 · 利茨所评价的那样：“这部著作在改变小说的主要倾向方面起了决定性的作用。”[5]它启发了戴维·洛奇的小说理论研究，使他用布斯所确立的小说修辞的基本概念，来深入浅出地向公众介绍小说的修辞技巧，从而促进了普通读者对小说艺术的了解和认识。同时，自《小说修辞学》出版以后，

① 转引自［法］热拉尔·热奈特:《叙事话语·新叙事话语》,283 页,北京,中国社会科学出版社,1990。

② 转引自［法］热拉尔·热奈特:《叙事话语·新叙事话语》,283 页,北京,中国社会科学出版社,1990。

③ 参见［法］热拉尔·热奈特:《叙事话语·新叙事话语》,284 页。

④［法］热拉尔·热奈特:《叙事话语·新叙事话语》,284—285 页。

⑤［美］丹尼尔·霍夫曼:《美国当代文学》,上册,79 页,北京,中国文联出版公司,1984。

在几乎所有专门研究小说艺术或叙事艺术的著作中，我们可以看到人们津津乐道地谈论布斯的观点。布斯所提供的许多概念也已成为小说批评家最常用的术语。

在中国，布斯的小说修辞理论也在一定范围内引起了人们的兴趣。杨绛先生无疑是最早向人们谈起布斯的学者，她把步斯（布斯）小说理论所提出最重要的问题介绍给人们："作者出头露面就一定损坏小说的真实性吗？小说写得像'客观存在的事物'，'客观存在的事物'未经作者的心裁，怎么进入小说？这些问题还都有待研究检验。"[①] 她也接受布斯给出的结论，认为"作者不可能纯客观地反映现实，也不可能在作品里完全隐蔽自己。他的心思会像弦外之音，随处在作品里透露出来"[②]。

但是，应该看到中国学术界对布斯的小说修辞理论的研究并不深入。虽然也有一些研究文章，但大都属于介绍性质的，而且在对许多重要问题的认识和评价上，也都没有脱开西方学术界已有的结论和范围。例如程锡麟的文章，对布斯批评现代小说和强调修辞的道德性质等方面观点的评价[③]，就几乎完全是祖述丹尼尔·霍夫曼等人的结论。[④] 中国的小说评论家似乎更喜欢不假思索地援引布斯的一些观点，或借用他创用的一些概念如"隐含作者""展示""讲述""非人格化叙述""不可靠的叙述""戏剧化叙述者"等，却没有注意到其中的有些概念本来就不能成立，或不宜随便乱用。本书接受并高度评价韦恩·布斯关于小说修辞的一些基本观念，如小说必然要体现作者的主观意图和评价态度；写小说本身就是一种旨在"说服"读者的修辞行为；构成作者与读者之间的交流关系是小说修辞的一个重要目的；通过成功的修辞控

① 杨绛:《杨绛作品集》,第3卷,176页,北京,中国社会科学出版社,1993。
② ［美］丹尼尔·霍夫曼:《美国当代文学》,上册,179页。
③ 参见程锡麟:《试论布思的〈小说修辞学〉》,载《外国文学评论》,1997(4)。
④ 参见［美］丹尼尔·霍夫曼:《美国当代文学》,上册,91页。

制读者的反应并对读者在道德方面施加影响乃是一个小说家的责任，等等。但是，如果你试图更深入地、更全面地考察小说修辞问题，你就会发现布斯的小说修辞理论至少存在以下几个方面的问题或不足：

第一，他没有把人物和情节这两个对小说来讲至为重要的因素摆放到中心的位置，这使得他的《小说修辞学》在某种程度上给人一种上演《哈姆雷特》但却没有丹麦王子出场的感觉。针对这一点，本书在研究小说修辞的可读效果等问题的时候，着重考察了人物和情节的修辞意义，指出所有的其他修辞技巧，都必须服务于塑造生动圆整的人物形象和组织具有悬念张力的情节，只有这样，才能对读者产生一种吸陷力，使读者乐于认同或接受小说中的人物，甚至以自居的心理去体验人物的生活，从而最终达到影响读者的修辞目的。

第二，布斯的《小说修辞学》显然忽略了影响小说修辞的一些重要的支援性因素，换句话说，他没有看到，小说家对技巧的选择和运用，往往是受小说的精神、他所拥有的思想资源以及民族性格和习惯等因素的制约和影响。小说的精神是一种介入的、否定的、批判的精神，它是一种体现着作家对现实生活的深邃透视和有力冲撞的精神，它弥漫了作家超越专制轨范和巨大压抑的人格力量和道德勇气。离开了这种猛气英风的支撑和驱动，小说家在修辞上就往往显示出选择体现自然主义、形式主义、主观主义等技巧和策略的倾向，就会退避到人的内心世界或形式的牢笼里，从而难以通过有效的技巧组织与读者形成积极的修辞性交流关系和认同性契合情境。而思想资源则有助于形成作家的智慧风貌，最终有助于作家在深刻地认识了生活的本质和人生真谛的前提下，选择和运用相宜的修辞技巧，向读者深刻有力地讲述生活和人生的真实相况。同时，文学作为民族文化最为重要的构成部分，往往以最为生动的形式记录着不同民族的性格、趣味和风俗习惯，而这种民族性的东西，也往往制约着作家的创作和读者的阅读，如果能充分地挖掘和合理地利用，无疑有助于作家实现自己的修辞目的，并且更广泛、有效地影响读者。

第三，布斯的小说修辞理论缺乏历史感和时代感，缺乏对制约小说修辞的语境因素的考察。小说创作固然是一种个体的修辞行为，但这种行为必然会受到作家寓身其中的时代生活的潜在影响，诸如政治上的民主程度、出版上的自由程度、个人生活与信仰选择的空间的大小、时代的主要风尚和人文精神状况，等等，都在某种程度上控摄着作家的修辞性创作活动。比如，在给中国人民造成巨大的人道灾难的“文化大革命”时期，使用反讽、讽刺、多样化的象征手法是不可想象的，而当主宰阶级论成为这个时代的主要政治理念的时候，作家如果自由地选择视点人物，自由地控制与所有人物的种种距离，或者主要从人物的内视点展开叙述，那必然会遭受权力话语的斥责乃至斫杀。本书在考察影响修辞效果的诸因素这一问题的时候，充分地说明了修辞系乎时序，关乎具体的语境这一规律。

第四，布斯的小说修辞理论从某些方面来看，也没有彻底摆脱当时影响很大的“新批评”的消极影响。“新批评”强调作品的客观自足性，反对联系作者的意图和读者的感受来阐释作品，布斯当然是反对这些文学观点的，但是，他的“隐含作者”理论，却是向“新批评”妥协的产物，他把作者一分为二，认为文本内或写作时的作者与实际的作者是完全不同的，这就否定了、切断了作者在创作中的那种内外一致的真实性和联系性，从而从根本上否定了修辞的有效性，造成了交流的虚妄性：读者怎么会放心地与一个同真实作者并不一致的“隐含作者”交流和沟通呢？本书通过分析，认为小说尽管是一种虚构文体，但作者必须努力把自己的真实的情感和思想表现出来，才能与读者之间形成积极、有效的交流关系，才能体现艺术的本质，才能符合黑格尔的毫不过分的要求：“艺术的要务在于它的伦理的心灵的表现，以及通过这种表现而揭露出来的心性和性格的巨大波动。”①

总之，本书的基本思路是，小说是一种最易为普通读者接受的大众文体，是读者添培人生经验，舒散身心疲劳，消释生活沉闷的伟大的交流媒介和有效手段。因此，小说家要明白“话须通俗方传远，语必关风始动人”②的道理。作家要充分意识到自己在整个小说修辞性交流中的地位和作用，要努力克服一切有碍于修辞主体间的交流的不利因素：

（1）在处理修辞的主体关系方面，作家就要避免以叙述者或“隐含作者”取代或隐没真实作者的偏颇；要充分行使作者在塑造人物上的超视、超知的权力，而不能像巴赫金的“对话”理论那样，要求作者放弃在小说中的主权，把小说变成一个由体现任意相对主义的众多人物齐声喧哗的场所；作者要像传统小说家那样，通过充分利用易于拉近与读者的距离的讲述技巧，来形成与读者的家常自然的亲和关系。

（2）在修辞技巧方面，也要求作家要有高度的修辞意识，使技巧成为能够“说服”读者的有效手段，从而使小说中的修辞成为艺术化的修辞，而不是徒具形式的技术化的修辞。本书将修辞技巧分为两个层面：宏观修辞和微观修辞。宏观修辞研究叙述学层面的所有技巧，微观修辞则研究的是修辞格在小说中的延展性应用。在宏观修辞里，本书着重研究了对小说创作至关重要的视点问题和距离控制问题，并从史的角度考察了从古希腊以来人们对讲述和展示的不同乃至对立的看法。最后得出这样的结论：讲述诉诸“听觉”和理解力，有利于形成“我—你”式亲近关系，展示则诉诸视觉和想象力，它让读者和形象世界直接相对，但过度地使用则会形成冷冰冰的“你—它”关系，从而由于缺乏“我”（作者）的必要的修辞性介入，最终影响了小说对

---

①［德］黑格尔：《美学》，第一卷，275 页，北京，商务印书馆，1979。

②《冯玉梅团圆》，转引自孙犁《说书》，见钱理群编《二十世纪中国小说理论资料》，第 4 卷，414 页，北京，北京大学出版社，1997。

读者的吸陷力，而小说本质上是一种作者与读者推心置腹地交流人生经验或生命体验的叙事文体，讲述是它的本质特点，所以，一味极端片面地排斥讲述，运用客观展示手法，追求戏剧效果或画面效果，就会威胁到小说文体的存在，最终导致小说样式的消亡。在“微观修辞”一章里，本书着重研究了反讽和象征这两种最有助于显示作者的修辞作用并形成丰饶的修辞意义的手法。

（3）修辞效果，乃是体现作者修辞目的最终形态，因而是小说修辞理论应该重点研究的一个重要问题。艺术的效果或效应（effective），是实用批评最为关注的中心。小说的修辞效果，是指小说家通过自觉地运用各种修辞技巧和手段，在作品中形成的巨大的感染力量和吸陷作用，它往往体现为对读者的价值观念、情感方式及道德行为方面的影响作用。它要求作者要充分调动读者的兴趣和好奇心，使之深入地阅读并体验作品，“说服”读者接受作品所宣达的价值体系，最终与作者之间达成一种同一性的契合与交流关系。可以说，几乎每一部真正意义上的小说，都以创造这样的修辞效果作为自己的修辞目标。本书还从读者、技巧、作者、语境等方面考察了影响效果形成的诸种因素，说明了圆满的效果实现有赖于各种因素的“合作”，但在其中起主导作用的还是作者，因为他始终是整个小说世界的真实创造者，是小说阅读活动的引导者、组织者和操纵者。

最后，本书还细致地研究了小说的三种修辞样态：可读效果与可写效果；道德效果；主题效果。在这些效果中，可读效果具有首要的意义，这不仅是由小说是一种大众文体这一性质决定的，而且还因为可读效果是实现其他效果的前提条件，因为一部小说如果不具有可读性，就没法对读者产生影响。所以，本书认为，现代小说以“可写性”否定可读性，一味地进行脱离读者的技巧实验，乃是违背小说修辞效果形成的规律的，因而是反修辞性的，因此，实验性小说家的“可写性”探索必须服从于对效果实现具有决定意义的可读性，只有这样，现代小说才能摆脱缺少读者的困难，才能让小说成为作者与读者节日般聚会的和谐而温暖的世界。

总之，本书作者认为，在后工业社会的语境下，在第三世界国家面临社会转型和价值重整的情势下，小说作者只有通过更加自觉的修辞活动，或者更具体地说，只有像传统小说那样，充分利用有助于促进作者与读者的亲近、自然、家常的交流和沟通的讲述手段和技巧，才能使小说成为一种有效的沟通媒介和交流手段。讲述是一种构成言与听的交谈关系的技巧。现代人缺少的是交流和沟通，渴望的是平实、亲切、真诚的心灵对话和精神交往。只有“讲述”这样一种古老而又永远不会衰老的方式，能够满足人类的这种孩童般的渴求，只有“讲述”才能焊接已经断裂的“言路”，才能最终形成理想的修辞交流情境。由于存在着这种渴望和为了满足这种渴望的不懈的充满诗意的努力，小说将永远是一种需要，它不仅不会衰落和消亡，而且，还会像可爱的彼得·潘一样，永远年轻而充满生气。

第二章

小说修辞的主体关系（上）

小说修辞的主要目的，在于通过对修辞手段的调配和使用，以获得最大程度的影响读者的修辞效果。但是，从另一方面来看，小说修辞又具有主体间性，它体现为一种主体关系，是主体间的一种交流活动。认识这些主体关系，对于我们进一步考察小说修辞的其他方面的问题，具有非常重要的意义。

小说修辞的主体关系，是指作者和读者的关系，作者和自身形象（隐含作者）的关系，作者和叙述者的关系，作者和人物（尤其是主人公）的关系。这四种关系可以分为两大类，一种是内部关系，即作者在创作时必须直接处理的关系：作者与自我的关系，即作者如何介入作品，以形成自己的形象；作者与人物的关系；作者与叙述者的关系。另一种是外部关系，即作者通过作品与读者之间建立的关系。外部关系的状况与性质，受到内部关系的影响，决定于内部关系的状况和性质。布斯的《小说修辞学》虽然也研究修辞技巧及作者与隐含作者、叙述者等主体关系，但他涉及的主要还是外部关系，他的主要贡献，也正在于通过对外部关系的周密研究和深刻论述，确立了小说创作中的一切技巧性因素都是为了影响读者这一修辞学的基本观念。而巴赫金的小说修辞理论，则主要致力于研究小说主体间的内部关系，尤其是作者与主人公的关系。

本章将对作者与隐含作者、作者与人物、作者与读者等三种主体关系展开研究，以澄清人们在这些问题上的错误的或不全面的认识，以利于我们通过写作和阅读，建构更加完整、和谐的主体关系，从而实现小说修辞追求的终极目的——各种主体间的契合性交流的理想情境。

一、作者与隐含作者

在任何一部小说中，我们都可以看到它的作者的形象，不管作者采取什么技巧试图把自己隐匿起来，试图让人们觉得自己是纯客观的，试图让人们觉得一切都是不同于作者的神秘的叙述者讲述的，我们还是不用费多少力气，就可以看见那个躲来闪去的作者的影子。选择写什么人，是作者描画自己形象的第一笔，如何去写他，如何评价他，试图通过对人物形象的塑造揭示什么样的主题，宣达什么样的价值观念，则会最终清晰、完整地完成对作者的形象显现。

小说是作者写出来的，它不可避免地包含了作者关于政治、宗教、情感、道德等方面问题的观念，尤其是当他笔下的人物与这些观念纠缠到了一起的时候。从某种程度上讲，作者写小说并不只是为了让读者喜欢他讲的故事，或接受他所写的人物，同时还是为了让读者接受他这个人，接受他对某些问题的看法或基本的价值观念。托尔斯泰在小说中教人不要以暴力抗恶，海明威在小说中宣扬人可以被击倒但不可以被战胜的生活态度，这些都是作家形象显而易见的表现，即使是在《洛丽塔》《尤利西斯》这样的小说中，我们也仍然可以看到作者的一些重要的价值观念。

总之，从小说修辞的立场看来，作者在小说中的介入是必然的，这不仅是为了让读者更好地理解和接受小说，也是为了更好地表现自己的形象。亚里士多德在《修辞学》中把这种表现个人特点的因素，称作理念（ethos），这已引起了当代批评的认同，“当前文学批评对作者在作品中所处位置的性质和功用的考虑与这一传统的观念有关。这也是当代文学批评逐渐强调修辞之重要性的部分原因”[①]。声音（voice）在现代小说理论中就是一个近似于亚氏的“理念”的范畴，它的被扩展了的意义，就是指作者的意见、思想、态度的流露。但是，作者的声音和形象，在现代小说中往往以一种更为曲折、复杂的形式表现出来，这就使得当代的小说理论采取非常审慎的态度，来研究作者在小说中的介入和表现问题。这种审慎到了极端，便产生了一种否定作者与小说的直接联系的倾向。人们乐于用叙述者来代替作者概念，因为这样显得更安全。说某个观点是叙述人的，无疑比直接说它是作者自己的更容易被人接受，也更少引来别人的质疑和异议。

针对这种无限夸大小说的客观性和否认作者介入性的倾向，布斯进行了非常深刻的分析，指出作者在小说中的修辞性介入是个客观事实，是不容否定的。但是，在《小说修辞学》第三章谈到小说的“客观性”时，他却忽然变得不自信了。他认为现实中的小说家和显现在作品中的小说家不是一回事。如果直接像谈论现实中的作家那样谈论小说中的作家，在他看来是不可靠的。于是，他在“新批评”的启示下，为了避免“意图谬误”之类的麻烦，引入了一个纯形式主义的虚幻概念“隐含作者”（implied author）。这个隐含作者与实际作者是有很大区别的，他实际上是作者创造出来的一个自我形象，一个“第二自我”：“我们将他当作真实作家创造出来的，他是他所选择的东西的总和”[②]，“这个隐含作家总与‘现实的人’不同——不论我们怎样看待他——

① [美]艾布拉姆斯：《欧美文学术语词典》，238 页，北京，北京大学出版社，1990。

② [美]韦恩·布斯：《小说修辞学》，81 页。

现实的人在他们创造作品时创作了他自己的化身，一个‘第二自我’”[①]。而一个作家不会只有一个化身，因此，在不同的作品中，就会有不同的化身，“因为每一部作品的需要不同，所以作家在每一部作品中的化身也不同”[②]。但是布斯没有说明，这些不同的化身之间，是否有着基于真实作家的“诚实”和人格的内在统一性。他没有说明为什么“隐含作者”常常是那么重要，但却总与真实的作家毫无关系：

隐含作家的认识，不仅包含可以抽出的意义，而且包括作品中每一行动的道德和情感的内容，包括所有人物的遭遇。简言之，包括了我们对一个已经完成了的艺术整体的直觉的领悟；包括了整体形式所表现出来的主要价值，这种价值，才是这个隐含作家为之献身的，不管在实际生活中作家属于哪一党派。[③]

你看，这个隐含作家几乎包纳了作品中一切最重要的东西，但是，这个作家的形象却“总与‘现实的人’不同”。但在布斯看来，强调这个“不同”不管付出多大的代价，不管站在常识和经验的角度看是多么不可思议，却总是值得的，因为这可以很方便地避免很难对付的“意图谬误”或“感受谬误”的指摘，而安全地游弋在风平浪静水波不兴的文本或作品的港湾里[④]，“只有将作家与其隐含于作品中的形象区分开来，我们才能避免一些无意义、无法证实的讨论，比如关于作家‘诚实’或‘严肃’的特性的讨论”[⑤]，因为，他所讲的只有作品才能提供答案的“唯一的一种诚实”，是看“隐含作家与自己是否一致——

---

① ［美］韦恩·布斯:《小说修辞学》,58 页。

② ［美］韦恩·布斯:《小说修辞学》,78 页。

③ ［美］韦恩·布斯:《小说修辞学》,81 页。

④ ［美］韦恩·布斯:《小说修辞学》,82 页。

⑤ ［美］韦恩·布斯:《小说修辞学》,82 页。

也就是说，他的其他选择是否与他表现出来的叙述人物一致？如果叙述者作为作者的可靠代言人，却相信整个故事没有表现出来的一些价值，那么，我们可以说这是一部不诚实的作品。一部作品建立起它的隐含作家的'诚实'，而不顾及创造了隐含作家的那个人，即使在这个人生活的其他方面，他可能会背叛了作品中包含的价值。但就我们所知，他写小说的时刻，可能是他生活中唯一诚实的时刻"①。

由于布斯切断了隐含作家与真实作家之间的联系，只在文本范围内，根据两个同样具有虚幻性质的形象之间是否一致，作为判断小说真实效果的标准，所以，他实际上采取的是一种虚幻的假想的解决办法，而忽略了对认识作品、评价作品至关重要的现实层面的因素，尤其是忽略了现实中的作家的实际情况。这必然使他关于隐含作家与真实作家的论述具有形式主义的性质。

当然，从布斯小说修辞理论的整体来看，他是反形式主义、反客观主义的，但从关于隐含作者与真实作者之间关系的观点来看，他显然想用"隐含作者"这个概念，在"新批评"的客观形式主义理论与修辞论的主观介入之间寻求一种和解。他竭力反对把作品中的意义与作者之间的联系一刀切断，但也同意小说中所表达的主张与作品内部的叙述者或"隐含作者"的联系，远比作品所表达的主张与实际的作者的信仰之间的联系要紧密。这样，他就用"隐含作者"这一概念营造了一个缓冲地带：一方面这个概念从外部形式上维护了真实作者与作品所表达的主张之间的间接而灵活的联系，并给我们一种却尔所说的感觉，"是真实的作者使我们按照那些主张来理解这部作品的，是真实的作者使他的作品表达了这些主张的"②；但是，另一方面，这种联系又被布斯从根本上给否定掉了，他用"隐含作者"切断了实际作者与作品的切实联系，排除了从作者那里寻找可以证实作品所包含的思

① [美]韦恩·布斯:《小说修辞学》,399页。

② [美]P.D. 却尔:《解释:文学批评的哲学》,138页,北京,文化艺术出版社,1991。

想、态度和价值准则的外部证据的必要性与可行性，从而维护了他一直反对的关于小说的“纯粹性”“独立性”“客观性”的理论。

总之，布斯的理论给人这样一种印象：这个隐含作者就像弗兰肯斯坦的创造物一样，他一经创造出来，就脱离了作者，以无限的权力主宰了整个小说世界，也几乎代表了小说中的一切方面，而且还要人们相信“是暗含的作者而不是真实的人在表达作品所传达的主张。依此而言，与之相关的思想，并不能归之于实际的作者，而只能归之于暗含的作者……”[①]这正如却尔所说：

> 在当代关于虚构的作品的理论中占主导地位的倾向是，把实际存在的人——真实的作者与他的作品分开。这种倾向造成了这样的结果：虚构作品与实际生活被一种特殊的方法分离开来。[②]

这样，作品所表达的一切主张和价值观念，都是属于暗含作家的，不管这些主张、观念有多么矛盾，我们都可以将其归拢到一个没有现实依据、没有生命，因而也不存在性格、思想的内在统一性的暗含作家身上。实际的作家与暗含作家可能一致，也可能不一致，但这已无关紧要了，因为，在小说的世界里，布斯现在只承认暗含的作家，至于实际的作家，“考察他的生活可能自有其特具的价值，但是，这种研究与正确的理解作品无关”[③]。

若细加考察，就可以发现，在否定小说中的真实作者这一点上，布斯是可以说“吾道不孤”的，在俄国，他的理论可以找到遥远的源头。车尔尼雪夫斯基就曾试图创造一部没有作者介入的纯客观的小说，而维诺格拉多夫则在理论中宣达这样的识见：文学作品从来总要透露

---

① ［美］P.D. 却尔：《解释：文学批评的哲学》，133 页。

② ［美］P.D. 却尔：《解释：文学批评的哲学》，131 页。

③ ［美］P.D. 却尔：《解释：文学批评的哲学》，133 页。

出作者形象的信息，从字里行间，从描写手法，能感觉到他的面貌，但是这个“作者形象”与实际作家是没有什么联系的，托尔斯泰、陀思妥耶夫斯基、果戈理的“作者形象”“并非现实当中，生活当中那个托尔斯泰、陀思妥耶夫斯基、果戈理的面目。这是作家的一个独特的‘演员’脸谱”[①]。在他看来，这个“作者形象”的整个结构，不是由这个作者的“心理气质”决定的，而是由他的“思辨的审美观点”决定的，“这种思辨的审美观点也可能是作家自己还没有意识到的（如果他的思辨力和艺术修养都不很高），但却是一定存在的”[②]，而“问题全在于：如何根据作家的作品来勾画出这个作者形象。一切有关作者生平事迹的材料，我都断然排除不用”[③]。在这一点上，维诺格拉多夫与布斯如出一辙，即都是从封闭的作品世界中描画一个基于抽象的“思辨的审美观点”的人物形象，而不是既联系作品又联系实际存在的作家的具体的生活经历、性格特点和价值观念，来形成一个具有一定客观性的、完整的作者形象。

巴赫金在这一问题上的观点，也存在同样的问题。他在为人物争取在作品中的生存空间时，指出主人公整体和作者整体原则上分属不同的层面，他承认“可以把主人公和作者的生平同他的世界观进行科学上富有成效的对比，因为这种对比无论对文学史或审美分析都必不可少”[④]，但他反对无视两种主体之间存在的不同原则，分属不同层面的倾向，即那种“完全缺乏原则，纯看事实的方法”，他认为这是把“作为创作者的作者和作为人的作者混淆起来”[⑤]的结果。巴赫金的观点有其辩证的，因而也是可取的一面，但也存在严重的问题。他对作者与

① 白春仁:《文学修辞学》,250 页,长春,吉林教育出版社,1993。
② 白春仁:《文学修辞学》,250 页,长春,吉林教育出版社,1993。
③ 白春仁:《文学修辞学》,250 页,长春,吉林教育出版社,1993。
④ 钱中文主编:《巴赫金全集》,第一卷,106 页,石家庄,河北教育出版社,1998。
⑤ 钱中文主编:《巴赫金全集》,第一卷,106 页。

作品通过各种方式直接建立的联系，显然注意不够。他的“创作者的作者”的概念，同布斯的“隐含作者”概念一样，是一个有可能诱导人们把作品同实际的作家分离开来的概念。事实上，执持这一概念的巴赫金就已经断然地切断作者与作品的联系，如他否认托尔斯泰与列文在观点上有什么相同之处，他们的观点“根本谈不上……有什么一致性”[①]，这无疑是过分夸大实际作家与作品中作家的不同和距离所导致的必然结论。

布斯的“隐含作者”概念为倾向于贬黜作者的读者反应批评理论所欢迎，也足以说明这一概念客观上的反修辞性和消解真实作者的倾向。伊瑟尔为了从作品中发现未定点、空域（blank）和“无物”（nothing）等读者反应批评理论所需要的东西，是乐于无视作者在作品中的存在和作用的，而布斯的“隐含作者”概念，正好给他提供了可以将作者悬置或者流放的方便，他在引用了布斯关于“隐含作者”的那段著名的定义之后，便概括出这样一个公式：作者≠隐含作者；隐含作者＝叙述者。他说：“一部小说的故事虽然通常必须由一位作者来叙述，但这位作者与我们通过其生平与经历所了解到的那个人并非是同一的，同时，在这种情况下把这位作者称之为‘叙述者’更为确切。”[②]但是，这并没有解决问题。伊瑟尔在分析《名利场》时，仍然要用萨克雷的私人信件来说明他的夫子自道与《名利场》中叙述者在认识上的一致性。伊瑟尔在批评实践上以真实作者为依据来批评、判断叙述者，就足以说明过分地强调作者与隐含作者（“叙述者”）之间的差别，并没有多大的意义，而且容易造成混乱。因为，即使不按照热奈特过于琐细的分类，我们也知道，叙述者可以分为文本内叙述者和文本外叙述者（文本外叙述者＝作者）。有的时候，文本内叙述者和文本外叙述者是一致的或接近的，读者读这些作品，可以很放心地把作品中所

---

① 钱中文主编：《巴赫金全集》，第一卷，105页。

② 王逢振等编：《最新西方文论选》，39页，桂林，漓江出版社，1991。

宣达的思想理念或价值观念，看成是作者的，如在《战争与和平》《卡拉玛佐夫兄弟》《名利场》《日瓦戈医生》《百年孤独》《静静的顿河》《约翰·克利斯朵夫》《红楼梦》《故乡》《小二黑结婚》《古船》等作品中，情形就是这样。但有的时候，文本内叙述者与文本外叙述者则并不十分一致，这时读者需要调整自己的阅读方式，以一种更为曲折的方式来把握作者的形象，例如在《祝福》和《伤逝》中，鲁迅的作者形象是超位地处于文内的叙述者“我”之后、之上的。读者须得经过反讽性阅读等方式，才能看到作家的真实形象。换言之，当人物担任文本内叙述者的时候，文本外的叙述者仍然是作者，他作为修辞主体，在整体上起着调整小说的各种修辞关系，控制读者反应的作用。即便是文本外叙述者像詹姆斯·乔伊斯在《青年艺术家的画像》中一样若无其事地“在一旁修剪着自己的指甲”①，但那依然是作者的形象，而不是作者不存在的证明。

形成以上这些以文本内的“作者”或“叙述者”否定真实作者倾向的一个重要原因，在于它们没有充分认识到真实的作者对于读者的意义，没有正确地从读者的角度来认识和处理作者与隐含作者的关系。从读者阅读小说的普遍情况来看，几乎每一个读者读小说时，都希望知道作者对小说中的一切怎么评价，换言之，他们总是希望小说家以符合小说艺术规律的方式向读者显现自己的形象。正如哈拉尔德·魏里希在《读者需要作者》一文中所说的，在阅读每一部作品的时候，我们心中总是有一个真实的、历史的作者形象。②读者对他的依赖，读者总是自己从作品中看出这个真实作者的身影，一个由他在作品中的所有修辞性因素整合成的他的形象。却尔也认为，“我们对作品中所表达或提出的主张的理解，并不是由‘我们对暗含作家的认识’

① [爱尔兰]詹姆斯·乔伊斯:《青年艺术家的画像》,246页,北京,外国文学出版社,1998。
② 参见[美]P.D.却尔:《解释:文学批评的哲学》,132页。

决定的，而是由我们对真实的、历史的人物的认识决定的”[①]，“在某种意义上讲，我认为文学与生活之间存在着密切联系的观点要比暗含的作者或文学不表现任何主张的理论更具有说服力”[②]。却尔的观点是正确的，有说服力的。事实上，布斯在自己的小说修辞理论中，几乎一直是从读者的视点来研究问题的，从作者与读者的切实的联系中考察问题的。他强调真实作家的责任和作用，他像柏拉图一样，要作者为读者提供清晰的道德判断：“道德问题实际上是作家是否有义务好好写的问题，好好写的意思是把他的道德系统表达得清楚明白，而且，如果答案是有义务的，还必须知道使谁感到清楚明白。”[③]这显然谈论的是一个真实的作者，而不是与这无缘的“隐含作家”。但是，他没有把这个观点贯彻到底，这使他的小说理论缺乏一种彻底性和逻辑上的一致性。

布斯的“隐含作者”概念造成的混乱，引起许多理论家的注意和批评。热奈特指出，布斯的隐含作者在很大程度上等同于叙述者，是一个对立于真实作者的概念。[④]他认为“暗隐作者”并不是一个“有效的实体”，因为“虚构叙事由叙述者虚构产生，实际上是由（真实）作者产生；他们之间没有任何人工作，一切作品的成果只能按照采纳的提纲归于二者中的一个”[⑤]。他指出，在查特曼、布朗兹沃尔、施米德、林特维尔特和霍克的著作中，都可见到容纳了“隐含作者”这个多余主体的阵容表：

［真实作者［暗含作者［叙述者［叙事］受述者］暗含读者］真实读者］。

他把这个表中的前两项和后两项合为一项，这样，他就把“广为

① ［美］P.D. 却尔:《解释:文学批评的哲学》,134 页。

② ［美］P.D. 却尔:《解释:文学批评的哲学》,133 页。

③ ［美］韦恩 · 布斯:《小说修辞学》,399 页。

④ 参见［法］热拉尔 · 热奈特:《叙事话语 · 新叙事话语》,274 页。

⑤ ［法］热拉尔 · 热奈特:《叙事话语 · 新叙事话语》,275 页。

流传”的叙述“主体”表修改如下：

AR（AI）→ Nr → RT → Nre →（Lv）LR。

其中 Lv 指暗含读者，AI 指归纳出的作者，Nr 指叙述者，RT 指叙事，Nre 指受述者。从这个修改表中可以看出，“真实作者”与“暗含作者”是二而一的同一主体。热氏突出了“真实作者”的地位，强调了他的作用：他是整个叙事活动的第一主体，他作为写作的人，“对他写的一切负责”①。也就是说，不能用一个分离出来的“隐含作者”，取代“真实的作者”，我们“没有解除真实作者实际责任（思想、文体、技巧和其他方面）的任何理由，除非从形式主义愚蠢地陷入超凡入圣之中”②。在热奈特看来，如果不要人为地切断它与真实作者之间的自然、正常的统一性联系，那么，“隐含作者”这个概念本来是可以暂时接受的。暗含作者与真实作者在成功的作品中应该是统一在一起的。“暗含作者是名符其实的真实作者”③。如果二者之间产生了分离，那原因要么是读者无能或愚蠢，要么是作者主动在作品中制造一个不忠实的形象，所以，正常的情况是暗含作者就是真实的作者，用公式表示就是：AI=AR，“忠实因而透明的形象 AI 当然变成一个无用的主体，AI 退场”④。退一步来讲，即使 AI 不是“透明”的，而是“嘲讽”的异故事叙述者，读者也可以“通过辨认嘲讽从作品中得出作家的形象，我看这个形象没有任何理由是不忠实的。这里仍然是 AI=AR，AI 退场”⑤。总之，热奈特对“暗含作者”理论基本上是否定的⑥，但在他看来，如果暗含作者能使我们了解作者的一切，有助于我们归纳出对作者的某种观念，那么，对这个概念，也可以接受，但无论如何，不能把这个作者的概

① [法]热拉尔·热奈特：《叙事话语·新叙事话语》，281 页。

② [法]热拉尔·热奈特：《叙事话语·新叙事话语》，275 页。

③ [法]热拉尔·热奈特：《叙事话语·新叙事话语》，277 页。

④ [法]热拉尔·热奈特：《叙事话语·新叙事话语》，277—278 页。

⑤ [法]热拉尔·热奈特：《叙事话语·新叙事话语》，278 页。

⑥ [法]热拉尔·热奈特：《叙事话语·新叙事话语》，280 页。

念升格为“叙述主体”，否则，他就“不敢苟同了”①。

罗杰 · 福勒也认为布斯的“隐含作者”概念是“不大容易为人接受的”②。布斯认为我们只应根据隐含作者的情况来评价作品，因此，我们即使知道真实作者的观点或生平，也不应该依据这些情况来观察小说。福勒认为布斯的“这种把作品与作者生平截然分开的观点很难使人接受”，因为，“我们所知道的 D.H. 劳伦斯的社会背景和他的心灵中的一切，都有利于我们理解他的小说的中心思想和人物形象；如果不考虑索尔仁尼琴在斯大林时代俄国的政治观点和个人经历，孤立讨论他的小说就会陷入荒谬”③。但是，另一方面，福勒又承认“隐含作者”的概念，在语言学意义上是可以理解的，因为，语言作为社会群体的资产，常常在某种程度上使小说家失去个人控制，“文化价值（包括对各种隐含作者的期望）渗入他的言辞，以至于他的个人表达必定带有附着于他选择的表达方式的社会意义”④。福勒对“隐含作者”认识上的矛盾，是他的语言观引致的必然结果。福勒同所有无节制地强调语言的形式力量的人一样，赋予语言某种主宰人的主体力量，认为人是被动地被困拘于语言的牢笼之中，处于受语言奴役和制约的不自由的情境之下，他虽然看到了语言在小说中的自我生殖性，但却忘了语言是同思维主体内在地统一在一起的，它永远也不可能具有超越主体的力量，所以，不能因此而否定作者的主体性，而从客观形式方面为“隐含作者”辩护。

从中国传统文论的立场来看，布斯关于“隐含作者”的观点不仅不可接受，而且无法理解。中国文论强调作者的器识、人格、道德在创作中的决定意义和先导作用，强调文和人的一致与和谐，而在文学

① ［法］热拉尔 · 热奈特：《叙事话语 · 新叙事话语》，280—281 页。

② ［英］罗杰 · 福勒：《语言学与小说》，87 页，重庆，重庆出版社，1991。

③ ［英］罗杰 · 福勒：《语言学与小说》，88 页。

④ ［英］罗杰 · 福勒：《语言学与小说》，88 页。

批评上，则要求沿波讨源知人论世。这种文艺观也延伸到小说这一文体中来。中国小说理论非常强调小说与作者的人生体验等多方面因素的密切联系。张竹坡说："作《金瓶梅》者，必曾于患难穷愁，人情世故，一一经历过，入世最深，方能为众脚色摹神也。"[①]他说《金瓶梅》乃是作者含酸抱阮，以泄其愤："作者不幸，身遭其难，吐之不能，吞之不可，搔抓不得，悲号无益，借此以自泄。其志可悲，其心可悯矣。"[②]何昌森在《水石缘序》中说，"从来小说家言：要皆文人学士心有所触，意有所指，借端发挥，以写其磊落光明之概"[③]。戚蓼生在《石头记序》中说，《石头记》一书以"似谲而正，似则而淫，如《春秋》之有微词，史家之多曲笔"[④]。此处胪陈的诸家之论，都是在强调小说与作者的联系，都在说明小说乃是作者之情感、人格、器识的映照与流露。所以，从中国文论的观点来看，切断作者与小说之联系，必然会使小说成为无本之木，无源之水，就会导致小说精神气韵的凋枯，也会影响小说家与读者的心灵沟通。杨义先生在论述真实作者与叙述者关系的时候，曾指出二者的关系"是形与影，甚至道与艺的关系"[⑤]。因此，"惟有把真实作者弄清楚了，解读文本所得到的文化密码才能落到实处，不然那些天花乱坠的阐释有可能是某种茫茫然浑无头绪的迷宫，那是要闹笑话的"[⑥]。这可被看作是对中国文论关于真实作者的意义和作用的理论观点的当代阐释，它有助于人们认识形式主义和结构主义叙事学的局限，也有助于我们认识布斯的"隐含作者"理论的有害性。

总之，无论从小说修辞的基本观念来看，还是从中国小说的实践和理论上看，在小说中都存在一个真实的作者形象，他决定着作品的

① 兰陵笑笑生:《金瓶梅》,张道生评,42—43 页,济南,齐鲁书社,1991。
② 兰陵笑笑生:《金瓶梅》,张道生评,9 页。
③ 黄霖、韩同文选注:《中国历代小说论著选》,503 页,南昌,江西人民出版社,1990。
④ 黄霖、韩同文选注:《中国历代小说论著选》,499 页。
⑤ 杨义:《中国叙事学》,200 页,北京,人民出版社,1997。
⑥ 杨义:《中国叙事学》,200—201 页。

基调和基本性质，他不仅把小说内部的各种因素整合为具有内在统一性与和谐性的整体，而且，还通过各种方式显现自己的气质、性格和价值观，从而使自己也成为小说整体形象中的一个有机的组成部分。如果我们想让“隐含作者”这个概念成为一个有用的概念，我们就必须把它当作真实作者在小说中表现出来的自我形象的一部分。只要这部小说是真正意义上的小说，也就是说，只要它具备了艺术上的真实性和表现上的真诚性，那么，这个自我形象就必然是真实的，是可以信赖的，是读者可以与之进行心灵对话和思想沟通的。换言之，只有当真实的作者以真实和真诚的态度来创作，他才能使自己的小说具有积极的肯定的性质，才能把真实的自己延展到作品中，显化为真实的自我形象——“隐含作者”，并最终赢得读者的信任，从而在二者之间建立起一种和谐的契合性交流关系。就此而言，我们不仅要反对把作者从小说中排除出去的“隐含作者”理论，还要强调作者必须以尽可能真实和真诚的方式（反讽的方式乃是真实和真诚的一种特殊形态）来表现自己，从而使自己的形象成为小说形象整体中的一个有价值的构成部分。我们从托尔斯泰的小说，从《红楼梦》，从鲁迅的小说中，都看到了这种有价值的真实的作者形象。而且，不管这种形象的表现形式看起来有多么复杂，读者总是乐于把它当作真实可信的成分来接受。而了解、认识并接受这些真实的作者形象，对读者来讲，往往有一种成功的交流和沟通带给人的喜悦感和收获感。

事实上，布斯在《小说修辞学》出版21年后再版的跋文中，已经认识到自己的“隐含作者”理论中存在的问题。他说巴赫金关于真实作者为了写出一部作品“应该具有什么样的信念”的观点，给他“留下了尤其深刻的印象”①，并使他认识到，“由于某些原因，我必须对我曾经作出的那种截然的划分提出疑问，即划分有血有肉的作家与隐含

① ［美］韦恩·布斯:《小说修辞学》,426页。

作家，划分我们阅读时变成的各类读者与处于不断变化的文化之中的实际活着的读者”[①]。

是的，必须跳出脱离实际的形式主义理论的窠臼，必须联系真实的作家来理解小说，必须强调真实的作家在小说中修辞介入的地位和作用，这不仅是作家在小说中客观存在这一事实要求我们这样做，而且，面对日益封闭地专意于语言和技巧的形式主义倾向，面对取消作者的地位和作用的结构主义理论和片面强调读者作用的阐释学和接受美学，面对理想真空和价值失范的严峻现实，面对那些在“主体性的黄昏”中寻不着返回精神家园的路径的读者，我们更有必要打穿横亘在作者和读者之间的“隐含作者”这个森严的界壁，更有必要强调真实作者的修辞性介入对于读者的积极的引领作用和主导地位。

二、作者与人物

小说是通过叙述等修辞技巧写人的艺术，这就意味着小说创作必然要涉及作者与人物（主人公）的关系问题。是按照作者的价值观念、话语风格来统一人物的话语，还是让人物充分地享有对话权，他在和作者平等的思想对话中展示自己深层的心理世界，这构成了小说修辞研究作者与人物关系的两个不同的路向。

一种是布斯的小说修辞理论，它肯定了作者对于整个小说世界的主宰权，从主题确立到人物塑造，他都发挥着贯穿始终的整合作用，不仅如此，他还通过对修辞技巧的调度使用，控制着读者在情绪、认识、道德等方面的反应。

巴赫金则代表了另一种路向。在他看来，小说修辞研究主体关系时，应该把中心转移到人物方面来。他批评以作者为中心的修辞理论

① ［美］韦恩·布斯:《小说修辞学》,427 页。

是“文艺学的修辞学”，“它感兴趣的主要是作者语言”，而包括他自己的小说修辞理论在内的则属于另一种类型，它是“语言学的修辞学”，“主要感兴趣的是人物和讲述人的语言”[①]。他把那些作者在作品中被单一地放大和强调的小说，叫作“独白型”小说，而把赋予人物以平等权利的小说，叫作“对白型”小说。他认为，作为小说中“说话人”之一的人物应该成为“思想家”，他的话语也应该成为“思想的载体”[②]。而要达到这样的修辞目的，只有强调小说的对话性，或者说把人物从作者的统治下解放出来。这样，小说修辞主体研究的中心就发生了重大的位移：从作者主体向人物主体的位移。

如果说，布斯为作者权力的合法性进行辩护，那么，巴赫金考虑更多的是如何限制作者滥用权力；如果说布斯强调基于作者的同一性，即整个小说世界，由于有了作者的介入，才使小说成为一个可以被读者理解和接受的统一体，作品也才成为一个可以构成交流关系的媒介，那么，巴赫金的小说理论则强调基于杂语的差异性和对话关系。在巴赫金看来，“小说应是杂语的小宇宙”[③]，“长篇小说是用艺术方法组织起来的社会性的杂语现象”[④]，“小说正是通过社会性杂语现象以及以此为基础的个人独特的多声现象，来驾驭所有的题材，自己所描绘和表现的整个实物和文意世界。作者语言、叙述人语言、穿插的文体、人物语言——这都只不过是杂语借以进入小说的一些基本的布局结构统一体”；“不同话语和不同语言之间存在这类特殊的联系和关系，主题通过不同语言和话语得以展开，主题可以分解为社会杂语的涓涓细流，主题的对话——这些便是小说修辞的基本特点”[⑤]。

---

① 钱中文主编:《巴赫金全集》,第四卷,279 页,石家庄,河北教育出版社,1998。
② 钱中文主编:《巴赫金全集》,第三卷,119 页,石家庄,河北教育出版社,1998。
③ 钱中文主编:《巴赫金全集》,第三卷,202 页。
④ 钱中文主编:《巴赫金全集》,第三卷,40 页。
⑤ 钱中文主编:《巴赫金全集》,第三卷,41 页。

显然，巴赫金把杂语性和对话性当作小说的根本特点，这样，他就符合逻辑地要把人物的地位予以抬高，抬高到足以与作者平起平坐的地步，而不再把作者的话语置于具有主导作用的地位。在这一点上，他与布斯是针锋相对的，也与人们对小说修辞的通常看法相对立的。因为，修辞的本质就是克服种种障碍，准确、有力地传达情感、交流思想。这就要求小说家在修辞上要有高度的自觉性和明确的目的性。然而，巴赫金把"作者的意图"当作一个必须抛弃的正常概念予以否定，"这种概念实质上总是独白的，以为人们能够向听者明白无误地传达属于他们自己的意图，因而能够直接影响听者的应答"①。由此可见，虽然布斯和巴赫金的修辞学都与古希腊的修辞理论有着密切的联系，但是他们却分别强调发展了修辞学的不同方面：布斯强调的是修辞的说服性特征，因而从作者的角度研究小说家如何通过恰当的修辞介入和技巧运用，来影响读者，控制读者的反应，巴赫金则从雄辩术的对话性、辩诘性角度，强调作者和人物（主人公）的平等的对话关系，而限制小说家的话语，以免它破坏小说体现作者和人物平等关系的杂语性和对话性。

巴赫金通过对不同文学体式的比较，来说明体现作者和人物平等关系的杂语性和对话性，乃是小说修辞特有的一种性质。他认为，在诗歌中，一种完整统一的说话者的个人特点，是风格必备的前提，但在小说中，尤其是在长篇小说中，则不要求这些条件，而是要求"语言的内在分野"，否则，就会以"小说家的个性语言来偷换小说的风格，就会把问题弄得加倍地含混不清；这样做就歪曲了小说修辞的真正本质"②，让人只注意到作者语言的个性的成分，却忽略了小说家修辞活动的"特殊任务"，即利用多语型、多声部、多体系，甚至常常是不

① [美]凯特琳娜·克拉克、迈克尔·霍奎斯特：《米哈伊尔·巴赫金》，297—298页，北京，中国人民大学出版社，1992。

② 钱中文主编：《巴赫金全集》，第三卷，43页。

同民族语言的成分来构成一个整体的任务。其次，小说中的话语构成和主体关系与史诗也不同。巴赫金对史诗的看法，与黑格尔的观点相近。他认为史诗具有普遍性意义，史诗主人公的话语同作者的话语是融为一体的，“史诗里只能有一个统一的视角”[①]，因此，即令作者在史诗中不强调他的观点，他的思想观点也是唯一的和普遍的，“史诗中没有操着不同语言的许多说话人，这里说话的实际上仅仅作者一人，这里的话语也仅仅是一个统一的作者话语”[②]。而小说中则有多个视角，这些从不同视角产生的话语不能被统一于一个主体身上，甚至作者的话语也不能不依赖他人的视角和话语而独自起作用，而必须是在同其他话语的合作中，共同起作用。小说中的这种双声性的杂语，“是用他人语言讲出的他人话语，服务于折射地表现作者的意向”[③]。这是一种相对化的修辞策略和语言意识，它使用非直接的、有所保留的、折射的话语。它是小说家在他周围的杂语和多语现实中发现的，对小说创作和塑造人物有着非常重要的意义，因为，一位小说家如果“不善于达到相对化的伽利略式语言意识的高度，对现实中正在形成的语言所具有的天然的双声性和内在的对话性充耳不闻，那么他永远也不会理解、也不能实现小说体裁的潜力和任务”[④]。

总之，在巴赫金看来，小说体裁不允许作者主宰一切的独白，它维护作者话语和主人公话语之间的平等的对话关系。这里没有家长式的主宰者，没有高高在上的主席位置，大家尽可以在环形的圆桌旁坐下来，直接向每一个方向作出应答或发出疑问，根本无须看谁的脸色，请求谁的俯允，这就像克拉克和霍奎斯特所说的那样，“小说是一种认

① 钱中文主编:《巴赫金全集》,第三卷,121 页。
② 钱中文主编:《巴赫金全集》,第三卷,121 页。
③ 钱中文主编:《巴赫金全集》,第三卷,110 页。
④ 钱中文主编:《巴赫金全集》,第三卷,113 页。

识论意义上的不法之徒，是一位文本领域内的罗宾汉”[①]。

那么，作者的话语与人物的话语或主人公的话语，到底是如何交织和融合在一起的？换句话说，以“话语”关系形式表现出来的作者和主人公的关系到底是怎样的呢？

关于这个问题，巴赫金先后的回答不尽相同。在早期的理论著作中，他曾认为人物必须依赖作者，作者对人物的形成及其意识的显现，有决定性的作用，如果离开作者，人物没法在自己身上形成紧张而能动的统一体，“这一整体性犹如礼品是外加于他的，出自另一个能动的意识——作者的创造意识。作者的意识就是意识之意识，亦即涵盖了主人公意识及其世界的意识”[②]。为了完成对主人公意识世界的透视和把握，作者有着远远高于人物的能力，他“不仅看到而且知道主人公以至所有主人公所见所闻的一切，而且比他们见闻的还多；不仅如此，他还能见到并且知道他们原则上不可企及的东西。较之每一个主人公，作者总有一定的又是稳固的超视超知的部分，能够最终实现整体性（既是主人公的整体性，又是他们共同生活事件的整体性，即作品的整体性）的那些因素，恰恰就处在超视超知的部分之中”[③]。

与作者的这种超视超知的意识相反，主人公的意识则是处于被动的地位，为作者的意识所包容，“主人公自己的话语为作者关于主人公的话语所包容、所渗透。主人公在生活（认识与伦理）中对事件的关注，也为作者的艺术兴趣所包容”[④]。在这里，作者的积极的作用，与主人公的“消极状态”形成鲜明的对照，巴赫金由此推导出了这样的一个公式，即作者对主人公所持的是一种基本的、审美上富有成效的立场，“它的普遍公式就是，作者极力处于主人公一切因素的外位：空间上

① [美]凯特琳娜·克拉克、迈克尔·霍奎斯特：《米哈伊尔·巴赫金》，336页。

② 钱中文主编：《巴赫金全集》，第一卷，108页。

③ 钱中文主编：《巴赫金全集》，第一卷，108—109页。

④ 钱中文主编：《巴赫金全集》，第一卷，109页。

的、时间上的、价值上的以及含义上的外位。处于这种外位，就能够把散见于设定的认识世界、散见于开放的伦理行为事件（由主人公自己看见是散见的事件）之中的主人公，整个地汇聚起来，集中他和他的生活，并用他本人无法看到的那些因素加以充实而形成一个整体”[⑤]。需要指出的是，在巴赫金看来，作者的这种优越地位的确立和主导作用的实现，是以“外位”性为条件的，也就是“作者会超越自身之外，应在另一层面上体验自己，而不是在我们实际上体验自己生活的那个层面上”[⑥]，换言之，作者要“成为相对于自身的他人，用他人的眼睛来看自己”[⑦]。

所谓“外位”性，就是作者在用他者的眼光看自己、看世界所处的位置，所形成的能力，而不是指作者直接单凭自身固有的标准、意识去处理人物的意识，处理自己与人物的关系。显然，巴赫金对作者在处理自己与人物关系时的主动性和主导性的理解，与布斯在《小说修辞学》所讲的那种作者基于自身固有的修辞目的的积极介入，是完全不同的。在布斯看来，说作者完全控制着人物，是没有什么不妥的，而说主人公控制着作者，就是一件不可思议的事情。但是，在巴赫金看来，失去了外位性所形成的三种关系都是不正常的：主人公控制着作者；作者控制着主人公；主人公即作者。在第一种情况下，作者完全丧失了自己“令人信服的价值支点”[⑧]，完全服从于主人公，通过主人公的眼睛看世界。这样，作者就无法以其充分的观察，在主人公之外，获得令人信服的贯彻始终的超视超知的外位立场，也就无法观照到主人公的整体以及从外部包容、限定、衬托主人公的世界，也就不能有效地构成平等的对话关系。在第二种情况下，是作者控制着主人公，

⑤ 钱中文主编:《巴赫金全集》,第一卷,110 页。
⑥ 钱中文主编:《巴赫金全集》,第一卷,111 页。
⑦ 钱中文主编:《巴赫金全集》,第一卷,112 页。
⑧ 钱中文主编:《巴赫金全集》,第一卷,114 页。

并把自己的意识、立场、评价态度加给主人公，主人公也用作者的价值尺度来评价自己，“作者的反应进入主人公的心灵，或者表现在他的话语中”①。这样导致的结果，使人们对主人公的情感和立场的实际可信性发生了怀疑，主人公往往因其天真、缺乏自我意识和个性，而对事件和自我作出许多并不符合自身的评价。第三种情况是主人公本人就是自己的作者，在这种情况下，作者与主人公合二为一，这就丧失了那种保持超位性的对话关系，小说的内在的审美价值也丧失尽净，因为，“当只有一个统一而又独一无二的参与者时，不可能出现审美的事实，一个绝对的意识，没有任何外位于自身的东西，是不可能加以审美化的”②。换句话说，小说审美价值形成的先决条件，是至少必须有两个不同的意识或参与者相互作用，“审美事件只能对有两个参与者的情况下才能实现，它要求有两个各自不同的意识。一旦主人公和作者互相重合，或者一起坚持一个共同的价值，或者互相敌对，审美事件便要受到动摇……”③这就要求主人公与作者分离开来，形成两个足以产生对话关系的参与者，使人物具有自己的意识，使作者处于外位的立场：“作者作为积极的创造者应该处在他所创造的世界的边缘上，因为一旦他闯入这一世界，就会破坏他的审美稳定性。”④

总之，巴赫金早期关于作者与主人公关系见解的根本观点，是一种均衡地强调构成各种关系的主体性因素的作用和意义的观点，它把作者与主人公的关系理解为一种和而不同的边界关系。审美文化就是边界文化。“作者的任务就是在小说中据守着自己的外在于人物的坚定而可靠的立场，长时间地驾驭自己的力量而自由行动”，“创造和加工

① 钱中文主编:《巴赫金全集》,第一卷,116 页。

② 钱中文主编:《巴赫金全集》,第一卷,118—119 页。

③ 钱中文主编:《巴赫金全集》,第一卷,119 页。

④ 钱中文主编:《巴赫金全集》,第一卷,288 页。

人的内外边界”[①]。

应该说在早期的《长篇小说话语》和《审美活动中的作者和主人公》两部著作中，巴赫金对作者与主人公关系的理论阐释，是富有创建性的。他既指出了小说的杂语性、对话性、人物意识与作者意识的分离性乃至对立性，又正确地强调了作者在小说创作中的积极作用：作者既是指挥者，又是“合奏”者；他既不役使于人物，也不役使人物，也不同一于人物，而是在审美的层面上，与人物、主人公形成一种积极的边界关系。他改变了我们对人物、主人公的某些过于绝对的看法，给我们提供了一个符合美学原则的相对视角，从而有助于我们形成小说修辞处理作者与人物、主人公关系的新理念。即如果作者站在超位的立场，同时，又外位地从主人公的立场出发，用主人公的话语构成一个他者，那么，作者与主人公的审美的对话关系，就会成为有效而自然的现象。

但是，当他把自己的理论应用到对陀思妥耶夫斯基小说的分析上，尤其是1963年对《陀思妥耶夫斯基诗学问题》(简称《诗学问题》)作进一步修改的时候，他以前确立的符合审美原则的作者与主人公的均衡和谐的主体关系，便发生了严重的倾斜，人物被赋予了高于作者的地位和作用。他曾批评过的陀思妥耶夫斯基小说中的缺点[②]，则成了体现和证明他最新确立的作者—主人公关系原则的典范和样板，他几乎把任何作者的修辞性介入，都指责为“独白主义”，而“邪恶的陀思妥耶夫斯基则成了既是世界观又是写作风格的‘对话主义’的化身”[③]。

在《诗学问题》中，巴赫金不再从历史的过程中考察对话小说的形成和发展，不再把陀氏的小说看作是欧洲小说修辞两条路线中其中

① 钱中文主编:《巴赫金全集》,第一卷,300页。

② 他批评陀思妥耶夫斯基的所有人物都存在问题,原因是他们的对话退化成辩论,“作者没有形成统一的面孔”,等等。参见钱中文主编:《巴赫金全集》,第一卷,116页。

③ [法]托多洛夫:《批评的批评》,79页,北京,三联书店,1988。

一条的延续和发展，是与巴洛克小说密切联系的结果[①]，而认为陀氏在小说修辞的复调性上是前无古人的，而认为“惟有陀思妥耶夫斯基堪称真正复调小说的创始人”[②]：他的小说难以纳入某种框子，并且，“不服从我们从文学史方面习惯加给欧洲小说各种现象上的任何模式”[③]。巴赫金认为陀思妥耶夫斯基小说的基本特点，就是“有着众多的各自独立而不相融的声音和意识，由具有充分价值的不同声音组成真正的复调”[④]。由于使人物具备了这种包容了人物全部思想观念的自由的意识，陀氏小说中的人物便不再是作者意识的单纯客体，不再是传统小说中那种客体性的人物形象：“陀思妥耶夫斯基恰似歌德的普罗米修斯，他所创造出来的不是无声的奴隶（如宙斯的创造），而是自由的人；这自由的人能够同自己的创造者并肩而立，能够不同意创造者的意见，甚至反抗他的意见。”[⑤]

巴赫金的复调小说理论，发现了陀氏小说的一个极为重要的特点，即主要通过给人物以极大自由空间和对话权，来描写人物复杂、矛盾甚至变态的内心世界。从某种程度上讲，陀氏的这种小说修辞方式，确实使小说中这些敏感而偏执的人物的意识因为较少受到作者的过滤，而显得更加真实。但是，巴赫金的小说修辞理论，同其他许多现代小说理论一样，在处理作者与人物的关系时，往往错误地排斥和否定作者的意义和作用，而不适当地抬高人物的地位，把二者绝对地对立起来。它们让人接受这样的观念：故事是自动讲述的，人物是自我展现的，因此，小说越是显得具有客观性，便越好。它们否定关于小说的一个常识层面的基本性质，即小说是一种叙事文体，小说中的

---

① 参见钱中文主编:《巴赫金全集》,第三卷,181 页。

② [俄]巴赫金:《陀思妥耶夫斯基诗学问题》,68 页,北京,三联书店,1988。

③ [俄]巴赫金:《陀思妥耶夫斯基诗学问题》,29 页。

④ [俄]巴赫金:《陀思妥耶夫斯基诗学问题》,29 页。

⑤ [俄]巴赫金:《陀思妥耶夫斯基诗学问题》,28—29 页。

一切都是作家讲述出来的。这样，巴赫金就同其他现代小说理论家一样，排斥显示作者存在和作用的“独白性”讲述的修辞意义，而“赞扬形式主义的‘展示手法’这一概念”①。巴赫金说，“可以直截了当地说，陀思妥耶夫斯基总要从一个人物的内心矛盾中，引出两个人来，目的是把这一矛盾戏剧化，把它横展开来。……陀思妥耶夫斯基努力在小说中遵循戏剧的共时原则”②；“自我意识作为塑造主人公形象的艺术主导因素，本身就足以使统一的独白型艺术解体。但有个条件，就是作为自我意识的主人公，要真正描绘出来，而不是表现出来”③。

显然，同布斯所批评过的片面强调“展示”的戏剧效果和真实效果的“视点”派小说理论家一样，巴赫金也把讲述与展示对立起来了，只不过“视点”派强调从人物的观点，通过人物的意识中介观察世界，而巴赫金则要以人物的意识作为形成对话的中心。巴赫金认为陀氏的小说达到了这种纯粹客观地以人物意识为中心的境界，“他把一切纳入主人公的视野，把一切投入自我意识的熔炉内；而作为观察和描绘对象的主人公自我意识，以纯粹的形式整个地留在作者的视野之中”④，这样，“对陀思妥耶夫斯基来说，重要的不是主人公在世界上是什么，而首先是世界在主人公心目中是什么，他在自己心目中是什么”⑤。也就是说，作者只不过是一个观察者，一个记录员，一个同人物一样的对话者，他不评价什么，而把兴趣集中在主人公对自己和周围世界的评价上。巴赫金有时虽然也认为，要是说在陀思妥耶夫斯基的小说中作者意识完全没有得到表现是荒谬的，但他却仅把作者意识的“积极性”局限于使自己的意识不把作为他人意识的主人公的意识变为客体“不

① ［美］凯特琳娜·克拉克、迈克尔·霍奎斯特：《米哈伊尔·巴赫金》，325 页。
② ［俄］巴赫金：《陀思妥耶夫斯基诗学问题》，60 页。
③ ［俄］巴赫金：《陀思妥耶夫斯基诗学问题》，87—88 页。
④ ［俄］巴赫金：《陀思妥耶夫斯基诗学问题》，83 页。
⑤ ［俄］巴赫金：《陀思妥耶夫斯基诗学问题》，82 页。

要作出最后的结论”，而要通过再现他人意识及他们的世界，“写出他们真正的不可完成的状态（因为它们的本质所在，正是这个不可完成的特点）”[①]。可见，这是一种消极的“积极性”。

由上可见，巴赫金的小说理论，从形式上看，似乎是偏重人物塑造的客观性，实质上，则具有把人物的内心世界和意识活动看得高于外部现实的主观主义性质。否定作者从外部对人物进行理性的分析、整合与表现，否定作者意识对人物的必要渗透和把握，是其主观主义性质的一个突出特征。然而，不管怎样否定，都难以改变这样一个事实，那就是，一部真正客观的小说，必然是经过作者的意识对所描写和叙述的一切内容的合规律把握的结果。没有这种外在的稳定的作者立场，没有稳定的整体通观的作者视野，就不可能有对人物和事件的完整、有力的把握和表现。就此而言，主人公意识是通过作者获得独立的存在的，主人公意识是建立在作者意识和外部世界坚实的基础之上的。所以，从许多方面看，作者在小说中的介入，对人物进行带着作者评价态度和情感色彩的描写，乃是一个合艺术规律的生态现象，这不仅像阿诺德·本涅特所说的那样，每一个“作者的心志气质贯穿于小说的每一页上，透过它来观察现实”[②]，而且，对陀思妥耶夫斯基来说也一样，恰像托多洛夫所说的那样，“陀思妥耶夫斯基并不是他作品中许多声音中的一种，而是作品唯一权威的创造者，与作品中的所有人物根本不同。因为这些人物只能代表一种声音，而陀思妥耶夫斯基是这些众多声音的唯一的创造者”[③]。钱中文先生也指出了巴赫金对话理论存在的问题，并正确地说明了作者在创作中对人物进行把握和表现时的优越地位和决定作用。他说复调小说虽然确实可以使人物的“主体意识得到加强”，但人物与作者的对话关系，“仍然处在非对话的把握

① ［俄］巴赫金：《陀思妥耶夫斯基诗学问题》，109 页。

② 王春元、钱中文主编：《英国作家论文学》，389 页，北京，三联书店，1985。

③ ［法］托多洛夫：《批评的批评》，86 页。

之中，主人公的自我意识仍然处在创作主体的制约之中，而作为主人公即使可以获得主体性的特征，但他注定摆脱不了客体性的困扰，因为归根结底，主人公总是作者这一主体的创造物，总是受制于作者本人的意图的”[①]。他最终的结论是：“不能把主人公的独特性夸大到与作者对峙，不受作者限制、约束的地步。”[②]

确实，从根本上说，陀思妥耶夫斯基的小说，也恰好证明了作者意识把握人物意识，作者控制着人物这一小说作者与其人物的主体关系上的客观规律。在几乎所有陀思妥耶夫斯基的小说中，总有作者自己的声音和形象贯穿其中，作者的观点也显而易见地是在高于人物的层面上统摄全书。我们在《卡拉玛佐夫兄弟》中的谢廖沙、佐西马长老身上，在《白痴》中的梅什金公爵身上，在《罪与罚》中的拉斯科尔尼科夫身上，都可以看到一种基源于作者的共同的东西。这是作者把它“强加”给人物的一种精神气质。高尔基把它命名为“卡拉玛佐夫气质”。其实这种气质来源于“我们的恶毒的天才”，“他本人是一个伟大的受折磨者和具有病态良心的人”[③]。他以自己的内在气质规定的方式，描写了“俄国人身上的两种病症：彻底绝望的虚无主义者的残酷的淫虐狂，以及——和这相反——被压溃的、被吓坏的、能够欣赏自己的苦难，幸灾乐祸地在大家面前和自己面前津津乐道这种苦难的一种人的被虐待狂。即使被打倒了，仍然以此为荣”[④]。我们完全可以把陀氏小说中这种作者高于人物，作者的意识、气质渗透、包容了整个小说的现象，看作作者在小说修辞上自觉追求的结果，因为他不仅从来没有无原则地让自己与人物之间“忘形到尔汝”，而且明确反对把作者降低到人物的地位，明确强调作者主观因素在小说中的介入是一个必

① 钱中文:《文学理论流派与民族文化精神》,235—236 页,长春,吉林教育出版社,1993。

② 钱中文:《文学理论流派与民族文化精神》,217 页。

③ 易漱泉等编选:《外国文学评论选》,下册,163 页,长沙,湖南人民出版社,1983。

④ 易漱泉等编选:《外国文学评论选》,下册,161 页。

然的需要和客观的事实：

作者过分地沉醉于作品人物之中，没有片刻的勇气冷眼旁观。我们觉得仅仅以真实的方法来表现人物的特征还不够，无论如何还应该用自己的艺术观点加以阐明。真正的艺术家绝不应与笔下人物处于同等的地位，满足于人物自身的真实性，如果这样，他就无法达到印象的真实。[①]

在另一个地方，他指出作者在作品中的出现是必然的、不可避免的，对真正的艺术家来说，"在绘画中也罢，在短篇小说中也罢，在音乐作品中也罢，必然会见到他自己；他是不由自主被反映出来的，甚至违背自己的意志，带着自己的观点，自己的个性，自己的发展水平而显露出来"[②]。这些论断足以说明，陀氏在处理作者与人物的关系时，从来都没有否认过自己作为创造者的主导地位和决定作用。

由于巴赫金在理解和论述作者与人物的主体关系时，无限度地抬高人物的地位，贬抑作者的作用，并以陀氏的小说作为几乎唯一合乎标准的样板，他便往往将复杂的创作现象简单化，将具有相对意义的修辞方式绝对化，更为严重的是，他在批评实践中，以悖乎经验和常识的褊狭观点，对托尔斯泰、巴尔扎克、司汤达的创作经验和成就进行否定。他说陀氏"要寻求的，首先是具有充分价值、似乎不受作者控制的主人公语言。这种主人公语言所要表现的，不是主人公的性格（或其典型性），也不是某些具体生活环境中的立场，而是主人公在世界中采取的最终的思想立场，是主人公对世界的看法。陀思妥耶夫斯基为了作者和作为作者，寻求那种刺激的、挑逗性的、盘查式的、促

① [法]托多洛夫:《批评的批评》,85页。

② [法]托多洛夫:《批评的批评》,263页。

成对话关系的语言和情节”[①]。

与此相反，“巴尔扎克无力改变自己主人公的客体性质和自己艺术世界的独白型的完整性”[②]，而托尔斯泰则“不面向主人公，不询问主人公，也不等待主人公的回答。作者既不与自己的主人公争论，也不表示赞同他们。他不是和他们交谈，而是谈论他们”，“作者对主人公的最终论定的评价，本质上就是背靠背的评价，它不要求也不考虑主人公本人对这一评价作出回答。……作者的评价态度不会遇到来自主人公的内心的对话式的反抗”，这使得主人公的观点缺乏主体性，“总带有客体的性质”[③]。

巴赫金对司汤达、巴尔扎克和托尔斯泰的批评显然是站不住脚的。巴尔扎克有力而博大，司汤达精细而优雅，托尔斯泰健康而伟大，陀氏则敏感而复杂。他们谁也不能取代谁，谁也不能否定谁。具体来讲，小说修辞构成和表现作者与人物主体关系的方式和样态，是多种多样的。通过心灵冲突、平等对话，构成凸显人物意识和话语的主体关系形态，只不过是其中的一种。再说“对话”本身并非目的，作者与人物或主人公形式上的平等，也不是评判一部小说在修辞上成功与否的最终标准。小说修辞的根本目的，是塑造出活的人物来，并使小说中的一切都具有让人信服和乐意接受的力量。只要有助于达到这些修辞目的的修辞手段，都是有效的。读者不会在乎在运用这些技巧手段时，作者和人物是“面对面”地谈话，还是作者与人物“背对背”地独白。当然，辩证地来看，每一部真正伟大的小说，在处理作者与人物的主体关系时，都或多或少具有以尽量客观的方式，以尽量给予人物以表现自己的性格和思想的独立性和自主性的方式，来表现人物的性格和气质，或者说，多多少少都具有体现作者与人物的相对平等

---

① [俄]巴赫金:《陀思妥耶夫斯基诗学问题》,75页。

② [俄]巴赫金:《陀思妥耶夫斯基诗学问题》,68页。

③ [俄]巴赫金:《陀思妥耶夫斯基诗学问题》,113页。

关系的对话性质。托尔斯泰也反对把话语的“真理”权交给一个人，在他看来，不管是谁，任何时候都不能说“我有真理”，“谁也没有权利说只有他一个人才知道，谁要这样说了，那他就错了”[①]。从具体的创作情况来看，我们可以说，托翁的小说与陀翁的小说，在处理作者与人物的主体关系时都具有在二者之间维持一种相对客观和平等关系的性质。只不过从体现这种关系的具体方式上来看，陀翁的小说侧重于从人物自身的意识活动和思想冲突的内在角度来展开描写，而托翁的小说则更多的是从作者的转述性外在视角来描述，前者具有依赖人物对话的戏剧艺术的直呈性，而后者则不排除作者对人物心理的理性分析和超位性讲述。但就修辞效果上来看，托翁的小说则给人一种更广阔、更丰富、更客观、更真实、更生动、更完美的印象。他在对人物的内心世界的描写上，采用了完美的“心灵辩证法”技巧，这样，“那种难以捉摸的内心生活现象，彼此异常迅速而又无穷多样变化着的，托尔斯泰伯爵都能巧妙地描绘出来”[②]。奥夫夏尼科库立科夫斯基说托尔斯泰“作为一个艺术家，他具有保持非凡平衡的特点，而且几乎总是能为自己不安的观察和热情的探索找到艺术表现的史诗般从容不迫的形式”[③]。意大利的皮奥维涅通过比较，得出这样的结论：陀翁的小说属于心理分析型，他把“人物搞得支离破碎；把他复原，那只有在神秘主义方面，而绝不是在人的方面”[④]；而托尔斯泰同时也是个心理大师，但他却取得了巨大的成功，他在塑造人物时，使“社会政治方面同内心方面、个人方面相结合，水乳交融，保持平衡”，这是“塑造人物，并且是，巩固人物作为完整的性格、有机体，取得免疫力而不至于支

① 倪蕊琴编选:《俄国作家批评家论列夫·托尔斯泰》,401 页,北京,中国社会科学出版社,1982。

② 倪蕊琴编选:《俄国作家批评家论列夫·托尔斯泰》,32 页。

③ 倪蕊琴编选:《俄国作家批评家论列夫·托尔斯泰》,185 页。

④ 陈燊编选:《欧美作家论列夫·托尔斯泰》,489 页,北京,中国社会科学出版社,1983。

离破碎的一个办法。这是小说不容易做到的平衡”[①]。

我们可以通过对《战争与和平》和《罪与罚》中的两段心理描写的比较，来看看托翁和陀翁在处理作者与人物的主体关系，获得修辞效果等方面的不同。

《战争与和平》第二册第一部这样写皮埃尔与妻子的情夫多洛霍夫角斗，并打伤了后者，当天夜晚，情绪激动，难以入睡，进行痛苦的反省的情景：

“发生了什么事？”他问自己。“我打死了情夫，是的，我打死了妻子的情夫。是的，是这么回事。为什么？我竟然干出这等事？——因为我娶了她。”内心的声音在回答。

“可是我有什么过错？”他问。“过错就在你娶了她而不爱她，过错就在于你欺骗了自己，同时欺骗了她。”于是他历历在目地想起在瓦西里公爵家晚饭后的那个时刻，当时他言不由衷地说了句：“Je Vous aime.”(法语：我爱您。)“一切都是由此而来！我当时就感觉到，”他想，“我当时就感觉到这不对头，我没有权利说这话。果然如此。”他回忆他度过的蜜月，他一想起就脸红。在他婚后不久的一天，中午十二点钟，他穿着绸睡衣，从卧室走进书房，在书房里碰到总管家，他恭恭敬敬地鞠躬，看看皮埃尔的脸，看看他的睡衣，露出了笑意，仿佛是用这微笑对主人的幸福表示毕恭毕敬的同情，这段回忆他觉得特别生动、受辱、可耻。[②]

《罪与罚》第一章第四节也用了很长的篇幅，写拉斯科尔尼科夫收到母亲的来信，得知妹妹杜尼雅为了让他幸福而嫁给自己并不爱的卢仁后的复杂的心理活动：

---

① 陈燊编选:《欧美作家论列夫·托尔斯泰》,492 页。

② ［俄］列夫·托尔斯泰:《战争与和平》,第 2 册,30—31 页,北京,人民文学出版社,1995。

……我不怪妈妈，愿上帝保佑她，她本来是这样的人嘛，可是杜尼雅怎么啦？杜涅奇卡，亲爱的，我了解您！我们最近一次见面的时候，您已经二十岁：我已经了解您的性格。妈妈在信上写道："杜涅奇卡忍耐心很强。"这点我知道。两年半前我已经知道了这一点，两年半来，我一直想着这一点，我正是想着这一点："杜涅奇卡忍耐心很强。"她能忍受斯维德里加依洛夫先生和由他所造成的一切后果，这样看来，她的确忍耐心很强。可是现在她和妈妈都以为，她也能容忍卢仁先生。他大谈从穷苦人家讨来的和蒙受丈夫恩泽的妻子的优点，并且几乎初次见面就说这样的话。就算他"失言"，虽然他是个细心的人（他也许压根儿没有失言，而是要尽快地表明自己的态度），可是杜尼雅，杜尼雅呢？她当然了解这个人，而且往后她必须跟这个人一起生活。她将会啃黑面包和喝白开水，但她绝不会出卖灵魂，绝不会因贪图享受而牺牲精神上的自由；即使拿石勒苏益格和荷尔斯泰因来交换，她也不愿接受，何况是一个卢仁先生。不，杜尼雅不是这种人，我多少知道一些，而且……不用说，她现在也没有变！……还用说嘛！斯维德里加依洛夫一家真叫人够受了。为了一年两百卢布的薪水而在外省各地当家庭教师，一辈子东奔西跑也是一件苦事；可我还是认为，我的妹妹宁肯到种植场去当奴隶，或者学拉脱维亚人的样投奔波罗的海东部沿海地区的德国人而绝不愿玷辱自己的人格和道德，去跟一个不受她尊敬的和同她一点儿也合不来的人结合，——仅仅为了贪图个人利益而跟他结为终身伴侣！就算卢仁先生是用一块纯金铸成的，或者是用一大块金刚钻做成的，她都不会同意去做卢仁先生的合法的姘妇！为什么她现在同意了呢？这是怎么回事啊？怎样解释呢？事情很清楚：为了自己，为了自己的享乐，甚至为了救自己的性命，她也不肯卖身，可是现在她为了别人而卖身！为了一个亲爱的人，为了一个她特别喜欢的人而卖身！就是这么回事：为了哥哥，为了母亲而卖身！出卖一切！啊，现在，我们在必要时就会压制我们的道德感，就会把自由、安宁，甚至于良心，一切的一切，都拿到旧货市场上去出卖。不惜牺牲生命！只要我们心爱的人能够生活得幸福。不但如此，我们还编造了一套强词夺理的诡辩，去向耶稣会士学习，大概这样暂时可以安慰一下自己，使自己相信这样做是必要的。要达到这个善良的目的，确实应该这样做。我们都是这样的人，一切都像白昼一样清楚。显然，这里中心人物不是别人，就是罗季昂·罗曼诺维奇·拉斯柯尔尼科夫。可不是么，他可以得到幸福，可以继续上大学，可以成为事务所里的合伙人，他的整个前途可以得到保障；或许以后他会成为一个有钱的人，享有荣誉和受人尊敬的人；或许晚年甚至成为一个名流！可是母亲呢？这关系到罗佳，她的宝贝，长子罗佳的一生！为了这样一个长子，怎么不能牺牲哪怕是这样一个好女儿呢！啊，可爱的、太偏的心眼儿！为什么呢？我们大概也甘心情愿接受和索涅奇卡同样的命运吧！索涅奇卡·马尔美拉陀娃，世界存在一天，索涅奇卡便永垂不朽！你们俩可充分地估量过这种牺牲，这种牺牲吗？估量过吗？做得到吗？有好处吗？合理吗？杜涅奇卡，您可知道，您跟卢仁先生一起生活的命运绝不会比索涅奇卡的命运好些？妈妈在信上写道："谈不上有什么爱情。"如果不但没有爱情，连尊敬也不能有，那怎么办？相反地，有的却是厌恶、鄙视和怨恨，那又怎么办？那么又得"保持整洁"啦。是不是这样呢？这种整洁是什么意思，你们明白吗？明白吗？明白吗？你们明白不，卢仁的整洁跟索涅奇卡的整洁是没有什么区别的，也许甚至更坏，更丑恶，更卑鄙，因为您，杜涅奇卡，到底是贪图不必要的享乐，可是对于她，这简直是饿死的问题！"杜涅奇卡，这种整洁的代价是昂贵的，很昂贵！"嗯，如果以后做不到，您会懊悔吗？多少悲痛，多少忧愁，多少诅咒，多少泪水被掩藏起来，不让人知道，因为您不是玛尔法·彼得罗夫娜？那么母亲会怎样呢？要知道，她现在就感到不安，感到烦恼了；等到她把一切都看清楚了，那会怎样呢？而我会怎样呢？……您到底把我想成怎样的人呢？杜涅奇卡，我不要您的牺牲；妈妈，我不要！我活着一天，这门婚事绝不会成功，绝不会成功！绝不会成功！我不同意！

他忽然从沉思中醒过来了，站住了。[①]

很明显，陀思妥耶夫斯基的心理描写更具有直呈性，在大段甚至整页的心理描写中，作者的在场性都被淡化了，仿佛人物的话语未经任何转述，而是直接地讲出来的。而托尔斯泰的描写，则明显地表现出作者近距离的在场性，人物的心理活动都具有被转述的性质，作者一再用“他想”“他说”“他问”“他回答”等转述话语的引导词，对人物的心理活动进行有序化整理，并用作者的概述性语言，对他的心理活动进行分析，或提供背景性的因素，充分显示了作者高于人物又合乎艺术规律地处理自己与人物主体关系的完美技巧。从修辞效果上看，陀思妥耶夫斯基的心理描写给人一种与人物一同经历苦难、体验煎熬的强烈感受，让你觉得是在直接倾听人物的心声，同时接受来自各个方面的话语的冲击。但是，他的描写也给人一种榛弗剪的混乱感，一种病态的夸张感。而托尔斯泰的描写则给人一种稳定、澄明、完整、适度、和谐的感觉。如果说，一个人只要他 8 岁就能读书，他就可以读懂托尔斯泰的小说，而且等他到了 80 岁，他也仍然会喜欢托尔斯泰的小说，那么，陀思妥耶夫斯基的小说则显然不具备这种普适性，它更受那些具有宗教气质、哲人倾向、忏悔意识和苦难体验的人的欢迎。

总之，托尔斯泰和陀思妥耶夫斯基在通过各种具体的技巧处理自己与人物的关系的时候，呈现出不同的特点和倾向，这是由他们的不同的气质、性格和修辞原则所决定的，是完全正常的。我们不能用这个作家的经验作为标准，来评判乃至否定另一位作家的同样成功的经

① ［俄］陀思妥耶夫斯基:《罪与罚》,34—36 页,上海,上海译文出版社,1996。

验。对于巴赫金以陀思妥耶夫斯基否定托尔斯泰的理论，别林斯基的话仍然是有用的告诫：“把一位伟大诗人同另一位比较是非常困难的，因为如果在比较中显露出抬高一个而贬低另一个的意图，那么这种比较是荒谬的或庸俗的。”[①] 而安年科夫的话则会让我们记住，随意否定一个大师则是很不明智的：“像托尔斯泰伯爵那样的专门的小说家、大师、艺术家，是无需我们来开导的。”[②]

那么，对于巴赫金关于小说作者与主人公修辞关系的对话理论，到底应该如何认识、如何评价呢？

巴赫金的小说修辞理论，提高人物在小说中的地位，强调小说的重要特点在于能够并行不悖地使用各种类型的语言。这从大的方面来看，确实具有冲击和否定专制话语的力量，有利于消解人们对某种统一的唯一的思想教条的崇拜，这种专制的话语和思想教条“要求我们接受并且学习，它强加给我们，而且不管对我们有多大的内在说服力。它在我们之前就同权威的力量结合起来。专制的话语在很久以前与等级制有机地联系着，可以称之为父辈的话语。它早在过去就已得到承认，它是先我而在的话语”[③]。从批判专制主义和进行思想启蒙的角度看，恰如克拉克和霍奎斯特所说：“对话主义是解放性的，因为正是它坚持认为，我们所有的人都必然参与意义的创造。”[④] 从这一点来看，巴赫金的小说理论既表现了近代人文主义运动和启蒙主义思潮的精神，又与现代主义思潮是相通的，表现了解构主义反对绝对中心和“全在”话语的典型特征。从小说创作处理主体关系的具体方面来看，巴赫金的理论则有校正现代主义小说将人物符号化、抽象化、物态化、理念

① 转引自［俄］乌尔诺夫等著：《关于二十世纪文学的论争》，32 页，北京，外国文学出版社，1991。

② 倪蕊琴编选：《俄国作家批评家论列夫・托尔斯泰》，77 页。

③ 钱中文主编：《巴赫金全集》，第三卷，129 页。

④ ［美］凯特琳娜・克拉克、迈克尔・霍奎斯特：《米哈伊尔・巴赫金》，418 页。

化的作用，它告诉人们，只有当小说家把人物当作有自由、有个性、有尊严、有思想的高贵的独立个体的时候，真正意义上的小说才能产生。小说就是由这些复杂的个体意识的冲突和对话组成的。

但是，从消极一面来看，巴赫金的小说修辞理论有以下三个方面的不足：

第一，否定作者的主导地位和修辞性介入的意义和作用。他把一切基于叙述需要的作者的因素，都看作剥夺人物的话语权和妨碍人物意识自由发展的消极因素而予以否定。这种理论不利于小说家充分地行使自己的权利，不利于小说家与人物和读者之间建立真正的主体关系。此论申说已多，此处不赘。

第二，怀疑论和相对主义倾向。由于否定作者在小说修辞中的主导作用和中心地位，而让一切话语都平等地进入小说，这样，就在小说中形成一个众声喧哗的杂语的小宇宙，这里没有中心，没有相对稳定的东西。巴赫金反对任何肯定性、完成性、封闭性。“必须让杂语充溢于文化意识之中，充溢于文化意识的语言之中，钻进它的核心；必须把表现思想和文化的基本语言体系相对化，铲除它那天真幼稚的无可争议性。”[①] 这样，他就把问题推向了极端，否定了人类已经形成的思想和文化的普遍原则和对某些重大问题的规律性认识，从而把话语置于彼此永远不能融合的无尽的时间之流中。作者既没有权力也不能给出人物一个可以接受的现成答案，人物却可以拒绝作者“强加”给他的任何结论。“陀思妥耶夫斯基所擅长的，却正是描绘他人的思想，但又保持其作为思想的全部价值；同时自己也保持一定的距离，不肯定他人的思想，更不把他人的思想同已经表现出来的自己的思想融为一体”[②]。作者既不能作肯定性的陈述，提供现成的答案，也不能与人物的意识达到相交、相融的契合境界，这就导致了消极的个人主义、任意

① 钱中文主编:《巴赫金全集》,第三卷,156 页。

② [俄]巴赫金:《陀思妥耶夫斯基诗学问题》,128 页。

相对主义和普遍怀疑论。尽管巴赫金曾特意说明他的复调论与相对主义毫无共同之处[①]，但实际上，相对主义却与否定作者主导地位的绝对“对话”理论如影随形，当巴赫金要求小说作者永远站在这样的立场：“它（这个立场）排斥任何单一的说教主义的严肃性，不让任何一种观点，不让生活和思想的任何一个极端，得以绝对化”[②]上的时候，等于从客观上肯定了相对主义和怀疑论。对话理论所追求的“狂欢式的世界感受”，把一切稳定的、已经成型的、现代的东西，全给相对化了[③]，“世上还没有过任何终结了的东西；世界的最后结论和关于世界的最后结论，还没有说出来；世界是敞开着的，是自由的；一切都在前头，而且永远只在前头”[④]。这样一来，既然一切都是相对的、未完结的、未定状态的，那么，作者也就没有决断权，不能提供任何结论和答案，而任何小说中的人物，都可以陈述自己的思想与看法，于是，便只存在相对论意义上的“对话”：“一切莫不归结于对话，归结于对话式的对立，这是一切的中心，一切都是手段，对话才是目的。”[⑤]这就切断了小说对稳定的意义目标的最后指涉，取消了人们通过对话的交流、沟通，最后形成一致性结论的可能性。这样，对话因为失掉了意义目标和一种可被普遍认同的肯定的性质，而成为众声齐鸣的喧哗。这其实是一种多元化的“独白”，它与一元性的专制话语的不同，只在于后者只允许有一种声音存在，而且提供的结论既缺乏内在的说服力，也没有什么价值，而前者却把一元话语分延为多元话语，增加了不受控制的言说主体，大家各说各的，却不提供任何结论，人们关注对方的“声音”，也不是为了形成“结论”，只不过因为它是引发我的“声音”的

① [俄]巴赫金:《陀思妥耶夫斯基诗学问题》,111页。
② [俄]巴赫金:《陀思妥耶夫斯基诗学问题》,231页。
③ [俄]巴赫金:《陀思妥耶夫斯基诗学问题》,233页。
④ [俄]巴赫金:《陀思妥耶夫斯基诗学问题》,232页。
⑤ [俄]巴赫金:《陀思妥耶夫斯基诗学问题》,344页。

条件而已。没有最终的结论，没有一致的同意，只有永远的质疑、辩诘和反对：

巴赫金与其他一些人都承认了支配人类生活的异质性和矛盾性，承认了一切绝对主张的虚妄不实。但与其他许多人不同的是，他没有为缺少确定性而悲叹。他的独特性在于以多种方式赞美和阐述了世界的不可预测性。对话主义的前提是我们不可避免的无知，是我们最热爱的构架和最精致的体系都必然有裂隙。巴赫金对命定的不确定性感到欣喜，他称之为一条不断拓展的道路，永远没有死亡的终点。①

事实上，正如克拉克和霍奎斯特所说的那样，巴赫金确实把一切确定的意义都视为幻象，而且认为这种确定性必然导致对"绝对真理"的迷信，并且由此最后产生"压制的政治和宗教制度"②。但是我们应该看到有不同的绝对真理。人类正是因为有了与导致迷信和专制的以国家思想或政党思想形式表现出来的"绝对真理"完全不同的另一种真理，即基于严肃而自由的思想探索之上的朴素而切实的绝对真理，才获得了认识原则和行为规范上的某种一致性，才在小说中体现了作者的伟大与深刻。而消极的任意的相对主义则瓦解了这种一致性，取消了作者对小说进行可靠的思想把握的权力，对人物进行修辞性评价的权力，如果把这种任意相对主义的理念和原则用于处理小说中的作者和人物（主人公）的关系之中，往往要造成灾难性的后果，正像托多洛夫所说的那样：

一方面，（作者的）绝对真理没有了；另一方面，作品人物的特殊性也没有了，只剩下一些个别的地位，而没有绝对的地位。一篇 1929

① [美]凯特琳娜·克拉克、迈克尔·霍奎斯特：《米哈伊尔·巴赫金》，416—417 页。

② 参见[俄]巴赫金：《陀思妥耶夫斯基诗学问题》，417、75 页。

年发表的署名伏拉基诺夫的文章告诉人们，放弃绝对乃是现代社会的（可悲的）特征。人们怯于大胆肯定，为了掩饰他们的犹豫，便躲在不同程度的援引后面，只通过引语说话。[1]

而巴赫金的理论的突出特征，正在于以相对代替绝对，从一个极端走到另一个极端，“这些观点之间没有优势，没有等级……世界无所谓中心，我们生活在普遍性的相对之中”[2]。我们可以把这种思想，看作一个具有思想家气质的小说理论家，在思想压抑和文化专制极为可怕的环境里和情势下所作的消积抵抗的结果。如果仅把它看作一种文化批判姿态，无疑是值得嘉许的。但如果将其当作一种思想原则和价值尺度，则无疑是有害的，而具体到小说创作处理作者与主人公的主体关系上，则会导致可怕的混乱图景。真理绝不是撞沉泰坦尼克号的浮冰，它是一种坚实、稳定的东西，因此，不管对谁来讲，写小说绝不“意味着巴比伦塔的倒塌”[3]，而毋宁说是建造根基稳固千年不坏的金字塔。

第三，形式主义倾向。巴赫金毕其全力否定作者介入的“独白型”小说，抬高人物的地位，并把“对话性”确定为一切小说必须具备的条件，而对于“对话”到底何为，则讲得并不充分。他关注的是“对话”活动的结构、关系，偏重于方法和技巧形式的层面，而忽略了与这些方法密切相关的内容因素和社会意义，正如戴维·福加克斯所说：“对于巴赫金来说，重要的不是作品对作家或世界的客观形态反映了什么，而是作品作为一种语言实践，究竟是一种什么样的东西。”[4] 这样，

---

① ［法］托多洛夫:《批评的批评》,78—79 页。

② ［法］托多洛夫:《批评的批评》,82 页。

③ ［俄］巴赫金:《陀思妥耶夫斯基诗学问题》,75 页。

④ ［美］安·杰斐逊、戴维·罗比等著:《当代国外文学理论流派》,238 页,上海,上海外语教学出版社,1991。

他就脱离开小说人物的特殊性，脱离开形成人物的客观环境和社会背景，单从固定的手法上和形式因素方面，对作者作高下的区分和优劣的判断，这就失去了小说修辞研究的内在的意义向度，忽略了对小说修辞的复杂效果样态的考察，萨特说巴赫金的书作为符号学范畴的“新形式主义”，并没有为“旧形式主义”增加什么内容，固然是言重了，但他批评它们“没有紧紧抓住读者”,“不能引向任何目的”[①]，却是一针见血之论。

总之，对巴赫金的小说修辞理论来讲，只有当它克服了任意相对主义和片面的形式主义倾向的时候，尤其是只有当它在处理作者与主人公主体关系时，能合乎实际地给作者以充分的注意，并赋予他以起决定作用的主导地位的时候，才有可能在指导小说的创作实践上，具有更大的理论价值和实践意义。人们必须认识到，只有通过作者的修辞性介入，小说中的人物才能被生动而完美地表现出来，文本内的每一种意义和每一个具有自己的个性和思想的人物，才会一同节日般归来。

① 李瑜青等主编:《萨特文学论文集》,336 页,合肥,安徽文艺出版社,1998。

第三章

小说修辞的主体关系（下）

三、作者与读者

作者与读者的关系，是小说修辞中最重要也最基本的一种关系。可以说，小说家在小说中的一切修辞性努力，最终都是为了达到与读者心照神交、悠然契会的修辞目的。作者在小说内部巧妙处理自己与人物、与叙述者、与“隐含作者”等关系的目的，也不外乎为了更好地建立与读者之间密切的交流关系。

读者这一因素的存在，往往潜在地给小说作者施加了某种制约：小说必须具有引人入胜的魅力。而为赢得读者的欢迎而写作，也从来都是小说家修辞活动的潜在动力和根本目标。正如韦恩·布斯所说：“不论我们怎样给艺术和艺术性下定义，写小说这个概念本身就意味着找到表达技巧，使作品最大可能地为读者接受。”[①] 他在研究了小说修辞中存在的许多问题之后，针对无视读者的倾向，总结道：“小说修辞的终

① [美]韦恩 · 布斯:《小说修辞学》,112 页。

极问题，就是断定作家应该为谁写作的问题。”① 布鲁克斯和沃伦也认为作者对读者的态度与他对主题的态度一样重要：“（作者对读者的态度）如此重要，以至于当我们谈论作者对主题的态度的时候，鲜有不同时将话题转移到对读者的讨论上来。”② 赖特·莫里斯则强调读者对作者的写作的潜在制约和巨大影响：

> 如果一部小说完全是留以有待地为了作者自己，那么，小说家也许会开始写小说，但鲜有能写完的。……在整个写作的过程中，他会感觉到另一个读者的出现。……这个读者是小说密不可分的一个部分，是小说中明显可以感觉到却又隐而不见的部分。他在作者犹豫不决而寻求解决办法的时候，就出现在作者的脑海里。③

确实，很难找到一种文学样式像小说这样要求作者把自己和读者紧密地联系在一起：它既依赖读者的阅读，又离不开作者的修辞性介入，取决于作者对读者的态度以及运用各种修辞技巧的能力。总之，小说修辞活动的完整过程，是始于作者，终于读者的。小说写作规范着小说阅读，小说阅读制约着小说写作，它们之间是一种双向互动的依存关系。完全无视读者的小说写作，或完全无视作者的小说阅读，都是不利于实现小说修辞所追求的沟通和交流的终极目标的。

（一）从亲近到疏远：作者与读者的两种关系形态

小说本质上是一种最具有大众性的文学样式，是作者离读者最近的一种文学样式。T.S. 艾略特说：“小说是最能够影响最多数读者

---

① ［美］韦恩 · 布斯:《小说修辞学》,408 页。

② Cleanth Brooks & Robert Penn Warren, Modern Rhetoric, New York,1979,4th edited,p287.

③ Wright Morris, About Fiction,New York,1975,pp103–104.

的文学形式。”[①] 考德威尔则说：“小说是社会关系的一种伟大的接受媒介。”[②]I.P. 瓦特也说：“小说的常规比之绝大多数文学常规对读者的要求要小得多；这确实说明了近两百年来大多数读者为什么在小说那里找到了最充分的满足他的要求生活与艺术之间具有严格的一致性的愿望的文学样式。”[③] 确实，那些真正的小说，往往都以其语言及技巧形式上的可接受性、内容上与生活的密切相关性而受到读者的欢迎。

然而，在最近的大半个世纪里，当小说形式的发展进入现代主义阶段的时候，小说作者与读者的关系却紧张了起来。我们即使不用复杂的学术眼光来看问题，仅仅凭借自己的经验和常识，就可以看到这样一个事实：大多数现代主义小说，已经失掉了小说艺术往日曾经享有的荣光，因为它没有能够把自己的作者与普通的读者成功地联系起来，而毋宁说，倒是成了横亘在他们之间的巨大而冰冷的怪物。

也就是说，从作者与读者的关系形态方面看，我们可以发现存在着两类小说。一类是属于普通读者或者说所有读者的，它以一种自然、家常、亲切的方式，在作者与读者之间建立起亲近、和谐的主体关系；读者乐意接受小说所叙述的一切，甚至身不由己地产生一种自居心理，把自己想象成小说中的人物，去体验小说中的生活，完全信任小说的作者，愿意与他和他笔下的人物交朋友。而另一类小说则属于极少数出于研究目的或抱有其他动机的读者，它以其怪异的修辞形式和狭窄的内容视野，减损了读者的阅读兴趣，阻滞了读者的共鸣体验。对此，我们不能责怪读者的脚步迈得太慢，跟不上小说技巧发展和趣味变化的步伐。我们得从作者这方面找原因。因为，小说虽然是一种混合的文学形式，但它的基本特点仍然是讲述性，也就是说，它本质上还是一种依赖性的文学样式，就像一个说话的人需要一个倾听的人

① [英]托·斯·艾略特：《艾略特文学论文集》，242 页，南昌，百花洲文艺出版社，1994。
② [美]克里斯托弗·考德威尔：《浪漫主义与现实主义》，90 页，北京，三联书店，1988。
③ [美]I.P. 瓦特：《小说的兴起》，28 页，北京，三联书店，1992。

一样，离开读者，小说写作就失去了对象。所以，正像一个人语言无味，就会让听者厌倦一样，读者对小说不感兴趣，也往往是由于作者写得有问题。正如俄国的瓦·托尔马乔夫所说："在作家和读者这一对立面中起'组织'作用的属于作家。……可以说，19世纪现实主义和浪漫主义文学的主要优点之一就是对读者的'坦诚'，可以接受和可以理解"，而到了后来，"作家和读者之间的互不理解逐渐加深"①。英国的艾弗·埃文斯则指出，由于作者的原因，未能满足读者的要求从而形成两种类型的小说：

新兴的读者大众需要一种易懂而又不太长的小说。这类要求始终是存在的，但随着读者大众的增多，这个要求的呼声也就更高了。从此以后，我们可以发现两类小说家：一类小说家蓄意或自然地使自己去适应广大的读者，另一类小说家则遵循他们的写作艺术进入较困难的境地并往往得不到大众的尊重。②

这些论述，都说明了作者与读者的关系形态的形成，往往与作者自己的修辞活动有关，是作者"组织"或自觉努力的结果。既然如此，我们就有必要具体考察一下，看看传统小说家是如何在自己与读者之间维系一种自然、亲近的关系，而现代小说家又是怎样失去了读者，从而导致了自己与读者处于疏远、冷漠的关系形态。

在伟大的小说家中，菲尔丁的小说典型地表现了传统小说中作者与读者的正常、亲和的关系形态。就连强调"形式"的好处，并对菲尔丁的小说技巧持否定态度的瓦特，也承认菲尔丁"把小说变成了一种交际性的、实际上是友善的文学样式。菲尔丁将我们带入了一个不仅由虚构人物，且由菲尔丁的朋友及他在以往的诗人和道德家中最喜

---

① [俄]乌尔诺夫等著:《关于二十世纪文学的论争》,292页,北京,外国文学出版社,1991。
② [英]艾弗·埃文斯:《英国文学简史》,297页,北京,人民文学出版社,1984。

欢的人所组成的一个迷人的领域之中”[①]。但他没有看到，菲尔丁之所以这样“迷人”，就在于他从来没有排斥自己在小说中的修辞性介入，而且明白这种介入不能是出于为了显示自己的技巧的目的，而必须有助于读者对小说的理解，有助于促进自己与读者的沟通和交流。几乎菲尔丁作品中所有的直接发表的见解或议论，都是针对读者的，都是为了帮助读者更好地理解小说中的人物和情节，或为了把自己的智慧的思想，明白无误地传达给读者。《弃儿汤姆·琼斯的历史》（又译《汤姆·琼斯》）每一卷的序章，都是修辞性的，都是讲给读者的。这些序章，近乎独立的杂文或自由的随感，有的讨论小说中的人物或情节，但大部分都与小说的具体内容没有什么直接的关系。

然而，对于读者来讲，这些序章却是非常重要的。因为，首先，读者读小说并不满足于自己看人物如何言动，情节如何发展，他更想听到作者的声音，知道他对自己笔下的人物如何评价。可以说，读者从打开小说的那一刻起，就毫不迟疑地认为作者比任何人都了解小说中的一切，只有他才能做自己在小说中游历的可靠的、无可替代的向导，因此，如果读者丧失了对作者的这种信任和依赖，他就没有兴趣打开一本小说，更不要说沉入进去读完它了。其次，读者读小说，往往也并不满足于只收获对于一些现象的印象，他还希望得到人生经验的添培和知识视野的伸拓，这样，他就自然而然地希望作者在生动地塑造人物形象、展示情节场面的同时，也不要避忌以智慧、亲切、自然、风趣的方式，告诉读者更多的东西。

总之，读者希望作者不要离自己太远，不希望自己打开小说时，面对的是一个冷冰冰的、无法理解的世界。菲尔丁无疑属于那种最了解读者，也最会在小说中处理自己与读者关系的小说家。他从来没有把读者不当回事，从来不会只描写一些冷冰冰的物象，或故意把情节

---

① ［美］I.P. 瓦特:《小说的兴起》,328 页。

或人物写得复杂、古怪，让读者对着小说大惑不解地发呆。在《弃儿汤姆·琼斯的历史》的序章的“开场白”里，古道热肠的作者，以风趣幽默的口吻，表明了自己对读者与作者关系的看法：

一个作家不应以宴会的东道主或舍饭的慈善家自居，他毋宁喜欢把自己看作一个饭铺的老板，只要出钱来吃，一律欢迎。大家都晓得，在前一种情况下，设宴的主人高兴准备什么饭菜，就准备什么；即使客人吃来淡然无味，甚至十分不合味（胃）口，也不便有所挑剔。岂止如此，不管主人摆上什么，他们拘于礼貌，表面上还不得不满口称赞。对一个开馆子的老板，那可就是另一回事了。花钱来吃饭的人，不管味（胃）口有多么考究，多么难捉摸，也非坚持得到满足不可。倘使不是样样菜全合胃口，那他们就有权毫不留情地指责、谩骂，甚至诅咒。①

在菲尔丁看来，作者与读者的关系，就像店主与顾客之间的关系，作者要平等地对待读者，要努力让读者感到满意。可以说，这不仅是传统小说家的态度，而且也应该是一切小说家的创作原则。在《弃儿汤姆·琼斯的历史》的最后一章，即第18卷的序章中，机智、幽默、热情的作者要与读者告别了：

读者诸君，咱们现在到达这趟长途旅行的最后一个阶段了，既然在这么长的篇幅中结为旅伴，那么咱们就像同乘一辆驿车，共度过几天的旅伴那样来相处吧。这些旅伴尽管路上彼此之间发生过一些口角或小小的龃龉，终究会完全和解，最后一次愉快而随和地跨进车子；因为这段驿程之后，我们也许就将和车上的旅伴一样永远不再相逢

① ［英］亨利·菲尔丁:《弃儿汤姆·琼斯的历史》（上），9页，北京，人民文学出版社，1984。

了。……现在，我的朋友，我就利用这个机会（因为没有旁的机会）诚恳地向您致意。倘若我曾经是您的一位富有风趣的旅伴，请相信，那正合我的心愿。倘若有冒犯之处，我也绝不是有意的。[①]

多么善解人意，多么彬彬有礼，多么平和通达，对着这样一位风度高雅而又平和可亲的作者，我相信，每一个普通读者心中唯有深深的敬意和感激之情。

菲尔丁处理作者与读者关系的创作态度和成功经验，影响了许多作家。萨克雷在创作初期，把菲尔丁当作自己效法的典范，他在《菲尔丁的作品》一文中说，读者“不可能找到比菲尔丁更好的朋友，也不可能从我国任何别的作家那里得到这么多真正的智慧和机灵”[②]；“在这个伟大的人物的作品中可以找到许多好的东西，可以找到明智可行的美德，通达事理的人无论怎么读，怎么模仿也不会过分”[③]；他说菲尔丁“是一个正直心肠的人，具有人所能有的那种温柔而纯朴的感情”[④]，而且，“他也很知道如何在别人心里激起这种感情”[⑤]；他高度评价《弃儿汤姆·琼斯的历史》，“任何人只要仅仅把它当作一件艺术品来考察，他一定会感到这是人类的机巧的才能的惊人的产品。……这种文学上的神力（假如我们能应用这个字眼的话）是任何小说创作中所未见的”[⑥]。在创作中，他也像菲尔丁一样，时时不忘身边有个读者，在《名利场》中，他或者对读者进行劝告，或者与读者进行情感的交流。不同的是，菲尔丁显得更为通脱、豁达，对人性中善的存在和发展，保持了乐观的信心，而萨克雷则显得峻急、沉郁，多少有些悲观，偏重于对人性

① [英]亨利·菲尔丁:《弃儿汤姆·琼斯的历史》(下),1025—1026页。
② 王春元、钱中文主编:《英国作家论文学》,155页。
③ 王春元、钱中文主编:《英国作家论文学》,158页。
④ 王春元、钱中文主编:《英国作家论文学》,159页。
⑤ 王春元、钱中文主编:《英国作家论文学》,165页。
⑥ 王春元、钱中文主编:《英国作家论文学》,161—162页。

的弱点和残缺进行揭发和攻击。然而，幽默、风趣，对读者推心置腹，家常亲切，不摆架子，不拿腔作势，却是他们共同的地方：

读者啊，我先以男子汉的身份，以兄弟的身份，求你准许，当每个角色露脸的时候，我非但一个个介绍，说不定还要走下讲坛，议论议论他们的短长，如果他们忠厚好心，我就爱他们，和他们拉手。如果他们做事糊涂，我就跟你背地里偷偷地笑。如果他们刁恶没有心肝，我就用最恶毒的话唾骂他们，只要骂得不伤体统就是了[①]；

……这些没有希望没有仁爱的坏家伙，在世界上却一帆风顺。亲爱的朋友，咱们应该全力和他们斗争。还有些别的人，或是江湖上的骗子，或是糊涂蛋，倒是过得很满意。他们的短处，咱们也该暴露和唾骂，这是讽刺小说家的本分[②]；

…………

亲爱的读者，亲爱的兄弟们，咱们暂不必羡慕可怜的蓓基。据说这样的荣华是靠不住的。大家都说上流社会最阔的红人并不比在外面欲进无路的可怜虫快乐多少[③]。

同菲尔丁一样，萨克雷在小说中以坦诚朴实的议论，拉近了作者与读者间的距离，在他们之间建立了一种积极而牢固的关系，真正达到了布斯所描述的那种小说修辞的理想境界：“作家创造了他自己的形象，而且创造了他的读者的形象；他创造他的读者，正如他创造他的第二自我一样，而最成功的阅读，就是作家与读者被创造出来的自我能够完全一致。”[④]

---

① [英]萨克雷:《名利场》,95 页,北京,人民文学出版社,1957。

② [英]萨克雷:《名利场》,95 页。

③ [英]萨克雷:《名利场》,635 页。

④ [美]韦恩·布斯:《小说修辞学》,144 页。

菲尔丁在小说中处理作者与读者关系方面的巨大成功，使他的小说获得了普遍的赞誉。拉·福克斯说菲尔丁“是懂得小说家的职责在于把他所见到的生活真相告诉给读者的第一个英国人”①。湖畔诗人柯勒律治则诗意地描述了菲尔丁的小说给人的如坐春风的美好享受：“放下理查逊的小说来读菲尔丁的，那就像在五月凉风习习的日子里，走出一间烧着火炉的病室，来到空旷的草坪。”② 但也有人肯定菲尔丁在赢得读者方面的成功，却否定他借以获得成功的技巧。例如，I.P. 瓦特就把真实性和修辞性对立起来，把作者的介入与客观“形式”对立起来，从而认为菲尔丁就如一个导游，但这个导游却并不止于指给人们看，“而感到必须解释在那儿发现的一切；这种作者的干预，自然会损害他叙述的真实性”③。瓦特把小说分为形式现实主义和评价现实主义两种。在他看来，形式现实主义更为真实，因为它生动地描写、展示“事物本身”，从而让读者在这种生动、细致、真实的描写中获得“满足”。而作者的修辞性介入和评价性叙述，则会破坏这种真实感，影响读者对形式本身的体验和享受，因此，就不能像菲尔丁那样喋喋不休。而笛福和理查逊却作为可被效法的“范本”被供了出来，因为他们的小说符合“形式现实主义”的原则和要求：

形式现实主义事实上是一个笛福和理查逊确实予以承认的、通常是小说形式中固有的前提的叙述式体现：这个前提，或者说基本常规，就是小说是人类经验的充分的、真实的记录，因此，出于一种义务，它应该涉及人物的个性、时间地点的特殊性这样一些故事细节来使读者得到满足，这些细节应该通过一种比较通常在其他形式中更具

①［英］福克斯：《小说与人民》，52 页，北京，作家出版社，1957。

②转引自萧乾：《菲尔丁——现实主义小说的奠基人》，62 页，上海，上海译文出版社，1984。

③［美］I.P. 瓦特：《小说的兴起》，328 页。

有参考性的语言的运用得以描述出来。[①]

按照这样的标准来衡量，尽管菲尔丁事实上把读者带入了一个“迷人的领域之中”，“尽管菲尔丁对他人物的喋喋不休的议论及他对情节的那种处理，在英国的小说中开创了一个颇受欢迎的先例”[②]，尽管“并不是说菲尔丁没有成功”[③]，但是，他的小说仍然不是未来小说的典范，因为他“过分远离了形式现实主义，以至没能开创一种富有生命力的传统”[④]。瓦特不仅没有看到菲尔丁在小说中处理作者与读者关系的成功经验，事实上已对萨克雷、乔治·爱略特、毛姆、高尔斯华绥、贝内特、钱锺书[⑤]等小说家的创作产生的深刻影响，而且，没有公正地注意到菲尔丁所创造的作者与读者亲密无间的契合情境，本身就昭示着小说创作的“基本常规”：小说只有通过与读者维持家常、亲切的交流关系，才能实现自己的价值，获得长久的生命力。正像卡勒所说的那样，“主宰小说的基本程式是读者的期待”[⑥]。读者不仅希望自己通过与文本或某种客观“形式”的接触，窥到小说所描写或喻指的世界，他还期待与作者之间能够心照神交，希望得到作者的帮助和指导，因为只有这样，才能构成完整的交流关系，才是人与人之间的你—我式对话和交流，而不是缺乏心灵沟通的我—它关系或你—它关系。

事实上，瓦特的理论，正是为另一种小说的作者—读者主体关系形态作辩护，试图说明体现这种主体关系形态的小说产生的必然性及

① [美]I.P. 瓦特:《小说的兴起》,27 页。
② [美]I.P. 瓦特:《小说的兴起》,329 页。
③ [美]I.P. 瓦特:《小说的兴起》,331 页。
④ [美]I.P. 瓦特:《小说的兴起》,332 页。
⑤ 林海先生早在 1948 年就在《〈围城〉与 Tome Jones》一文中断言钱锺书在构思《围城》时,“脑海中必定有一部小说(《Tome Jones》)的影子在那里浮动着”,而且通过细致的比较,说明了菲尔丁对钱锺书的影响(见北京大学比较文学所编:《中国比较文学研究资料(1919—1949)》,369—375 页,北京,北京大学出版社,1989)。
⑥ [美]乔纳森·卡勒:《结构主义诗学》,289 页,北京,中国社会科学出版社,1991。

存在的合理性。这些小说的作者，把自己从小说中抽离出来，虽然事实上并未也不可能从小说中完全消失，但却远远地站到读者看不清的地方，他们只描写，却从不向读者作适当和必要的说明，或向读者提供评价小说所展示的客观“形式”的价值标准。这就形成了作者与读者之间的一种疏远、隔膜的主体关系形态。这是大部分现代主义小说家希望自己与读者之间存在的一种关系形态。这导致了读者读解作品的困难，引发了作者与读者的分离乃至对立。正像埃德蒙·威尔逊批评普鲁斯特和乔伊斯等人时所说的那样，“尽管我们仍然钦佩他们是巨匠，但(他们)不再是我们的导师了”[①]；尽管他们在某些方面解放了人们的手脚，但同时“他们不仅是通过政治，而且通过各种行为，一直在尽量打击读者的勇气”[②]。格雷厄姆·霍夫则指出现代主义文学由于缺乏可靠的读者而毫无根基：“许多现代主义的伟大作品却好像存在于真空之中，它们并不来自某一特定的社会，也不针对某一特定的观众。”[③]1983年，威廉 · 戈尔丁站在诺贝尔文学奖的领奖坛上，也曾经发出过这样的慨叹：“目前英语作家所面临的问题是，如何使作品易于理解，避免使几亿读者处于一知半解的境地。文学评论家的人数，也会因为看懂作品的人数受到限制而发展困难，连他们也逃脱不了变坏的境遇。”[④]总之，许多现代小说作者由于彻底背弃传统小说的几乎所有重要的修辞技巧原则，不仅导致了作者与读者之间交流的困难，也使他们的作品在普通读者中间几乎无人问津。人们也许会购买这样的小说，但那不过是为了满足一种文化持有欲，却很少有信心把它们读完，也从不心存通过阅读与它们的作者进行精神交流的奢望。冷漠的对象激发不起你的热情，面对沉默你也只有无言而已。现代主义小说作者与读者的

---

① 转引自［英］彼得 · 福克纳:《现代主义》,121 页,哈尔滨,北方文艺出版社,1988。

② 转引自［英］彼得 · 福克纳:《现代主义》,121—122 页。

③ 转引自［英］彼得 · 福克纳:《现代主义》,128—129 页。

④ 毛信德等译:《诺贝尔文学奖颁奖演说集》,705 页,南昌,百花洲文艺出版社,1992。

紧张关系，我们可以通过对《尤利西斯》的考察来说明。

如果说乔伊斯像格罗斯所说的那样，是文学上现代主义“这一阶段具有主宰意义的代表”[①]，那么，《尤利西斯》则不仅是乔伊斯所有作品，而且是所有现代主义小说具有主宰意义的代表。考德威尔批评它是《奥德修记》“卖弄学问的续篇”，“是学究气十足的形式主义艺术”[②]。彼得·福克纳对这部“无用而难读”的被人们当作现代文学楷模和象征的作品的批评就更为尖锐，他说：

《尤利西斯》的声誉，就像大多数声誉一样，是来自于无知，尤其是一种受过教育的无知。这本书在学术界的销路甚好。对这本书进行的讨论和诠释，要远远多过对它的阅读。……人们对《尤利西斯》连续不断的分析和评注，使它成为耸现在20世纪文学之上的庞然大物。[③]

而格罗斯则为他的英国同胞无原则地辩护，他说乔伊斯的小说“本质上是拒绝简单化的，而且不断用飘忽不定的遣词造句和急转弯纠缠读者；这些遣词造句和急转弯可能或不可能导致重要的地方——像人们可能说的那样，用恶作剧纠缠读者”[④]。而对于乔伊斯小说中存在的读者读不懂这一“基本问题”，格罗斯也没有从小说作者这一方面找原因，而是心安理得地让问题悬搁出来：

我们面对的是这样一部书：第一遍读的时候基本上不可理解，而读了第二遍以后也清楚不了多少——就是说，除非我们准备一开始就依赖专家，比阅读其他任何小说家或诗人的有自尊心的读者正常情况

① [英]约翰·格罗斯：《乔伊斯》，92页，北京，三联书店，1986。

② [美]克里斯托弗·考德威尔：《浪漫主义与现实主义》，114页。

③ [英]彼得·福克纳：《现代主义》，114页。

④ [英]彼得·福克纳：《现代主义》，114—115页。

下愿意做的还要多地依赖他们的指导。即使如此，我们的困难还不能算结束，因为专家们的意见常常存在尖锐的分歧，而且多是在基本的问题上。[①]

一部小说，如果其“基本的问题”，不仅让普通读者，而且让我们必须“一开始就依赖的专家”也难以形成一致的意见，那么，我们只有从作者那里寻求帮助了。

那么，《尤利西斯》的作者哪里去了呢？原来他早在《青年艺术家的画像》(1904)中，就开始悠闲地“剪指甲”，直到他写作《尤利西斯》(1921)时，还没有剪完。乔伊斯在《青年艺术家的画像》这部具有自传性质的小说中，借斯蒂芬之口，说出了自己的艺术观，这种艺术观与他的小说观及小说创作实践是一脉相通的。他推崇“非人格化”和“创造的神秘性”，要求“一个艺术家，和创造万物的上帝一样，永远停留在他的艺术作品之内之后或之外，人们看不见他，他已使自己升华而失去了存在，毫不在意，在一旁修剪着自己的指甲”[②]。这样，乔伊斯就以追求纯客观展示效果为创作目标，而把一切有助于读者，但却有碍于实现这一目标的修辞性因素，都清除掉了。他把叙述语言描写化，或把显示人物话语的引号予以省略，将各种人物话语掺杂在一起，从而人为地将其复杂化，或把标示间隔、停顿或语气及情感态度的其他标点符号也省略掉，最终将读者投进一个没有出口的迷宫，任其在黑暗中瞎摸乱撞。这种混乱突出地表现在《尤利西斯》第十八章对摩莉心理活动的描写上。我不知道人们是否可以用生理学或心理学的理论替乔伊斯辩护，但基于我的经验和常识，一个人在整整一晚上的时间里，以如此快速的频率进行联想和回忆的转换，似乎是不真实的，而对这种频繁的转换，普通读者即使凭借译者的注解，也仍然跟

① [英]彼得・福克纳:《现代主义》,119 页。

② [爱尔兰]詹姆斯・乔伊斯:《青年艺术家的画像》,246 页。

不上。仅中译本下卷的第207页[①]，这种在“她”“我”“他”（布鲁姆）和“他”（博伊兰）之间的转移至少不下25次，尽管萧乾和文洁若先生在这一页中加了13个注，但你要弄明白到底谁是谁，恐怕也绝非一件轻松的事情。这样，乔伊斯就以非人格化的自然主义描写，把读者与作者，并最终与作品隔离开来，在它们之间形成一种疏远、冷淡的关系形态。而这种关系形态，是不符合小说艺术的精神和小说修辞的原则的。

托尔斯泰曾说：“如果我们的艺术是不折不扣的艺术，那么应让所有的人都得以享受。”[②]小说的一个突出特征，就在于它是一种最容易为所有人理解和享受的艺术。它要求作家调动一切修辞手段，在我们和作者及作品中的人物之间，建立一种自然、和谐、紧密的联系，在他们之间形成一种高度契合的交流情境。正像布斯所说的那样：“我们认为作家就是向我们讲话，想让我们去阅读，尽一切可能使他的作品能被人读的一个人物。”[③]而对普通读者来讲，恰像M.布雷德伯里在一篇题为《现代传统的建立》的文章中所说的那样，“阅读易懂的叙事作品是‘一种经常性的快乐’。那就是说，现代主义并没有取代体验生活的其他方式，也没有取代其他的艺术形式”[④]。总之，从作者与读者的关系形态方面考察，现代主义小说具有反小说的倾向。它背离常识和经验，把作者从小说中抽离出来，完全不在乎这样做会使读者与自己疏远开来，并使读者失去对他的信任感和亲切感。它除了像纳博科夫在《文学讲稿》所说的那样，“给读者留下了不适当的深刻印象”[⑤]，还带给读者一种在复杂而无聊的游戏中被戏弄的感觉。为了克服作者与读

① 参见［爱尔兰］詹姆斯·乔伊斯:《尤利西斯》(下),南京,译林出版社,1994。

② ［俄］托尔斯泰:《列夫·托尔斯泰文集》,第十四卷,193页。

③ ［美］韦恩·布斯:《小说修辞学》,112页。

④ ［英］彼得·福克纳:《现代主义》,133页。

⑤ ［美］纳博科夫:《文学讲稿》,490页,北京,三联书店,1991。

者关系中这种异化的性质，现代主义小说应该向菲尔丁这样的大师寻师问道，寻找作者重新返回小说的路径，从而通过足够的讲述和完美的修辞手段，把小说本身变成作者与读者共同栖居的家园。而这一切都有赖于作者在小说中的介入和对读者的眷顾。就此而言，小说不是让作者退出的艺术，而是让作者如何合适地介入的艺术。张爱玲在《论写作》一文中谈及小说作者与读者关系的时候就曾指出，作者“作文的时候最忌自说自话，时时刻刻都得顾及读者的反应。这样究竟较为安全”[①]。汪曾祺先生是以诗意的方式写小说的高手，他的不二法门，其实也不过是要为读者着想而已：“作者在叙述时随时不忘记对面有个读者，随时要观察读者的反应，他是不是感兴趣，有没有厌烦？……写小说，是跟人聊天，……写小说的人要诚恳，谦虚，不矜持，不卖弄，对读者十分地尊重。否则，读者觉得你污辱了他！”[②] 而 20 世纪给人留下深刻印象的天才小说家马尔克斯，也同样强调作者要有读者意识，要注意把读者紧紧吸引到自己身边。他在与阿根廷记者卡洛斯·甘贝达的访谈录中说，他想学习 19 世纪小说的结构，以便能在 20 世纪用同样的顺时叙述法来写小说，因为这样对读者有好处，“我怕分散读者的注意力，必须使读者聚精会神。……我有这样的感觉，当读者由于作品缺乏节奏或别的其他原因而觉得难以继续下去和不断眨眼时，这就是读者开始分心，也就是我面临着失去读者注意力的危险之处。我希望我的作品从第一行起到最后一行止都能紧紧地抓住读者”[③]。这些朴实的经验之谈，无论对于重新认识被现代主义小说理论复杂化、被现代主义小说创作所否弃的 19 世纪小说所提供的规范和技巧，还是对于严重脱离读者，甚至蔑视读者的西方现代主义小说家和中国的实验小说家，都具有不容忽视的启示性和针砭作用。

---

① 金宏达等编:《张爱玲文集》,第 4 卷,81 页,合肥,安徽文艺出版社,1992。

② 汪曾祺:《汪曾祺全集》,第 3 卷,333—334 页,北京,北京师范大学出版社,1998。

③ 转引自林一安编:《加西亚 · 马尔克斯研究》,254 页,昆明,云南人民出版社,1993。

（二）现代主义小说作者与读者异化关系形态形成的原因

一种结果的出现，总是意味着存在着它由以形成的原因。为了认识和克服现代主义小说作者与读者异化的关系形态，我们有必要分析形成它的复杂原因。

从生活观念和生活方式的变化和发展等外部的客观因素方面，寻找现代小说作者与读者主体关系形成的原因，吸引了一些小说理论家的兴趣。瓦特从来都把菲尔丁和理查逊当作分别代表传统的评价现实主义和现代的形式现代主义的小说家，前者介入小说之中，与读者直接交流，从而形成一种与读者的亲近的关系形态，而后者则让人物通过书信直接讲述自己的故事，作者退场，这就使小说具有了某种形式上的客观性，同时也疏离了作者与读者之间的关系。瓦特说："这两位小说家及他们作品之间的不一致，可以作为英国文明史上生活方式基本分离的一种具有代表性的范例。"[①] 但这种"不一致"在他看来，乃是由于生活观念的变化所造成的，"理查逊的叙述模式还可被视为一种更大的观念变化的反映——由古典世界客观的、社会的和公众的倾向到近两个世纪来生活和文学中的主观的、个别的和个人的倾向的转变"[②]。"个人对自己道德和社会价值的等级负责"的"新哲学的产生"[③]，也促成个人主义的兴起，削弱了人们同传统和公共的联系，在小说创作上则要求人们用高度"形式"化的方法来展现它。考德威尔也早在20世纪30年代就从"共同世界观"的丧失和瓦解方面，来说明现代主义文化的崩溃局面的形成和作者与读者疏离的原因。在他看来，诗人要靠一种共同的世界观才能把他的经验向别人传递，但是，"对于今天的正

---

① ［美］I.P. 瓦特:《小说的兴起》,207 页。

② ［美］I.P. 瓦特:《小说的兴起》,198—199 页。

③ ［美］I.P. 瓦特:《小说的兴起》,136 页。

在崩溃的资产阶级文化来说，这样一种世界观——例如伊丽莎白女王时代一切人所共有的世界观——已不复存在。随着互相区别、界限分明的社会性的世界观数目增多，随着对现实抱有共同的信念，感情，目标和观点的群体数目增多而规模缩小，每一位诗人的读者都减少了"①。

在克里斯托弗·考德威尔看来，"这正是摧毁小说的同一个麻烦问题。……缺乏一种社会性的世界观的状况把诗人驱向越来越严重的个人主义，完全锁闭在自身的天地里，使他们在表现上越益陷入困难重重、晦涩朦胧的境地，他们的读者人数也越来越益减少。与此同时，缺乏社会性的世界观还使他对艺术品采取拜物教的态度，使它越益成为创作过程本身的目的"②。

虽然都是从外在的生活方式和价值观念、哲学思想方面考察问题，但考德威尔对解决作者与读者分离的异化关系的前景还是乐观的，并不像瓦特那样有一种无可奈何的决定论的色彩和悲观倾向。在他看来，消极的态度既产生不了诗歌，也拯救不了小说，因此，"一切还没有在朦胧中隐没或消失在私人天地里因而失去读者的当代诗人，如果想要避免灭亡，那么他们的自救之道惟有拼命努力从文化的残骸中抢救出一种世界观来"③。与瓦特和考德威尔不同，丹尼尔·贝尔从社会结构的解体方面分析现代小说失去作者与读者共享性质的原因。他指出四分五裂的社会结构使一个小说家"很难摸清工作世界的性质"，这使得小说"很少描写工作经验"④，而"在社会经验无法再概括成文化的情况下，文化本身也就变成私有的了"，"小说只是一篇关于自我的冗长的独白"⑤。总之，社会结构的分裂，导致了言路的断裂，也使小说

① [美]克里斯托弗·考德威尔:《浪漫主义与现实主义》,134页。
② [美]克里斯托弗·考德威尔:《浪漫主义与现实主义》,34—135页。
③ [美]克里斯托弗·考德威尔:《浪漫主义与现实主义》,136页。
④ [美]丹尼尔·贝尔:《资本主义文化矛盾》,143页,北京,三联书店,1989。
⑤ [美]丹尼尔·贝尔:《资本主义文化矛盾》,144页。

失去了可以使读者与作者构成正常交流关系形态的性质和能力。

毫无疑问，生活方式、价值观念的变化，统一的世界观和稳定的社会结构的崩溃和解体，乃至战争、政治压迫、经济危机等外部客观因素，确实常常以一种潜在的方式和巨大的力量影响着小说家的创作，但是，我们也不能过分强调这方面因素的作用，从而以一种宿命论或决定论的态度，把现代小说作者与读者的异化关系理解为一种难以避免的必然结果。真正的艺术创造应该具有对人的自由精神和超越能力的证明和肯定的性质，换言之，应该有助于说明小说家作为人的特征，而在卡西尔看来，“人的特征正在于，他并不局限于对现实只采取一种特定的唯一的态度，而是能够选择他的着眼点，从而既能看出事物的这一面样子，又能看出事物那一面样子”[①]。而韦勒克也深刻地指出，“一部文学作品的最明显的起因，就是它的创造者，即作者”[②]；“作家不仅受社会影响，他也要影响社会。艺术不仅重现生活，而且也改造生活”[③]。这些论述都说明主体应该而且能够改变外部环境，从而使自己的艺术创作达到符合人性特征和审美要求的境界，这也启发我们，在考察小说作者与读者主体关系异化形态形成的原因的时候，要注意从主体，具体地说从小说修辞的角度来考察问题，要把审视的焦点从外部因素转移到能思考、会选择、能决断的人的身上，即转移到作者身上。虽然20世纪充满了混乱和危机，但我们还是有着像鲁迅、罗曼·罗兰、肖洛霍夫、斯坦贝克、海明威、帕斯捷尔纳克、阿斯图里亚斯、索尔仁尼琴、艾特玛托夫、卡彭铁尔、马尔克斯这样一些让我们觉得平易亲切的伟大作家，这就足以说明人在艺术创造中并不是只能像动物那样，受制于外部环境，以单一的尺度和被动的方式进行活动，而是完全可以以自由自觉的活动实现自己的价值，并且通过这种

① [德]卡西尔:《人论》,216页,上海,上海译文出版社,1985。

② [美]R.韦勒克、A.沃伦:《文学理论》,68页,北京,三联书店,1984。

③ [美]R.韦勒克、A.沃伦:《文学理论》,101页。

活动来建立与他人的正常、自然、积极的联系。这也说明造成20世纪现代主义小说作者与读者关系普遍异化的原因，主要存在于现代主义小说家身上。混乱的心灵只能造成混乱的艺术。封闭的内心也只能导致小说作者与它的读者的隔绝乃至对立。罗伯–格里耶说：

世界不是有意义的，也不是荒诞的。它存在着，如此而已。……突然这个事实以不可抗拒的力量袭击我们，一瞬间整个的美丽建筑垮台了，我们睁大眼睛等待着意外，而我们只是又一次体会到我们自认为掌握了的那个顽固的现实的冲击。①

这种对外部现实的消极的态度和混乱的认识，显然忽略了这样一个事实，即意义从来都是创造出来的。没有这种对意义的创造能力，就不可能创造出真正伟大的小说，也就不可能通过小说在作者与读者之间建立起基于对意义世界的信念之上的和谐、自然、亲近的契合性交流关系，而只能生产出一些像“新小说”那样的以苍白、乏味、冷漠为典型特征的敌视读者的伪小说。这些小说就像歌德批评当时德国文坛的新派人物普拉顿的作品时所说的那样：

它们写得很俏皮，从某种意义来看，也很完整；但它们缺乏一种特殊的重心，一种有分量的思想内容。它们不能在读者心中激起一种深永的兴趣，只是轻微地而且暂时地触动一下心弦。它们像浮在水面的软木塞，不产生任何印象，只轻飘飘地浮在水面。②

可见，小说家如果想让自己的作品强烈而持久地影响读者，就必须通过积极的努力，克服种种障碍和阻滞，使自己的作品具有“一种

---

① 柳鸣九编选:《新小说派研究》,62页,北京,中国社会科学出版社,1986。
② [德]爱克曼辑录:《歌德谈话录》,38页,北京,人民文学出版社,1985。

特殊的重心，一种有分量的思想内容”，而不能被动地屈服于外部的异化性力量。

造成现代主义小说作者与读者异化关系形态的另一个重要的原因，是20世纪小说作者的反传统倾向和对技巧革新的过分追求和迷信。在他们看来，在小说创作上摆脱19世纪伟大传统所造成的“影响的焦虑”的唯一途径，就是彻底否定已经形成的所有小说技巧，寻求一种全新的技巧手段，而不顾传统的技巧在实现小说沟通作者与读者的修辞目的上是否依然有效，也不管新发明的技巧是否仅仅只满足了作者自己进行技巧试验的兴趣，而对读者理解或介入小说却毫无帮助。娜塔丽·萨洛特言过其实地说：“由于顽固地坚持过时的技巧，小说已经变成一种次要的艺术了。”① 似乎只要否定了传统的轨范，发明一套全新的技巧、手段，小说就可以得救，就可以变成一种先进的“艺术”。于是，在现代主义小说中，作者为了帮助读者的修辞性因素的作用遭到了否定，人物没有了，情节没有了，主题没有了，只剩下不向读者开放的技巧的堆砌。小说成了现代主义小说进行新技巧试验的没有围栏的跑马场。而后现代主义小说作为现代主义小说的变种和延续，则不仅有技巧拜物教倾向，而且从体裁方面解构小说体裁的艺术成规，使小说的体裁边界荡然无存，成为无体裁的写作，而结果正像纽曼指出的那样，当体裁瓦解时，在作者、读者、批评家之间达成的传统契约就会被改变。这样，不管后现代主义有什么样的革命性质，它的“命运却是当文本从其已定的境况中解救出来时，它既未替艺术家增加什么额外的东西，也没有指示出通向观众的新的道路……” ② 在反对、否定传统小说及其技巧和经验方面，后现代主义同它的现代主义先辈也完全一致，莱斯利·菲德勒断然宣布小说传统的终结：“确定无疑，旧

---

① 转引自柳鸣九编选:《新小说派研究》,40页。

②Charlse Newman,The Post-Modern Aura:The Act of Fiction In An Age of Iflation,Northwestern University Press,1985,p.115.

的上帝已经死了，同样，旧的小说也已经死了。”[①] 而桑塔格在否定小说传统、追求技巧革新的路上走得更远，她认为传统的“小说的内容与形式不可分割”的观念应该受到怀疑和抛弃，她主张“小说家，进而也包括批评家，应该对内容或者‘意义’一概弃之不顾。意义终究不过是植根于这种观念之中：人的经历可以任由小说家的想象来加以安排。……小说家应该由注重内容转而注重风格与形式。……应该有一种独立于内容之外的形式”[②]。由于否定内容和意义，否定小说的修辞意图，桑塔格便把技巧化的小说变成了“坎普”（camp）。“坎普”原是流行于美国电视、戏剧里的俚语，指同性恋，桑塔格用它来命名美国20世纪60年代的一种只注重技巧而忽略内容和意图的文艺，它常常是一个类似于“技巧小说”或“技巧文艺”的概念。事实上，正如哈里斯所说：

> 桑塔格小姐的目的是要用坎普文学来取代传统小说，传统小说在供人娱乐的同时，企图揭示人类经历中的意义，而坎普追求的却仅仅是供人娱乐。……坎普在牺牲意义的基础上强调技巧，因此也就取消了意义。而这种无甚意义的小说使得传统意义上的那个术语所指的小说就此寿终正寝了。[③]

其实还应该进一步指出，技巧总是依附于内容或意义的，或像杜夫海纳所说，“不管表现手法多么精巧，它总是为一种意义服务的”[④]，而评价技巧的最终根据，就是看它是否把作者的“意图”或作品的内在意义有力地表现了出来、传达给读者，换言之，就是看它是否促进

① 转引自［美］查尔斯·B·哈里斯：《文学传统的背叛者》，173页，西安，陕西人民出版社，1987。

② 转引自［美］查尔斯·B·哈里斯：《文学传统的背叛者》，173—174页。

③ 转引自［美］查尔斯·B·哈里斯：《文学传统的背叛者》，175页。

④［法］米盖尔·杜夫海纳：《美学与哲学》，201页，北京，中国社会科学出版社，1985。

了小说作者与读者间的沟通和交流，在他们之间建立一种密切、自然的联系。但是，无论现代主义的技巧，还是后现代主义的技巧，都因为排斥内容和意义而使自己成为非关联性的小说。这种非关联性不仅像莫里塞特所说，是指生成者（作者）“与外部社会的、地域的、心理的或其他方面的‘现实’没有关系”①，而且还意味着这些小说因其“自我生成”（self-generating），而使自己成为单纯满足作者自娱需求的“生成性小说”（generative fiction），而缺乏可以与他人（读者）沟通的关联性。霍夫曼曾指出，“从交流的观点来看，现代主义似乎强调敏感性与艺术作品的关系，强调信息发出者与信息的关系，而后现代主义则强调信息与信息接受者的关系”②。可见，无论现代主义，还是后现代主义，都没有像19世纪伟大的作者那样，把信息发出者（作者）与信息接受者（读者）的关系放到首位。

现代主义和后现代主义的这种无视读者、玩弄技巧的倾向，受到一些学者和评论家尖锐的批评。美国的文学史家莫里斯·迪克斯坦在其影响很大的《伊甸园之门》一书中，批评20世纪60年代后期的实验小说“缺乏的往往是辛辣、激情和一种易于辨认的人性结构”，它们“是关于小说本身的，它们被自我意识所毁灭，陷入一种无穷无尽的就写作而写作的倒退之中。就这样，由于被剥夺了一个充分的关于人的主题，这种小说很快就沦为一种狭隘的抱怨或上升到一个理智的交锋，用一种毫无意义的方式肆无忌惮地操纵着语言和世界”③。英国批评家洛德维也毫不宽假地批评后现代主义“始于令人尴尬地涉及个人，而终于毫不害羞地卖弄技巧。甚至，可以把它说成是从叙事作者的自杀，发展到对叙事文学的破坏，因为好几个后现代主义作家最后都毁了自

① 转引自［荷兰］佛克马、伯顿斯编：《走向后现代主义》，160—161页，北京，北京大学出版社，1991。

② 转引自［荷兰］佛克马、伯顿斯编：《走向后现代主义》，16页。

③ ［美］莫里斯·迪克斯坦：《伊甸园之门》，236页，上海，上海外语教育出版社，1985。

己，而大部分后现代主义文学，也都以破坏叙事文学的准则为乐”[①]。他指出了后现代主义的以自我为中心和无视读者的倾向及其危害性，“后现代主义是一种更深意义的颓废，因为一个人怀疑除自己以外还有别人和世界存在，把自己游离于共同关心的事物，游离于社会的集体性之外，对社会进步而言，是十分危险的”[②]。

总之，由于无视传统小说技巧的价值，由于没有正确处理内容、意义与技巧形式的关系，由于对技巧实验的过分热衷，现代主义和后现代主义小说家不仅没有能成功地使小说成为作者与读者之间进行交流和沟通的伟大媒介，反而在他们之间形成一种疏离乃至对抗的异化的关系形态。这就说明，技巧的实验和变化并没有带来小说艺术的进步和发展，反而造成了小说的危机，也证明了朱光潜先生的一句精辟的论断：“技巧的进步和艺术的进步是两件事。”[③]具体到小说上来看，如果一部小说不能普遍地吸引读者的兴趣，不能在它的作者和读者之间建立一种家常、亲切的关系，那它也不能被看作小说的艺术或艺术性的小说，相反，一部小说里纵然没有什么特别新奇的小说技巧，却深深地打动了读者，紧紧地吸引着读者，给他留下深刻而持久的印象，那么，这部小说也不失为合乎小说艺术常规的优秀之作，因为，“无技巧的艺术终于胜似非艺术的技巧”[④]。其实，这里的“无技巧”，并不是真的没有技巧，而是技巧运用已达到炉火纯青的境界，已经同作品整

①Allan Rodway, “The Prospect of Postmodernism,” See the London Magazine,February–March,1981.

②Allan Rodway, “The Prospect of Postmodernism,” See the London Magazine,February–March,1981.

③ 朱光潜:《朱光潜全集》,第 1 卷,231—232 页,合肥,安徽教育出版社,1987。这种小说中的“非艺术的技巧”,我们可以从巴塞尔姆的小说《白雪公主》中找到最有代表性的样品。在这部戏仿《格林童话》的长篇小说中,作者违反小说的修辞常规,一连提了十几个鸡毛蒜皮的无聊问题(参见王伟庆译:《白雪公主》,68—69 页,广州,花城出版社,1982),这除了“成功”地抵制了读者在小说中寻找清楚明白的“意义”和“内涵”的努力并瓦解了读者渴望与作者进行交流的热情,还带给我们一种被戏弄和被羞辱的感觉。

④ 朱光潜:《朱光潜全集》,第 1 卷,232 页。

体中的其他因素自然地和谐地统一在一起，呈现出一种羚羊挂角、无迹可求的特点，这就给人一种错觉，似乎这些作品没有技巧可言。换言之，这里的“无技巧”，乃是说没有那种悖乎艺术规律的形式化的技巧，但却有着臻于佳境、浑然天成的真正的技巧；正是这种“无技巧”的技巧，构成了传统小说创作经验中最有价值的规范体系。

对于那些造成作者与读者异化关系形态的现代小说来讲，只有当它充分吸纳传统小说的修辞技巧和叙述经验，把技巧形式同对意义和内容的重视和传达联系起来，并使之成为加强小说作者与读者关系的有效手段的时候，它才能改变自己非艺术性小说的性质，才能成为符合小说艺术常规的真正的小说。

（三）主体关系的断裂：接受美学引致的作者—读者关系问题

在20世纪的文学理论中，接受美学及读者反应批评理论的产生和形成，是一个引人注目的现象。这些理论把文学研究的重心从作者、作品等方面，转移到读者的消费性体验一面。它们无疑使关于接受主体的理论更为充实和系统化，也确实空前地突出和提高了读者的地位和作用，增强了读者对作品进行创造性的意义阐释的勇气，给他们大胆地在文本内部进行意义勘探和价值开掘提供了理论上的支持。这从某种程度上也证明了布鲁克斯和沃伦在《现代修辞学》中所说的，作者对读者的友好而热情的态度并不是唯一具有决定意义的因素，“特定读者所拥有的知识、兴趣及其所关心的问题，也是个有决定意义的因素”[①]。

然而，当这一理论被推向极端的时候，小说修辞理论所确立的基本观念以及作者与读者的关系，就面临被否定和撕裂的紧张与危机。

①Cleanth Brooks & Robert Penn Warren, Modern Rhetoric, New York,1979,4th edited,p.287.

小说修辞理论的基本前提是，小说是作者有意识地传递信息的活动，作者在作品中所采取的技巧和策略，其意图都无非是为了引导读者，让读者更好地接受自己发出的信息。这样，“作者的价值观念、信仰体系和辨别是非的眼光，就成为暗中支配整个作品以及释读作品的读者的力量。当读者意识到作品中有作者在场时，他就会给予它慷慨的想象性的认可，没有这个认可，一首诗或一部小说仍然是一个做作的文字游戏”[①]。但是，大多数接受美学和读者反应批评理论似乎并不反对做这样的游戏。它们强调读者对一部作品作出复杂的理解和反应，却忽视或反对读者的反应受到作家专门为此目的而采取的相应方法的影响和控制。这种态度和观点显然威胁着小说修辞，其后果是，一方面导致作者写作时对文本和技巧的随意态度，因为他认为一切都取决于读者怎么看，自己的责任只在于写出一个并无确切意指的东西来；另一方面，又会造成文本阐释和读者反应的无政府主义和相对主义状况，从而把作者和读者间沟通的可能性和意义降低到最低点。

接受美学与读者反应批评理论的共同倾向，是把作品与作者、读者与作者的一切联系切断，而将一切都维系到读者这个纽结点上，正像 H.R. 耀斯所说的那样：“‘在主人公已经死去’和‘作者已经退出”之后，人们进行了极端的尝试，一直试图把主人公和作者的同一性只赋予读者方面。”[②] 同时，他们还过分强调作品意义构成的不完整性或不确定性，这样，充满未定点和空白处的文本，等待读者将其“具体化”，就像一匹难以控驭的烈马，等待着能够驰马弯弓的骑手来驯服它一样。这就使“统一的自我和封闭式的文本的学说，暗中构成了许多接受理论明显的无穷性的基础”[③]。例如，英加登就认为，一部作品只给

① ［美］阿伯拉姆（M.H.Abrams）：《简明外国文学词典》，249 页，长沙，湖南人民出版社，1987。

② ［德］H.R. 耀斯：《审美经验与文学解释学》，286 页，上海，上海译文出版社，1997。

③ ［英］特里 · 伊格尔顿：《文学原理引论》，97—98 页，北京，文化艺术出版社，1987。

我们提供了类似于大纲的“形式化外观”，它需要读者将其现实化，只有经过读者的现实化，它才能变成具体的存在，“它们为具体材料所补充和完成，这种补充和完成的方式在很大程度上要取决于读者”[①]。这样，英加登为了充分实现读者对作品的“现实化”，就提高了对读者的要求。他把读者分为消极的读者和积极的读者。消极的读者的“全部努力只在于思考句子的意义，而没有使意义成为对象并且仍然停留在意义领域中”[②]，这样，他们的阅读方式就是机械的、被动的，只限于所读的句子本身和领会作者所赋予作品的意义。相反，积极的读者则“不仅理解句子的意义，而且理解它们的对象并同它们进行一种交流”[③]，这种阅读是积极地完成的，读者“以一种特殊的首创性来思考所读的句子的意义”[④]，英加登完全不提作者在作品中的存在，不提他在对确定意义的形成和对引导读者理解作品方面所作的修辞努力的意义和作用。只剩下读者和任其揉捏、把玩的作品，“通过现实化的外观，作品所描绘的事物具有了更大的造型性和鲜明性，它们变得更生动、更具体，读者似乎进入了同它们的直接交流”[⑤]。英加登把作品看作一个意义飘忽不定的世界，作品中的这些不确定的因素，不管作者愿意不愿意，都是必须存在的，“不定点的出现不是偶然的，创作失误的结果。相反，在每一部文学作品中，它都是必需的”[⑥]。读者不能依赖作者的“意向功能”，“任何人在阅读文学的作品时，寻找作品的实体独立的事实领域都是犯了一个极大的错误。文学艺术作品的真正功能在于使读者对一个审美对象进行适当的审美具体化”[⑦]。

① [波兰]英加登:《对文学的艺术作品的认识》,58页,北京,中国文联出版公司,1988。
② [波兰]英加登:《对文学的艺术作品的认识》,36页。
③ [波兰]英加登:《对文学的艺术作品的认识》,37页。
④ [波兰]英加登:《对文学的艺术作品的认识》,39页。
⑤ [波兰]英加登:《对文学的艺术作品的认识》,62页。
⑥ [波兰]英加登:《对文学的艺术作品的认识》,50页。
⑦ [波兰]英加登:《对文学的艺术作品的认识》,170—171。

事实上，英加登的理论，对于指导人们阅读诗歌更为有用，因为诗歌是一种含不尽之意见于言外的召唤性文体，而小说就不同了，它是一种征服性文体，它的主题，乃至人物性格的结构层面，也许会是复义性的或复杂化的，但它的主体是确定、清晰、有力的，环境因素的细致描写，情节事象的具体叙述，人物心理和动作的生动刻画，都无不在追求以巨大的魔力征服读者，并使读者从感情到深在的价值体系层面，都与作者发生同一性契合的效果。一句话，小说是牢牢控制读者的艺术，是完全征服读者的艺术。通过征服性的修辞活动，它既让读者乐意接受作者所描写和叙述的一切，而且要在阅读小说时产生一种把自己通过认同性的想象置身于小说的“自居的心理”[①]。正像托马舍夫斯基所说的那样，小说作者要“牢牢抓住读者的注意力，把注意力和兴趣引向个别角色的命运”[②]，而从读者一面来看，也不是无限制地抵拒作者的控制，在作品的空白处去一显身手，而是要与自己的“以己度人的妄断”作斗争，以免在自己“与作品之间筑起无法逾越的鸿沟”[③]，他的正确态度是，“应该就俘于作者的旨意而去天真地阅读。作者的才能愈大，读者就愈难于抵抗这种情感的指引，作品就有征服力”[④]。确实，对于小说作者来讲，如果不能以明确、有力的修辞手段控制读者的反应，则意味着创作的失败，而对读者来讲，如果一开始就以分析的态度在小说中的“空白处”忙活，那他就不会体验到阅读小说的乐趣。在这两种情况下，我们都没有指望建立符合小说本性的作者与读者间的正常、自然、有效的交流性修辞关系。

在阐释学理论家中，赫什（亦译“赫施”“赫希”等）的观点，是最接近修辞学的，而他关于作者与读者关系的看法，也对大多数否定作

---

① ［美］I.P. 瓦特：《小说的兴起》，224 页。

② ［俄］什克洛夫斯基等著：《俄国形式主义文论选》，137 页，北京，三联书店，1989。

③ ［俄］什克洛夫斯基等著：《俄国形式主义文论选》，137—138 页。

④ ［俄］什克洛夫斯基等著：《俄国形式主义文论选》，138 页。

者因素的阐释学理论有补偏救弊的作用。赫什无法容忍把作品或者把读者的反应同作者割裂开来的做法，无法接受伽达默尔无视作者原意的观点，认为这只能导致混乱的相对主义，无法提供有效的解释标准。伽达默尔把作品的意义和价值，联系于阐释的历史的开放性和多样性，这固然注意到了文本意义层面的复杂性和读者阐释的多样性，但却忽略了这种多义性和多样性都得依据作者的本意这个轴心才得以展开。“赫什对于本文的理解，与伽达默尔有着根本的区别，这就是：前者的着眼点在于本文的作者，后者的着眼点则在于解释者；前者注重的是作者意图的重建性，后者则注重本文的历史性。”[①]针对阐释学将作者摒除于文本（即“本文”）之外，而“新批评”、结构主义又将文本封闭化或形式化的理论状况，赫什大声疾呼要“保卫作者”。在他看来，作品的意义由作者而始形成，“无论何时，意义总是附隶于一系列语词之上，回避作者是不可能的”[②]，因此，必须把作者的意图当作读者解释的有效标准，“对于各种类型的有效的解释来说，都必须以对于作者所意指的东西的再认识为基础”[③]。作品的意义与作者的本意有着直接的必然的联系，因此，他强调“我们应该把原意尊崇为最好的意义”[④]，“书面解释的所有形式以及超越个人体验的所有解释目标都要求具备这样一个条件，即作者意指含义不仅是确定的，而且是可复制的”[⑤]。赫什的可取之处，还在于他不仅认识到作者对于阐释的决定性的意义，同时也承认对文本可能存在着不同的有效阐释，但是他正确地指出，这些可能性的有效阐释，必须限制在作者的意义所允许的“典型期望与可能性体系之内”。为了更好地说明这一点，他引入了“意义”(meaning)和“意趣”(significance,亦译“意思”“意味”)

① 朱立元主编:《现代西方美学史》,877 页,上海,上海文艺出版社,1996。
② 朱立元主编:《现代西方美学史》,880 页。
③ 朱立元主编:《现代西方美学史》,878 页。
④ 朱立元主编:《现代西方美学史》,881 页。
⑤［美］赫什:《解释的有效性》,37 页,北京,三联书店,1991。

两个与阐释的认识内容有关的不同的概念。作者赋予作品以“意义”，而读者则添之以“意趣”[①]，不管赫什的理论还存在着什么样的缺陷和问题，但他对作者作用、地位的强调，是有助于小说修辞理论更好地研究和解决作者与读者这一主体关系的。

至于那些排斥作者同时过分夸大读者作用的接受美学理论，则无疑是不利于作者和读者在文学交流中形成亲切、和谐、自然的主体关系的。它们宁愿把作品看作征候性的，而不是健康的；是残缺的，而不是完整的；是读者独自消费的对象，而不是沟通作者与读者的交流媒介。而在选择支持他们理论的研究对象时，这些阐释学、接受美学理论家，往往似乎更愿意选择现代派的作品。这些作品的盘根错节、含义暧昧、形式怪异的特点，正适合他们的胃口，正像伊瑟尔所说的那样，“在阅读中，我们能够体验早已不存在的东西，理解全然陌生的事理”[②]。这样，伊瑟尔就否定传统古典阐释标准所要求的“不同因素之间的和谐，以便于它被接受的原则”[③]，因为这种原则明显要求作者要负起责任，通过修辞性因素的介入，实现作者与读者在尽可能广泛的方面的同一性交流，他设计出另一种相反的原则和关系图式，这种原则和关系图式要求读者先于作品，先于作者，享有主宰的地位和无限的自由。这样，现代主义作者在修辞上的失败、现代主义作品因此而存在的缺失，都不再是问题了，倒是给跃跃欲试的读者提供了“一致性构筑”的机会。这种一致性构筑，“作为一种理解结构，它决定于读者而非作品，因而与主观因素有千丝万缕的联系。这是因为艺术作品自身充满矛盾的缘故。自身充满矛盾并不是结构的失败，而是有意造成理解的障碍，使我们放弃习惯的接受倾向。如果我们忽略了这些结构断裂，从古典主义

① [英]特里·伊格尔顿:《文学原理引论》,82—83页。

② [德]沃尔夫冈·伊瑟尔:《阅读活动:审美反应理论》,27页,北京,中国社会科学出版社,1991。

③ [德]沃尔夫冈·伊瑟尔:《阅读活动:审美反应理论》,26页。

规范去指责这些断裂，也就抹杀了这些断裂的功能”[①]。

这样的前提，使伊瑟尔放心地得出这样的结论：“本文的统一意义——并不是由本文表述的——在于读者的设计，而非本文的潜在内容。”[②]这样你就不难理解，伊瑟尔为什么要把小说中的“观点”看作一个排除了作者“观点”的“观点体系”：叙述者视点、人物视点、情节视点和虚设的读者的视点[③]，而且，这些视点中任何一种视点都不能单独构成意义，而应该以矛盾的形态交织在一起，从而让我们无所适从。如此一来，伊瑟尔几乎是“在劫难逃”地选择了《尤利西斯》这部可供学者们在案头上用放大镜和其他现代化仪器来消磨时光并证明自己学识渊博见解高妙的作品来一试牛刀了。伊瑟尔认为，乔伊斯在这部玄妙莫测的小说中，将“视点安排加剧，已经明显具有了系列性，其中根本看不到任何等次之别。叙述的再现分成片断，每一句都有视点的转移，所以我们的首要任务就是不时地寻找每一段表现的视点。‘新小说’中的视点安排也暗含着同样的结构。读者不得不绞尽脑汁地确认每一句、每一段的视点与参照语境，这就意味着他必须不断抛弃他已建立的或渴望建立的联系”[④]。尽管乔伊斯的小说和“新小说”的视点混乱和未定性程度的增加，使“读者的活动变得越来越无定向”，但是，奇怪的是，“谁也不会抵制这种结果，而我们感兴趣的只是如何实现它”[⑤]。从这一点我们可以看出，接受美学理论与现代主义小说在本质上是一致的，它们都反对作者在小说中的积极的修辞性介入，要求作者退出小说，“让人们径直进入事件”[⑥]。伊瑟尔把传统小说与现代主义小说对立起来，以后者否定前者。传统小说总是不怎么令人满意的，

① [德]沃尔夫冈·伊瑟尔:《阅读活动:审美反应理论》,26 页。
② [德]沃尔夫冈·伊瑟尔:《阅读活动:审美反应理论》,25 页。
③ [德]沃尔夫冈·伊瑟尔:《阅读活动:审美反应理论》,44 页。
④ [德]沃尔夫冈·伊瑟尔:《阅读活动:审美反应理论》,122—123 页。
⑤ [德]沃尔夫冈·伊瑟尔:《阅读活动:审美反应理论》,248 页。
⑥ [德]沃尔夫冈·伊瑟尔:《阅读活动:审美反应理论》,248 页。

作者为读者提供“某种形式的指向”，但“《尤利西斯》却省略了这些，使我们的期待受挫，因而留下了一个叙述者已经消失的印象。……现在熟悉的叙述模式破裂了，导致了传统观念深刻转变。读者的期待背景的确是因其无定向而引起的，但同时读者又体验了期待功能的非实现——即否定的实现，读者的基本期待受挫，这就留下了一个空白，而在传统小说中，空白总是被填补好的”①。

否定传统小说基于读者的正常要求所提供的修辞性的“某种形式的指向”，而肯定挫伤读者的阅读热情的无定向的“空白”，这说明伊瑟尔恰像伊格尔顿批评结构主义时所说的那样，“是对常识的故意冒犯”②。他从根本上否定布斯关于作者通过修辞性因素，达到作者与读者完全融合为一的共鸣情境的理论，怀疑这种融合为一是否奏效。这种怀疑被扩大到怀疑小说是否能够通过作者的修辞性努力，而普遍地与读者建立正常、亲切的交流性主体关系。这使他以与罗素所批评的“主宰阶级论”③相似的“主宰读者论”对读者进行狭隘的分类，“菲尔丁和狄更斯的小说有过自己的内在读者，而乔伊斯、普鲁斯特和贝克特的内在读者则大相径庭”④。这足以说明伊瑟尔理论的反传统倾向和消极的性质，正像伊格尔顿批评的那样：“把艺术的功能主要归为消极的——归为违反性的和陌生化的——这在伊瑟尔和形式派说来，都包含着对自己时代社会和文化的一种明确态度：这种态度，照现代自由主义看来，就等于怀疑思想体系本身。”⑤

如果说现代主义小说的创作实践造成了作者与读者之间的裂隙，导致了他们之间沟通的困难和关系的紧张，那么，阐释学理论则为现

① ［德］沃尔夫冈·伊瑟尔：《阅读活动：审美反应理论》，249页。
② ［英］特里·伊格尔顿：《文学原理引论》，115页。
③ ［英］罗素：《西方哲学史》，下卷，345页，北京，商务印书馆，1976。
④ ［俄］E.A.楚尔加诺娃等著：《当代外国文艺学》，284页，上海，上海译文出版社，1993。
⑤ ［英］特里·伊格尔顿：《文学原理引论》，99页。

代主义辩护，从而使问题更趋严重。托尔斯泰说：“艺术只有当它使用最朴素最简短的方式唤起人们共同的情感时，才是好的和高级的。而当它使用复杂、冗长和精致的方式唤起独特的情感时，它就是坏的。”[①]这不管是对现代主义小说，还是对那些鼓励把文本复杂化，乃至故意弄得混乱的接受美学，都是正确而有用的经验和告诫。片面强调“空白处”和“不确定性”的意义，片面抬高某一类读者的地位和作用，必然会造成作者与读者之间关系的断裂，使他们难于在小说中进行正常的交往和交流。布斯曾批评这种抬高“坚强的”读者的理论，指出包括这种理论在内的一些理论“较之早年的那些半截子真理，它们更容易毁掉（各式各样的）作者和（各式各样的）读者在（各式各样的）文本上而辉煌地会合的机会，而只有这种会合才使我们将小说技巧当作修辞来研究成为可能”[②]。伊格尔顿也指出：“读者与作品的闭路反映了文学这一学科的封闭性，只有某些类型的文本和读者需要使用它。”[③]H.R. 耀斯则清醒地认识到了接受美学、阐释学存在的局限性，指出先锋文学的“主要人物是读者”的原则已经过时了，而出路正在于作者、读者与人物的共同协作与相互交流，因此，人们就应该确立这样的想法：“相信死亡的意义就是将来的复活，主人公、读者和作者将同人类其他人共享这种复活。”[④]这种复活其实就是信心的复活、意义的复活、交流愿望的复活，或者说是修辞的复活，只有在这些对人类来讲至关重要的东西复活以后，我们才能有望产生出真正的文学家，并在他的精神之光照耀下，产生出真正的读者，并最终在他们之间形成健康、自然、亲和的主体关系形态。

---

① [俄]托尔斯泰:《列夫·托尔斯泰文集》,第十四卷,128 页。

② [美]韦恩·布斯:《小说修辞学》,414 页。

③ [英]特里·伊格尔顿:《文学原理引论》,97 页。

④ [德]H.R. 耀斯:《审美经验和文学阐释学》,287 页。

第四章

宏观修辞技巧

小说修辞活动的关键环节，是对修辞技巧的运用。可以说，修辞技巧是实现作者的修辞目的、获致小说的修辞效果的前提条件。没有技巧，就谈不到修辞。人们有时把复杂的修辞活动，视同单纯的修辞技巧，其原因盖在于此。阿多诺曾高度强调修辞技巧的意义和作用：

> 技巧是艺术的要素。技巧彰显和突出了艺术是人工制作产品这一事实。……技巧具有头等重要的地位。技巧本身引导具有反省能力的人进入艺术作品的内核……技巧是艺术之谜中可以界定的修辞手段。……除非弄懂作品的技巧，否则就不会理解作品本身……①

这足以说明研究修辞技巧的必要性和重要性。本章及随后的几章将对小说中的修辞技巧展开研究，探讨它们的作用及性质、特点，揭示其规律，分析已有的技巧理论中存在的问题。我将修辞技巧分为两

① [德]阿多诺:《美学理论》,366页,成都,四川人民出版社,1998。

大系统：宏观修辞技巧系统和微观修辞技巧系统。宏观修辞主要是研究叙事层面的小说修辞技巧，而微观修辞则是讨论具体的修辞格被延展性运用于小说中所呈现出的性质、特点和样态。宏观修辞作为叙事层面的技巧，几乎涉及所有与叙事相关的技巧因素，诸如视点、距离、讲述与展示、声音、时空、人称、节奏等。本书只涉及前四类技巧。由于讲述和展示是两种复杂而重要的技巧问题，本书将用两章的篇幅着重考察。微观修辞涉及所有可以被延展性地运用于小说中的修辞格，限于篇幅，本书只对反讽和象征这两种技巧作较为细致的考察。

一、视点控制

视点是现代小说理论最为关注、研究最多的一种修辞技巧。这一方面说明对小说来讲，视点有着非常重要的意义，另一方面也说明关于视点，人们的认识还不尽一致，需要探讨的问题仍然很多。

（一）视点的定义、作用和价值

视点乃是小说家为了展开叙述或为了读者更好地审视小说的形象体系所选择的角度及由此形成的视域。在小说的讲述过程中，作者必须通过角度的选择和控制，来引导读者从最佳的角度观照、进入小说的现象世界。就此而言，视点意味着作者的选择和强调，甚至意味着作者的态度和评价。读者在阅读小说的过程中，往往要受到视点的影响，为作者所规定的观察角度所影响乃至同化。总之，视点的作用，在于排除干扰视线、影响注意力的冗余部分，从而使读者的注意力得到最大程度的集中。

视点对于小说的叙述、情节的组织和人物的描写，有着极为重要的意义。托多洛夫说：“组成虚构世界的事件永远不可能靠‘自身’，而总是通过某种角度，凭借某种观点呈现在我们面前。”[①] 华莱士·马丁在对奥斯丁改写《理智的伤感》、陀思妥耶夫斯基改写《罪与罚》和卡夫卡改写《城堡》的现象进行研究之后，得出这样的结论：“在很多情况下，如果视点被改变，一个故事就会面目全非甚至无影无踪。……叙事观点不是作为一种传递情节给读者的附属物后加上去的。相反，在大多数现代叙事作品中，正是叙事观点创造了兴趣、冲突、悬念、乃至情节本身。”[②] 这说明，选择什么样的视点，换言之，从谁的角度来观察、审视小说所讲述的一切，往往体现了作家的价值立场和情感态度，也会直接影响到读者对小说中的人物及事件的认识和评价。对此，洛奇在《小说的艺术》中说得更加明确：“确定从何种视点叙述故事是小说家创作中最重要的抉择了，因为它直接影响到读者对小说人物及其行为的反应，无论这反应是情感方面的还是道德方面的。”[③] 詹明信则认为视点是一个研究小说的重要概念，因为，“这种概念的功能之一就是排除我们在霍夫曼和巴尔扎克在小说中见到的特定的第一/第三人称的功能失调，并以一种更稳定的确认与反讽之间的交替，来调节我们与主人公的距离”[④]。瓦特则把视点当作他所推崇的“形式现实主义”实现其修辞目的的根本手段：“‘视点’应该成为决定性的手段，作家据此表达他的道德情感，而模式应该成为隐蔽的技巧，据此镜子的角度被调整到适合反映小说家所见到的现实。”[⑤]

关于视点的巨大的修辞作用和价值，布斯在《小说修辞学》中通过一个有趣的设想来说明，他说，荷马在《奥德修记》中从英雄的视点来展开叙述，这样，就使我们明确地对英雄表示同情，并对求婚者

① 王泰来编:《叙事美学》,27页,重庆,重庆出版社,1987。
② [美]华莱士·马丁:《当代叙事学》,158—159页,北京,北京大学出版社,1990。
③ [英]D. 洛奇:《小说的艺术》,28页。
④ [美]詹明信:《晚期资本主义的文化逻辑》,114页,北京,三联书店,1997。
⑤ [美]I.P. 瓦特:《小说的兴起》,128页。

表示轻蔑，“不要说，要是另一位诗人从求婚者的角度来处理这一系列情节，他也许会轻易地引导我们带着截然不同的期待与担心进入这些历险”[①]。这说明从谁的视点观察和展开叙述，势必就会用谁的尺度和价值观去评价观察的对象和叙述的内容，除非是完全由作者反讽性地操纵的视点人物或叙述者（如《摩尔·弗兰德斯》《孔乙己》等）。一般来讲，视点人物总是处于被肯定的优越的地位，其他人物都要经由他的“过滤”，才能进入小说，因而，相比而言，也就总是处于被审视、被评价的被动地位，只有经由视点人物，我们才能知道他想什么，他做什么，以及他到底是什么样的人。正是由于视点人物在小说中这种至关重要的修辞作用，小说家在小说中选择视点人物时，总是非常审慎的，总是根据不同的情况和不同的需要来选择合适的视点人物。总之，更换一个视点人物，便意味着小说的叙述切入点、主题、风格及视境的广度和深度，都将随之变化，这正如托多洛夫所说：“对同一事物的两种不同的视角便产生两个不同的事实。事物的各个方面都由使之呈现于我们面前的视角所决定。”[②]

台湾著名作家白先勇对视点的这些作用和功能也非常重视，他说：“西方现代小说非常注意观点，他们有许多书，特别讨论观点，我忘记是哪一位小说家或评论家讲的，你选择的观点已决定了写这部小说成败的一半。观点的应用非常重要，因为观点决定了文字的风格，决定了人物的个性，有时甚至决定了主题的意义。”[③]他高度评价《红楼梦》对视点的控制和运用，第六回从刘姥姥的眼光来看贾府，既可信，又增强了表现效果。杨义先生则把视点看作在所有技巧中最为重要的修辞手段，认为它“实在是牵一发而动全身的问题，难怪西方叙事学

---

① ［美］韦恩·布斯：《小说修辞学》，8页。

② 王泰来编：《叙事美学》，27页。

③ 白先勇：《白先勇自选集》，435页，广州，花城出版社，1997。

在近20年对之讨论最勤，而且众说纷纭，莫衷一是了”[①]，尤其对小说来讲，有着尤为重要的意义，“有时一个视角的精心安排会起到波诡云谲，甚至石破天惊的审美效应”[②]，所以，“实在不应该把视角看成细枝末节，它的功能在于可以展开一种独特的视境，包括展示新的人生层面，新的对世界的感觉，以及新的审美趣味、描写色彩和文体形态。也就是说，成功的视角革新，可能引起叙事文体的革新”[③]，甚而至于“独特的视角操作可以产生哲理的功能，可以进行比较深刻的社会人生反省，换言之，视角中也可以蕴涵着人生哲学和历史哲学”[④]。后边的几句话显然有些言过其实，把视点的作用作了不切实际的夸大，但从整体来看，他对视点的作用、功能和价值的看法，还是正确、全面的。总之，小说必须通过内在于作品中的人物或外在于作品的作者或叙述者的确定视点，才能将叙述的内容从最佳的角度予以把握和组织，才能最终有效地影响读者对作品内容的感受和理解。我们且以鲁迅先生的《孔乙己》为例，来看看视点选择对整个小说创作的意义和作用。

一般来讲，一个具体的事件和人物，本来是可以从许多不同的角度去观照和叙述的，但与特定的主题或情调相适应的视点往往有限，对于一些短篇小说来讲，甚至是唯一的，尤其是当作品的主题、风格及人物关系确定以后，小说中的视点人物，往往就被限定在最有利于表现这一主题、风格和人物关系的某一类人物中。比如说在《孔乙己》中，作者要宣达的是一种反讽性的题旨，要揭示一种徒有形式的文化制度的衰微，以及与这种文化制度粘连在一起的知识分子的尴尬处境，或者如李欧梵先生所说的那样，是要说明“处于一个特定历史转

---

① 杨义:《中国叙事学》,191—192页。

② 杨义:《中国叙事学》,193—194页。

③ 杨义:《中国叙事学》,195页。

④ 杨义:《中国叙事学》,197页。

变时期整整一代人的精神问题”[①]。这种特定的主题和情调，限定了鲁迅只能选择有利于宣示这一主题、包蕴这种情调的视点。这个视点人物不可能是孔乙己自己，因为他缺乏把自己从所属的文化制度中分离出来的自省意识，如果从他的视点展开叙述、难免要流于郁郁不得志的感伤与追怀。这样，要表现他被自己所忠诚信奉的文化所抛弃的悲剧命运，以及周围的冷漠社会与他的隔膜和距离，就只能是这样一个视点人物：他了解孔乙己生活的一些具体情状，却又缺乏对他的理解和同情，甚至还有一些冷漠的嘲讽态度。鲁迅恰当地选择了店里十二三岁的小伙计做视点人物，又让他担任在多年以后以追忆往事的方式讲述故事的叙述者，这样，通过直接的观照视点和非直接的叙述层面，“鲁迅达到了三重的批评：主人公，嘲笑他的那帮旁观者，以及麻木的叙述者，这个叙述者缺乏真正的关于意识的衡量标准，他与那帮旁观者的腔调一样，因此，他看起来同样的可怜”[②]。从这篇小说的整体效果来看，鲁迅非常重视视点的作用和价值，他以高度自觉的修辞意识所选择的视点人物，很好地完成了这篇小说的修辞任务，不仅增加了小说的真实性和艺术魅力，还像李欧梵先生所说的那样，“给他的小说结构增加了一个反讽的层面，并为他从主观视角形成一种反向透视或反向陈述提供了基础”[③]。

（二）视点分类的混乱与焦点概念的确立

小说的视点还有别的许多称呼：观点、角度、视角属于与它相同或相近的一类，焦点、叙事情境、叙事方式等则属于与它差异较大的一类。如布斯、卢伯克、D. 洛奇、杨义、胡亚敏都称之为视点或视角；

① 乐黛云主编:《当代英语世界鲁迅研究》,44—45 页,南昌,江西人民出版社,1993。
② 乐黛云主编:《当代英语世界鲁迅研究》,46 页。
③ 乐黛云主编:《当代英语世界鲁迅研究》,46—47 页。

热奈特和米克·巴尔则基于不同的认识，选择了聚焦这一概念；罗钢则受奥地利学者 F.K. 斯坦泽（亦译“斯坦策尔”）的启发，用叙事情境来涵括“视角”，并受热奈特和巴尔的启发，用“聚焦”来具体指称“视点”。

其实，对这几类概念的不同取舍，往往反映出研究者关注问题的侧重点的不同。选择与视点相近的概念的研究者，侧重于研究观照者，即通过谁来看，而选择聚焦和叙事情境一类概念的学者，则倾向于用复杂的眼光来看问题，倾向于把谁看、谁说与谁被看这些因素细致地区分开来，因此，对于这类学者来讲，一旦进入更为细致的文本分析中，他们常常觉得视点这个词并不那么精确，它似乎只强调“看”的意思，却忽略了它是否同时也意味着“说”（讲述），换言之，“看”与“说”，观察与叙述这两个层面是否能始终如一地统一于“视点”之中而不矛盾？或者说，在具体的文本中，如果出现了观察者与讲述者的分离，用“视点”这类概念还能说明问题吗？

最早注意到这个问题的人，是法国叙事学家、普鲁斯特研究专家热奈特。他肯定了从 19 世纪末以来人们对视点研究“取得毋庸置疑的成果”，“然而我认为有关这个问题的大部分理论著述令人遗憾地混淆了我所说的语式和语态，即混淆了视点决定投影方向的人是谁和叙述者是谁这两个不同的问题，简洁地说就是混淆了谁看和谁说的问题。二者的区别，看上去清晰可辨，实际上几乎普遍不为人知……”④ 热氏不同意布鲁克斯和沃伦提出的对视点的四种分类。⑤ 这四分法是从内部分析事件的主人公讲述自己的故事，和从外部观察事件的见证人讲述主人公的故事，在这两类中，叙述者作为人物在情节中出现；另外两类是从内部分析事件的善于心理分析或无所不知的作者讲述故事，和从外部观察事件的作者从外部讲述故事，在这两种视点中，叙述者不是人物，不在情节中出现。热奈特认为，叙述者在情节中出现与否

---

④［法］热拉尔·热奈特:《叙事话语·新叙事话语》,126 页。

⑤ 参见［法］热拉尔·热奈特:《叙事话语·新叙事话语》,,126—127 页。

与视点无关（这个问题属于“语态”研究的范畴），只有从内部还是从外部观察事件是视点要研究的问题，因此，这四种观点就可化约为两类，即从外部观察的视点和从内部分析的视点。1955 年斯坦策尔将小说的“叙述情境”分为三类：无所不知的叙述情境（《汤姆·琼斯》型）、叙述者为人物之一的叙述情境（《莫比 · 迪克》型）和依据一个人物的视点所作的第三人称叙事（《专使》型）。[①]

在热氏看来，第二和第三类情境间仍然不存在“视点”的差别，因为，在这两类中视点人物实际上占据相同的焦点位置，所不同的是，在《莫比·迪克》中焦点人物同时也是叙述者，而在《专使》中叙事者不在故事中露面。同一年，N. 弗里德曼提出一个更加复杂的八项分类[②]：两类或有或无作者闯入的无所不知型（菲尔丁或哈代）；两类第一人称叙述：我 = 见证人（康拉德的作品），或我 = 主人公（狄更斯《远大前程》）；两类有选择性的无所不知型叙述，即有限视点叙述或多视点（《到灯塔去》）或单视点型（《青年艺术家的肖像》）；还有两类纯客观型叙述：戏剧式叙述（《白象似的群山》）和电影式叙述，一种不加选择的纯粹记录。热奈特认为第一、二、三、四类都是涉及作者或叙述者，因而也属于语态范畴，而与视点无关。尤其是第六类（《青年艺术家的肖像》），弗氏将其描述为“由一个人物用第三人称讲述的故事”，热氏认为这一提法“显然混淆了焦点人物和叙述者”[③]。1962 年，B. 龙伯格沿用了斯坦策尔的分类法，并增补了一种，从而形成四项分类：无所不知的作者的叙事；视点叙事；客观叙事；第一人称叙事。热氏认为，这其中，“第四类与前三类的分类原则不一致”[④]。

造成以上种种分类混乱的根本原因，在热奈特看来，就是把两个

① 参见［法］热拉尔 · 热奈特:《叙事话语 · 新叙事话语》,127 页。

② 参见［法］热拉尔 · 热奈特:《叙事话语 · 新叙事话语》,128 页。

③ ［法］热拉尔 · 热奈特:《叙事话语 · 新叙事话语》,128 页。

④ 参见［法］热拉尔 · 热奈特:《叙事话语 · 新叙事话语》,128 页。

问题搅到了一起，即把“语式”（谁看）与“语态”（谁说）等同为一个问题，也就是说，观察者和讲述者没有被区分开来。而让·普荣和茨维坦·托多洛夫的三分法，显然没有犯这种错误，因而，在热奈特看来，是可以接受的：第一类相当于无所不知的叙述者的叙事，普荣称为“后视角”，托多洛夫则用叙述者＞人物的公式来表示（叙述者知道的、说的比任何人物知道的都多）；第二类近似于龙伯格的“视点叙事”，即由一个人物的角度展开的叙述，托多洛夫的公式是：叙述者 = 人物，普荣的名词是“同视角”；第三类：托多洛夫表述为：叙述者＜人物（叙述者说的比人物知道的少），普荣称这种叙事为“外视角”的客观叙事或“行为主义”叙事。

热奈特认为要重新确立关于“谁看”这一语式方面的新概念，首先要废除“视角”“视野”“视点”这些过于专门的术语，而采用较为抽象的“聚焦”一词。[①] 这样，热氏就从“看”的角度，将“聚焦”分为三类。第一类是把由传统的叙事作品所代表的类型，改称为无聚焦或零聚焦叙事，这相当于托多洛夫的叙述者＞人物的公式所表示的叙述视角。第二类为内聚焦叙事，相当于托多洛夫的叙述者＝人物的公式，它又可以分为三种形式：固定式，它由一个人物的视点来观察；不定式，视点先后移动，如《包法利夫人》，先是查理，后是爱玛，接着又是查理；多重式，即多个视点多次追忆或聚集同一事件，如电影《罗生门》。第三类是外聚焦，相当于托多洛夫的叙述者＜人物，如海明威的《杀人者》《白象似的群山》。

热氏把全知叙述视点称为零聚焦是不准确的，给人的印象是好像传统叙事作品中不存在聚焦情况似的；而内聚焦中的后二类，即不定式和多重式，似乎也没有质的区别，后者同前者最明显的不同在于后者的聚焦对象是不变的，而聚焦是从聚焦者，即“谁看”来划分的，

① 参见［法］热拉尔·热奈特：《叙事话语·新叙事话语》，129 页。

所以，多重式顶多也只能被视为不定式内聚焦中的一种特殊样态，而不能被当作与之并列的一个类型。事实上，第一类零聚焦和第三类外聚焦同属一类，即都属于外在聚焦，只不过一个是全知性的（“零聚焦”），一个是为了某种特殊的修辞效果而选择的非全知性的（“外聚焦”）。同热奈特相比，米克·巴尔的分类就显得既简明，又便于用来说明问题：“聚焦的主体，即聚焦者（focalizor）是诸成分被观察的视点。这一视点，可以寓于一个人物（如素材的成分）之中，或置身其外”[①]；当“聚焦者与一个作为行为者参与到素材中的人物结合时，我们可以将其归结为内在式(internal)聚焦。这样，我们可以用外在式(external)聚焦这一术语表明一个处于素材之外的无名的行为者在起到聚焦者的作用”[②]。雷蒙－凯南也是采用二分法来处理聚焦的分类问题，“聚焦，可以在故事之外，也可以在故事之内”[③]，她声明自己的这种分类，“明显违背了热奈特的区分法”[④]。事实上，雷蒙－凯南自己的分法显然更科学，更合理。浜田正秀也将视点分为两类：叙事诗、社会小说和行为小说“主要是从外部来描写事件和人物，是一种外视点文学。而描写感情、感觉和形象活动的心理小说，是一种把视点放在人的精神内部的文学”[⑤]。浜田正秀的视点分类，似乎还不是从作为聚焦者的视点层面来划分，而是近似于从小说表现的内容，即从表现的是客观的外在生活，还是主观的心理活动的角度，来划分小说的类型。

尽管热奈特对焦点类型的划分，远不如米克·巴尔、雷蒙－凯南的一分为二的划分更便于被人们接受，更便于灵活地用来分析具体的作品，但是，他所确立的“聚焦”这一概念，却有着非常重要的意义，

---

① [荷兰]米克·巴尔:《叙述学:叙事理论导论》,119 页,北京,中国社会科学出版社,1995。

② [荷兰]米克·巴尔:《叙述学:叙事理论导论》,120 页。

③ [以色列]施洛米丝·雷蒙－凯南:《叙事虚构作品:当代诗学》,91 页,厦门,厦门大学出版社,1991。

④ [以色列]施洛米丝·雷蒙－凯南:《叙事虚构作品:当代诗学》,91 页。

⑤ [日]浜田正秀:《文艺学概论》,41 页,北京,中国戏剧出版社,1985。

这个概念和随它而来的焦点、聚焦者、被聚焦者或聚焦对象等概念，无疑有助于人们更细致、更深入地认识小说的视点问题。他把“谁看”和“谁说”，即视点人物和叙述者区别开来，也是具有启发性的理论发现。但是，“视点”“视角”和“观点”这些为人熟知的概念，也不可轻易废止，事实上，它们与由聚焦生发出来的一系列概念是同贯共规的，因而是可以泯町畦而通骑驿的。杨义在这两类概念间强行画线，认为视角“是从作者叙述者的角度投射出视线，来感觉、体察和认知叙事世界”，而聚焦和非聚焦则是“从文本自身来考察其虚与实、疏与密”，“视角讲的是谁在看，聚焦讲的是什么被看，它们的出发点和投射方向是互异的”[①]。这完全是凭想当然得出的结论，是不符合这两个概念的实际含义的。无论视点还是聚焦，其实都是从作者、叙述者或人物的角度对某一观照对象投射出的视线，因此，无论聚焦还是视点，关涉的都是“谁在看”的问题，至于“看到什么”或“什么被看”，却只能用“被聚焦者”或“聚焦对象”这样的术语来表示。

事实上，视点和聚焦的最明显的区别，在于“视点”所关涉的主体不怎么确定(“谁看”“谁说”不清)，而“聚焦”则主要是指“谁在看”，而不是“谁在讲”。换句话说，视点具有单义性，只是个名词，如果要描述从某个角度观照的动态过程的时候，就需要用一句话来表示，如“从某某的视点展开叙述”等，相反，聚焦则既是名词又是动词，还可以通过添加后缀，使它转变成一个表示聚焦主体的词(focalizor,“聚焦者”)，可见，它具有多义性和生成性。这就是这两个概念之间的区别。它们虽有不同，但根本上是相近的，是具有互补性的，因此，不能随意地把它们割裂开来，甚至对立起来，像杨义那样，更不能用其中的一个，来否定或取消另一个，像热奈特那样。

① 杨义:《中国叙事学》,245 页。

（三）小说视点的变换和流动

在现代小说理论家中，珀西·卢伯克是最早系统研究小说视点问题的人，他在《小说技巧》一书收尾的部分对自己的研究作总结的时候说："小说技巧中整个错综复杂的方法问题，我认为都要受视角问题——叙述者所站位置对故事的关系问题——调节。"[①] 他把小说的视点分作两类：一类是叙述者按照他所看到的样子讲故事，这个叙述者是外在于故事的；一类是叙述者本人就在故事里头，是作者被戏剧化以后的化身，这样，作者就"卸掉了责任，而且这个责任现在落到了读者能看得见，并能估量它的地方，作者的说话声中随时都能觉察出来的那种任意专断的性质，这时在他的代言人的说话声中就被掩饰起来了"[②]，这种方法既使小说家避免了仅仅作一个报告员的尴尬，又获得了画面的效果，具备了戏剧的直接性和生动性。

很明显，在这两种视点中，卢伯克是贬低前者，而主张选择由故事中人物承担的内视点的。然而，看不到传统小说的全知性外在视点的价值，还不是卢伯克视点理论偏见的全部。他的片面性还表现在为了维持一种真实效果，视点一旦选择，是不可再作变换的："他如果用第一人称讲，角度当然不能没有着落，他有他的固定位置，他不能离开那个位置。……视野的界限十分明确，他的故事不能越出那个界限"，而且，"即使第一人称换成第三人称，这种界限也不必撤销。作者可以使用这个人的视野，忠实地始终保持在那个视野范围内，仿佛这个人是为他自己讲话似的"[③]；"作者在决定使用他的人物的角度以后，不得另立自己的角度"[④]。

① ［英］珀·卢伯克、爱·福斯特、爱·缪尔：《小说美学经典三种》，180 页。
② ［英］珀·卢伯克、爱·福斯特、爱·缪尔：《小说美学经典三种》，180 页。
③ ［英］珀·卢伯克、爱·福斯特、爱·缪尔：《小说美学经典三种》，184 页。
④ ［英］珀·卢伯克、爱·福斯特、爱·缪尔：《小说美学经典三种》，187 页。

其实，卢伯克的这种规则，并不是凭空杜撰的，而是对亨利·詹姆斯小说经验的总结。詹姆斯的小说，总有一个固定不变的视点，大都是从作品中某一个人物的角度来进行观察，包括《使节》《螺丝拧紧》《鸽翼》在内的主要作品，都是这么做的。这种把叙述视点和角度严格局限在人物身上的固定的内视点，确实可以增加直接感，有助于把人物的心理活动与被观照的人物的活动结合起来，有助于产生一种细致、微妙的具体感受和具有悬念意味的神秘效果乃至恐怖气氛（像《螺丝拧紧》)。可能正是由于这些原因，卢伯克的理论和詹姆斯的经验才受到重视，并被致力于寻求文学的客观规律的“新批评”派理论家所接受。沃伦说：“小说的本质在于‘全知全能的小说家’有意从小说中消失，而只让一个受到控制的‘观点’出现”[①]，“重要的是坚持小说自身的一贯的客观性。如果不是要把作者‘溶入’叙述之中而是要把他呈现出来，就必须把他或代表他的人物的规模和地位压缩到与其他人物一样大小才行”[②]。苏珊·朗格的《情感与形式》也对这种把视点限制在一个人物的经验范围以内的原则给予肯定：

用一个人物的印象和评价来限制那些事件，就是说：“统一的观点”就是故事中某个人物的视察角度或经验。这样的人物不是在讲故事，而是在经历这些事件，因此，他们都具有对那个人来说应该具有的外表。当然，通过一个人的头脑来过滤所有这些事件，可以保证它们与人的情感和遭遇相符合，并为整个作品——动作、背景、对话和其他所有方面——赋予一种自然统一的看法。[③]

这两位论者对人物的固定型内在视点的好处说得很充分，但是，

① ［美］R. 韦勒克、A. 沃伦:《文学理论》,252—253 页。
② ［美］R. 韦勒克、A. 沃伦:《文学理论》,253 页。
③ ［美］苏珊·朗格:《情感与形式》,340 页,北京,中国社会科学出版社,1986。

如果为了强调客观性而把这种排斥作者介入的“视点”当作“小说的本质”，则显然是褊狭的教条主义的看法。他们没有看到，詹姆斯的经验固然可以强化小说的某种真实感，但视域的限制和内化，也给小说的自由表现带来困难，所以，它对着重表现人物的复杂的内心体验的小说家来讲，也许还不失为一种有效的修辞技巧，但却无助于甚至有碍于表现广阔的生活画面、错综复杂的情节事件和人物关系，使小说家难于从一个超位的视点对小说的表现内容进行全局性的审视和把握。正是由于这个原因，托尔斯泰的小说中的视点很难限制在其中的某个人物的范围之内，他只能根据具体的需要，灵活地调整小说的视点人物，他通过吉提和渥沦斯基的眼睛写安娜，通过安娜的视点写卡列宁，从而扩大了整个小说的表现内容，更全面地展示了人物之间的复杂关系，更客观地描写了人物丰富的心理活动。卢伯克批评托尔斯泰：“他随便选择他的旁观者，并不遵循始终一贯的方法。那个最高的着眼点完全是他自己的个人，那是独白讲故事的人……”[①] 托尔斯泰是无可指摘的。如果违反詹姆斯的经验和卢伯克的原则可以获得更好的修辞效果，那么，每个小说家都可以像托尔斯泰那样“任意选择”和“独白讲故事”。

卢伯克显然是想通过确立可靠的视点原则，为小说艺术奠定一个稳固的基础，从而使小说家依据这个基础，获得对小说来讲最重要的东西——一种内在的统一性和强烈的戏剧效果。然而，福斯特断然否定这个原则。他认为卢伯克的结论是不可靠的，原因是卢伯克虽然也一再强调技巧的目的是为了获得一种效果和力量，但他在具体考察的过程中，没有把二者的关系摆对：“整个错综复杂的方法问题并不归结为各种程式，而归结为作者要迫使读者接受他所讲一切的力量——这是卢伯克先生承认并加以赞赏的一种力量，不过他不是把它放在问题

① ［英］珀·卢伯克、爱·福斯特、爱·缪尔：《小说美学经典三种》，28 页。

的中心，而是放在边缘。我们应该把它放在正中央。”[①] 福斯特显然是以效果先行，从效果看技巧的原则来研究视点问题的。只要能获得多样化的修辞效果（“一切力量”），视点的技巧原则是不必胶柱鼓瑟，定得太死的。为了打动我们，作家是可以变换视点和角度的。在《荒凉山庄》中，狄更斯在第一章里无所不知，在第三章里是部分地无所不知，还同时用了戏剧手法，让小姑娘埃丝特·萨默森代其叙述。“从逻辑上讲，《荒凉山庄》是支离破碎的，但狄更斯却打动了我们，以至于我们毫不介意角度的转移。”[②] 因此，在福斯特看来，小说的优越性，正在于它具有扩大或缩小感觉的能力，而视点的选择，正是这种能力的表现之一。

而在布斯看来，试图通过排除作家全知性的视点，而将视点限制在作品中的人物身上的想法，压根就不可能实现。选择一个“替代者”来代替作家对小说世界进行内心透视，只适用于一部分小说，而且，事实上，这种“内心透视”，也不过是作者“透视”的巧妙策略而已，因此，“如果我们反对视点的转换，为什么不更进一步，反对一切内心透视呢？在生活中这种透视是不存在的。在小说里面选用内心透视，本身就是作家的强行闯入”[③]。华莱士·马丁也指出：“如果一个故事包含不止一个聚焦者的话，那么从一个聚焦者到另一个聚焦者的转移就成为叙事结构的一个方面。”[④] 浜田正秀则通过对芥川龙之介的著名小说《在灌木丛中》（即电影《罗生门》所依本的小说）中视点运用效果的分析，指出视点变换往往是小说获得神奇力量的必要条件：“文学表现的视点，无疑是以自由变换为其特征”，“应该说文学视点的这种自由性，也使它有可能从任何角度来描写形象，视点能够自由地移动于时

① ［英］珀·卢伯克、爱·福斯特、爱·缪尔：《小说美学经典三种》，265页。
② ［英］珀·卢伯克、爱·福斯特、爱·缪尔：《小说美学经典三种》，266页。
③ ［美］韦恩·布斯：《小说修辞学》，21页。
④ ［美］华莱士·马丁：《当代叙事学》，181页。

空之中，它具有魔性般的神通力”[1]，而且，“用视点的立体化来强调各个视点的缺陷，这也是至为重要的”[2]。布斯也不仅如前所述从逻辑上否定要求视点固定不变的原则，而且同浜田正秀一样，从小说创造神奇效果的需要上，肯定经典作家介入小说对视点进行转移的修辞活动。他说，奥斯丁在《爱玛》中随意出入人物的意识，按照需要揭示人物的隐秘，这“表面看来是违反了视点一致的原则，然而，这种不一致的视点却是一致地服从于讲述爱玛故事的特殊需要。有时候视点转换仅仅是为了引导我们的悬念”[3]。

一般来讲，一部小说的视点构成有两个系统：一个是作者系统，一个是人物系统。不同的小说家由于不同的修辞目的选择不同的视点系统。但从绝对的意义上说，没有作者视点的小说是不存在的。有的小说家为了更好地表现人物的心理活动，选择人物担任视点人物或叙述者，这就把从自己的视点把握作品的一面给隐含化，往往给人造成一种错觉，似乎作者压根就没有从自己的视点介入小说，也使许多理论家把排斥小说家的全知性视点当作获致小说修辞效果的首要条件。F.M. 艾姆斯在《小说美学》中就认为，“一种与人物自身完全无关的观点”，即作者介入的充满变化的全知性观点，会破坏“真实性”“幻觉”：“……无所不知的作者不断插入到故事中来，告诉读者想知道的东西。这种过程的不真实性往往破坏了故事的幻觉。除非作者本人的风度极为有趣，否则他的介入是不受欢迎的。”[4] 而苏珊·朗格的否定就更加彻底，她认为作者压根儿就不该介入作品，因为在她看来，小说的作者与小说是没有关系的，他的介入只会造成坏的效果，因此，她甚至拒绝艾姆斯所说的那种“风度极为有趣”的作者进入小说，因为，

① ［日］浜田正秀：《文艺学概论》，41 页。

② ［日］浜田正秀：《文艺学概论》，42 页。

③ ［美］韦恩·布斯：《小说修辞学》，264 页。

④ 转引自［美］苏珊·朗格：《情感与形式》，340 页。

"在我看来，一个很有趣的作家甚至不比一个无聊的作家更（不）可取，因为他在打断我对故事的注意力时更为有效"[①]。她一叶障目，竟然没有看出，作者介入小说在很多情况下，正是加强了读者对故事的注意力，拉近了自己与读者之间的距离，从而形成一种面对面的我—你式交流关系，而不是让人感觉冰冷的我—它式关系。《红楼梦》第一回中那一段"作者自云"的话，对于整部小说来讲，具有无可替代的重要性，它既增强了小说的真实性和可信度，又使我们为作者的真诚所感动，从而产生了听他讲述所历所见的故事的强烈愿望。质言之，苏珊·朗格的这种极端地排斥作者视点的观点，是与她的褊狭的形式主义艺术旨趣分不开的。她反复强调作品要创造"脱离尘寰"的"他性"（otherness）幻象效果[②]，当然就要强调可以造成作品的"客观"幻象形式的内在于人物的视点的一致和固定，而排斥作者控制的富于变化的全知视点。

事实上，小说视点修辞的经常形态是流动性、转换性的。作者的外在的全知视点，需要人物的视点予以补充，而人物的内视点，也需要作者视点从外部进行统摄和整合。正如原苏联小说家安东诺夫在分析小说叙述视点的普遍情况时所说的那样，许多小说"以作者的身份讲故事，不知不觉中就渐渐过渡到从人物的角度进行描述，接着又以同样的方式恢复到作者的身份进行讲述；而且一篇小说中这样的转换可以出现几次。只要这样的转换符合逻辑和感情发展的需要，读者就会顺从地跟随作者，不知不觉地从作者的角度进入人物的角度，又从人物的角度回到作者的角度"[③]。尤其是对人物众多，头绪纷繁的长篇小说来讲，人物的内视点和作者的外视点，总是处于一种周流转化的动态过程中。内视点使读者与人物或人物与人物直接相遇，而外视点却

① [美]苏珊·朗格:《情感与形式》,340—341页。

② 参见[美]苏珊·朗格:《情感与形式》,55页。

③ [俄]谢·安东诺夫:《短篇小说写作技巧》,113页,重庆,重庆出版社,1985。

使读者与整个小说拉开距离，获得一种整体感。成功的小说总是将二者调配起来使用。在这方面，中国古典小说提供了成功的经验。

毫无疑问，就整体来看，突出故事性和对众多人物性格的典型刻画，都决定了中国古典小说是以全知性的外视点为主。但是，从局部来看，这些小说的作者也常常通过人物的内视点来展开描写。如《水浒传》第二十六回描写王婆服刑一段，金圣叹评曰："……上文整行，都自武松眼中看出，非作者自置一笔也。"[①]《三国演义》第三回写吕布，则是从两个人物的内视点来展开，当时董卓掣佩剑欲斩丁原，被李儒制止，因为，"时李儒见丁原背后一人，生得气宇轩昂，威风凛凛，手执方天画戟，怒目而视"，隔了一段又从董卓眼中再写："卓按剑立于辕门，忽见一人跃马掉戟，于辕门外往来驰骤。卓问李儒：'此何人也？'儒曰：'此丁原义儿：姓吕，名布，字奉先者也。主公须避之。'"但是，中国古典小说中人物的内视点，从来都是服从于作者的全知性外视点的，从而使这些小说既有了由内视点带来的细致入微，曲尽其详的描写效果，同时又不失掉作者从外部进行宏观审视所形成的整体感和劲势强大的叙事吸引力。如《三国演义》第十五回写孙策引军马行至历阳，"见一军到，当先一人，姿质风流，仪容秀丽，见了孙策，下马便拜。策视其人，乃庐江舒城人，姓周，名瑜，字公瑾"。随后，作者又以自己外在的全知视点来介绍周瑜："原来孙坚讨董卓之时，移家舒城，瑜与策同年，交情甚密，因结为昆仲。策长瑜两月，瑜以兄事策。瑜叔周尚，为太阳太守；今往省亲，到此与策相遇。"这种内外视点的互补性配置和流转性交织，使中国古典小说的叙事，如亢龙在天，翔游自如，现在的有些论者数典忘祖，盲目趋新，毫无道理地认为中国古典小说没有视点意识，不加分析地否定中国小说的全知性外在视点的修辞功能和价值，认为只有从这种全知性的叙述视点"解放

---

① 金圣叹：《金圣叹全集》（一），曹方人、周锡山标点，420页，南京，江苏古籍出版社，1985。

之后，作家才能得到选择的自由”，实在是没有道理的妄断，至于说“叙事观点是技巧探索的一个重要发现”[①]，则更属故作惊人之论。真实的情况是，关于视点的修辞性运用，在中国的经典小说中，是早已有之的，而对于视点的认识和把握，在中国古代的小说批评家那里，也已形成了不少具有初始性质的理论形态。

另外，视点本身并无古今、好坏之分，不能说哪一种比较高级，问题的关键在于要根据具体的内容和特殊的需要，对视点进行恰当的选择和变换处理，以形成与小说的整体系统相协调的修辞效果。

（四）视点变换的整体通观原则

D. 洛奇说：“笨拙或稚嫩的小说家最常见的毛病之一是叙述视点前后不一。……当然并无规定（说）小说无论如何不准变换视点，但倘若离开美学章法或规则任意变换，则会造成混乱，给读者的参与和文本意义的‘生成’带来障碍。”[②] 看来问题的关键并不在于要不要视点变换，而在于视点变换应该依据什么样的修辞原则。在我看来，对小说视点技巧的选择和转换来讲，整体通观是个极为重要的原则。所谓整体通观原则，是指小说家作为修辞主体，在选择视点和变化视点的过程中，一定要有充分的自由和高度的自觉，从整体上对内在于小说的各个人物的视点和外在的作者的视点进行“统筹兼顾”，使其既有表现上的灵活性，同时又具有逻辑上的一致性，从而完成对人物心理和情节事件进行完整把握的叙事任务。

纪德研究专家张若名博士在《漫谈小说创作》一文中说：“当选定一个故事以后，作者首先要确定自己在书中所处的位置，换句话说，

① 中国社会科学出版社文学编辑室编:《小说文体研究》,284 页,北京,中国社会科学出版社,1988。

② ［英］D. 洛奇:《小说的艺术》,30 页。

必须选择一个立场，采取一种态度，而且还要培养一种情绪，以笼罩书的全局”[①]，具体到视点技巧的运用上，就要求作者在叙述的聚焦处理上，要有比人物更高远、更宽阔的视界。布斯说：“一切优秀的小说家都知道有关他们人物的一切情况，……一切他们需要知道的情况。”[②]布鲁克斯和沃伦也强调整体把握对于作家应该是一种自然而然的反应：“当我们审视什么东西的时候，即使我们的注意力聚焦在它的一个侧面（one aspect），我们通常都意识到它的整体（totality），因为它此时此刻作为整体出现在我们面前。”[③]凡此种种，都说明作家在创作过程中，应该有自觉的修辞意识，以整体通观为原则，来处理小说中的视点问题。

整体通观原则具体体现在以下三个方面：

（1）逻辑统一原则。整体通观是通过对视点的全面把握，从而赋予它们以内在的逻辑上的严密性和一致性。如果没有整体通观，就会使视点在变化过程中出现逻辑上的矛盾和混乱。热奈特说：“起决定作用的标准与其说是实际存在的可能性，甚至心理上的真实性，不如说是作品前后连贯和叙述基调。”[④]显然，他强调的也是视点聚焦上的逻辑连贯性和一致性以及整个基调的和谐。可见，整体通观的逻辑统一原则是视点转换时首先要考虑的问题，如果疏忽大意，就会造成非常消极的修辞的效果，让读者理不清头绪。例如：

这几个人散散乱乱地坐在机场休息厅的一角。珍妮斯不明白自己刚才为什么这么傻，会到这儿来，还把自己的真实情感暴露无遗。保罗擦拭着照相机上的一点灰尘，巴望着能甩掉这个破坏了他的婚姻的

---

① 张若名:《纪德的态度》,129 页,北京,三联书店,1996。

② [美]韦恩·布斯:《小说修辞学》,276 页。

③Clean Brooks & Robert Penn Warren, Modern Rhetoric,New York,1979,4th edited,p.181.

④ [法]热拉尔·热奈特:《叙事话语·新叙事话语》,143 页。

男人。李在打着自己辞呈的腹稿，他得辞去新闻广告员的职务，因为这个当过演员的女人这么一抛头露面当众现丑，他的前程就完了。[①]

这段叙述的视点完全是混乱的，缺乏逻辑上的一致性：第一句是全知性外视点。第二句是女主人公限知性内视点。第三句前半句是作者从外视点对保罗的动作描写，后半句又是保罗自己的间接引语式心理活动描写。第四句又转换了个视点，从李的内视点进行描写。

同样的问题也存在于赵德发的长篇小说《缱绻与决绝》中，这部小说的作者选择的视点是第三人称全知视点，从理论上说，这是一种自由度最大的视点形式，但在具体的创作实践中，情况却并不那么简单：作者对人物心理活动进行描写时所进行的视点变换，仍有一个从整体通观的逻辑统一原则来看是否合理、和谐的问题。米克·巴尔说："当我们试图反映别人的视点时，我们只能在我们知道和理解那视点的范围内来进行。"[②] 这就说明视点的变换还是有一个逻辑上是否合理、是否一致的问题。

《缱绻与决绝》的第 20 章描写人们在雨地里丈量土地的情景：1）"蓑衣上的冰渐渐厚了，人人都仿佛成了玻璃刺猬，但这丝毫没有降低他们来回跑动的劲头"；2）"弄完东坡岭的一片，转移到山岭时，忽然发现前边地里有一个孤单单的玻璃刺猬在慢慢移动。走近了，看看那一歪一顿的样子，便认出是大脚老汉"；3）"人们互相打量一下，发现大家更像玻璃刺猬了。"这段叙述中的"玻璃刺猬"是一个比喻。比喻是一种依赖于丰富的联想和想象能力的心理活动，因此，"玻璃刺猬"这个独特的比喻，就只能是由一个具有诗人气质的视点人物观照的结果。但是，作者由于缺乏整体通观的逻辑统一意识，使小说对具体心理活动的描写呈现出逻辑上的混乱，具体说，使小说中三次出现

① [美]狄克森等编:《短篇小说写作指南》,168 页,沈阳,辽宁教育出版社,1998。
② [荷兰]米克·巴尔:《叙述学:叙事理论导论》,129 页。

的对“玻璃刺猬”的观照视点显得缺乏合理性和一致性。1）的聚焦者是叙述者，也就是说，是从叙述者视点进行观照和描述的，而被聚焦者则是所有在场的人，聚焦方式是外在式聚焦（external）。2）的聚焦者是不清楚的，但根据上文推测，当是指所有参加丈量土地的人，然而，如果真是从所有人的视点来把大脚老汉看成“玻璃刺猬”，那逻辑性和可信度就成了问题。因为，你怎么也难以相信所有的人在没有他人提示的情况下，会在一刹那间不约而同地把被聚焦者大脚老汉看成“玻璃刺猬”。作者在这里显然是过于随意地把视点聚焦者从叙述者转移到人物身上，这一转换不仅没有成功地获得对读者的操纵效果，反而造成了视点上的混乱，造成了读者对叙述过程中情景描写的真实性的怀疑。这不能不说是一个败笔。根据上述原因，3）也是大有问题的。这些问题足以说明，作者在这一段的描写和叙述中，缺乏整体通观意识，没有充分注意视点变换的逻辑一致问题，从而造成消极的修辞效果。

（2）超位透视原则。整体通观的这一原则要求作者要处于整个作品的所有视点之上，具有超位性、越视性和超知性，便能对所有与视点相关的因素进行分析和把握，从而选择最佳的视点结构图式。浦安迪先生说：“小说家一开始去追求客观现实的世界，则早晚要陷入自相矛盾的局面。他会发现，客观事物之存在，实际已假定了有一双外在格物的眼睛，因而也早就确定了一个主观而相对的观念。”[①] 具体到视点问题上，这个“外在格物的眼睛”，这个“主观而相对的观点”，当是近似于本书所讲的超位透视的概念。事实上，即使一部小说的视点是限知的、内在的，它也是经过另一个视点的审视和过滤的。这正如巴里耶夫斯基所说，作者乃是联结人物、叙述者和各种视点的核心因素：

① 李达三等编:《中外比较文学的里程碑》,323 页,北京,人民文学出版社,1997。

如果没有作者，没有他们的创造者，他们的结合只能是表面的和人为的；他们只会互相冲突和制约，他们彼此是盲目的，不可测知的和拼凑起来的，但是，就一个现实主义的作家来说，每一束这样的“视线”（阿·托尔斯泰）都照耀着整体；作家以自己的统一的观点，把它们连结成一个类似于真实的生气勃勃的世界，一言以蔽之，他赋予这整个艺术“宇宙”以必要的、但也是永不枯竭的中心，如果没有这个中心，那么宇宙就不过是一团混沌而已。①

即便是在福克纳的《喧哗与骚动》这样的小说中，作者的超位透视作用也被突出强调，以加强其他视点的叙述的完整性和可理解性，正如福克纳自己所说，他引进自己的观点，在第四部分对小说进行重新审视和叙述，填补了前三章人物视点留下的“空白”②，从而给小说增加了一个超位性的外在视点。总之，超位审视原则强调的就是作者在小说的视点安排过程中的积极的主导作用，它要求每一位小说家在任何时候都要清楚地认识到，小说中的各种观点，都是作者选择和安排的结果，因此，为了更好地合理地从各个不同的视点展开描写和叙述，作者要充分认识到自己的修辞性主导作用和地位，要认识到：

作者不仅看到而且知道每一个主人公以至所有主人公所见所闻的一切，而且比他们的见闻还要多得多；不仅如此，他还能见到并且知道他们原则上不可企及的东西。较之每一个主人公，作者总是有一定的又是稳固的超视超知的部分，能够最终实现整体性（既是主人公的整体性，又是他们共同的生活事件的整体性，即作品的整体性）的那些因素，恰恰就处在超视越知的部分之中。③

---

① 李文俊编:《福克纳评论集》,140 页,北京,中国社会科学出版社,1980。

② 李文俊编:《福克纳评论集》,142 页。

③ 钱中文主编:《巴赫金全集》,第一卷,108—109 页。

他在另一个地方谈到托尔斯泰时说："作者兼容并蓄的视野，与各个人物的视野相比较，从根本上说要广阔得多。"[①] 同样强调的是小说家在视点上的优越地位和主导作用。

强调小说家的超位透视原则，等于在强调全知性外视点的价值，因为没有这种视点形式，就谈不到整体通观，也谈不到超位透视。也许正是因为这个原因，理查德·泰勒才对这一视点形式和技巧作了高度的评价："无所不知的观点是更为艺术化的，在它进行广泛的选择来达到行动的有机联合更直接的（固定的）透视或分析人物形象的同时，它会导致另外一种现实主义。"[②] 但现代主义小说在创作和理论两方面都对全知性外视点进行否定，似乎从这个视点展开描述，必然要影响到对人物心理世界的深刻把握和真实表现。现代主义小说倾向于降低作者在视点方面的地位和作用，而选择从人物的内在的限知视点展开叙述的方式，乔纳森·雷班说："当代英美小说深刻地触及大量隐蔽的主观世界。你若随意计算一下，1920 年以来所发表的小说，就会发现已过于频繁地运用第一人称和由一个人物叙述这种形式了。"[③] 这样，就限制了小说家的视野，使他们不能站在更高的视点，对生活现象和人物关系进行全面的把握，从而使现代主义小说丧失了卢卡契所讲的"全景感"（a sense of perspective），也就是失去了整体通观所强调的小说各种视点的逻辑统一和多方面的联系。卢卡契指出，文学的视角问题同文学的全景感有直接联系，"视角问题的基点是一个深刻的伦理复合体，它反映在作品本身的构成之中"[④]，它对作品的整个效果有非常重要

① ［俄］巴赫金：《陀思妥耶夫斯基诗学问题》，112 页。

② ［美］理查德·泰勒：《理解文学要素》，98—99 页，成都，四川大学出版社，1987。

③ ［英］乔纳森·雷班：《现代小说写作技巧：实用文艺批评集》，16 页，西安，陕西人民出版社，1984。

④ ［英］D. 洛奇编：《二十世纪文学评论》，下册，220 页，上海，上海译文出版社，1993。

的影响。他批评现代艺术丧失了“具有压倒一切的重要意义的全景感”，缺乏“将艺术的线头拉在一起”和在“重要的和表面的、决定性的和插曲性的情节间有所选择”[①]的能力，就是在批评现代主义小说以主观化的片面态度，从封闭的内在视点观照叙述对象，从而把自己降低到混乱的自然主义描写的层面。

总之，超位透视原则意味着小说家可以而且应当站在所有视点之上，以全知性的外视点来控驭和统摄小说内部的复杂的视点网络，从而获得积极的修辞效果，以免丧失对小说艺术来讲至关重要的“全景感”。

（3）内外互补原则。整体通观要求在小说的视点处理上，不能把各种视点形式当作分离的、排斥的因素对立起来考察，而是要把它们看作在表现人们的生活方面都有其作用和价值的技巧。也就是说，对一部伟大的小说来讲，视点永远不可能是一个单数形式的名词，而毋宁说，它常常呈现出内外互补的复数状态。

从小说修辞的立场来看，几乎不存在毫无作者的外视点介入的小说，而从另一方面来看，一部小说，只要它试图全面、深刻地叙述人物的生活，它就多少会有从人物的视点来描写和叙述的成分。换言之，小说表现内容的复杂性，情节发展的变化性，小说的可读性以及其充满魔力的吸陷作用，都要求小说家在视点处理上，要尽量避免视点的过于单一和封闭，因为这样就会妨碍对表现内容的全面把握，就会造成缺乏变化和沉闷、枯涩的消极后果。巴赫金说：“小说应是时代的充分而全面的反映。”这项要求的另一种表达方式是：“小说应该体现一个时代所有的社会意识的声音，也就是一个时代所有有分量的语言；小说是杂语的小宇宙。”[②]巴赫金主要从思想、社会意识的角度来强调小说的“杂语”性，反对单一的“独白”性。尽管巴赫金的这些理论在

① ［英］D. 洛奇编：《二十世纪文学评论》，下册，217 页。

② 钱中文主编：《巴赫金全集》，第三卷，217 页。

阐述、说明小说修辞的主体关系时，确有贬抑作者修辞地位之倾向，但它也同时说明了小说表现生活的多样性和复杂性这一特点，启发我们在考察视点问题时，也应把它看作一个体现生活本身的多样化和复杂的复数状态和互补关系。

伟大的小说都是体现叙事视点内外互补原则的典范。托尔斯泰自不用说，他几乎所有的小说在视点上都是内外互补的复数状态的。作者总是从人物的视点写人物，这样，既密切了人物之间的关联，也显得更加真实。他从列文和吉提的视点写安娜，从安娜的视点写赛马的场面，并把这一手法发展为车尔尼雪夫斯基所说的“心灵辩证法”[①]的完美技巧。但托翁小说的视点从总体上讲，又是以全知性外视点为主的。他把这两种视点统一到了一起，真正达到了华莱士·马丁所描述的理想境界：对于视点，“我们必须扩展其意义范围，使其不仅包括人物与叙述者的关系，而且包括人物之间的关系。每个人物都能像叙述者所做的那样，提供一个透视行动的角度”[②]。

热奈特在研究《追忆逝水年华》时，也发现普鲁斯特的观点从来就不是固定的单一的，而是灵活变化的、互补的，他能逾越各种叙述的界限，把各种视点的聚集方法都充分利用起来，“所以，有些场景会引起纯‘视点’派的反感，在这些场景中，‘我’和其他人受到同等对待……”[③]这部小说视点的聚焦者是马赛尔，但作者也根据需要让别的人物担任这一角色，因此，“实际情况显然是存在着两个互相竞争的原则，它们在对立但不相交的两个平面的现实上发挥作用”，同时，普鲁斯特还运用无所不知的外在视点进行叙述，“这种难以想象的共处可以作为普氏全部叙述实践的标志，他毫无顾忌地、好像未加留意似的同时运用三种聚焦，任意地从主人公的意识转入叙述者的意识，轮流地

① 倪蕊琴编选:《俄国作家批评家论列夫·托尔斯泰》,27 页。

② [美]华莱士·马丁:《当代叙事学》,178 页。

③ [法]热拉尔·热奈特:《叙事话语·新叙事话语》,143 页。

停留在各种人物的意识之中，……《追忆》较好地说明了一种中间状态，一种复数状态……”[①] 事实上，对于强调描写内心活动的意识流小说和强调真实效果的客观展示派小说来讲，内外互补原则更应该得到重视，只有这样，才能避免把人物碎裂为一堆散乱的印象片断，或把人物物化为缺乏内在深度和丰富的性格内涵的怪异的东西，就此而言，整体通观强调的正是按照人本来所是的样子全面地描写人。

二、距离控制

距离控制是每一个小说家都无法回避的宏观修辞技巧问题。小说家在开始创作之前，首先要明确自己与人物之间的各种距离，否则，他就没法准确地描写人物。

作家可能在一部作品中与自己的所有人物保持一样的距离，像福楼拜在《包法利夫人》中，对所有人物都保持一种严峻、冰冷甚至有些残酷的讽刺的情感距离，以一种超然的态度，像解剖尸体一样，描写所有人物的虚假、庸俗、沉闷的生活。这是厌世主义作家鄙弃一切的病态心理在小说创作中的极端表现形态。

对于大多数于世间的生活还有所期待的作家来说，善与恶、悲与喜、好与坏、真与假、美与丑的界线并没有被虚无主义或厌世主义的冰雪所覆盖，他们不会不显示自己对各种人物在情感、道德等方面的复杂的情感态度，换言之，他们对自己笔下的人物有着不同形式的距离。鲁迅在《祝福》中对鲁四老爷、祥林嫂和鲁镇的鉴赏别人痛苦的民众，是有着不同的情感距离的：批判、同情和悲哀依次对应着上述三类人物。

然而，如果要更进一步，我们可以说，小说家对距离的控制，最

① ［法］热拉尔·热奈特:《叙事话语·新叙事话语》,144 页。

终体现为他要在哪些方面，在多大程度上影响读者，或者说他想让读者对人物抱持怎样的态度。简言之，小说家正是通过对各种距离关系的控制，操纵着读者的反应，即读者对小说人物的情感和道德的认同或反感，接受或拒斥的态度。在伍尔夫看来，一部小说成功与否，就取决于这种控制是否成功，“说真的，在读一个有价值的作品时，首先的标志就是我们感到这种控制在对我们起作用”[①]。

那么，什么是小说中的距离？笼统地讲，它是指主体与客体，主体与主体之间，在时空、情感、道德、认识等方面的间隔、差异、认同或拒斥。这些距离有大小、远近之分。小的、近的距离往往表现为主体与客体之间或主体与主体之间的亲近、接受、认同的关系，大的、远的距离则表现为疏远、对立、反感和排斥的关系。一般来讲，如果小说家以旁观者冷漠的态度来处理小说中的人物描写，就会扩大读者与他们之间的距离，相反，如果小说家对小说中的一切取分享的态度，甚至移情于对象、同化为对象时，便可以缩短读者与人物或特定情境在情感交流或认识过程中的距离。因此，小说家不仅要意识到距离的存在及其修辞意义，而且还要根据具体的修辞目的，恰当地调节、运用距离技巧，能动地随宜而用地保持、扩大或缩小、消弭各种距离关系。

（一）小说中两种距离的矛盾

为了更好地说明小说中的距离问题，本书确立了内在距离和外在距离两个概念，想用来说明这样一个现象，即对读者来讲，每一部小说都存在着这样两种距离，一种是对应着小说的形象体系的外在距离，一种是对应着小说的意义世界的内在距离。前者涉及小说形式上的可感性，后者涉及小说意义上的可理解性。

---

①转引自［美］R.韦勒克:《现代文学批评史》,第5卷,117页,北京,中国人民大学出版社,1991。

外在距离原则要求小说家要以直接的展示性描写，最大程度地追求客观化效果，从而缩短读者与作品形象体系之间的距离，使之与书中的场面和人物直接相对，从而获得最切近的感受和体验。但是，如果把外在距离强调到极端，就会出现这样的情况：由于缺乏作者在作品中的必要介入和引导，从而加大了读者与小说的意义世界在认识上的距离，这样，内在距离的原则便意味着作者适时适度地介入小说，通过各种形式对小说中的人物、事件进行评价，借以引导读者的情感和认识上的反应，从而缩短他们与小说的意义世界的距离。而对读者来说，“说到底，我们看小说不仅仅是为了看个故事，而是要扩大知识面，增进对世界的理解”[①]。而作者为了缩短读者与意义世界的内在距离所采取的介入性修辞，乃是为了满足读者的这种需求和获得预期的修辞效果的必要手段，这正如布斯所说：“为了达到他的目的，一种直接的作家的评论，虽然破坏了故事在自动讲述的幻象，却会产生他所预期的效果，而不是破坏这种效果。”[②]确实，对读者来讲，“隐含在作品中作者的感情和判断正是组成一个伟大的小说的原始材料”[③]，它们的意义在于让读者感受到小说是可以理解和接受的，或者按照美国批评家泰特（Allen Tate）的话说，作者不仅“必须为他的时代重新创造人的形象，而且必须宣扬别人可以用来验证这个形象的标准，以分辨真伪”[④]，从而为读者提供可以缩短自己与小说的内在距离的可靠帮助。

一般来讲，小说中的两种距离总是处于一种矛盾的状态中：内在的意义距离过大，往往是由于外在形象与形式阻断了意义显化和传递的“言路”，反之，如果外在的距离过大，往往是因为出现了观念大于

① ［英］D. 洛奇:《小说的艺术》,9 页。

② ［美］韦恩·布斯:《小说修辞学》,142 页。

③ ［英］D. 洛奇编:《二十世纪文学评论》,下册,327 页。

④ 转引自夏志清:《中国现代小说史》,78 页,香港,友联出版社有限公司,1979。

形象的情况，内在距离随之变小，甚至丧失，这样，作者的过多介入就隔断了读者与形象世界的联系。前者是客观形象淹没了意义，后者主观理念淹没了艺术形象。前者导致意义追索的困难，后者造成审美意味的寡淡。而小说只有被理解，才算完成了自己的根本任务，同时，它也只有主要通过形象的方式被理解，才是合乎小说艺术的本性的。正像伊丽莎白·鲍温所说的那样："我们需要自然主义的表层，但它们内部必须燃烧着火焰。"[①] 马克·肖勒也说："自然主义的技巧必然削弱主题，而且往往使主题停留在原处，即定义不明的社会经验范围内。"[②] 总之，一句话，小说艺术的距离控制的技巧原则，要求小说家在内、外距离之间维持一种和谐而平衡的关系。

米兰·昆德拉说，小说是"思想的召唤"，小说家以"光彩夺目的智慧"，"使小说成为精神的最高综合"[③]。然而，现代小说的一个突出倾向就是摒弃"思想"因素，而侧重于对对象的近距离的直接描写。他们倾向于追求形象化展示所带来的直接而真实的印象和戏剧效果，强调缩短读者与人物等形式因素的距离。卢伯克批评托尔斯泰在《战争与和平》中"以残酷无情的反复申说硬向读者灌输一种理论，从而使许多篇页显得枯燥乏味，令人生厌"[④]，托尔斯泰直接把自己的一种感情"变成我们自己的一种感情"[⑤]，但在另一种卢伯克认为可取的场合，"是彼埃尔和安德烈，尼古拉和娜塔莎和我们在一起，坐在我们周围，而托尔斯泰却隐退了"[⑥]。很显然，卢伯克完全忽略了作者介入对缩短读者与小说深潜的意义世界之距离的重要作用。这种倾向的极端表现，就是把物性形式因素的作用和意义无限夸大。奥特加否定情感以及其他

---

① [英]D. 洛奇编:《二十世纪文学评论》,下册,57 页。

② [英]D. 洛奇编:《二十世纪文学评论》,下册,53 页。

③ [捷克]米兰·昆德拉:《小说的艺术》,15 页,北京,三联书店,1992。

④ [英]珀·卢伯克、爱·福斯特、爱·缪尔:《小说美学经典三种》,27 页。

⑤ [英]珀·卢伯克、爱·福斯特、爱·缪尔:《小说美学经典三种》,28 页。

⑥ [英]珀·卢伯克、爱·福斯特、爱·缪尔:《小说美学经典三种》,28 页。

“有关人的内容”，他做了“欧洲相继两代活跃的年轻艺术家”的代言人，“他将他们的功绩归结为以形式的名义进行了艺术的‘非人化’，这种形式是人们精心构思的，而不是实际使用的，它是已经排除一切不属于纯审美成分的形式”，从而，“仅仅展现‘事物本身’，那‘可见的事实’”①。但是，正如布斯所说，持这种观点的人没有认识到，“人为的东西，可以使我们与现实保持一段距离，因此，它不但不是通往完全的现实主义的障碍，反而成为一种优点”②。布斯的《小说修辞学》对强调最大限度地缩小外在距离的形式主义和唯美主义小说理论，作了系统的反驳。他正确地指出，有一种内在于小说形象世界的因素，它作为信念、思想、情感、道德，对读者的阅读产生影响，并最终决定着读者与小说在内在距离方面的联系：

> 问题在于，即使我们把文学当作文学来欣赏而不是当作宣传来欣赏，也必然会涉及信念问题，而且我们对这个问题的回答是不可避免的。一个人“此前或此后”读过同一部小说，当他抛弃了小说中的观念之时，不论是关于宗教还是党派，抑或是对于进步、虚无主义、存在主义或其他什么主义的信仰，他会发现小说的表现力量丧失了。这时他就会了解，即使我们对纯智力的信念，也不可避免地会影响我们的文学反应。③

布斯的论述准确、深刻地说明了小说中包含了一切来源于作者的因素，它们不仅必不可少，而且对读者与作品建立积极的认识上的关系发挥着巨大的作用。然而，许多现代小说排斥、因而缺乏的就是这种可以缩短内在距离的主观因素。这些现代小说把描述性展示与规约

① [美]韦恩·布斯:《小说修辞学》,127页。
② [美]韦恩·布斯:《小说修辞学》,128页。
③ [美]韦恩·布斯:《小说修辞学》,146页。

性讲述对立起来，这导致了对认识性因素的排斥，从而扩大了内在距离，引起了释读的困难，法国的吉斯兰·杜南在《弗吉尼亚·伍尔夫：小说的信条》一文中批评说："读了伍尔夫的小说，人们得出的印象是：这个世界是模糊不清的。"[①] 她分析了导致这一结果的复杂原因，其中一个重要的原因，就是伍尔夫排斥了可能增强可理解性、缩短内在距离的思想内涵和认识性因素："伍尔夫不是把写作当作认识世界的手段。她的创作并不阐释世界。她同世界保持一种并列的邻里关系。……她的形象主要表现幻象和幻觉。她并不借助形象作为表达自己思想的必不可少的手段。也绝不特意从形象中演绎出某种意义来……"[②] 这便使她的"小说的许许多多形象之间互相割裂，它们突如其来地冒出来，永远难以名其妙处，因而往往具有不相宜的性质，如此种种，便使她的小说变成一种带有局限性的写作"[③]。这说明伍尔夫的小说尽管追求而且也确实获得了苏珊·桑塔格在《反对释义》中所提倡的"美丽和细腻的视觉效果"[④]，但却没能使读者更好地理解作品，没能恰当地处理好小说的内在距离。毛姆曾批评亨利 · 詹姆斯的小说深受法国自然主义作家影响，虽然"写得逼真"[⑤]，但却让读者觉得无法理解。对此，E. 威尔逊也尖锐地批评道："我相信，真实的情况是亨利 · 詹姆斯自己对这本书（指《圣泉》）并不明了。再加上《螺丝拧紧》，他就把小说中的含混搞到如此地步，以至于人们会想他似乎并不愿意让读者把握到作品中的意义。"[⑥] 这足以说明现代主义小说在对两种距离关系的处理上是并不成功的。它们引发了对小说理解上的危机，导致了作家通过小说与

---

① 瞿世镜编选:《伍尔夫研究》,264 页,上海,上海文艺出版社,1988。

② 瞿世镜编选:《伍尔夫研究》,268 页。

③ 瞿世镜编选:《伍尔夫研究》,269 页。

④［英］D. 洛奇:《二十世纪文学评论》,下册,478 页。

⑤ 吕同六主编:《20 世纪小说理论经典》,上卷,259 页,北京,华夏出版社,1995。

⑥Edmund Wilson, "The Ambiguity of James," see The Triple thinkers,New York,1938,pp.132-138.

读者进行交流的困难甚至失败，也说明仅仅把小说写得具有形式上的细致和生动是不够的，还必须让读者觉得它从情感距离的角度看是可接受的，从认识的距离的角度看是可理解的，唯有这样，它才能完全征服读者，从整体上与读者保持一种和谐的距离关系，否则，就会像毛姆批评福楼拜时所说的那样，“一意要体现绝对客观性，对读者的兴趣简直抓不住，使读者对书中人物的命运毫不关心”[①]。黑格尔说得好：“在本质上就是诉诸心灵性的内容借以表现的那种具体的感性事物，在本质上就是诉诸内心生活的，使这种内容成为观照知觉对象的那种外在形状就只是为着情感思想而存在的。”[②]因此，艺术作品不是以纯自然的状态“独立自足地存在着”，它“在本质上是一个问题，一句向起反应的心弦所说的话，一种向情感和思想发出的呼吁”[③]。应该说，这是对所有艺术的内容与形式，内在距离与外在距离关系最深刻的理解和论述。

从小说创作方面来看，成功的小说大都证明了黑格尔对艺术本质的这些论断的正确性。它们从来都不是以某种片面的形式独立自足地存在着，而是，一方面，以客观的形象化手段，赋予人物以具体可感的完美形式，使读者与形象世界缩短距离直接相对，另一方面，以体现丰富情感和思想智慧的主观形式，赋予作品以内在的深度和力量，从而向读者的思想和情感发出呼吁，并对他们的精神世界发生持久的影响力。当代拉美小说，在暮色苍茫的20世纪，爆燃出一片奇幻美丽的火树银花，成为20世纪后半期世界文学的奇观。推究它们与欧美现代主义小说和中国的“先锋文学”之不同，以及受到普遍欢迎的原因，正在于它们把思想内容和艺术形式完美地统一到了一起。在他们的小说中，既没有冷漠的形式所导致的客观形象的“暴政”，也没有直露的

① 吕同六主编:《20世纪小说理论经典》,上卷,263页。

② ［德］黑格尔:《美学》,第一卷,89页。

③ ［德］黑格尔:《美学》,第一卷,89页。

意图所导致的主观介入的“专制”。正像泽姆斯科夫所评价的那样，拉美小说具有古典小说“强大的形象表现力和对于世界历史与命运的思考力之间和谐的平衡”①，“艺术唯智论的高度浓缩是拉美小说所固有的，而且富有特征的是：其中的唯智论与自由的形象表现是维持平衡的”②。确实，拉美小说的成功经验，是值得我们好好深思细味的。

（二）场景描绘与概括叙述：控制距离的两种技巧

小说控制距离有两种具体的技巧手段：场景描绘和概括叙述。场景描绘是展示的典型表现手法，概括叙述是讲述的典型表现技巧。笼统地说，前者倾向于让你看到事物的样子是什么，后者倾向于让你知道事物的性质是什么；前者具有客观性，后者具有主观抽象性；前者诉诸你的视觉和想象力，后者诉诸你的听觉和理解力。一般来讲，一部小说的写作，既不完全是场景描绘，也不完全是概括性的讲述，它总是兼而有之。如果全是场景描绘，那就成了记录话语和行动的剧本、静物描写；如果全是概括性的讲述，那就成了梗概，而不是小说，其情形有如一个人只有骨架而没有血肉。

一个场景，有时是指一个静态的场面，但主要是指一个具体行动，即一个发生于一定时间、一定地点的具体事件。这一事件主要是通过小说中的人物的活动直接展现出来的，是生动而直观的一段情节或一个场面，是一个不间断的正在进行的行动：“作为运动的画面，场景能够对生活中发生的事件进行更为接近的模仿，这是概述所不及的。这不是陈述者对事件的转述，而是通过人物的行动把生活中发生的事件展现在读者的面前。”③ 也就是说，场景作为与作者直接讲述相对

① ［俄］乌尔诺夫等著：《关于二十世纪文学的论争》，269 页。

② ［俄］乌尔诺夫等著：《关于二十世纪文学的论争》，269 页。

③ ［美］利昂·塞米利安：《现代小说美学》，7 页，西安，陕西人民出版社，1987。

的间接的方法，对读者产生的形象感受效果往往更直接，正如卢伯克所说，它“把事情自身放在看得见的地方”[①]。卢伯克认为，直接地“仅仅把内心活动讲一下，早就行不通了；我们觉得那必然是缺乏感染力的，那是声明，而我们期待看表演。所以我们一定要亲自来看，作者一定要安排好，只要斯特雷赛（亨利·詹姆斯小说《专使》中的人物）的思想都会让人直接从表面看到，那它整个就可以理解了”[②]。

总之，戏剧化的场景描写，可以缩短读者同小说形象体系的外在距离，可以产生具体感、真实感，可以使读者产生身临其境的感觉。作者通过场景描写，把读者直接带入事件的整个过程，它赋予故事以直接性以及行动正在进行的特征，因而造成一种客观印象：故事正处在发生、发展的过程中，而读者却是整个事件发展过程的见证人。场景甚至可以产生把过去的事件变成目前的事件的效果，因为它可以赋予情节以此时此刻正在进行的特征。正是由于场景描绘可以缩短外在距离，可以产生让读者恍若身历目见的具体感受，所以一些理论家便极力肯定这种技巧的功能、作用，排斥作者的介入，甚至塞米利安也充满顾虑地说，“应该尽可能让读者少听到作者的声音”，她怕这个作者“硬要牵着读者的手，带他们一步一步地通过整个场景，详细地给她们讲解每一段话的意思”[③]。但是，这样极端的作者其实并不多见，而以极端的态度否定作者介入的理论，倒并不少见。

夏丏尊先生就曾一反中国传统小说的讲—听式叙事传统，把叙事文体规定为“如实记述事物的文字，态度纯属客观”[④]，因此，“在文学的形式上要看不出有作者在，方能令人读了如目见身历，得到纯粹的

---

① [英]珀·卢伯克、爱·福斯特、爱·缪尔:《小说美学经典三种》,108 页。

② [英]珀·卢伯克、爱·福斯特、爱·缪尔:《小说美学经典三种》,116 页。

③ [美]利昂·塞米利安:《现代小说美学》,14 页。

④ 严家炎编:《二十世纪中国小说理论资料》,第 2 卷,408 页,北京,北京大学出版社,1997。

印象。一经作者逐处加入说明或议论，就可减杀读者的趣味”[①]。他对《左传》叙述鄢陵之战的一段文字评价甚高，称之为“记叙文中的典型文字”，原因就在于它直接记录了楚子与伯州犁的对话。他错误地以记事简略平实的史传笔法来否定踵事增华、详叙细写的小说技巧。这样，他就把《红楼梦》和《水浒传》中以“却说”“正是”“原来”“也是合当有事”“说时迟、那时快”等习惯用语冠领的作者介入的说明性和议论性文字，全都当作“减杀读者趣味”的东西予以否定。不仅如此，现代小说中作者介入的修辞性因素，在他看来，也是有害于叙事文的“统一”的，在鲁迅、郁达夫、叶绍钧、冰心等人的小说里，他都找出了“我所谓不统一的瑕疵”[②]。

然而，这些指摘几乎全都站不住脚。例如，鲁迅的《风波》是一篇充满反讽意味的经典之作。小说一开始就以优美的语言，描写了夏天黄昏时分江南水乡的田园乐居图，“河里驶过文人的酒船，文豪见了大发诗兴，说，‘无思无虑，这真是田家乐啊！’”随后作者介入进来，对文人的话进行评价，告诉读者：“但文豪的话有点不合事实，就因为他们没有听到九斤老太正大怒……”在夏丏尊先生看来，作者的这种介入是受中国传统小说影响，“未能脱尽旧式”[③]的表现。其实，作者在这里的介入性概述，不仅缩短了读者与作者、读者与小说意义世界的距离，而且还具有强化反讽和在结构上承上启下的缀接作用。如果取消了作者的这段介入性修辞成分，固然可以缩短读者与小说的外在距离，但反讽的意味就不那么强烈，而且关于九斤老太的如何“大怒”的展示性场景描写也会显得突兀和别扭。H.G. 威尔斯说：“在某种情况下，长篇小说的全部魅力，作家的全部技巧，正是在这些题外插话

---

① 严家炎编:《二十世纪中国小说理论资料》,第 2 卷,409 页。
② 严家炎编:《二十世纪中国小说理论资料》,第 2 卷,412 页。
③ 严家炎编:《二十世纪中国小说理论资料》,第 2 卷,412 页。

之中。”[①]其实，对短篇小说来讲，也是这样，夏丏尊先生以“近世别国”的小说观念为尺度，来绳度中国的小说，却忽略了中国小说的传统，即以情节叙述为主的讲—听式叙事传统，它从不避忌作者的介入。它通过作者亲切自然的概述，为读者提供重要的信息，藉以引导读者更全面地了解、评价书中的人物和事象，从而缩短读者与作者之间的距离，缩短小说的内在距离，丰富了作品的趣味性，增加了小说的可读性。

与场景描写不同，概述是间接的陈述，它通过作者或作者在文内的代言人来直接叙述。它让读者首先听到的是叙述者的声音，而不是直接听到人物之间的对话或独白，或直接看到人物的行动。当然，如果这样的概述过多，就会扩大读者和形象体系之间的距离感，使叙事带上了抽象的色彩。但是，正如场景描写具有对读者形象感觉的受容性，却同时具有对诉诸概念的确定意义的排斥性一样，概述虽然缺乏形象上的吸纳性力量，但却具有意义上的生成力。概述为场景描写提供意义背景。正如塞米利安所说：“概述可以赋予作品以简洁精练的美感，它比场景具有更多的功能。概述赋予小说以深度和强度，使作品生动多姿，跌宕流转，富于变化。概述可以披露作品中的深层意蕴，揭示寓于故事中的人生哲理。”[②]塞米利安把概述比作“远距离的拍摄”，认为它可以产生距离感，但她没有更进一步说明，这种距离感不过是外部距离而已，与这一距离反向运动的，是内在距离的缩小。不过，她正确地指出了概述对于促进读者理解作品的修辞意义的作用，“作为事件之间的连接手段，概述可以帮助读者更好地理解作品。读者可以通过概述的导引，从个别形象到场景，以至普遍意义，对作品将有全面的理解”[③]。不仅如此，成功的概述还往往把读者从对作品形象体系的

① 王春元、钱中文主编:《英国作家论文学》,374 页。

② [美]利昂・塞米利安:《现代小说美学》,19 页。

③ [美]利昂・塞米利安:《现代小说美学》,20 页。

直接体验中疏离出来，从而有助于缓和场景的直接刺激在读者心灵中所引起的沉闷、疲累和混乱感，使他获得精神上的放松感、稳定感和恬适感。这样，概述便类似于金圣叹所描述的“过枝接叶处”，成了小说中不可或缺的重要修辞技巧：

文章家有过枝接叶处，每每不得与前后大篇一样出色。然其叙事洁净，用笔明雅，亦殊未可忽也。譬诸游山者游过一川，又问一山，当斯之时，不无借径于小桥曲崖，浅水平沙。然而前山未远，魂魄方收，后山又来，耳目又费，则虽中间少有不称，然政不致遂败人意。又况其一桥一岸，一水一沙，乃殊非七十回后一望荒屯绝徼之比。想复晚凉新浴，豆花棚下，摇蕉扇，说曲折，兴复不浅也。[①]

在金圣叹看来，洁净明雅的“过枝接叶”的地方，可以使读者在“魂魄方收”和“耳目又费”的紧张中，有晚凉新浴后，在豆花棚下听人“说曲折”的陶醉的体验。塞米利安则出于缓释现代人生存焦虑的目的，强调了概述在小说中克服种种外在距离，从精神上贴近读者抚慰读者的作用：“没有概述缓和的场景中的紧张气氛往往使读者无法接受。我们生活在一个充满各种距离的时代，因此，在今天，小说中的概述也是一种心理上的需要。”[②] 这确实是一个值得重视的观点。尤其是当现代主义小说把描写的焦点指向人的混乱无序的内心场面的时候，就更需要用理性化的清明严整的概述性技巧，来给读者提供必要的理性认识的线索和价值判断的依据，否则，就会造成读者与人物的心灵活动场景的内在距离的丧失；读者近距离地看到了小说所展示的心灵活动的复杂过程和混乱状况，但却不知道这一切究竟有着怎样的意义。读者被缺乏概述的纯场面描写，阻留在远离作品的意义世界的地方。詹姆

① 艾舒仁编:《金圣叹文集》,284 页,成都,巴蜀书社,1997。
② [美]利昂・塞米利安:《现代小说美学》,22 页。

斯·乔伊斯的《尤利西斯》就典型地反映了现代小说在场景描写和概括叙述的比例完全失调以后，所造成的内、外两种距离的混乱状况。荣格说这部长达 735 页的书让他“感到受了愚弄”，它“没有任何观点”[①]；“一个作家永远也不应该嘲弄读者，让他们显出一脸蠢像；然而《尤利西斯》所干的就正是这种嘲弄读者的勾当”[②]；“乔伊斯令我乏味得哭；但这是刻毒而危险的乏味，是连最平庸的东西都不能诱发的乏味”[③]；“全书中没有任何愉快、新鲜与希望，只有灰暗与可怕，只有惨（残）酷、尖刻与悲剧”[④]。尽管作为精神病学家，他在这篇文章的后半部分对这部小说给予了肯定的评价，但我们还是认为，他作为普通读者时的认识和判断更具有文学批评上的价值和意义，更切合大多数读者阅读这部小说的感受。保罗·埃尔默·莫尔（1864—1937）曾多次努力，试图理解这部小说，但最终还是没有能改变他最初形成的对乔伊斯的看法。他得到的只是“更大的震动”，最后得出了适用于评价大多数一味展示心灵活动场面的意识流小说的结论：

　　这里我愿不揣冒昧，直言不讳地说出我的感受，虽然我明知这将会招来反驳和下流的嘲讽辱骂，在这本书中，我看起作用的不是罪恶的信念，而是被当作真理唯一仇敌的罪恶的终极原则。这种运用潜意识的手法，只不过是企图把这个世界和人的生活退回到无底的混乱的深渊中去，正如柏拉图所教导的上帝就是通过赋予偶然和混乱的原始材料以规律和理性，才从这混乱之中创造出真实的宇宙的。除此之外，难道这种潜意识的手法还有别的什么作用吗？[⑤]

---

① ［瑞士］荣格：《心理学与文学》，148 页，北京，三联书店，1987。

② ［瑞士］荣格：《心理学与文学》，149 页。

③ ［瑞士］荣格：《心理学与文学》，150 页。

④ ［瑞士］荣格：《心理学与文学》，150 页。

⑤ ［美］威德勒·索普：《二十世纪美国文学》，313—314 页，北京，北京师范大学出版社，1984。

如果说莫尔的评价有什么不公正之处，那就是他没有看到，乔伊斯毕竟对把读者近距离地引入人物的潜意识世界的意识流小说技巧的形成和发展，还是有贡献的。但是，莫尔对这部小说的意识流心理活动场面的自然意义描写所造成的内在距离的丧失等消极后果的批评，还是深刻的、可贵的，体现了一个执守着人文主义的精神和原则的批评家的勇气和良知。如果说莫尔对《尤利西斯》的批评更多的还是诉诸精神上的批判和道德上的否定，那么，阿尔弗雷德·卡津的批评就进入了修辞技巧的层面，因而就显得更为中肯和富有说服力。他说，《尤利西斯》虽然“在构思上是宏伟的，但它所表现的艺术却是相对呆滞和没有活力的，它是幅画而不是一个故事，它缺乏我们从伟大的19世纪现实主义小说中所能得到的那种真正的人类冲突。……也加深了读者中阳春白雪和下里巴人之间的鸿沟”[①]。事实上，这部作品缺乏活力，缺乏可以缩短内在距离的可理解性的一个重要的原因，就是它过分地运用展示无意识心理活动场景的描写技巧，从而把小说变成一幅“画”，而缺乏作者的介入，缺乏通过清明的理性和评价性概述，缺乏把小说充分“故事”化，并赋予它以明确意义的自觉意识，这样，这就扩大了小说的内在距离，增加了读者把握作品的难度。

总之，场面描写技巧有助于形成小说的具体画面，有助于缩小读者与形象体系之间的外在距离，但是，如果它失去撙节，就会流于自然主义的层面，并使小说因为缺乏修辞性概述对意义的彰显性宣达或巧妙的暗示，而扩大了读者与作品的内在距离。概括性的讲述可以增加小说的趣味性，可以丰富小说的意义内涵，从而可以缩短读者与小说的内在距离，因为它常常是作者直接向读者的心灵发出的呼吁。

① 柳鸣九主编:《从现代主义到后现代主义》,432页,北京,中国社会科学出版社,1994。

（三）现代小说的“距离销蚀”现象

近一个世纪以来，由于战争、技术理性的异化、稳定的价值体系的解体、意识形态的对立，尤其是由于信仰权力化导致的人们对未来生活丧失理想和信心等原因，使现代人的生活内倾化、狭隘化，造成了人与外在世界自然联系的断裂，造成了人赖以把握世界的理性原则和价值尺度的丧失，最终导致了外在距离的销蚀，而同时扩大了人与意义世界的距离，导致了与意义世界密切相关的内在言路的断裂。这些深层原因，使现代小说在对距离的修辞控制上，存在着严重的问题。

丹尼尔·贝尔是最早注意到这一问题的美国学者。他认为，现代艺术和文学同它们的传统比起来，最突出的一个问题，就是距离的销蚀。当然，他所讲的距离，主要是本书所讲的外在距离，即作为观察者、体验者的作者、读者和叙述者，与作为被观察者和体验对象的人物及其他表现内容之间在空间、时间、情感等的距离。他认为现代手段压缩了自然距离，而电影和现代绘画的各种新的技巧，则缩小了观察者与视觉经验之间的心理距离和审美距离，“立体主义强调同步性，抽象表现主义则重视冲击力，这都是要强化感情的直接性，把观众拉入行动，而不是让他观照经验”[①]。他认为存在着两种不同性质的文化，一种是“视觉文化”，一种是“印刷文化”。现代的艺术，包括普鲁斯特、乔伊斯的小说，都强调视觉效果，因而变成“视觉文化”，而不复是“印刷文化”[②]。“视觉文化”给人以体验的直接性，缩短了接受者与对象的外在距离，而“印刷文化”则不然，它指向意义世界，因而与我在前边所讲的内在距离密切相关，这样，“形成知识的印刷和视觉的相对比重中却存在着一种文化的聚合力的真正严重的后果。印刷媒介在理解一切辩论或思考一个形象时允许自己调整速度，允许对话。印刷不仅

---

① ［美］丹尼尔·贝尔:《资本主义文化矛盾》,155 页,北京,三联书店,1989。

② ［美］丹尼尔·贝尔:《资本主义文化矛盾》,156 页。

强调认识性和象征性的东西，而且更重要的是概念思维的必要方式”[①]，而视觉媒介则“由于强调形象，而不是强调词语，引起的不是概念化，而是戏剧化”[②]。这样，现代文学和艺术，就用一种过头的戏剧化方式，把读者和观众直接引入对象世界，进行无距离的体验。

贝尔深刻地分析了现代文学，尤其是现代小说距离销蚀的复杂原因。其中一个重要的原因，在他看来，便是理性宇宙观的破裂。这种理性宇宙观具体体现在：从16世纪中叶到19世纪中叶的西方的审美意向，就是要围绕对空间和时间的理性建立起某种正式的艺术原则，“和谐一致的审美理想，作为一项调整原则而起作用，它的焦点就集中在相关的整体和形式的统一上”[③]。这样，作为叙述的小说，就具有了那种从开头到中间再到结尾的观念，它赋予小说一种时间链条，提供了一种进展感和终结感。造成现代文学距离销蚀的另一个重要的原因，是模仿观念的瓦解。在贝尔看来，控制大多数西方文学艺术的审美意向的“模仿”的观念，意味着解释，意味着判断，意味着对外在现实的观察，也就是说意味着“修辞性”，它要求与对象“保持一定的距离——通常是一种审美的距离，以便确立必要的时间和空间去吸引它，判断它”[④]。而现代艺术就是模仿的瓦解，“它否认既定的外部现实是第一位的。它所寻求的是要么重新安排现实，要么退隐到自我的内心世界，退隐到隐秘的经验中，把这些作为它关心和审美专注的源泉”[⑤]。而这样导致的结果，就是去除物体和观察者之间的距离，并把作品直接地强加给观众，“借助艺术冲击立即树立起自己的地位——人们不诠释景物；而是把它为一种激动来感受，而人们本身却成了那种感情的俘虏”[⑥]。

---

① [美]丹尼尔·贝尔:《资本主义文化矛盾》,156—157页。
② [美]丹尼尔·贝尔:《资本主义文化矛盾》,157页。
③ [美]丹尼尔·贝尔:《资本主义文化矛盾》,157页。
④ [美]丹尼尔·贝尔:《资本主义文化矛盾》,159页。
⑤ [美]丹尼尔·贝尔:《资本主义文化矛盾》,159页。
⑥ [美]丹尼尔·贝尔:《资本主义文化矛盾》,161页。

而导致现代小说中距离销蚀的具体的原因，在贝尔看来，是与两种技巧分不开的。现代小说追求没有距离的同步性体验，它们达到这一目的的手段，一种是约瑟夫 · 弗兰克所讲的“形式的空间化”（Spatializaiton），即打断一个故事的时间流，把注意力集中到一个静止的时间领域中同时发生的各种事件和动作上，就像福楼拜在《包法利夫人》第二部第八章对著名的农业评比会描写的那样。[①]这样，就使读者置身于事物之中，获得了体验的同步性。另一种是把读者沉浸在时间流本身之中，就像乔伊斯和伍尔夫的小说那样，这些小说“展示了时间集结”（assemblages）的所有技巧，强调了转移角度的观点，不仅使用了并列和闪回，而且每一章都采用了不同的文体，以便强调讲一个故事的多种手段”[②]，从而获得一种直接感，也就是最近距离地体验作家所展示的心理世界。但是，这种心理距离的消失，不仅意味着“一个人失掉了对经验的控制——即退回来同艺术进行‘对话’的能力”[③]，而且，还意味着它虽然通过戏剧化和同步感，“把我们的紧张增加到狂热的程度，然而却没有留给我们决心、协调或转变的时刻，即没有那种仪式之后的净化”[④]。距离的销蚀作为一种美学的、社会学的和心理学的事实，它意味着对人类来说，对思想生成来说，不存在界限，不存在经验和判断的指令原则，“时间与空间不再为现代人形成一个可以安然依赖的坐标。我们的祖先有过一个宗教的归宿，这一归宿给了他们根基，不管他们求索彷徨到多远。根基被斩断的个人只能是一个无家可归的文化漂泊者。那么，问题就在于能否重新获得一种聚合力，一种有维系力、有经验的聚合力，而不是徒具形式的聚合力”[⑤]。

---

① 参见[美]约瑟夫 · 弗兰克等:《现代小说中的空间形式》,3—4 页,北京大学出版社,1991。

② [美]丹尼尔 · 贝尔:《资本主义文化矛盾》,164 页。

③ [美]丹尼尔 · 贝尔:《资本主义文化矛盾》,166 页。

④ [美]丹尼尔 · 贝尔:《资本主义文化矛盾》,167 页。

⑤ [美]丹尼尔 · 贝尔:《资本主义文化矛盾》,168 页。

贝尔看到了现代西方文学距离销蚀所导致的严重后果，并分析了造成距离销蚀的复杂原因，正确地指出某些现代技巧所获得的同步性、直接性体验虽然缩短了读者同对象世界的距离，但却拉大了他们与意义世界的距离，更严重的是，瓦解了时空方面的理性宇宙观，瓦解了把外部现实放在第一位的模仿观念，往往造成了现代人心灵、精神根基和归宿的丧失，意味着他们虽然紧紧地抓住了对此时此刻的强烈体验，却丧失了对过去的回忆能力及对未来的梦想和激情。贝尔的精辟论述使我们认识到，对于文学来说，距离便意味着理性，意味着现实性，意味着对意义的关注，意味着对信仰根基和精神归宿的可靠拥有。而对于小说写作来说，距离是尤为重要的，没有距离，确切地说，不能与被观照的对象世界维持一种符合美学原则和理性原则的外在距离，真正意义上的小说写作是不可能发生的。让·路易·居尔蒂斯说："写一部小说，乃是和自己、和世界保持距离。"① 略萨说："我总觉得需要与现实保持一定的距离，无论是在时间上，或者确切地说，在时间和空间上" ②，"距离可以净化这个如此复杂的东西：现实——一个令人晕眩的东西。挑选主要或次要的东西是十分困难的。我认为保持距离就不会发生挑选的事了。因为距离可以很好地界定本质与纯粹表象之间的差异"③。意大利的皮奥维涅也曾指出现代小说把作者融化在人物中，是"令人震惊的使人着迷的"，但也是"危险的"；他认为托尔斯泰的具有未来意义的创作经验，可以帮助现代小说走出困境，"托尔斯泰的那些人物却始终保持着适当的距离，保持着一定的历史超脱，而在作者和人物之间这一适当的距离就包含着对人的个性和价值的起码的、初步的、也是基本的保卫，保卫人物的性格的完整，不至于支离破碎。保持这个适当的距离，就能更冷静地、更富于理智地使人物

① 吕同六主编:《20 世纪小说理论经典》,下卷,170 页,北京,华夏出版社,1995。
② [秘鲁]巴尔加斯·略萨:《谎言中的真实》,55 页,昆明,云南人民出版社,1997。
③ [秘鲁]巴尔加斯·略萨:《谎言中的真实》,55 页。

跟作者及其经验有所区别，使一个人物同生活在小说篇幅中的其他人物相区别，从而使他作为活生生的人物而树立起来”[①]。

这足以说明，距离的控制，乃是小说修辞中一个至为重要的问题。距离的销蚀意味着丧失对对象的理性把握和完整理解，而只有把自己与对象世界疏离开来，并在内在距离和外在距离之间维持适度的比例和均衡的关系，小说家才有望在距离控制上获得完满而和谐的修辞效果，从而有助于最终克服现代文化中存在的矛盾和危机。

---

① 陈燊编选:《欧美作家论列夫・托尔斯泰》,490—491 页。

第五章
讲述与展示（上）

讲述与展示是两种非常重要的小说写作技巧和修辞方法，是几乎每一个小说理论家都要论及的问题。讲述与展示在不同的理论家笔下，有不同的表述。“再现与表现”（罗杰·福勒）、“直接解说与间接表现”（凯南）、“主观的作家与客观的作家”（利昂·塞米利安）、“叙述与描写”（卢卡契）、“描述的现实主义与评价的现实主义”（伊恩 · 瓦特）、“独白与复调”及“自己的意识与他人的意识”（巴赫金）等都可看作同“讲述与展示”相同或相近的范畴。当然，不同的表述也意味着不同的理论家对同一问题有不同的理解和判断。描述考察这些不同的理解和判断，有助于我们更全面、深入地认识讲述与展示这两种极为重要的修辞技巧的形成、特征及流变过程。

一 、两位希腊哲人的看法

讲述与展示作为两种不同的叙述方式和修辞技巧，早在古希腊时代，就引起了哲人们的注意。

柏拉图在《理想国》中讨论故事“怎样讲”的问题时，向阿得曼托斯提出了讲故事的三种方法：“简单的叙述”（“纯粹的叙述”）、模仿和两种并用。“如果诗人处处出现，从不隐藏自己，那么模仿便被抛弃，他的诗篇就变成纯纯粹粹的叙述。”① 他解释说，如果荷马一直用诗人自己的口气叙述故事，而不用人物的口气，那他就没有模仿，而是纯粹的叙述，相反，如果把对话之间诗人所写的部分一概删去，仅仅把对话留下，就是戏剧化的模仿了。悲剧与戏剧全用模仿技巧，抒情诗人则在诗中表达自己的情感，即用自己的口气“讲述”，但史诗和其他诗体，却可以二者并用，也就是说，叙事性的史诗既可以模仿，也可以讲述。如果柏拉图就此打住，我们可以说，他不仅正确地指出叙事性文学可以同时使用两种似乎对立的技巧，而且还为后代学者继续解决这一问题铺设了可以登高涉远的初阶。

然而，绝对而褊狭的道德态度，使他把一个修辞问题，置换成了道德问题，最终，拐了一个弯，又将我们引到了一个没有出口的死胡同里。他以一个人一生只能干一种行业为前提，推导出诗人或者模仿，或者叙述，难以将二者兼施并用的结论：“人性好像铸成的许多很小的钱币，它们不可能成功地模仿许多东西，也不可能做许多事情本身。”② 因此，如果一个说故事的人，他什么都说，那么，“他的品质愈坏，就愈无顾忌，什么东西都模仿，他觉得什么东西都值得模仿。所以他想尽方法，一本正经，在大庭广众之间什么东西都模仿，包括我刚才提到的雷声、风声、雹声、滑轮声、喇叭声、长笛声、哨子声、各种的乐器，他还会狗吠羊咩鸟鸣。所以他的整个体裁完全是声音姿态的模仿，至于叙述那就很少”③。按照“理想国”的绝对化的道德尺度，柏拉图要人们选择“单纯善的模仿者的体裁”，而摒弃“混合体裁”。

① 柏拉图：《理想国》，96 页，北京，商务印书馆，1986。

② 柏拉图：《理想国》，98 页。

③ 柏拉图：《理想国》，100 页。

这样的胶柱鼓瑟的迂执之论，除了让人们看到了“哲学王”的霸气和任性，似乎没有别的更有意思的东西。相比之下，另一位哲学家的思想，就显得更加明澈、开阔。我指的是柏拉图的学生亚里士多德。

亚里士多德的《诗学》也涉及了叙述与模仿的问题。如果说柏拉图因为要求艺术与道德维持绝对的一致与和谐，因而反对艺术家师心自用的创造力和多样化的风格样态，那么，亚里士多德的更为开放的艺术真实观和文学功能观，则使他有可能更正确地理解叙事与模仿的关系。他对叙事方式的分类，与柏拉图相似：诗人“可以照荷马的手法，时而叙述经过，时而代人物发言，或者用自己的口吻，而始终不变，或者使所模拟的人物俨若在实践中作出一切”[①]。第一种是史诗式的叙述，第二种是抒情的宣抒，第三种是戏剧化的展示。如果说柏拉图强调有节制的讲述，而对自由的模仿怀有戒心的话，那么，亚里士多德就强调客观模仿的意义，认为诗人要遏抑自己的过于主观的讲述，而应通过模仿，让人物自己来展现自己。他说：“荷马有许多方面值得赞美，尤其是诗人中惟独他能了解何者是诗人所应为。诗人应尽量少用自己的身份说话，否则，就不成为‘模仿者’，别的诗人却始终现身说法，甚至而且难得模拟。但荷马在数行序诗之后，立刻引进一男人或一女人或其他人物，他们绝不是无性格的，而是各有其品行。”[②]

显然，在亚里士多德看来，荷马史诗的叙事方法更为可取，这是因为史诗是对人物的行动的“模拟”，如果诗人一味地采取抒情诗人的“现身说法”，就不能够客观、形象地展现人物“性格”和“品行”，不能按照人物自身的样子把人物塑造出来。亚里士多德克服了柏拉图将叙事和模仿对立起来的倾向，他把戏剧艺术的叙事经验引入到史诗中来，提醒诗人在叙述中要注意到人物的存在，要通过对人物自己的行动的“模拟”，来展现人物的“性格”和“品行”。但他却并不否定

---

① 章安祺编订:《缪灵珠美学译文集》,第 1 卷,5 页,北京,中国人民大学出版社,1987。

② 章安祺编订:《缪灵珠美学译文集》,第 1 卷,31—32 页。

诗人的讲述的作用，只是提醒诗人“少用”它而已。

应该说，亚里士多德关于诗人的主观讲述和客观展示的观点，对后来的叙事理论产生了巨大而深远的影响。我们从黑格尔《美学》关于“诗的分类”的论述中，可以看到这种影响。黑格尔也像亚里士多德一样，把诗歌分为史诗、抒情诗和戏剧体诗。他也像亚里士多德一样，强调客观性模仿的意义。尤其对与小说相近的史诗在模仿方式上的看法，与亚里士多德如出一辙：“史诗就是按照本来的客观形状去描述客观事物”①；“为着显示出整部史诗的客观性，诗人作为主体必须从所写对象退到后台，在对象里见不到他。……从这个观点看，伟大史诗风格的特征就在于作品仿佛是在自歌唱，自出现，不需要有一个作家在那里牵线。”② 有意思的是，黑格尔也像亚里士多德一样，把荷马史诗当作伟大的典范。

同样，我们无论从巴赫金的“长篇小说话语”的论述中，还是从他关于“作者与主人公”关系的论述中，都可以看到亚里士多德的理论的影子。他强调作者要处于外在于主人公一切因素的“外位”，即“作者为主人公及其存在而清理整个生活天地，是作者以不参与现实认识和伦理行为的旁观者的身份，关切地理解并完成主人公的生活事件”③。这不就是要作者“应尽量少用自己的身份说话”吗？不就是要作者应该给人物通过自己来显示自己的“性格”和“品行”提供方便条件和自由空间吗？

总之，亚里士多德将柏拉图理论中的容易导致混乱和对立的观念进行调和，正确地强调了客观的展示和模仿对于塑造人物的意义，为后来的叙事理论奠定了可靠的基础。

---

① ［德］黑格尔:《美学》,第三卷,下册,99页,北京,商务印书馆,1981。

② ［德］黑格尔:《美学》,第三卷,下册,113页。

③ 钟中文主编:《巴赫金全集》,第一卷,111页。

二、福楼拜与乔治·桑的论争

讲述与展示在现代小说理论中的对立和冲突，是一个有趣而值得研究的现象。从总体上看，现代小说的创作倾向和理论主张，似乎都强调展示的意义。传统小说表现出来的作者与读者之间的家常亲切的讲/听式关系，作者在作品中的明确的讲述人身份，以及全知性的整体通观叙述方式，在革新意识很强的现代小说家和理论家看来，都是不可取的。他们更倾向于选择展示性的写作方法，更喜欢缩短读者与人物之间的外在距离，让人物直接站到读者面前，向他们展示自己的外部动作和内心活动。

沃伦·贝克在分析福克纳小说的时候说："现代小说的两个主要趋势，一是倾向于采用越来越有形的戏剧性描述，直截了当地依靠列举物件和行为的名称，报导人物所说的话；另一个方面，是倾向于对不受阻遏的意识之流作表面完整的、连贯的复制。"① 事实上，这两种"趋势"，可以被归纳为一种，那就是偏重对人物的心理活动和外部动作进行直接的展示性的描写，而不要再经过作者的间接的讲述。卫姆塞特和布鲁克斯也指出了现代小说的这一趋势："的确，现代小说，也可被称为无我的艺术。即被认为全属小说物质的各方面，要呈现而不可讲述"②，因为，"这些小说家，希望读者忘了作者的存在，让故事似由自己在讲述，依靠自己的生命发展开来"，这样，"小说的一般趋向，是走向戏剧的路线，强调直接呈现，而不必由一个特殊的叙述者为媒介"③。

一般来讲，重视、夸大展示方法的优越性的小说家和小说理论

① 李文俊编:《福克纳评论集》,96页。

② [美]卫姆塞特、布鲁克斯:《西洋文学批评史》,630—631页,北京,中国人民大学出版社,1987。

③ [美]卫姆塞特、布鲁克斯:《西洋文学批评史》,628页。

家，大都属于具有唯美倾向的、把小说的客观真实效果看得很高的人。福楼拜就是这类小说家中的典型。他不仅是展示技巧的最早的阐发者，而且，还是在追求这一修辞效果上成就最高的小说家。他在写给女友路易丝·科莱的信中说："我一向禁止在作品里写自己，然而我却在其中写了很多。我向来竭力避免为涉足某个孤立的个人而贬低艺术。"① 在他看来，作者自己的情感、态度和声音，是不应该被以任何直接的方式写进作品的，因为，"激情成不了诗。——你越突出个人，你越没有说服力"②。他批评伏尔泰的作品因为"只善于陈述他个人的意见"，因而"他在戏剧，在纯粹的诗歌方面是没有什么价值的"③。有价值的作品必须通过客观性的描写营造生动、真实的"幻觉"，因为，"艺术的首要品质，它的目的，是幻觉"④。为了创造这种"幻觉"，艺术家就必须保护冷静的不介入状态，就"不该暴露自己……不该在他的作品里面露面，就像上帝不该在自然里面露面一样"⑤。

乔治·桑不赞同福楼拜的观点。福楼拜认为"激情成不了诗"，但对乔治·桑来讲，诗就是激情。在她看来，写作不是一种冷冰冰的、不动声色的对技巧和形式的经营，而是对事物的本质的把握过程，是表现作者的情感和思想的过程。她批评福楼拜说："我觉得你这一派不关心事物的本质，太在表面上逗留。你这一派用心寻找方式，过于忽视内容，变成文人的读物。"⑥ 她认为，小说家不应该"从写的东西里头抽去自己的灵魂"，因为，"把本人对自己创造的人物的意见隐藏起来，因而让读者对人物应有的意见陷入迷离恍惚，等于甘愿不要人了解；这样一来，读者只好丢开你了，因为假如他想听你对他讲故事的话，

① [法]福楼拜:《福楼拜小说全集》,下册,441页,北京,人民文学出版社,2002。
② [法]福楼拜:《福楼拜小说全集》,下册,486页。
③ [法]福楼拜:《福楼拜小说全集》,下册,512页。
④ [法]福楼拜:《福楼拜小说全集》,下册,520页。
⑤ 伍蠡甫主编:《西方文论选》,下卷,210页,上海,上海译文出版社,1979。
⑥ 伍蠡甫主编:《西方文论选》,下卷,209页。

就看你有没有明白指出：这个人强，那个人弱”[①]。总之，写作就意味着作家与读者的情感交流，在这种交流中，作者必须显示自己的态度和看法，或者换句话说，就不能只“描写”，而不“讲述”。

争论的结果，是谁也没有说服谁。他们都以各自认为合适的方法继续写作。如果说写小说意味着通过客观形式来表现作者对人物的态度和对生活的认识、从而影响读者的话，那么，福楼拜片面地强调了手段，而乔治·桑则正确地强调了目的。这也不奇怪。这样的分歧既来自二人的不同性格，也与他们的美学理念有关。福楼拜追求美，因此就更关心语言和形式；乔治·桑更关心人，认为“一部小说首先应当合乎人性”[②]，因此，她就要求作者必须放弃对形式、语言、客观性的过度迷恋，而多多留意道德问题和读者的反应，要向读者表达作者的“意见”，这符合她的天性。勃兰兑斯说她“经常屈服于女性的倾向，总是让心灵最先发言，而且说得最响。任何高贵的热情，任何美丽的乌托邦的理论都会使她着迷；她有女性的为人服务的本能愿望”[③]。

小说既不是纯客观的展示，也不是处处都必须显示作者的态度和评价的讲述。客观、冷静的描写有助于小说家获得生动、真实的修辞效果，但这种描写不应被强调到必须排除作者的态度和情感的程度。事实上，根本就不存在纯粹的描写和绝对客观的展示。即使那些宣称是纯粹描写的小说，其中也包含着作者的情感、态度，只不过与那些叙述性较强的小说比起来，它显得更为隐蔽和含蓄罢了。车尔尼雪夫斯基就想写一部纯粹客观的小说，“其中非但没有我个人态度的痕迹，甚至连我个人同情的痕迹也不能有。在俄国小说中没有一部这样的小

---

① 伍蠡甫主编:《西方文论选》,下卷,213 页。

② 伍蠡甫主编:《西方文论选》,下卷,214 页。

③ [丹麦]勃兰兑斯:《十九世纪文学主流·法国的浪漫派》,138 页,北京,人民文学出版社,1982。

说”[①]。“这样的小说”，他没有写出来，别人似乎也没有写出来。谁都不可能写出这样的作品，就像谁都不可能弹奏出没有声音的乐曲一样。因为，正像罗杰 · 福勒正确指出的那样，“修辞和态度色彩是使用任何语言都难以回避的条件”[②]。

三、亨利·詹姆斯：丛林四周的封锁线

直接继承并发展了福楼拜小说修辞主张的是亨利·詹姆斯和玻西·卢伯克。前者年轻时曾与福楼拜交换过对小说写作的看法。他全面地接受福楼拜的理论，高度评价他在创作上的成就，视之为“小说家中的小说家”[③]。评价可以说高到了至矣极矣的程度。真实感、描写人物的精细确切及制造“幻象”，是亨利 · 詹姆斯评价小说的尺度。他认为，“一部小说之所以存在，其唯一的理由就是它试图表现生活”[④]。而这种表现同绘画在方法上有着共同性，那就是它必须描写“印象”：“一部小说是一种个人的、直接的对生活的印象：这印象构成了其大小根据印象的强烈程度而应的价值。”[⑤]而小说家对“印象”的描写，又必须是“真实的”，因为，“予人以真实之感（细节刻画的翔实牢靠）是一部小说至高无上的品质”[⑥]。根据这样的尺度，亨利·詹姆斯给屠格涅夫和福楼拜以极高评价。他说屠格涅夫“属于那些为数不多的、一丝不苟的作家。……他所擅长的是观察。……他的小说犹如一个仓库，里面存放的——正如他的文辞用语之来自生活——是取自生活的琐事、轶事和叙事状物的描绘。……他喜欢清晰、明白、刻画人物，喜欢集中到一点上去，

---

① [俄]巴赫金:《陀思妥耶夫斯基诗学问题》,107页。

② [英]罗杰 · 福勒:《语言学与小说》,84页。

③ [美]亨利 · 詹姆斯:《小说的艺术》,163页,上海,上海译文出版社,2001。

④ [美]亨利 · 詹姆斯:《小说的艺术》,5页。

⑤ [美]亨利 · 詹姆斯:《小说的艺术》,10—11页。

⑥ [美]亨利 · 詹姆斯:《小说的艺术》,15页。

喜欢用具体的事物向你表明他的意思”①。

而福楼拜在这些方面则达到了无人企及的境界：“他培养和启发了别的小说家，他通过别的小说家和公众取得了接触。”②那么，福楼拜在哪些方面“启发了”别的小说家呢？亨利·詹姆斯并没有对这个问题进行清晰的理论阐述。他的《居斯塔夫·福楼拜》是一篇献给福楼拜的热情洋溢的赞美诗，但说不上是一篇说理透辟的好文章。倘若我们非得火中取栗一般从他的赞美诗中提领出他高唱赞歌的理由，我想，其中最主要的一点就是：福楼拜比别的小说家更善于精细、准确、生动、富有诗意地描写。亨利·詹姆斯好多次把福楼拜比作“画家”，把他的作品比作“图画”。在他看来，作为“描绘人生的画家”，福楼拜的最具代表性的“图画”，就是他的长篇小说《包法利夫人》：它“达到了一种完美的境界，不仅使它成为它的标志，而且几乎使它举世无匹”；“这部作品之所以是一部经典之作，那是因为这部作品，就其现状来说，写得达到了理想中的完美境界，因为它表明，这样进行的写作会蕴藏着永恒的美”③。怎样进行的写作呢？在亨利·詹姆斯的文章中能找到的理想的答案似乎是这样的：“他对周围的生活有着一种急不可耐的敏感，而且能够当场把他抓住，紧握不放，以及他对风格、史实和诗意的渴求，这一切都在这里表现了出来。”④

与福楼拜不同的是，亨利·詹姆斯把描写和展示的焦点转移到了人物的意识活动方面，即通过人物的意识这面镜子来捕捉细节、展开描写。他在《〈金碗〉序言》中，称这种用来当作描写的媒介的人物为“见证人或报道者”和“代理人”。他在《〈一位女士的画像〉序言》中说，

① [美]亨利·詹姆斯:《小说的艺术》,50页。

② [美]亨利·詹姆斯:《小说的艺术》,124页。

③ [美]亨利·詹姆斯:《小说的艺术》,136页。

④ [美]亨利·詹姆斯:《小说的艺术》,133页。

他写小说时把少女伊沙贝尔·阿切尔本人的“意识”当作“中心”[①]，一切事件“只存在于她的意识中，或者说，只活动于她的意识中，离开她的意识，它们便一无所有”[②]。他甚至将这些人物看作“记录员”或“反映器”[③]。在长篇小说《专使》中，他就把斯特雷瑟当作这样的功能人物。小说中的一切都是通过他的眼睛看到的，都是经过他的意识过滤和“反映”出来的。读者看到的，只能是他看到的。他是看戏的人，读者也是看戏的人，但读者得通过他的眼睛来看他所看的戏。

事实上，亨利·詹姆斯经过这种人物意识的过滤所描写出来的场景和情节，常常给人一种狭窄、烦琐甚至虚假的印象。再加上芜杂、笨重的语言，亨利·詹姆斯的小说，就成了那种让读者读起来每感沉重、晦涩甚至厌烦的作品。他给描写技巧制订了死板而无用的纪律。他相信这些描写的方法能够带来足以让一部小说不朽的“真实性”效果，但结果证明，事情并不像他想的那么简单。通常，除了看到生动的描写制造的“幻象”，读者还希望被感动，希望被一种思想吸引、启迪，希望看到作者的存在，或者，换句话说，希望作者能以一种巧妙的方式介入到作品中进行讲述，对读者提供理解和认识上的必不可少的帮助。然而，正像利维斯正确地指出的那样，亨利·詹姆斯“对于技巧的专注失去了平衡，技巧不是在有力表达他最为敏锐的感知——为他最充分的生活意识所贯穿并因而相连的诸多感知；相反，对于技巧的专注成了某种使他的才智漫漶不明并使他的感觉变得麻木的东西。他在序言里讨论过自己可能有‘过度描述’的倾向，这便是由此倾向而来的祸害”[④]。利维斯说得对。“过度描述”正是亨利·詹姆斯小说缺乏阅读乐趣和主题上的明晰性的根本原因。

---

① [美]亨利·詹姆斯:《小说的艺术》,290页。

② [美]亨利·詹姆斯:《小说的艺术》,294页。

③ [美]亨利·詹姆斯:《小说的艺术》,310页。

④ [英]F.R.利维斯:《伟大的传统》,272页,北京,三联书店,2002。

某种程度上讲，詹姆斯也介入了乔治 · 桑与福楼拜的论争。不用说，他选择站在后者一边。在他看来，乔治·桑对福楼拜的批评是没有道理的，因为，把人物写得生动、真实是极为重要的。一部小说之所以成为“经典”，不是因为“风格”，而是因为“形式”。“乔治 · 桑的小说在风格上是丰富多彩的，但它们缺乏形式。”[①]“形式”就是“幻象”，就是“真实感”，就是用描写和展示的修辞方法描绘出来的清晰、精细、生动的“画像”。乔治 · 桑的小说里有“故事”，但缺少“画像”。她让自己过多地介入到小说的叙述中：

她过分的嘴巧舌利恰恰成了我们觉得她的作品缺乏真实感的原因。这种叙述实在过于活色生辉了，过于圆润流畅了；而叙述者所具有的超凡卓绝的独具的匠心，使故事之神缪斯本人也对她不免怀有嫉妒之心。但这种叙述所产生的效果，就像一个急于想讲出比盘问他的内容更多的东西的见证人所产生的效果。这样一来，他的证词的价值却因为他的喋喋不休而大打折扣。故事尽管被讲得娓娓动听，但你反而觉得严格的真实好像付之东流了；作者对精确性并没有很高的标准，她从来不允许事实来束缚她的手脚。[②]

总之，因为在叙述上的过度介入和缺乏对描写的真实效果的追求，所以在乔治 · 桑的小说里，就“没有活生生的人物，没有脚踏实地的人物。……作为画像，乔治 · 桑所勾画的人物轮廓模糊、形象不够精确”[③]。

显而易见，亨利 · 詹姆斯在修辞技巧的选择上，倾向于认同对人物的客观、精细的描写，而反对突出情节和作者自己的情感、态度的讲

① [美]亨利 · 詹姆斯:《小说的艺术》,194 页。
② [美]亨利 · 詹姆斯:《小说的艺术》,170 页。
③ [美]亨利 · 詹姆斯:《小说的艺术》,171 页。

述。他的观点对克服作者的武断而任性的叙述，是极为中肯的提醒。他把小说修辞的中心和焦点放到人物身上，强调刻画人物应有精确和真实的效果，也是极有见地的观点。但是，也要看到，他的理论中有一种抬高描写而贬低叙述的倾向，或者换句话说，存在着只看重形式的生动感和“幻象”性，而轻视意义和价值的形式主义及唯美主义倾向。他在与皮赞特关于“小说的艺术”的辩论中说：“艺术的问题（就最广泛的意义而论）是创作实践的问题；道德问题则完全是另一码事。”[①]事实上，根本不存在与道德无关的“创作实践”。对小说的最大考验，不是能否干脆、利落地斩断创作与道德的关系，或者能否在描写人物的时候保持完全不介入的状态，而是能否将真实性与主题的深刻性、可靠的道德立场，或者简单地说，将真实性与主观性、描写与讲述之间的关系处理得恰到好处，从而，既让读者看到了人物形象逼真的画面，又让读者听到他们想从作者那里听到的声音。看不到这两种修辞技巧的关联，看不到艺术与道德之间的难以切断的整体关系，硬是要固执己见地说，“我不打算弄清楚，艺术作品的目的怎样才是道德败坏的源泉；我认为，把作品引导到尽善尽美的目的才是最少危险的”[②]，乃是一种极为有害的偏见，是不可能最终解决叙述与描写、形式与内容、审美与道德的修辞关系的。英国批评家查·帕·斯诺在他的长篇论文《亨利·詹姆斯》中说：

总的来看，詹姆斯的理论起作用的只有害处而不是益处，这恐怕是持平之论。他的理论中条条框框太多了。如果完全按照他坚持的角度进行创作，那么陀思妥耶夫斯基、托尔斯泰及狄更斯就都不能进行创作了。——特别的是他的理论也无法适用于巴尔扎克。[③]

① [美]亨利·詹姆斯:《小说的艺术》,28页。

② 王春元、钱中文主编:《英国作家论文学》,58页。

③ 亨利·詹姆斯:《黛西·密勒》,340页。

他对亨利·詹姆斯的批评虽然尖锐，但是很有道理。过分强调修辞的描写和展示技巧，让人物自己呈现自己，避免作者的介入，不仅会导致写作上的教条主义和形式主义的弊端，而且还助长了那种主观主义的脱离现实甚至逃避现实的消极倾向。美国文学史家莫里斯·迪克斯坦就曾指出亨利·詹姆斯对美国四五十年代的小说家的这种消极影响。这些“仰慕（和误解）亨利·詹姆斯”的小说家“不是从金钱、阶级和社会野心的角度看现实，而把它看成一张由个人关系和意识的细微层次组成的无限复杂的网。他们忽视了曾经是伟大的现实主义者获得社会洞察力所必不可少的个性和历史、愿望和社会规定之间的相互作用”[①]。

韦勒克也指出这种排斥叙述、追求描写和展示的客观真实性的主张所引致的主观主义后果：“小说戏剧化的最远的后果，即意识流和心灵的戏剧化，事实上完全瓦解了外部现实。意识流毋宁说代表了一种从外部向内部、向主观、象征的艺术转变，而主观的、象征的艺术处于与现实主义截然相反的另一个极端。”[②] H.G.威尔斯是在小说观念上与亨利·詹姆斯存在严重分歧的小说家，两人之间曾发生过公开的论战。西方学者艾德尔和雷依甚至认为威尔斯与詹姆斯分别代表了“20世纪艺术家的两大阵营”[③]。威尔斯在给詹姆斯的信中曾经这样描述他们两人的差异：“就我们对生活和文学的固有态度以及后来形成的态度而言，你我之间存在着实实在在的根本分歧。对你来说，文学就像图画，其本身就是目的。对我来说，文学就像建筑，是一种手段，具备某种用

① [美]莫里斯·迪克斯坦:《伊甸园之门——六十年代美国文化》,93页,上海,上海外语教育出版社,1985。

② [美]R.韦勒克:《文学思潮和文学运动的概念》,246页。

③ 殷企平等著:《英国小说批评史》,129页,上海,上海外语教育出版社,2001。

处。”[1] 他批评詹姆斯是纯技巧的“狂热而迂腐”[2] 的代表。他看重的是文学的功能和作用。他把小说当作讨论社会问题的手段：“在我看来，小说是我们讨论大多数问题——即由当代社会发展引起的众多问题——的唯一手段。”[3] 他批评詹姆斯虽然在“精雕细刻”和“戏剧化处理”方面的功夫令人羡慕，但是，他忽略了、放弃了更重要的东西：

在创作实践中，詹姆斯的选择无非是省略而已。他把所有需要在题外发挥或附带性说明的东西一概省略。例如，他省略了人物的主张和见解。在他写的所有小说中，你找不到任何有明确政治见解的人物、任何有宗教思想的人物、任何有鲜明的党派立场的人物、任何有强烈性欲和异想天开的人物、任何热衷于跟自身利益无关的事业的人物。在他的小说中没有吃了上顿没下顿的穷人，没有爱做梦的人物——难道我们不全都多多少少地做着自己的梦吗？此外，你还找不到任何健忘而又不失尊严的人物，如此之多反映人性的东西，在他的故事开始之前就被一扫而光，就像上餐桌之前的兔子需要被清除内脏一样。[4]

他拒绝认同詹姆斯的排斥讲述和“作者引退”的观点。在他看来，光有描写是不够的，因为，“小说不仅以虚构方式记录人的行为，而且还研究并判断人的行为”[5]。作者没有必要逃避“研究和判断”的责任。事实上，作者的介入，他的态度、思想和人格，乃是小说价值构成的重要部分，是人们衡量一部小说是否伟大的一个标准和尺度：“几乎所有经过时间考验、跻身于公认的伟大作品之列的小说，不仅浸透了作

① 殷企平等著:《英国小说批评史》,129—130 页。
② 殷企平等著:《英国小说批评史》,130 页。
③ 殷企平等著:《英国小说批评史》,131 页。
④ 殷企平等著:《英国小说批评史》,134 页。
⑤ 殷企平等著:《英国小说批评史》,134 页。

者的人格，而且还包含着从作者内心迸发出来的、毫无掩饰的思想和情感。”[①]这是一个极为重要的观点。他道出了一个常常被很多现代小说家忽略的常识和真理，那就是，完全排斥讲述，完全排斥作者的介入，从理论上讲是错误的，从实践上讲是没有用的规则。威尔斯对这种片面强调戏剧化展示的理论有一个生动的比喻：“小说创作若死套某个规则或一般原则，那就如同仅仅在充满着各种猎物的丛林四周设下封锁线而已。只有当你离开封锁线，钻进丛林中去时，打猎才真正开始。”[②]

是的，一个小说家不能仅仅满足于描写和戏剧化的展示，倘若要写出真正伟大的小说，他还必须关注更多的东西，必须通过讲述介入到小说中去，向读者提供除了生动、真实的修辞效果之外更多的东西，例如，一种道德姿态，一种情感态度，一种政治立场，一种宗教气质，一种人生启示，从而对读者的精神生活和内心世界发生深刻而巨大的影响，全面实现小说的修辞目的。

四、珀西·卢伯克：竖立不动的标杆

如果说福楼拜以他的炉火纯青的作品显示了描写技巧的修辞价值和美学价值，而亨利·詹姆斯只对描写进行了初步的理论阐释的话，那么，到了卢伯克，展示和描写这一小说修辞技巧，才获得了真正意义上的理论表达。卢伯克的影响广泛的《小说技巧》，通过对福楼拜、巴尔扎克、托尔斯泰、亨利·詹姆斯等人的作品的分析，详备、系统地论述了戏剧化展示技巧的原则和价值。

就像亨利·詹姆斯的描写修辞理念基源于福楼拜一样，卢伯克的理论之河也是发源于福楼拜的雪山而汇入亨利·詹姆斯这条大江的。同亨

① 殷企平等著:《英国小说批评史》,135 页。

② 殷企平等著:《英国小说批评史》,135 页。

利·詹姆斯一样，卢伯克也把“真实”效果当作小说写作应该追求的首要目标，而且同他的老师一样，卢伯克所看重的这种“真实”，首先是一种与视觉感受相关的外在的形象、画面的“真实”和生动。在他看来，小说的这种“真实”效果，不能靠“叙述”来获得，即“不能用简单的说明来使它看上去是真实的”，而“必须看上去是真实的”，这是因为，“说明”或“叙述”是“直截了当的方式”[①]，是抽象的，而不是具体的，因此，必须通过描写使其作为形象展示出来，从而赋予它以强烈的视觉效果。

> 作者唯一想的便是怎样来描述故事，怎样把故事讲得产生预期的效果，怎样把搜集到的琐事都显示出来，以便揭示作者在其中看出的含义。我读到了作者“讲故事”，但是，他当然决不打算仅仅到此为止；要等到小说家认为他的故事是要作为一件要展示出来的事物，要如此这般展示出来，那会不讲自明，这才开始显示小说创作的艺术技巧的作用。[②]

基于这种观点，卢伯克对笛福、萨克雷甚至托尔斯泰的作品，多有指摘和否定，而福楼拜的小说则成了他用来支持自己的理论体系的范例：“我们任何时候，一谈起艺术技巧的原则，必定要准备着跟福楼拜打交道”；“福楼拜的艺术技巧提供了一个完整明确的标准；那是决不会弄错，也不会看错的”；“他给批评家提供了一根不动的标杆”[③]。评价高到了无以复加的程度。

那么，卢伯克到底给我们提供了哪些可以奉为圭臬的小说修辞的技巧原则呢？主题是卢伯克考察小说修辞方法的出发点：“作品的形式

① [英]珀·卢伯克、爱·福斯特、爱·缪尔:《小说美学经典三种》,46 页。
② [英]珀·卢伯克、爱·福斯特、爱·缪尔:《小说美学经典三种》,45 页。
③ [英]珀·卢伯克、爱·福斯特、爱·缪尔:《小说美学经典三种》,44 页。

决定于主题，在弄清主题之前，对形式是没有什么好说的。”[1]在他看来，一个小说家必须有一个稳定不变的叙述观点，必须首先为自己的小说确立明确、单纯、稳定的主题，然后才能有效地展开描写。他批评托尔斯泰的《战争与和平》的主题是混乱的，作者的“创作意图不确定，常常阻碍了读者明了他的创作方法的细节”。这部小说的一个主题是“青年和老年，周期性的潮涨潮落”，卢伯克认为，这是它的真正的主题；另一个主题是“战争与和平”。由于第一个主题的正确，才使得托尔斯泰选择描写和展示的技巧，让人物直接呈显出来，“是彼埃尔和安德烈，尼古拉和娜塔莎和我们在一起，坐在我们周围，而托尔斯泰却隐退了”。但是，第二个不正确的主题却给作者惹出了麻烦，让他在写作上陷入困境，作者把战争当作一个场面，“自己直接面对着它”，“这些画面的总的效果，是由另一个原则所产生，它与支配青年人故事的那个原则完全不同”[2]。显然，这“另一个原则”就是作者介入作品的原则，就是与描写的方法不同的叙述技巧的原则。总之，一部小说只能有一个确定不移的“视点”，只能有一个明确、单纯的主题，这是一部小说作品能否成功的前提：“一个主题，单一、完整、不能分解——有了这样的主题作支柱，一部小说才可能开始形成。”[3]福楼拜的《包法利夫人》之所以是近乎完美无缺的作品，就是因为它“主题坚定不移，清楚明确，没有一点含糊的阴影能损害勾出这部作品轮廓的线条。可以不漏一环地跟踪追寻到处理主题的来龙去脉”[4]。在卢伯克看来，一旦主题的问题解决了，技巧的问题也就随之解决了。正确地确立主题，意味着作者必然会放弃那种错误的“说明”性的叙述性的方法，而选

① [英]珀·卢伯克、爱·福斯特、爱·缪尔:《小说美学经典三种》,31 页。
② [英]珀·卢伯克、爱·福斯特、爱·缪尔:《小说美学经典三种》,28 页。
③ [英]珀·卢伯克、爱·福斯特、爱·缪尔:《小说美学经典三种》,31 页。
④ [英]珀·卢伯克、爱·福斯特、爱·缪尔:《小说美学经典三种》,44 页。

择客观展示的方法。福楼拜就“完全避免了纯粹的叙述”①，避免了笛福式的方法，而采用了比较迂回曲折的方法，“把他们（人物）的感情戏剧化，以生动方式体现他们的感情，而不是直截了当地把它叙说出来”②。

对卢伯克来讲，主题和视点的单一和确定固然重要，但能否正确选择和运用“戏剧化”的技巧，似乎更为重要。一切其实都决定于小说家能否成功地运用这种客观描写的修辞技巧。人物形象的真实感、生动性以及主题表现的深刻性与完美程度，都与这种无与伦比的小说技巧有关。看不到这种技巧的价值和不会运用这种技巧的小说家，是要付出代价的。萨克雷就错误地偏爱“详尽阐述的手法，……他的每一部小说都采取这么一种独白漫谈的普遍形式，他用这种形式把他头脑中的经验穿成长长的一串”③。他没有充分运用描写戏剧性场面的展示技巧。在《名利场》中，老头儿毕脱·克劳莱弥留之际的戏剧场面，他错过了；蓓基·夏泼在罗登从狱中回到家里，突然面临着巨大的灾难，也是不折不扣的好戏，但同样被他错过了。总之，作者要“将作品向戏剧性效果方向提高”,“向增强画面印象方向推进”④。在“提高”和“推进”的过程中，当作者“一心想着主题，此外什么也不想时，就会在双重考虑指导下采取最好的处理手法”。这“双重考虑”，一是“作者希望故事尽可能由它本身来讲，人物和情节也是独立自行演出，而不要加以叙述和解说”；二是作者“对节约的关心”，因为“一篇故事处理过了头，和处理不足一样会受到损害，这就再一次表明，在涉及小说的一切方面都要做到真正的节省”⑤。这是一项极为艰难的工作，只有

---

① [英]珀·卢伯克、爱·福斯特、爱·缪尔:《小说美学经典三种》,46 页。

② [英]珀·卢伯克、爱·福斯特、爱·缪尔:《小说美学经典三种》,49—50 页。

③ [英]珀·卢伯克、爱·福斯特、爱·缪尔:《小说美学经典三种》,70 页。

④ [英]珀·卢伯克、爱·福斯特、爱·缪尔:《小说美学经典三种》,157 页。

⑤ [英]珀·卢伯克、爱·福斯特、爱·缪尔:《小说美学经典三种》,108—109 页。

极少数小说家能胜任，而在卢伯克眼中，亨利·詹姆斯就是这种极少数人中的一个。然而，情况真的是这样吗？

卢伯克高度评价亨利·詹姆斯的长篇小说《专使》，认为他已经“把一个人经验画面戏剧化的艺术技巧发挥到了极限”，“实在没有再往前走的余地了”[①]。作者“没有泄露斯特雷塞的心灵”，“没有把那颗心灵中的一切秘密都一下子和盘托出。那颗心灵中的故事按照适当的层次逐步演完，也许正像在舞台上用戏剧手法讲的故事……。真正戏剧场面的一切效果，就这样由小说作者随意发挥了……”[②]然而，小说毕竟不是戏剧。无论小说作者如何努力，它也不可能在直观性和生动性上获得同戏剧一样的效果。因此，为了读者能更好地理解作品的主题、了解人物内心的秘密，作者的介入性的讲述是必不可少的。否则，一部纯粹的“用戏剧手法”写成的小说，就会给读者带来阅读上的障碍甚至理解上的困难。《专使》在卢伯克看来是一部成功的“戏剧性”的小说，但是，它在可读性上却存在严重的问题。英国的一位女公爵就看不懂。她向作者请教。亨利·詹姆斯写信告诉她阅读的方法：

慢慢地、小心地阅读《专使》，同时要祈祷，一天看五页，……就是要这样小心翼翼……但不要把线索中断。线索其实相当合乎科学地绷得紧。亦步亦趋地追随着它……然后完全的魅力就会出现。[③]

但是，亨利·詹姆斯提供的方案，似乎也并不能解决问题。他对读者要求得太多了。读小说不是服苦役。一个作家倘不能既让读者在阅读中体验到巨大的快乐，又不能让他较为顺利地通过作品与人物、与作者达到一种较为理想的交流情境，那我们就不能说他是一位好作家。

① [英]珀·卢伯克、爱·福斯特、爱·缪尔:《小说美学经典三种》,123页。
② [英]珀·卢伯克、爱·福斯特、爱·缪尔:《小说美学经典三种》,117页。
③ [美]柯恩编:《美国划时代作品评论集》,291—292页,北京,三联书店,1988。

亨利·詹姆斯的问题就在于他的无视读者的描写太多，而有助于读者理解作品的讲述太少。在描写和讲述这两种修辞技巧的运用上，他没有达到平衡、和谐的境界。福斯特就不认为《专使》是一部成功的作品。他认为这部小说的人物塑造并不成功，人物的生活内容被删减得只剩下有限的感觉，因此，它虽然在布局上获得了成功，但“他所作的牺牲这么巨大，以致许多读者简直对亨利·詹姆斯引不起兴趣，……他们很难认可他的前提，即人的大部分生活必须消失，他才能给我们创作一部小说”[①]。福斯特的最后的结论是：

> 小说不能达到戏剧那样的艺术发展，小说所要表现的人性或它的素材的粗糙性（随便你用哪个词儿），都阻止小说这么搞。对大多数小说读者来说，布局所引起的感觉不会强烈得足以证明小说为此作出的牺牲是值得的，而读者的意见是：“美是美了，但不值得这样做。”[②]

是的，不值得这样做。在形式之外，还有意义；在美之外，还有善；在形象的生动性之外，还有可理解性。总之，仅仅让读者近距离地真切地看到小说中的人物是不够的，还应该让他们准确地理解和深刻地把握作品的主题和人物的性格、命运等更多的东西，为了达到这样的目的，作者不应该无节制地放弃讲述或者介入性的修辞。他应该有这样的态度：宁可让小说少一些“戏剧性”的描写带来的“美”，也不能让它成为一部无法理解的作品。换句话说，小说修辞首先应该追求的效果是可理解性或可交流性，因为没有这个前提，其他的效果，诸如“真实性”“诗意性”“戏剧效果”等，都是没有意义的。作者必须讲述。他有必要就如何理解作品中的人物和主题，对读者作必不可少的说明和理解。米尔斯基公爵就对托尔斯泰在这一方面的努力给予

---

① ［英］珀·卢伯克、爱·福斯特、爱·缪尔：《小说美学经典三种》，331页。

② ［英］珀·卢伯克、爱·福斯特、爱·缪尔：《小说美学经典三种》，335页。

极高的评价：

托尔斯泰在小说创作方法上带来了一个改变，他从旧有的、戏剧式的方法（陀思妥耶夫斯基用的还是这种旧方法）跳上了一个新方法——“有观点的方法”。戏剧的方法只表现人物的行动和语言，不予以解释。托尔斯泰在他的早期作品中，从没有在表现人物的行动和语言时不予以解释的。在他看来，心理上的解释是一件重要的事。重要的不是人物做什么，而是为什么他们要这样做。①

毫无疑问，托尔斯泰也通过生动的戏剧化的描写来赋予人物形象以生动性，但他也分析、说明和评价，或者说，他也讲述。事实上，对于小说来讲，这种来自作者的“解释”是无法避免的，只不过“解释”的方法各有不同而已。萨特就对那种排斥讲述和“解释”的观点持怀疑态度。他认为那种“奇怪的求助于戏剧风格的做法”的目的，“显然是使读者与情节同步，就像观众在剧场里看戏那样”，但是，这种“做法”并未解决问题，原因是：

首先，乞怜于一种相邻艺术的做法是衰弱的标志。这证明人们在自己从事的那门艺术的领域内本事不济。其次，作者这样做了，他也自然进入人物的意识，并把读者一起带进去了。事实上，这是一项短命的努力，作出这项努力的作者们可以用现代时写作从而革新小说。但是他们不明白，如果人们不是首先放弃解释性态度，这种革新是不可能的。②

是的，小说家应该充分利用戏剧艺术提供的表现技巧，或者说，

① [英]艾尔默·莫德：《托尔斯泰传》，413—414页，北京，北京十月文艺出版社，1984。
② [法]萨特：《萨特文学论文集》，185页，合肥，安徽文艺出版社，1998。

要通过生动的描写在小说中营造出戏剧艺术那样的场面感和直观性。卢伯克看到了展示性的描写技巧的重要性，对它的价值和功能作了深入的探索。他的一些结论，诸如小说家要充分信任人物、读者，要给读者留下自己理解作品的余地，要给人物留下自己展示自己的空间等，对那些过度放任自我介入的讲述性的作家来讲，乃是极为有益的忠告，但是，由于艺术趣味上的偏好，他把描写和戏剧化的展示方法的优越性作了不适当的夸大。①

他忽视了这样一个事实，那就是，小说与戏剧是完全不同的两种文学样式，正像D.C. 米克把小说和戏剧进行区别时所分析的那样："小说往往以过去时态来叙述已经完成的行为。小说呈给读者时，实际上是说'让我告诉你这一切是如何发生的'；戏剧则说'请看看，正在发生什么事情。'"② 小说本质上是讲述性的，是作者试图通过修辞努力影响读者并与他建立精神交流关系的一种创造活动。没有读者的参与和努力，一部小说的这种极为重要的修辞目的是不可能最终实现的。人们读福楼拜、詹姆斯·乔伊斯和亨利·詹姆斯的小说固然有像看戏一样的感觉，一切都乱纷纷如在眼前，但是，他们的小说板着面孔，态度冷漠而高傲。读这样的作品，你像坐在一个幽暗、静默而空旷的剧场里，总有一种不真切的模糊感和独对清景的孤独感。没有人和你说话，没有人在乎你的感觉。但是读萨克雷、菲尔丁、托尔斯泰和中国的古典小说，你就不会有这种感觉了。你会有一种春日雅集、高朋满座、你唱我和、其乐融融的美好感觉。在"零度叙事"和放弃判断、价值中立的现象主义写作弊端丛生的时候，我们有必要从"伟大的传统"中发掘那种古老的讲述性修辞方式的价值，有必要把作者的适当的介

① 韦勒克就曾指出，"客观的"或"戏剧的"方法的阐述者们，"无论是批评家和艺术家，都试图把这一方法说成是唯一的艺术方法(这个武断的主张不必要被接受)"(参见[美]R. 韦勒克、A. 沃伦：《文学理论》，252页)。

② [英]D.C. 米克：《论反讽》，65页，北京，昆仑出版社，1992。

入，当作一种与小说的美学追求并不矛盾的修辞方法和写作技巧，有必要认识到这样一个事实，那就是，对小说写作来讲，每一种技巧都是有价值的。正像苏珊·朗格所说的那样："一个作品的多种因素都是有表现力的，所有的技巧都在发生作用"，所以，一部小说"可以使用迅速的、事实性叙事体，也可以使用最为间接的半陈述体；可以用热情来描写，也可以根本不用描写"[①]。

叙述是一种方法，描写也是一种方法，它们都是有用的。因此，没有必要贬此扬彼，更不能将其中的一种方法当作评价小说优劣的绝对尺度。而现代小说理论的一个严重病象，正是抬高描写的价值，否定叙述的作用。这一偏颇导致了现代小说的形式主义及晦涩难懂等严重问题。因此，卢伯克的"标杆"可以拔掉，即使他提供的是一根"不动的标杆"。

① [美]苏珊·朗格:《情感与形式》,332 页。

第六章

讲述与展示（下）

五、韦恩·布斯："乌斯地，有一个人名叫约伯……"

事实上，对展示技巧的作用的夸大和对作者介入作品的讲述的贬抑，一直被强化着，最后被凝定为简单的教条。这些充满偏见的教条告诉人们，作者介入的讲述是非艺术的、坏的，而亨利·詹姆斯式的展示是艺术的、好的。这种简单的判断似乎很受欢迎，"因为一个世纪以来，对小说的看法愈益显著地倾向于反对语言创作中作者的干预"[1]。

针对这种情况，韦恩 · 布斯提醒人们不要随意对两种修辞技巧和写作方式的优劣、高下进行简单的区分，也不要试图在讲述和展示之间，在视点的固定和变化之间制定任何绝对的规则。但是，还是有人喜欢在这两种技巧中作选择，认为只有展示技巧最好。例如，约瑟夫·沃伦·比奇就认为"展示"比"讲述"好：

① [英]罗杰 · 福勒:《语言学与小说》,48 页。

> 像萨克雷、巴尔扎克或G.H.威尔斯这样的作家……总是向读者讲述发生了什么事情，而不是向他们展示当时的场面，总是告诉读者应该怎样评价人物，而不是让他们自己去判断，或者让人物互相讲述。我喜欢将那些讲述的小说家与那些展示的小说家（例如亨利·詹姆斯）区分开来。[①]

英国小说家福特的态度更加极端："小说家一定不要站在任何一方讲话，不要表示出他的倾向。……他必须描绘，而不是讲述。"[②]总之，从福楼拜到亨利·詹姆斯，再到卢伯克，再到比奇，再到福特，我们可以清楚地看到对展示技巧的片面强调，是如何逐渐变成小说修辞上的偏见和教条的。

布斯的修辞理论就是在批评上述的教条化公式的过程中建构起来的。他试图为作者介入的讲述辩护，公正地阐释和评价传统小说的叙事经验。《小说修辞学》要解决的一个重要问题，就是探讨和回答这样一些问题：讲述这一古老的叙事修辞技巧是否已经过时了？一部产生于现代的小说作品，是否真的可以将"讲述"的影子消除得干干净净？许多严肃的学术著作把"艺术的展示"和"非艺术的、仅仅修辞性的讲述"对立起来，是否合乎实际？

布斯的《小说修辞学》的最基本命题，就是所有小说创作都不可避免地具有修辞性的讲述性质，各种讲述故事的技巧，都明显地带有人为的痕迹。也就是说，"我们在约伯的故事和荷马的作品里见到的这种直接的权威式的修辞，从来没有在小说中消失过"[③]。这是布斯的小说修辞理论最基本的观点。在他看来，没有作者的这种起码的权威和介入，小说甚至没法开头。"乌斯地，有一个人名叫约伯。那人完美正直，

---

①［美］韦恩·布斯：《小说修辞学》，3页。

②［美］韦恩·布斯：《小说修辞学》，29页。

③［美］韦恩·布斯：《小说修辞学》，9页。

敬畏上帝，远离恶事。”《圣经》中的这段话，显示了佚名作者的叙述严格地控制着我们的信念、兴趣和倾向，从而保证我们判断的正确。现代小说与《圣经》比起来，只是控制我们的策略有别，隐显程度和强弱程度不同而已。布斯否定了要求小说家在小说中保持“中立”的教条：“我认为中立性是完全不可能的，假如我的看法不错，即使最接近中立性的评论也会暴露某种倾向。”[①] 因此，在小说中要求完全的公正也是一个幻想：“小说选择了讲述这个故事，他就不能同时讲那个故事；将我们的兴趣、同情和爱慕集中在一个人物身上，就必然从我们的兴趣、同情和爱慕中排除另外一个人物。……在文学中，完全的公正是无法做到的。”[②] 总之，作者在小说中的介入，是一个无法避免的事实，所以，重要的是研究如何介入，而不是毫无必要地反对作者介入。在一些现代的小说理论家看来，“展示”和“描写”的技巧天然地具有美学上的优越性，因此，选择并采用“展示”技巧，乃是避免小说在艺术上陷入失败境地的谨慎之举。

布斯反对这种对“展示”和“描写”技巧的盲目迷信。在他看来，如果没有“讲述”的支持，“展示”是不可能实现自己的目的的。“将精确观察到的细节毫无意义地堆砌起来，并不能长久地使我们满足；只有细节被勾画得能够讲述，只有它们含有展示出来的生活的意义，它才是可以接受的。”[③] 同样，作者介入的“讲述”也不是任性的、随意的，它的积极的修辞效果的实现，也有赖于“展示”的支持，因此，“我们必须明白，我们不是要反对作家的评论，而是反对观念与戏剧化场面之间的一种不和谐”[④]，换句话说，“作家可以闯入作品，直接控制我们的感情，但是，他必须使我们相信，他的‘闯入’至少同他展示的

① ［美］韦恩·布斯：《小说修辞学》，83 页。
② ［美］韦恩·布斯：《小说修辞学》，86 页。
③ ［美］韦恩·布斯：《小说修辞学》，121 页。
④ ［美］韦恩·布斯：《小说修辞学》，191 页。

场面一样，是经过仔细安排，十分恰当的”[①]。布斯令人信服地揭示了这样一个事实，即讲述不仅并不必然地威胁小说的艺术性，或者影响小说家追求别的效果，而且，如果运用得好，他可以获得比拙劣的“展示”还要好的效果。“为什么菲尔丁‘讲述’的一段故事，较之詹姆斯或海明威的众多模仿者肤浅地‘展示’的场面，在我们看来更为逼真？为什么一些作家的评论损害了作品，而《垂思穿姆·山迪》(即《项迪传》)里面冗长的评论仍然吸引我们呢？”[②]这是因为对方法的具体运用产生了不同的效果。换句话说，只要运用得好，“讲述”同样可以创造出“逼真”的修辞效果，同样可以“吸引”读者。而从读者的角度来看，“讲述”也是一种必不可少的修辞，因为“我们阅读小说的原因之一，便是去倾听作家的声音，而且，除非作家费尽周折以求最大的自然，我们从未为这种声音感到过烦恼”[③]。

布斯在批评那些片面强调“展示”方法的作用和功能的理论时，还正确地指出了这样一个很容易被忽视的事实，那就是，运用展示手法并不带来与作者毫无关联的修辞效果。他在精彩地分析了“展示”派的各种理论后，总结道：“事实上，非个人性叙述加强了主观主义，而本来它是要克服主观主义的。极力避免公开的评论，对于想把自己从作品中排除出来的作家尤为危险。”[④]这是一个极有价值的观点。是的，客观的展示并没有把作者与作品分离开来，恰恰相反，它只不过是作者的一种更为隐蔽的介入方式而已，本质上也是经过作者选择的具有主观色彩的修辞方式而已。作品中的一切都与作者有关，都是作者介入的结果。没有一个作者不在作品中表现自己。爱德蒙·威尔逊就正确地指出了这一点：

---

① [美]韦恩·布斯:《小说修辞学》,215 页。
② [美]韦恩·布斯:《小说修辞学》,11—12 页。
③ [美]韦恩·布斯:《小说修辞学》,65 页。
④ [美]韦恩·布斯:《小说修辞学》,91 页。

> 任何一部虚构作品中的真诚成分，当然就是作者个性中的那些成分：他的想象具体表现在人物、情景和景象之中，他本性中的根本冲突以及它常常经历过的那些阶段的循环。作者笔下的人物是形形色色的冲动和情结的人格化：他作品中的人物之间的关系其实就是他多种活动和情绪的关系。[①]

乌拉圭的文学批评家安赫尔 · 拉马也在《拉美小说作家的十个问题》中指出了作者所介入并表现在作品中的几乎所有方面："毫不奇怪，作家的性格、精神和物质因素必然反映在叙事节奏的表现方法、对比的运用，结构是否流畅，比喻的出现以及其他抒情手段上，甚至在他所运用的语言上，也会打上烙印。"[②]确实，小说艺术也不过是作者表现自己的一种方式而已——他用小说来表现他对生活的观察、对人物命运的理解，是一种试图成功地把作者的情绪和观念有效地传达给读者的精神交流活动。

当然，布斯对小说的展示与讲述的分析和论述，也有未尽周密、妥当之处。他过多地强调了这两种技巧在修辞意义上的同一性，即他们都是作者介入作品的方式，都是一种呈现态度和评价的方式，都以控制读者的反应为目的。他虽然有时也承认这两种方式各有其价值，但却语焉不详。不仅如此，最终，他还像取消一个让他后悔的承诺一样，否认对展示与讲述进行划分的必要性。他说，"……讲述与展示的划分是非常不确切的"[③]；小说家"展示的一切都等于讲述；在某种程度上讲，展示和讲述的划分并非必然"[④]。事实上，描写与叙述确实是两种同样有价值，但

---

① 转引自［美］艾布拉姆斯:《镜与灯》,363 页。

② 陈光孚编:《拉丁美洲当代文学论评》,9 页,桂林,漓江出版社,1988。

③ ［美］韦恩 · 布斯:《小说修辞学》,20、24 页。

④ ［美］韦恩 · 布斯:《小说修辞学》,24 页。

又各有其特点的写作技巧和修辞方式。描写随物赋形，力求把人或物的形象，清晰、生动、真实地呈现在读者眼前，让读者宛如身临其境地看到它；叙述则娓娓道来，通过包含着情感态度和认知判断的评价性和概括性话语，让读者了解人或物的某种情状或性质。前者曲，后者直；前者隐，后者显；前者重象，后者重意；过分偏重前者，容易导致象大于意的晦涩、难懂，过分偏重后者，则容易使小说因为意大于象而缺乏丰饶的审美内涵。对一个小说家最大的考验不是看他能否写出一部纯粹客观的展示性的小说，也不是看他能否写出一部妙不可言的讲述性质的小说，而是看他能否随宜而用地把两种技巧的修辞价值都体现出来，最终创造出能对读者发生积极影响的小说作品。

是的，最终的目的是交流，所有的技巧、手段和修辞努力，都是为了人与人之间的交流服务的。布斯曾经说过这样一段有影响的话："实际上，我们之间相像胜过差异，我们存在于共性之中比存在于个性中更有价值：离开我们之间的相互关系去考虑，我们事实上就变得什么也不是了。"[①] 他希望小说家通过有效的修辞，在作者与读者之间，建构一种积极的"相互关系"。于是，他突出强调更容易对读者的认知和道德发生影响的"讲述"技巧。我们理解他，赞同他，尤其在追求"展示""客观"的效果成了一种恶劣的风气和有害的倾向的时候。确实，作者的介入是必要的，只是我们在为讲述辩护的时候，不能忽略它与描写的不同，更不能无视后者的价值和功能。

六、热奈特：以"talking"弥合"showing"与"telling"之间的裂痕

热奈特说过："故事和模仿之间存在着千年的对立。"[②] 那么，展示

① 杜维明：《儒家思想新论：创造性转换的自我》，81 页。

② 转引自［法］贝尔纳·瓦莱特：《小说——文学分析的现代方法与技巧》，36 页，天津，天津人民出版社，2003。

与讲述之间的对抗和分裂是否可以超越？这种分裂和对抗是否纯出于理论的预设？小说家有没有可能消除这两者之间的矛盾，获致一种新的修辞样态？

热奈特的回答是肯定的。他用“语式”这一范畴来指涉包括了讲述与展示在内的修辞方式。利特雷把语式定义为“指程度不同地肯定有关事物和表现……人们观察存在或行动之不同的角度的各种动词形式”[①]。在热奈特看来，这是措辞精当的定义，十分宝贵，因为，“讲述一件事的时候，的确可以讲多讲少，也可以从这个或那个角度去讲；叙述语式范畴涉及的正是这种能力和发挥这种能力的方式：‘表现’，更精确地说，叙述信息，是有程度之别的；叙事可因较为直接或不那么直接的方式向读者提供或多或少的细节”[②]。这样，就使叙事显示出或大或小的“距离”；另外，叙事也可以依据故事参与者的认识能力调节它提供的信息，也就是通过特定的视点选择来控制信息的范围和程度，这个特殊的观点，限制了叙事，对故事作了“投影”。总之，语式意味着不同的修辞选择，意味着对叙事信息和叙事效果的自觉控制和自觉追求。

热奈特虽然对讲述与描写的复杂样态进行了细致的分类和分析，但不认为这两个概念在阐释“叙事”方面是实际而有效的：“根据我们的纯分析观点，应当补充说（布斯在论辩时也顺便指出）展示这个概念与模仿或叙述表现概念一样，完全是虚幻的（尤其是后者，因为它具有幼稚的直观性）”，这是因为，叙事不能“展示”或“模仿”故事，而只能以详尽、准确、生动的方式讲述它；书面叙述是言语行为，而言语行为则意味着不模仿。“无论采用什么语式，事件叙事始终是叙事，就是说用言语记录（假设的）非言语，因而

---

① ［法］热拉尔·热奈特：《叙事话语·新叙事话语》，107 页。

② ［法］热拉尔·热奈特：《叙事话语·新叙事话语》，107 页。

对它的模仿将永远只是模仿的错觉。"①模仿的要素，一方面是叙述信息量大（叙事更展开，或更详尽），另一方面是信息提供者即叙述者不介入（或尽可能少地介入）：

"展示"只能是一种讲述的方法，这种方法既要求讲述尽可能多的内容，又要求不留下讲述的痕迹……换言之，就是让人忘记叙述者在讲述。由此形成了展现的两大原则：詹姆斯式的场景的优势（详尽叙事）和（伪）福楼拜式叙事者的透明度（典型的例子有海明威的《杀人者》或《白象似的山丘》)。②

显然，热奈特并不认为作者不介入的"展示"技巧，是一种可行的方法。热奈特从普鲁斯特的小说中找到了否定展现的"原则"的经验和依据。普鲁斯特的小说叙事几乎全部是单一的或反复的场景，即采用了信息量最大、最具模仿力的叙述形式，但是，另一方面，叙述者又在叙事中频繁出现，完全违背了福楼拜的规则："叙事者出现在作品中，既是叙述的材料来源，担保人和组织者，又是分析评论员、文体家……，特别是……'隐喻'的创造者。"③他认为，普鲁斯特同19世纪伟大的作家（如巴尔扎克、狄更斯和陀思妥耶夫斯基）一样，克服和超越了机械、孤立的修辞语式的教条和片面，"把最高度的展示与最纯粹的讲述熔为一炉（甚至不止于此，他的话语往往丝毫不受讲故事的约束，我们也许可以用英语简单称其为talking)"④。他通过对《追忆似水年华》第一章的分析，具体地考察了普鲁斯特在修辞语式上的风格和特点：既不能说这部小说的叙述者通过展示让故事自行讲述，

① [法]热拉尔·热奈特:《叙事话语·新叙事话语》,110页。
② [法]热拉尔·热奈特:《叙事话语·新叙事话语》,111页。
③ [法]热拉尔·热奈特:《叙事话语·新叙事话语》,112页。
④ [法]热拉尔·热奈特:《叙事话语·新叙事话语》,112页。

也不能说叙述者直接出面讲述。他认为，问题不在于故事本身，而在于他在一个人记忆中留下的“印象”，“留下的痕迹”。特殊的“印象”和“痕迹”要求叙述者用特殊的修辞方法来营构。普鲁斯特就用了一种高复合性的叙述方法，在这种方法中，展示与讲述之间的沟壑被填平了：似乎不可能同时使用的修辞手段和叙述方式被同时使用了，而一些似乎只能用不同的修辞语式获得的截然不同的效果，也都融洽地存在于一部作品的最小的叙事单元中。比如，叙述的间接性与展示的真切性，在亨利·詹姆斯和卢伯克那里，都呈现出截然对立的不相融性，但在普鲁斯特的小说中，概括性的陈述和具体性的描写、评价与呈示，都和谐地并行不悖。

强调模仿和展示的理论要求真实性效果，而强调作者介入的理论（如卢卡契），则要求小说要获得一种把握了事物本质和社会关系整体性质的“间接性”效果。二者处于相互反对的两极。如果用模仿和展示派的尺度衡量，普鲁斯特小说的“间接的真实性”自然是自相矛盾的，换句话说，作者直接介入作品的讲述破坏了小说在描写上的完整性和真实效果。但是，热奈特认为这恰是普鲁斯特在叙事上的成功之处。他的小说不仅成功地传达了作者的复杂的情感体验，而且多样化的叙事修辞还使他的朦胧的回忆，引起读者心醉神迷的阅读体验。总之，《追忆似水年华》“对千百年来的纯叙事与完美模仿是一次有力的冲击，是完全付诸行动的拒绝”①。

热奈特对展示与讲述这两种修辞语式的分析，既显示了对公式化的抽象规则的批评态度，又摆脱了理论研究上的抑此扬彼的褊狭。他对泛泛之论不感兴趣。通过对具体作品的考察和修辞分析，发现不同的修辞语式在不同的修辞情境中的效果和意义，是他的研究方法的一个特点。例如，他认为非言语事件用言语是无法“模仿”（展示）的，

① ［法］热拉尔·热奈特：《叙事话语·新叙事话语》，112—113 页。

从本质上讲，事件只能是叙述性的，但是，言语（人物对话）就不同了，它是既可以被叙述，又可以被模仿和展示的。他细致地对“话语叙事”进行分类。第一种是叙述话语或讲述话语，这种话语显然最能拉开距离，一般来说，也最简练，如《索多玛》（《追忆似水年华》的第四部）的结尾：“我告诉母亲我决定娶阿尔贝蒂娜。”第二种是间接转述体和转换话语。与讲述话语相比，这种话语有较强的模仿力，但是，叙述者的痕迹依然过于明显，所以话语不具备引文的“文献式独立性”和绝对精确性。它的变种是“自由间接叙述体”。第一种叙述方式与第二种“话语”方式的区别是：后者没有陈述动词（“我说”“我想”之类）。这可能引起双重的混乱：“首先混淆了口头表述话语与内心话语的界限，如在陈述句中：‘我去找母亲；我无论如何要娶阿尔贝蒂娜’，第二个分句既可理解为说的话，也可为马塞尔的想法。其次，混淆了人物话语和叙述者话语的界限。”[①] 第三种是“戏剧式转述话语”，“在这种形式中，叙述者佯装把发言权完全让给人物”[②]。这种话语就是让人物自己说自己的话：“我对母亲说：‘我无论如何要娶阿尔贝蒂娜。’”热奈特还详细区分了即时话语（内心独白）与自由间接转述话语。前者“把话语模仿推向极端，或不如说推向极限，抹掉叙述主体的最后标记，一上来就让人物讲话”。这两种话语间的“唯一区别”是“有无陈述动词引导”。热奈特对“即时话语”极为推崇，称之为“现代小说解放的康庄大道之一”[③]。事实上，从修辞效果上看，“即时话语”固然更能显示人物意识活动的“即时”性与直接性，但是叙述主体和陈述引导词被省略以后，也很容易造成一种突兀感和混沌感，从而增加读者的阅读难度和认知理解上的障碍，所以，无论是间接叙述式的转述话语，还是直接记录的即时话语，都要节制一些，应该将其与必要的说明性

① [法]热拉尔·热奈特:《叙事话语·新叙事话语》,116 页。
② [法]热拉尔·热奈特:《叙事话语·新叙事话语》,117 页。
③ [法]热拉尔·热奈特:《叙事话语·新叙事话语》,116 页。

的讲述平衡地结合起来。

总之，热奈特对展示和叙述采取了审慎的分析态度。他结合作品，小心归类，很少下教条而绝对的结论和判断。在他看来，理论固然是对实践的思辨性把握，但这种把握应该赋予实践以更大的自由，而不是为实践设置障碍。他说："我们从理论上区分出来的几种形式在作品实践中界限并不那么分明。"最可宝贵的是，热奈特从来没有把展示与讲述这两种修辞技巧的冲突，扩大为现代叙事修辞与传统叙事修辞的对立，而是通过细致的文本分析，揭示修辞方法和叙事话语的多样性，以及不同的"话语"的特殊性质和具体功能，为"展示"和"讲述"等宏观修辞技巧的研究，提供了新鲜的观念和有效的方法。

七、乔治·卢卡契：整体性、世界观及其他

讲述与展示在卢卡契的理论中被表述为"叙述"与"描写"。他曾对这两种写作方法做过专门的研究。在他看来，写作方法决定于作者的"态度"，决定于作者介入生活的方式。"叙述"意味着参与到生活之中体验生活，而"描写"则意味着站立在生活之外观察生活。总之，叙述和描写是两种截然不同甚至相互对立的写作方式，它们之间的"矛盾"和对立，"来自作者本人的基本态度，而且，来自他们对于生活、对于社会的重大问题的基本态度，而不仅来自于对于题材或某一部分题材进行艺术掌握的方法"[①]。因此，单纯地讲这两种方法和技巧本身的作用和优劣，是没有意义的，因为，这既不能说明这些方法是如何在具体作品中发挥作用、获得效果的，也无法揭示描写作为一种次要的写作方法，如何取代了叙述，成为现代小说的一种主要的写作方法。在卢卡契看来，要说明技巧问题，得从"整体性"和"世界观"入手。

① ［匈牙利］卢卡契：《卢卡契文学论文集》(1)，45页，北京，中国社会科学出版社，1980。

“总体性”，或者说“完整性”，是卢卡契判断一部作品的重要的价值尺度。一部优秀的作品必然是一部通过有效的修辞手法表现出生活的“总体性”或“整体性”的作品。这种总体性概念，实际上是要求作家无论创作什么或研究什么，都要全面、完整和在相互关系中考虑问题，而不是片面、局部或就事论事地看问题。韦勒克曾指出，“整体性”因素是卢卡契现实主义理论的一个特点；他获得成功的一个原因，就在于“他把一件艺术品当作一个整体来看待，艺术作品反映的也应该是社会的整体”[①]。

卢卡契的“整体性”思想来源于黑格尔。黑格尔认为真正的史诗应该提供“一个本身完满的整体的观念”[②]，换句话说，“史诗世界还不应局限于只在一个既定场所发生的特殊事迹的有限的一般情况，而要推广到包括全民族见识的整体”[③]。卢卡契认同黑格尔的看法。他把“整体性”当作自己考察和研究小说的一个具有重要意义的尺度，视之为一部成功的小说应该具备的必要条件。

这个必要条件不是一种理论上的发明，每一位小说家本能地感觉到，如果他的作品缺乏这种“事物的整体”，就是说，如果它不包括属于主题的每一重要的事物、事件和生活领域，他的作品就不能称为完整的。旧的现实主义作家的真正史诗和正在衰落的新的文学形式的解体之间的严格区别，就是表现在这种“事物的整体”跟人物的个人命运相联系的方式上。[④]

“整体性”的完整性和丰富性，最终意味着对人的关怀，意味着

---

① [美]雷纳・威莱克(韦勒克):《西方四大批评家》,74页,上海,复旦大学出版社,1983。

② [德]黑格尔:《美学》,第三卷,下册,106—107页。

③ [德]黑格尔:《美学》,第三卷,下册,121页。

④ [匈牙利]:卢卡契:《卢卡契文学论文集》(2),338页,北京,中国社会科学出版社,1981。

对人的命运的深刻叙写，而不单是对外在的现象的物质主义的描写。例如，就“内容的百科全书性质和他描写的艺术质量而论，左拉也具有这种‘事物的整体’。但是这些事物跟人的命运是完全无关的。它们构成了一个巨大的却对人的命运漠不关心的背景，它跟人的命运没有真正的关系；充其极也只能是这些人的命运被安排在其中的多少有些偶然性的布景”[①]。但是，“整体性”在托尔斯泰那里却是丰富的、完整的，而不再是“单纯的布景”或“单纯的画面”：“在托尔斯泰的作品中，‘事物的整体’总是用直接的、自然的和显而易见的方式表现个人命运和周围世界之间的密切关系。”[②] 卢卡契还在《叙述与描写》一文中对左拉和托尔斯泰小说中的赛马场面的描写作了非常有趣和著名的比较。他通过细致的对比和分析，发现由于结构原则和写作方式上的差异，导致了两部小说描写相同场面的截然不同的艺术效果。左拉在《娜娜》中对赛马场面的描写，精确、细致、生动，可以说是现代赛马业上的一篇小小的专论。但是，这些描写与作品的整体是游离的，“赛马这件事同整个情节只有很松懈的联系，而且很容易从中抽出来”，至于它“同主题的另一种联系就更加松懈了”[③]。与此不同，在托尔斯泰的《安娜・卡列尼娜》中，赛马却是一篇宏伟戏剧的关节，“渥伦斯基的坠马所招致的震动，引起了她同丈夫的决定性的谈话。小说中主要人物的全部关系通过这场赛马进入了一个崭新的阶段。这场赛马因此绝不是什么‘譬喻’，而是一系列真正戏剧性的场景，是整个情节的关键”[④]。而托尔斯泰的描写之所以优于左拉的描写，就在于前者不是静态地描写一个场面或事件，“而是在叙述人的命运”，“是按照真正的叙述风格

① [匈牙利]卢卡契:《卢卡契文学论文集》(2),338—339页。
② [匈牙利]卢卡契:《卢卡契文学论文集》(2),341页。
③ [匈牙利]卢卡契:《卢卡契文学论文集》(1),39页。
④ [匈牙利]卢卡契:《卢卡契文学论文集》(1),39页。

来叙述，不是按照绘画风格来描写的”[①]。这样，读托尔斯泰的小说，“我们在体验这些事件”，而在左拉的作品中，“人物本身只不过是一些偶然事件的多少有点联系的旁观者。所以这些事件对于读者就变成一幅图画，或者不如说，是一批图画。我们在观察这些图画”[②]。

卢卡契在小说修辞和写作技巧研究上的另一个极为突出的特点是，他从来都不认为写作方法是一个与作家的价值观和认识能力无关的纯技巧的问题。恰恰相反，在他看来，技巧上的正确决定于世界观的正确。他有一句有名的话：“没有世界观，就没有作品可言。”因为，“没有世界观，就决不能正确地叙述，决不能创作任何正确的、层次匀称的、变化多端的、完善的叙事作品”。世界观意味着智慧，意味着洞察力，意味着对事物本质和多种复杂关系的准确理解和把握。世界观对于作家的意义，“就在于它能够在一个丰富而有序的联系中看出生活的矛盾；就在于它作为正确感受和正确思维的基础，提供了正确创作的基础”[③]。因此，“作家必须有一个坚定而生动的世界观，也必须按其动荡的矛盾性观察世界，以便能够选择一个可以在其命运中交错种种矛盾的人来作主人公”[④]。

那么，世界观的具体内涵究竟是什么？它是一种唯一的、绝对的、统一的、人人都必须遵守的认识原则和思想体系吗？

不是的。卢卡契承认“世界观”是有规律性的，但是这种规律

---

① [匈牙利]卢卡契:《卢卡契文学论文集》(1),40页。

②[匈牙利]卢卡契:《卢卡契文学论文集》(1),44页。雷蒙德·威廉斯也曾指出“写物”与“写人”两种不同的方法之间的区别:“现实主义作品对现实的细微观察和真知灼见光靠对商店或起居室或车站候车室作盘点式细节描写是不能体现出来的。这些可以用来作为情节的要素,但他们不是这种实质性的现实主义。如果仅仅为了作这种描写就把细节都写进去,实际上就破坏了作为这种现实主义创作方法的精髓——协调一致性。比如,它们会把读者的注意力从人物的身上转到事物上去。在这种描写细致、面面俱到的小说中什么都不缺,惟独没有实际的个人生活。在19世纪20年代,这种倾向确实败坏了现实主义的名声。”(参见D.洛奇编:《二十世纪文学评论》,下册,340页)

③ [匈牙利]卢卡契:《卢卡契文学论文集》(1),73页。

④ [匈牙利]卢卡契:《卢卡契文学论文集》(1),72页。

性不是存在于某种唯一的学说里头，不是体现于某一位作家的创作之中。他强调世界观的多样性，以及与作家的生活体验的关联性：“作家的世界观诚然不过是他的生活经验经过综合的、被提高到某种普遍高度的总和”①；“伟大作家的世界观是多种多样的。因为，一个世界观越是深刻，越是与众不同，越是为生动的经验所营养，它在作品中的表现便越是可以千差万别，变化多端”②。卢卡契所讲的“世界观”，本质上是一种“智慧的风貌”。它能够使作家深刻地把握一个时代的生活，从而保证他的描写不会下落到庸俗、琐屑、无聊的水准上去。

总之，“没有智慧的风貌，就没有一个艺术形象会到达那样的高度，在那里，它摆脱了日常现实的气味的偶然性，能够保持着其个性的全部活力而上达于真正‘典型’的境界”③。卢卡契对“世界观”在写作中的意义和作用的强调无疑是正确的。世界观确实不仅以一种微妙的方式，影响着作家对生活的感受、判断、选择，而且，还实实在在地影响着他们的写作，影响着他们对具体的修饰技巧和方法的选择和运用。小说家必须首先正确地思维，必须具有可靠的世界观，才能写出有价值的作品。卢卡契认为福楼拜、左拉、龚古尔和乔伊斯都是因为“世界观危机”而陷入到写作上的“虚伪的客观主义”和“虚伪的主观主义”。他说福楼拜把“正确地写作”与“正确地思维”的关系弄颠倒了，“福楼拜并没有在生活中获得一个世界观，也没有在他的作品中把这个世界观表现出来；他只是作为诚实的人和主要的艺术家，为一个世界观而奋斗过，因为他懂得没有世界观，就不可能产生伟大的文学”④。卢卡契倾向于认为没有世界观和整体性意识的作家，往往选择描写的技巧，以便用这种技巧单调、静止地描写一系列状态性的图

① ［匈牙利］卢卡契:《卢卡契文学论文集》(1),72 页。

② ［匈牙利］卢卡契:《卢卡契文学论文集》(1),72 页。

③ ［匈牙利］卢卡契:《卢卡契文学论文集》(1),185—186 页。

④ ［匈牙利］卢卡契:《卢卡契文学论文集》(1),72 页。

画，一系列静物画。这些千篇一律的、呆板的描写“根本不能产生激动人心的相互作用”[①]。

确实，缺乏世界观的作家，通常将注意力转移到形式和技巧方面，常常满足于对生活进行过于琐细的缺乏意义感的描写。但是卢卡契把这种倾向夸大了。他忽略了世界观和修辞技巧之间发生关联的复杂性。他没有看到这样一个事实，那就是，修辞技巧固然会受到世界观的影响，但是，这种影响不是简单的、一一对应式的，而是极其复杂的。换句话说，不能把作家选择、运用某种修辞技巧当作其世界观导致的必然结果，从而由于对一种世界观的否定，进而否定一种修辞技巧。不幸的是，卢卡契在分析、评价“叙述”和“描写”的时候，就犯了这样的错误。

卢卡契发现，描写的方法已经成了现代文学的“一般倾向，而不是一时的文学风尚”。而这种描写虽然越来越精巧，“可这种精巧，却只限于那仅仅是个别的，一时的，和外表的事物的最相当的表现”[②]。例如，乔伊斯虽然“以最大的仔细和精确来描写，然而正是这个极端的个人化，取消了所有的个性”[③]。于是，卢卡契便将乔伊斯的失败，当作描写技巧本身的失败，从而贬低甚至否定描写。他认为描写“作为一种流行一时的写作方法”，“是诗对于造型艺术的徒劳的竞争”，“不但根本提供不出事物的真正的诗意，而且把人变成了状态，变成了静物画的组成部分”[④]，因此，“描写的方法是非人的”[⑤]。“描写把人降低到死物的水平”[⑥]，就连作者也无法摆脱“描写”带来的消极影响：“作者失去了他的综览能力，即古代叙事诗人所有的全知能力……他了解作品

① [匈牙利]卢卡契:《卢卡契文学论文集》(1),74 页。
② [匈牙利]卢卡契:《卢卡契文学论文集》(1),195 页。
③ [匈牙利]卢卡契:《卢卡契文学论文集》(1),196 页。
④ [匈牙利]卢卡契:《卢卡契文学论文集》(1),68 页。
⑤ [匈牙利]卢卡契:《卢卡契文学论文集》(1),69 页。
⑥ [匈牙利]卢卡契:《卢卡契文学论文集》(1),63 页。

情节的相互关联，就只像个别人物有时了解的一样多。描写的虚伪的现场性把小说变成了一个五光十色的混合物。”①也许可以说，这些都是不适当地运用描写技巧可能犯的错误或可能造成的后果，但是，绝不能说，这些错误和后果是“描写”自己带来的。技巧是一种方法，它因为不同的使用，而有不同的效果。所以，重要的是探讨如何使用它，而不是简单地否定它。

卢卡契把叙述当作一种积极的修辞技巧和写作方法。它与描写完全不同：“描写把一切摆在眼前。叙述的对象是往事”②；描写“失去了选择原则”，而叙述则意味着选择和典型化；“叙述要分清主次，描写则抹煞差别”③；像荷马、托尔斯泰的“伟大叙事一样”，真正的叙事“保持悬念”④，但“描写的方法则根本没有悬念可言”⑤；叙述关心人的命运，描写却把注意力放在了外在的事物上；叙述力图完整地反映生活，描写则满足于“细节的独立化”⑥。总之，“描写乃是作家丧失了叙事旨趣之后的代用品”，真正的小说家必须扔掉这种“代用品”，重新回到叙事的立场上来。卢卡契试图从托尔斯泰、巴尔扎克和司各特等小说家的经验里归纳出运用叙事技巧应当遵循的规则。在他看来，不能仅仅满足于简单地描写事物，而应该把描写同“人生戏剧”联系起来，就像托尔斯泰所做的那样：“托尔斯泰并不描写一个‘事件’，而是在叙述人的命运”；他对与人物的命运密切相关的“场面”的描写，“都是按照真正的叙事风格来叙述，而不是按照绘画风格来描写的”⑦。

毫无疑问，卢卡契的这个看法是有道理的。这确实是托尔斯泰的

---

① [匈牙利]卢卡契:《卢卡契文学论文集》(1),62页。

② [匈牙利]卢卡契:《卢卡契文学论文集》(1),59页。

③ [匈牙利]卢卡契:《卢卡契文学论文集》(1),56页。

④ [匈牙利]卢卡契:《卢卡契文学论文集》(1),58—59页。

⑤ [匈牙利]卢卡契:《卢卡契文学论文集》(1),83页。

⑥ [匈牙利]卢卡契:《卢卡契文学论文集》(1),55—56页。

⑦ [匈牙利]卢卡契:《卢卡契文学论文集》(1),40页。

叙事技巧优越于左拉、福楼拜式的描写的地方。尤其当排斥世界观和牺牲了分析态度的客观化展示和描写技巧被当作唯一有价值的技巧，从而日益变成一种束缚小说写作的有害的教条的时候，卢卡契的这些观点尤其值得我们重视。是的，他对描写技巧的批评和否定，同亨利·詹姆斯、卢伯克对这种技巧的过分倚重一样是一种片面和偏颇，但是，他对那种仅仅想靠描写获得成功的小说家的分析和批评是有道理的，甚至可以说是很深刻的。他固然在批评这些作家的时候没有做到不偏不倚，没有像布斯和热奈特那样冷静地、客观地揭示描写作为一种技巧的功能和作用，但是，他对消极的描写已经带来的危害与后果的分析和批评是深刻而发人深思的。他也许真的像韦勒克批评的那样，“在实践上，他把19世纪现实主义作为文学的标准”，“来接受、检验、谴责以后的文学”，因而，表现出一种“人本主义的教条主义的局限性”[①]，或者，像杰姆逊所批评的那样，“卢卡契是以一个道德家的口气对现代主义进行评价的，而且多是否定之词”，但是，卢卡契确实让我们看到了现代主义的“描写”与19世纪的伟大的“叙述”之间的距离。尤其是当纤弱、病态的文学风气占了上风的时候，当作者从小说中抽身退出一味描写的时候，当形式的价值被抬高到不适当的高度的时候，总之，一句话，当看似客观的唯美主义、形式主义和主观主义甚嚣尘上的时候，卢卡契表现出的乃是一种极为宝贵的理论勇气。我们在准备认同韦勒克批评卢卡契过于重视19世纪的传统和过于偏重“反映”[②]理论的观点之前，应该先来听听卢卡契为自己的理论所作的辩护：

人类在历史上从来没有像今天这样迫切地需要现实主义的文学。

---

① [美]雷纳·威莱克:《西方四大批评家》,96页。

② “使卢卡契着迷的中心警句就是‘现实的反映’。在《美学》第1卷里,我数了一下,这条警句重复了1 032次。在第2卷里,我已不耐烦去计数了。”(同上书,71页)但是,尽管如此,杰姆逊却认为,“卢卡契的现实主义和正统的概念,即反映客观、照相机似的记录是有区别的”([美]杰姆逊:《后现代主义与文化理论》,113页,北京,北京大学出版社,1997)。

也许伟大的现实主义传统从来没有像今天这样深深地湮没在社会偏见和艺术偏见的瓦砾堆中。就是为了这个原因，我们才把对托尔斯泰和巴尔扎克的评价看得那么重要。我们并不是想要把他们树立起来作为我们今天的作家们模仿的榜样。树立榜样只不过意味着：帮助正确地阐明任务并且研究顺利解决的条件。

一个伟大的现实主义文学对人民的民主的诞生能起主导的作用，这种作用至今是被人否认的。如果我们在这方面引出巴尔扎克来反对左拉和他的一派，我们相信自己是在帮助战胜阻碍许多有天才的作家对人类作出最大的贡献的那些社会和美学的偏见。①

是的，真正的现实主义不应该成为偏见的牺牲品。它不应该被当作阻挡我们前行的绊脚石，不应该被当作陈腐的教条和过时的规范受到鄙夷和嘲笑。它是值得珍惜的经验资源，是值得后人满怀敬仰之情追攀的榜样。承认这一点，并不会使我们变得渺小和虚弱，倒有可能使我们变得更加成熟和强大。拒绝吃奶的孩子是要饿死的，这就是卢卡契的理论所要说明的道理。事实上，他之所以高度评价有作者的分析性介入的“叙述”，之所以贬低仅仅满足于工巧、精细地状物的“描写”，就是为了让人们重视现实主义文学的伟大传统和经验，从而走出“虚伪的客观性”和“虚伪的主观性”的泥淖，创造出无论在整体性上，还是世界观上都达到理想情境的伟大作品。

八、伊恩·瓦特：在“描述”和“评价”之间摇摆

伊恩·瓦特无疑是20世纪最重要的小说理论家之一。他对小说兴起的原因的分析独到而具有说服力，而从现实主义角度、以坚定的伦

① ［匈牙利］卢卡契：《卢卡契文学论文集》(2)，62页，北京，中国社会科学出版社，1980。

理观考察小说，也显示着他的批评精神的成熟和批评方法的可靠。他的《小说的兴起》是20世纪小说理论中的经典之作，它所提供的一些概念和判断，已成为人们谈论和研究小说的重要的话语资源。

任何成熟意义上的小说研究，都包含着研究者自己的小说观，都必不可少地暗含着评论家判断理想的小说作品的标准，都在表明他对小说写作技巧和修辞策略的认识和选择。在伊恩·瓦特的小说理论著作中，我们就可以看到他对小说艺术的理解。他关注小说的写作方法，试图通过对具体作家、作品的比较分析，寻找较为理想的小说写作技巧和艺术形式。他认为，“文学只有从它的自身特点中才能汲取出特殊的力量”[①]。换句话说，他把是否具有艺术价值和美学价值当作评价一部小说的重要的标准和尺度。他强调描写的真实效果、生动性和精确性，就此而言，他是可以归入以福楼拜和亨利 · 詹姆斯为代表的“展示”派的。在瓦特看来，“小说家的根本任务就是要传达对人类经验的精确印象，而耽于任何先定的形式常规只能危害其成功”[②]。他把小说与“现实主义”紧密联系起来，但是，他紧接着说明，“小说的现实主义并不在于它表现的是什么生活，而在于他用什么方法来表现生活”[③]。换句话说，他不是从内容的角度，而是从形式和技巧，或者说从如何写的角度，强调小说的“现实主义”性质。他索性将小说写作的基本技巧模式称为“形式现实主义”：

小说赖以体现其详尽的生活观的叙述方法，可以称之为形式现实主义；之所以是形式上的，是因为现实主义这个术语在此并不涉及任何特点的文学教条或目的，而是仅仅与一套传统叙事方法有关，这种传统做法在小说中如此常见，而在其他文学样式中如此罕见，以至它

① [法]托多洛夫:《批评的批评》,128页。
② [美]I.P. 瓦特:《小说的兴起》,6页。
③ [美]I.P. 瓦特:《小说的兴起》,3页。

可能会被认为是这种形式本身的象征。[①]

他把“形式现实主义”当作“小说形式中固有的前提”：

这个前提，或者说是基本常规，就是小说是人类经验的充分的、真实的记录。因此，出于一种义务，他应该用可涉及人物的个性、时间地点的特殊性这样一些故事细节来使读者得到满足，这些细节应该通过一种比通常在其他文学形式中更具参考性的语言的运用得以描述出来。[②]

而逼真、精确、真实作为“形式现实主义”最突出的美学特点，理所当然地成了瓦特分析和评价小说作品最爱用的术语。他说：“至少就小说形式而论，质朴自然真实似乎更适合几乎所有最杰出的艺术作品。”[③] 在这一点上，他与亨利·詹姆斯是完全一致的。他在批评菲尔丁的时候引用了亨利·詹姆斯批评特罗洛普的一段文字。[④] 他显然认同詹姆斯的观点。在他看来，菲尔丁的小说写作也存在同样的问题，即作者像一个导游，“这个导游不满足于带领我们‘进入造物这座伟大舞台的幕后’，而感到他必须解释在那儿发现的一切；这种作者的干预，自然会损害他叙述的真实性”[⑤]。尽管瓦特也承认，菲尔丁的这种作者介入的技巧，帮助他把“小说变成了一种交际性的、实际上是友善的文学样式”，同时也“几乎没有读者会赞成不要序章或菲尔丁的那些有趣的题外话”，但是，菲尔丁的“干预”的写法依然是不可取的，因为他“干

① [美]I.P. 瓦特:《小说的兴起》,27 页。
② [美]I.P. 瓦特:《小说的兴起》,27 页。
③ [美]I.P. 瓦特:《小说的兴起》,145 页。
④ 参见[美]I.P. 瓦特:《小说的兴起》,330 页。
⑤ [美]I.P. 瓦特:《小说的兴起》,328 页。

预了任何一种叙述的幻觉感”，“背离了叙述的真实”，并因此“受到大多数现代评论家的谴责”[①]。

某种程度上讲，伊恩·瓦特也是“谴责”菲尔丁的“现代评论家”。他把菲尔丁看作用“评价的现实主义”技巧写作的代表，把理查逊当作运用“描述的现实主义”技巧的典范。这是两种对比鲜明的写作方式。菲尔丁式的“评价的现实主义”是一种从外部对人物进行表现的方法。菲尔丁拒绝深入人物的心灵深处，“根本就没有想到将他的人物个性化”[②]。他是一个无所不知的作者，但却只“满足于外壳”，这使他的小说显得夸张，缺乏令人信服的“真实性”和客观性。与之不同的是理查逊式的“描述的现实主义”。理查逊“挖掘的是生活的核心”，他“深入人类心灵深处”[③]，对个人的思想状态进行细致的描绘，从而赋予他的小说以“精细入微”的“客观真实性”。就像卢卡契通过分析托尔斯泰和左拉笔下的两种不同的赛马场面来说明讲述的修辞功能一样，瓦特则通过分析菲尔丁和理查逊对女主人公因为拒婚而与父亲发生冲突的场面的不同叙写方式，来揭示“描述的现实主义”的优越性。在《弃儿汤姆·琼斯的历史》中，韦斯顿强迫女儿索非亚去爱恶棍布力菲。这是一个充满冲突性的情节事象。但是，菲尔丁以喜剧的方式来处理人物之间的冲突。他“不是通过言论和行动展示性格”[④]，“也不给场面以关于外界和心理方面的全部细节”，而是选择一种“外部的、有点绝对化的表现方式”[⑤]。与之形成“全面的对照”的，是理查逊的迥然不同的现实主义写法。理查逊的长篇小说《克拉丽莎》也叙写了克拉丽莎因为拒绝爱“那个令人作呕的索尔梅斯”而令父亲恼怒的事象。但理查

---

① [美]I.P. 瓦特:《小说的兴起》,328—329 页。
② [美]I.P. 瓦特:《小说的兴起》,313 页。
③ [美]I.P. 瓦特:《小说的兴起》,301 页。
④ [美]I.P. 瓦特:《小说的兴起》,304 页。
⑤ [美]I.P. 瓦特:《小说的兴起》,305 页。

逊选择的是让主人公以书信的方式讲述这一冲突，这种方式“给了理查逊某种在言论中无法得到，也难以进行理性分析的通道，使他能深入人物的思想和感情——克拉丽莎在恶劣的环境中与父亲的专制进行斗争的被撕裂的感情的波动。结果我们从中得到的感受就与从菲尔丁的作品中所得到的完全不同”①。

瓦特对菲尔丁和理查逊的不同的叙写方式带来的阅读体验和修辞效果的分析，无疑是细致入微的，也可以说是很有眼光和启发性的。理查逊让主人公担任叙述者确实带给人一种更为可信、真实的感觉，“加深了我们对于克拉丽莎的整个精神存在的印象，并使这种印象具体化”②。但是，他对菲尔丁的写作方法的否定，显然有些过火。菲尔丁的叙述确实具有喜剧的夸张色彩，作者在小说中的介入也是显而易见的。有的时候，菲尔丁的介入如此直接，以至于我们甚至可以放心地将《弃儿汤姆·琼斯的历史》的叙述者等同于作者本人。菲尔丁在小说中的第一章里开宗明义地说自己是“一种新的写作领域的开拓者”：

> 我并不像凭“君权神授论”来进行统治的专制君王那样把他们视为我的奴隶或工具。我所以向读者这样指指点点，诚然也是为了他们的好处。我是生而供他们使用，不是他们生而供我使用的。我也毫不怀疑既然我把他们的利益看作我写作时的重大的准绳，他们也会一致拥护我的权威，给我们以应该或希望得到的一切荣誉。③

在如何写上，菲尔丁目的明确，充满自信。他把读者的“好处”和地位摆在很高的位置，看重作者与读者的修辞关系和精神交流。为了能更好地与读者进行交流，他选择了直接介入到小说中的讲述方

---

① ［美］I.P. 瓦特：《小说的兴起》，308 页。
② ［美］I.P. 瓦特：《小说的兴起》，308 页。
③ ［英］亨利·菲尔丁：《弃儿汤姆·琼斯的历史》（上），63—64 页。

式。他确实达到了自己的目的，实现了自己的想法。我们读他的小说常常体验到一种亲切而温暖的感觉。能让读者体验到这种感觉的作家，应该受到感谢，而不是挑剔的批评。说穿了，小说修辞的终极目的，就是从一切方面给读者提供帮助，就是在作者与读者之间，在读者与作品中的人物中间，建立一种充满人性温暖的交流关系。凡有助于达到这一目的的修辞技巧和写作方式，都是积极的、有效的。因此，描述的现实主义和评价的现实主义不应该被当作两种互相对立、此优彼劣的写作方式，而应该被当作为了追求相同的修辞目的的不同的手段和方式。

如果瓦特只是像亨利·詹姆斯和珀西·卢伯克那样一味地片面强调小说的形式感和描写技巧，那么，他的小说理论显然不会像现在这样值得重视，他也很难说是一位重要的小说批评家。事实上，他比其他的“展示派”理论家更理解哲学上的二元论对于文学研究的意义，更懂得用综合的方法和复杂的眼光来研究小说艺术。换句话说，他虽然也强调描写和展示技巧的价值，也把描写带来的真实感、精细印象、生动感等客观性和视觉效果当作小说修辞应该追求的重要价值，但是，他最终还是看到了作者的评价和介入是不可避免的事实，还是看到了小说的价值决定于它的道德视境和内在的意义结构。他独创性地用“描述的现实主义”和“评价的现实主义”两个极有价值的概念，探讨将讲述与描写和谐地统一起来的修辞路径。

瓦特在谈论笛福的《摩尔·弗兰德斯》的时候说：

几乎所有的小说都综合运用两种不同的报道方式：一是相对充分的场景描绘，总是有确定的时间地点，其中人物的活动总是被加以或详或略的报道；二是不很详细的概要式的段落，既可作为背景式的材料，又提供了一个必需的连接框架。绝大多数小说家倾向于把后者这类概述减少到最小程度，而尽可能多地把注意力集中到更为充分现实化的场面上。[①]

瓦特显然也倾向于认为概述应该减少到最小程度。但是，他最终还是很小心地避开了将叙述技巧彻底否定的极端做法。他明白仅有“形式现实主义”是不够的，因为：

> 尽管形式现实主义有助于确定小说的独特性，显然它无论如何还是不能详尽无疑地论述我们关于小说的评论所急于解决的问题；小说可能具有一种独特的描述技巧，但是如果它被认作是一种有价值的文学形式，它还必须像其他文学形式一样，具有一个所有各部分间的表达都是首尾一致的结构。[②]

瓦特在批评作者介入的问题和弊端的时候，也在探讨将“形式现实主义”和“评价的现实主义”完美地统一起来的范例和经验，换句话说，“菲尔丁过分远离了形式现实主义，以至没能开创富有生命力的传统，但是他所做的努力永远提醒着人们，要是新的样式向旧的文学样式挑战，它就必须寻找一种途径，通过这种途径不仅能传递一种令人信服的印象，而且还能传递一种对于生活的机智的评价”[③]。

显然，如何将“形式”和“评价”，“展示”和“讲述”统一起来，取得相辅相成的效果，是瓦特关心的问题。当然，这种统一，不是两种方法的简单叠加，而是将“描述”和作者的“评价”巧妙地置入“逼真”的“形式”之中。菲尔丁的作者介入之所以不够成功，就是因为他“靠着损害他叙述的逼真性”来获得这种“评论”的“自由”，而斯泰恩“却能通过将他的见解安置到他的主人公的思想之中这种简单而巧妙

---

① [美]I.P. 瓦特:《小说的兴起》,109 页。

② [美]I.P. 瓦特:《小说的兴起》,113 页。

③ [美]I.P. 瓦特:《小说的兴起》,332 页。

的办法，不作任何此类的牺牲而达到完全相同的目的”，因此，他的小说《项迪传》就“为描述的现实主义和评价的现实主义的结合提供了技术基础”[①]。但真实了解了这种“统一”的小说家还不是斯泰恩，而是简·奥斯丁。瓦特把描述的现实主义和评价的现实主义的统一当作小说“获得充分的成熟”的前提条件。在他看来，“奥斯丁能在英国小说传统中获得显赫的声名，可能主要也在于她成功地解决了这些问题。……她将理查逊和菲尔丁的天才强加于小说之上的两种迥然不同的倾向融为一体时，笔下没有一个微不足道的人物”[②]。总之，在瓦特看来，她的小说在修辞技巧上，达到了最高的境界，是把描述的现实主义和评价的现实主义完美地“统一”起来的典范：

简·奥斯丁的小说，为理查逊和菲尔丁只提供了部分答案的两个普遍的叙述问题，找到了最成功的解决方法。她将分别从内部和外部对人物进行刻画的描述的现实主义和评价的现实主义的种种优点结合起来，融会于一个和谐的整体之中。她的小说充满着真实感，没有冗长的描述，也没有欺骗的诡计；她的小说富于社会的机智议论，又没有喋喋不休的评论家；她的小说还有一种社会秩序感，同时又没有损害人物的个性和自由。[③]

简·奥斯丁的小说确实具有瓦特所讲的这些优点。但是，我们现在要提出的问题是：菲尔丁、理查逊的小说作为用两种不同的修辞技巧和叙述方式写出来的作品，是否一定在艺术上，在修辞效果上，低于奥斯丁？换句话说，小说修辞的技巧及效果样态是否应该多样化，而不应该被简化成一种缺乏丰富性和包容性的规则和模式？正确的答案，是包含

① [美]I.P. 瓦特:《小说的兴起》,338 页。
② [美]I.P. 瓦特:《小说的兴起》,341 页。
③ [英]亨利·菲尔丁:《弃儿汤姆·琼斯的历史》(上),343 页。

在他们的作品中的，是包含在我们阅读他们的作品的体验过程中的。他们的作品都是经典之作，都能给读者带来巨大的阅读快乐。说他们的作品在修辞上各有千秋，绝不是一种放弃判断和选择的无可无不可的相对主义态度，而是承认这样一个简单的事实，那就是任何一种修辞技巧，只要它最终成功地完成了小说修辞的根本任务，即让读者信任作者，并愿意接受他在作品中刻画的人物和宣达的主题，那我们就应该肯定他在修辞上的成功。就我个人的阅读体验来讲，菲尔丁的作品带来的快乐和满足，绝不比任何一部在修辞技巧上跟他的小说完全不同的作品少。是的，他的小说的确是“评价”性的，显示着作者在修辞上的一种积极介入的姿态。他站在离读者很近的地方，直接向他们“讲述”，甚至对作品中的人物和事象进行直言无隐的评判。但这并不让人觉得厌烦和虚假。

事实上，菲尔丁的直接的讲述，最大程度地扫除了读者阅读上的障碍，免除了他们阅读纯描写的小说通常会体验到的那种沉闷感和迷乱感。人物的性格和思想在他的叙述中是清晰而明确的，没有任何游移不定或晦涩难解的影子。他会直接陈述自己的看法，但是，他的话讲得大都很得体，很智慧，不仅让你因为他的机智而会心一笑，而且还会最终用他的深刻和真诚“说服”你相信并接受他的看法。他在《大伟人江奈生·魏尔德传》中说：“我们写这本书时，很想使读者既得到教训，又得到消遣，因此，我们有了发现，决不肯隐瞒读者。”[①] 菲尔丁以议论的形式表达自己的“发见”的修辞技巧是近乎完美的。他把尖锐的反讽和富有感染力量的幽默感融为一体，从而赋予他的议论以深刻的意义和强烈的美感。例如，他的长篇小说《大伟人江奈生·魏尔德传》的主人公是英国18世纪实有其人的恶棍，作者试图通过对这个人物的塑造，批判一种无耻的强盗行径和丑陋的流氓人格。他把魏尔德

---

① ［英］亨利·菲尔丁：《大伟人江奈生·魏尔德传》，101页，北京，人民文学出版社，1956。

称作“伟人”，并陈述了自己对“伟大”与“善良”的关系的看法：

在动笔描写这位伟人的生平之前，我们必须扫除不诚实的作家在人类心里散布的一些错误见解，那些作家生怕触犯一般被人戏呼为圣贤或是哲学家的头脑简单的人，就竭力把伟大和善良两个观念混淆起来；其实世界上再也找不出两件东西像伟大和善良这样性质不同。“伟大”的意思是给人类制造祸害，而“善良”是给人类除掉祸害。因此，一个人很难既善良又伟大。可是作家在他们宠爱的人物身上发见了许多伟大的事迹之后，最喜欢给他添上一个善良的称号。他们一点都没想到这种做法实际上是破坏了人物性格的一致。在记载亚历山大和恺撒的历史中间，我们时常很无聊地听人家叙述他们两人的仁慈慷慨，宽宏大量。亚历山大在广大的疆土上动起刀兵，屠杀了千千万万无辜的百姓，战火像狂飙一般把好好的地方都刮成了荒野废墟之后，历史家却称赞他心地仁慈，因为某一个老太婆没有被他杀掉，她的几个女儿没有被他抢走，只不过把他们糟蹋了一番就算完事。那跋扈一世的恺撒，凭着伟大的机智破坏了本国人民的自由，又凭着欺诈和武力作了同僚的首领，腐化并且奴役了天下最伟大的罗马人民之后，历史家却称赞恺撒的慷慨大方，因为他厚赐了那些辅助他创业登基的臣僚犬马。①

他还在《弃儿汤姆·琼斯的历史》中，对善和幸福的关系，有相近的反讽性的议论。② 在我看来，菲尔丁小说中的这些议论，无论是美感强度，还是智慧风貌，都不次于理查逊和奥斯丁的精细的描绘。瓦特因为菲尔丁没有像偏重于描写的作家那样“给场面以关于外界和心理

① [英]亨利·菲尔丁：《大伟人江奈生·魏尔德传》，3—4页。
② 参见[英]亨利·菲尔丁：《弃儿汤姆·琼斯的历史》(下)，867页。

方面的全部细节”[①]，就贬低他的小说没有深入人物心灵的深处，没有写出人物的个性。这是不公平的偏见。事实上，菲尔丁这种站在外部展开的议论和“评价”，同样抵达了人物的内心，写出了人物精神内部的东西，甚至比那些流于琐细地描写心理和动作的小说写得还要深刻和有力。

诚然，正像我已经说过的那样，瓦特有的时候也肯定菲尔丁的叙述性的“评价现实主义”确实能带来不少好处，而且，还试图寻找一种途径，把“评价的现实主义”和“描述的现实主义”整合到一种新的写作模式中，从而有利于一种更完美的小说作品的产生。但是，从根本上讲，瓦特是贬低“评价的现实主义”的写作模式的，正像托多洛夫指出的那样，他总是“在表现的现实主义与评判的现实主义、‘内在论’的主张及对话的实践，真实与智慧之间摇摆不定”[②]；托多洛夫希望他“更坚定地走第二条路”，即走强调“智慧”的“评判的现实主义”的路，或者说，走“讲述”的路。托多洛夫的希望，是一种良好的愿望。他的希望里包含的是对小说写作现状的不满。

是的，现代小说的过分强调描写和展示的倾向，不仅使相当多的小说作品显得沉闷、乏味、死板，而且，还给读者的阅读造成极大的困难和窒碍。面此情势，重新强调讲述的修辞价值，强调作者适当地介入作品的必要性，就显得很有必要了。菲尔丁的写法没有过时，吸纳他的叙事经验有助于重建一种新型的小说修辞模式，有助于我们克服过度描写带来的阅读上的困难，从而帮助读者与小说作者契会于理想的精神交流情境。

① ［美］I.P. 瓦特:《小说的兴起》,305 页。

② ［法］托多洛夫:《批评的批评》,124 页。

九、罗兰·巴特和罗伯－格里耶：不及物动词的囚徒

罗兰·巴特是一个对“叙事”和“意义”充满敌意的消解型的批评家。在这一点上，他与卢卡契形成有趣而鲜明的对照：卢卡契贬低描写而看重叙述，罗兰·巴特则贬低叙述而推崇描写。还有，卢卡契有很强的历史感，强调传统经验的价值，而罗兰·巴特则对传统没有好感，是文学传统和固有的文学“套破”（topos）的破坏者和解构者。

巴特属于在艺术趣味上喜新厌旧的人。他为先锋文学和实验文学辩护。尽管他是一个很挑剔和乐于否定的人，但这并不妨碍他对新奇、险怪的先锋文本大加赞许和推崇。他是“新小说”派，尤其是罗伯－格里耶的狂热的支持者。他给“新小说”的排斥叙述、拒绝意义的绝对化的描写以极高的评价。在他看来，“加缪对文学的反叛就没有走得太远，因为他使世界的无意义性成为一个主题；事物仍然有意义：它们意指着‘荒诞’……”[①]而罗伯－格里耶就走得很远，反叛得更彻底：他通过挫败我们有关可理解性的假定和阻挠我们通常的解释步骤来弄空或中止意义。罗伯－格里耶的小说蔑视可读性和可理解性。他的小说一开始就是不好读的，因为他的小说充满无缘无由的描写、无意义的角色和不确定的情节，而这些，按照小说的传统假设，是不可思议的。然而，巴特却不认为这样写小说有什么不好，因为，他从罗伯－格里耶的“拒绝故事、轶事、动机心理学和事物意义”中，“看到了对我们的经验秩序的强有力的质询”[②]。在他看来，小说是排斥意义的，而且，为了不让意义进入文本，小说家必须排斥“叙述”而选择“描写”，“因为……事物是埋藏在种种意义之下的，人们通过感觉，通过诗歌，通过不同的用法将这些意义灌入每一事物的名字中。在某种意义上，小说家的工作是清泻剂式的：他从事物中清除掉人们所不断加予的不恰

① ［美］乔纳森·卡勒尔：《罗兰·巴特》，58 页，北京，三联书店，1988。
② ［美］乔纳森·卡勒尔：《罗兰·巴特》，58 页。

当的意义。用什么办法呢？显然是通过描写。因此，罗伯－格里耶在进行描述时，使其极富几何式效果，以挫败任何诗情意义的引入，同时，描述又极为详细，以断绝叙事性的吸引力……”①

罗兰·巴特认为罗伯－格里耶用阻止引入意义的描写创作出来的作品，是“完全属于表层的文本”，相反，传统的小说作品则通过讲述追求深度意义和丰富的内在性，“企图深掘人物和社会，从而获得本质，选择细节”。显然，这两类小说无法通约，因此，不能用追求意义的方法来解读“表层的文本”，因为，这会让“这些文本变得一无特色”②。巴特把描写与叙述、事物与意义对立起来，实在是一种没有必要的固执和无法理解的片面。创造意义和追求深刻性乃是人类文化行为的一个重要特征。而小说作为一种修辞性的艺术，本质上讲，也是一种追求意义的艺术，是通过选择细节，通过对生活和人的内心世界的开掘，获得并揭示其本质的过程。不仅如此，任何小说写作都不可避免地包含着努力更好地对读者施加影响的目的。否则，小说就成了让人无法理解的多余的怪物了。

表面上看起来，罗伯－格里耶等人的小说似乎注重对外部世界的客观描写，其实，恰恰相反，他们描写的不过是浸透了主观性的物象而已，或者说，不过是物象形式的心象而已。他们的描写缺乏传统叙事的力量和深刻性，传统的模仿强调的是人对客观的对象世界的真实的、深刻的、完整的认知和把握，而且，承认这种把握是一种赋予对象以意义的“解释”的过程，是包含着目的性的选择的结果。换句话说，传统的模仿从来不把模仿的对象当作与人无关的纯粹的物件来描写。但是，对于罗伯－格里耶等“新小说”家来说，人物就是一种“物件”，作者对他的“模仿”就意味着纯粹的描写：“小说本来的主人公只是在‘那里’，而那些解释将流落‘彼地’，在主人公无可否认的存在面前，

① [美]乔纳森·卡勒尔:《罗兰·巴特》,58—59 页。

② [美]乔纳森·卡勒尔:《罗兰·巴特》,59 页。

它们将显得无用、多余，甚至不诚实。”[①] 在罗伯－格里耶看来，小说家应该保持绝对的“零度叙述”姿态，不要在作品中掺杂进任何属于作家自己的情感态度和理性认识：

事实上，要描写物件，我们就必须毅然决然地站在物之外，站在它的对面。我们不能把它变成自己的，也不能把某种品质加诸它们。它们从来就不是人，它们总是超出我们所能及的范围，始终都不会成为我们的天然的同盟者，也不能用痛苦加以拯救。要把自己严格限于描写，这显然要求摒弃一切其他的和物接近的方式，把同情斥为反现实主义，把悲剧看作异己，而把理解归之于科学的专门领域。[②]

为了达到“严格地限于描写”的要求，罗伯－格里耶甚至反对用那种包含着主体的情感和想象的“比喻性”语言，而把“比喻”当作一种“应该打击”的修辞：“一切比喻都是同样危险的，而最危险的，也许是那些表面上没有提到人的阴险的比喻。”[③]他的这种反修辞理论，既令人无法理解，也很难付诸实践。事实上，他的这种试图通过纯粹的描写来逃避主体的介入的想法，根本就不可能实现。罗伯·斯可尔斯就不同意罗伯－格里耶的这种观点，认为纯物化的描写“也不能解决问题，因为所有的语言都是人类的产物。因此，所有被人碰过的东西必会人类化”[④]。运用语言进行叙事，不可避免地要显示叙述者的情感态度。就此而言，一切真正的写作都是修辞性的。写作是一种表达意愿和情感的人类行为。它起始于渴望交流的冲动。它是心灵向心灵发出的呼吁。它渴望应答。即使那些看起来只不过是描写“物”的作品，其实也不过是以“隐喻”

① 柳鸣九编选:《新小说派研究》,64 页。

② 柳鸣九编选:《新小说派研究》,83 页。

③ 柳鸣九编选:《新小说派研究》,73 页。

④ 刘以鬯:《短绠集》,78 页,北京,中国友谊出版公司,1985。

的方式写人而已，也必然包含着人性内容。而比喻乃是文学语言的根本特点。它作为一种修辞手段，因为能赋予被描写的对象以生动性，因为能最大程度地调动人的想象力，从而有助于读者更好地把握包含在“物”中的意味和意义。因此，罗伯－格里耶因为认定“不存在什么选择物我完全一致或者物我相辅相成的问题”，就“拒绝一切物我同心”，并要求作家“必须拒绝悲剧的观念和任何一切使人相信物与人具有一种内在的至高无上的本性的观念，总之，就要拒绝一切关于先验秩序的观念”[①]的说法，就只能被当作一种毫无必要的莽撞和没有意义的偏激。它最终导致的是写作的异化，是把写作降低为一种缺乏交流价值的游戏行为。布阿德福尔就尖锐地指出这种以物易人的反修辞“公设”导致的写作实践上的病象和问题：“罗伯－格里耶在把这些公设应用于文字之时，明显地使他的小说内容贫乏了，他把它们逐渐减化为在不可渗入的表面上的光和影的游戏了。”[②]

不错，小说的确是一种强调客观性的文学样式。它要求作家要有一种老老实实的客观的态度，“因为，没有这种态度，你就无法更全面、更深入地认识人，就无法更细致、更真实地把握对象世界，你会把人物当作一个符号，甚至一个话语施暴的对象，任意地描写他，武断地评价他”[③]。客观性是叙事文学的重要特征，是小说的力量的源泉之一。斯特拉霍夫认为，托尔斯泰小说的力量，就来源于它的“客观性”“形象性”和描写的“精确性”：“那么，《战争与和平》何以能使所有的人叹为观止呢？当然是客观性和形象性。”[④]由于托尔斯泰能以“惊人”的“准确”刻画人物，“这样就达到了客观性的最高程度，也就是说，我们不仅看到人物的身段和行为，行动和言谈，而且连他们

---

① 转引自柳鸣九编选:《新小说派研究》,85 页。

② 转引自柳鸣九编选:《新小说派研究》,501 页。

③ 李建军:《必要的客观性》,载《小说评论》,2002(3)。

④ 倪蕊琴编:《俄国作家批评家论列夫·托尔斯泰》,105 页。

的整个内心生活也在同样精确和清晰的特色中展现在我们面前；连他们的灵魂，他们的内心都能一目了然”[①]。然而，我们在罗伯－格里耶等人的“新小说”作品里看不到这种遵循客观性原则描写出来的真实的人物形象。罗伯－格里耶的描写所追求的，绝不是积极意义上的真实性和客观性，而是一种貌似客观的主观主义而已。他的小说理念，从根本上讲，还是反人道主义的，因为它无视甚至否定人类的创造力和价值建构的能力。法国著名小说家和批评家让·路易·居尔蒂斯对此有尖锐的批评。他说，“法国‘新小说’抛弃人类共有的经验，即人是万物的中心。……乃是技术统治在文学中的反映”[②]；“事实上，新小说就是反人道主义的：人在宇宙中不再有特殊的位置了，他在那儿，人们能说的仅此而已；一个众多的物中的物”[③]。人物是“新小说”作者自己的一种主观的心意状态投射的结果。而在居尔蒂斯看来，“一个人物若是作者自满自得的投射，是作者想在客厅里作出的样子，那么这个人物就不具备小说的存在。写一部小说，乃是和自己、和世界保持距离”[④]。为什么要“保持距离”？因为，只有这样，才能客观地叙事，客观地写人。

然而，真实的情况是，不仅人物，几乎所有被“新小说”家写到的物象，都不是客观性的，而不过是作者的一种情绪或观念的物化形态而已。这被描写出来的物象的共同特点是缺乏真实性与清晰性，“我们永远也不能清楚知道它们属于谁、意味着什么。一切都消融在一种根本的模棱两可之中，现在和过去，感觉和回忆，外部和内部，我和他人，都混为一团”[⑤]。排斥了叙述和距离感的任性的过度描写，必然要

① 倪蕊琴编:《俄国作家批评家论列夫·托尔斯泰》,106 页。
② 吕同六主编:《20 世纪世界小说理论经典》,下卷,173 页。
③ 吕同六主编:《20 世纪世界小说理论经典》,下卷,172 页。
④ 吕同六主编:《20 世纪世界小说理论经典》,下卷,170 页。
⑤ 吕同六主编:《20 世纪世界小说理论经典》,下卷,174 页。

导致这种可怕的混乱和模糊，导致消极意义上的主观性。总之，“新小说”并不像它自己宣称的那样只是客观地描写“物”本身。它显得像一种具有新意和先锋性的写作方式，但这是假象。它不过是小说写作的一次近乎胡闹的大胆实验而已，表征着现代主义（后现代主义？）文学在认识论和写作上的典型症候。正如丹尼尔·贝尔分析的那样，“现代主义是模仿的瓦解。它否认既定的外部现实是第一位的。它所寻求的是重新安排现实，要么隐退到自我的内心世界，退缩到隐秘的经验中，把这些作为它关心和审美专注的源泉”①。他在另一个地方的批评更为尖锐：

> ……现代性本身到了山穷水尽的地步。……现代主义既新鲜而且又是新闻。它宣布新的美学、新的形式、新的风格。然而这些“主义”现在成了“明日黄花”（或者如一句俏皮话所说的那样，所有的“主义”[ism]现在都成了“过时论”[wasm]）。没有中心，有的只是边缘。②

确如贝尔所言，包括“新小说”在内的“现代主义”确实是短时效的文学。一切割断与外部世界的真正的叙事关系的文学，都必然是短命的文学。

法国“新小说”是没有倾诉对象的独白。“新小说”家因此成了不及物动词的囚徒。他们的小说是一些没有窗和门的牢房。他们把自己囚禁在这牢房中。他们不打算走出去，也不欢迎别人来探视。然而，小说本质上是及物动词。它存在于关系之中。它与外部世界和他者密切相关，甚至可以说，失去了这些对象世界，小说就失去了存在的意义。它因为我与你的交流而生成价值。我的叙述依赖于你的倾听。伟大的小说意味着心灵的相遇，意味着精神的馈赠与收受。它产生于交

---

① [美]丹尼尔·贝尔:《资本主义文化矛盾》,159、153页。

② [美]丹尼尔·贝尔:《资本主义文化矛盾》,159、153页。

流的需要，完成于交流的实现。马丁·布伯说：“人通过‘你’而成为‘我’”[①]；又说：“泰初即有关系”[②]；又说：“人必须以其纯全真性来倾诉原初词‘我—你’。欲使人生汇融于此真性，绝不能依靠我又绝不可脱离我。我实现‘我’而接近‘你’；在实现‘我’的过程中讲出了‘你’。”[③]

是的，一切艺术创作都是人试图通过“你”而成为“我”的一种精神努力。然而，这种在“泰初”之时就存在的“我—你”关系，已陷入被阻断的危机中。现代人及现代艺术家退回到自我，把自己幽闭于自我或物件之中。正如阿伦·布洛克所说：“现代世界的弊病都来自于人与人之间的个人‘我—你’关系，把人与上帝之间的个人‘我—你’关系降为一种非个人的主体与客体的‘我—它’经验，而不是把这种自然的‘我—它’态度提高到‘我—你’关系。”[④]“新小说”作家选择了以“物件”为对象的描写，而抛弃以人为对象的叙述，就等于把“我—你”关系降低为“我—它”关系。

居尔蒂斯说，在“新小说”中，“意义之不确定可与绝对主观主义哲学和无交流哲学对照”[⑤]。他说得不错。“新小说”写作最后提供的，就是一些缺乏意义感、缺乏客观性和可交流性的“我—它”性文本。按罗兰·巴特的话说，是“可写文本”，而不是“可读文本”。然而，一个简单的事实是，写的目的在于让人读。只有在阅读中，“我—你”关系才能最终建立。但通过写作和阅读在作者和读者之间建构“我—你”关系，并不是罗兰·巴特关心的问题。他认为文学本质上是反交流的，是存在于关系之外的，因此，作家的写作本质上就不是指向他者的修辞性的，而是指向自我的欣悦的自娱性的：“写作绝不是交流的工具，

---

① [德]马丁·布伯:《我与你》,44页,北京,三联书店,1986。

② [德]马丁·布伯:《我与你》,33、43页。

③ [德]马丁·布伯:《我与你》,26—27页。

④ [英]阿伦·布洛克:《西方人文主义传统》,248页,北京,三联书店,1997。

⑤ 吕同六主编:《20世纪世界小说理论经典》,下卷,175页。

它不是一条只有语言的意图性在其上来来去去的敞开大道。……反之，写作是一种硬化的语言，它独立自主……”① 在他看来，“写作永远植根于语言之外的地方，它是一粒种子而不像一条直线似的发展，它表现出一种本质力量的威胁，它是一种反交流，他使人们不知所措”②。他因此把写作本身当作写作的目的，把可写性置于可读性之上，把描写置于叙述性之上。③ 在我看来，这种观念和主张，乃是20世纪现代主义文学发展到极端的一种典型的异化状态。它只能导致写作领域的形式主义和虚无主义的泛滥，导致写作与阅读的对抗、作者与读者的疏离。法国批评家罗杰·法约尔在批评罗兰·巴特的形式主义和反交流倾向的时候说：

不承认言语活动和书写语言是社会传达工具的态度，代表了一个世纪以来我国社会中文学先锋派所遇到的那些不幸：无政府主义对于僵化实践的严厉揭露，致使在那些名人互不通气、各自深居简出的学派里产生了与人无害但完全不懂的话语。④

是的，先锋文学的孤芳自赏的封闭和我行我素的任性，最终使自己成为一种让人无法理解的话语。总之，极端的反叛和标新立异引致的后果，不仅是修辞上的失败和交流的困难，而且还是先锋文学自身的危机甚至没落。

① [法]罗兰·巴特:《符号学原理》,72页,北京,三联书店,1988。

② [法]罗兰·巴特:《符号学原理》,73页。

③ 他认为可读文本 (lelisible) “力求确立作者所意谓者,毫不顾及读者所理解者”,而可写文本 (lescriptible) 则“令读者作生产者,而非消费者” (罗兰·巴特:《S/Z》,51—57页,上海,上海人民出版社,2000)。巴特似乎忘了无论阅读,还是写作,其目的都在交流,而不是为了“写作”。另外,他称“一切能引人阅读之文为古典之文”,并用现代的“引人写作之文”与之对抗,也是一种简单而有害的做法。

④ [法]罗杰·法约尔:《法国文学评论史》,378—379页,成都,四川文艺出版社,1992。

第七章
微观修辞技巧

微观修辞技巧是指各种修辞格。微观修辞活动是指这些修辞格在小说中的延展性运用。诸如象征、反讽、对比、反复、逆挽、隐喻、顶真等修辞格，有的作为结构的技巧，可以使小说的情节环环相扣引人入胜（如中国古典章回小说的顶真式结构），或者使相同的情节模式反复出现，获得一种犯而不烦的情节效果（如中国小说的“之”字形情节模式）；有的作为显化主题、塑造人物、表现作者的主观态度的手段（如象征、隐喻、对比、反讽等），可以使小说以更为巧妙的方式，控制读者的反应，获得理想的修辞效果，最终使读者与作者、小说的人物之间，形成一种同一性的共鸣性契会情境，从而达到小说修辞所追求的各种修辞主体间的理想的交流情境。

一、反　讽

（一）小说中的反讽修辞概说：性质、功能及构成要素

反讽是小说中一种最常见的微观修辞技巧。它由于在叙述情节事件、塑造人物形象、显示作者的情感态度上，具有意婉旨微而又深刻有力、耐人寻味的特点，所以，越来越受到人们的关注。

这种修辞技巧，甚至被认为是一切叙事文学乃至诗歌不可或缺的、具有普遍有效性的修辞手段。[①]它在形成小说的意义世界的过程中，发挥着重要的作用，成为构成小说内在价值的重要因素，以至于H.R.耀斯说，“小说作为一种文学样式，其最高成就都是反讽性的作品”[②]。

反讽在W.C.布斯的小说修辞理论中，是一个具有关键词性质的重要概念，同时，也是强调文本客观自足性的“新批评”理论的核心范畴，正如加拿大弗莱研究的专家乔纳森·哈特教授所说，“新批评”派“将反讽视为诗学的工具或手段，通过燕卜逊、布鲁克斯和海尔曼，而倾向于法国浪漫主义”，“视反讽为服务于艺术整体的一种含混原则”[③]。

反讽甚至被当作一种评价作品的标准和美学尺度，人们正倾向于把它当作一种超技巧的范畴来看。这不仅说明了反讽是一种很有价值的修辞方法，同时，还说明它远未定型，正像米克所说的那样，它“也依然在发展中”[④]。

但是，如果认为反讽完全是一种现代技巧，那显然是不合乎实际的。虽然“Irony”这个词直到1502年才在英语中出现，直到18世纪初叶才被广泛使用[⑤]，但反讽作为一种技巧，却是古已有之的。米克在《论反讽》中，一口气胪列了40位从埃斯库罗斯到布莱希特的反讽性作家的名单，几乎所有欧洲古代和现代的重要作家全在其中。虽然他

① 参见［英］D.C.米克:《论反讽》,47页,北京,昆仑出版社,1992。

② ［德］H.R.耀斯:《审美经验与文学解释学》,282页。

③ 王宁等编:《弗莱研究:中国与西方》,105页,北京,中国社会科学出版社,1996。

④ ［英］D.C.米克:《论反讽》,14页。

⑤ 参见［英］D.C.米克:《论反讽》,22页。

意在说明反讽存在的普遍性，但是，我们也可以由此看出，反讽作为一种方法，尽管有变化、有发展，但古代的作家早已在使用它。米克在《论反讽》一书的第二章中，简明扼要地描述了反讽概念的形成过程，我们从他的精细的梳理和描述中，可以得出这样的结论：反讽修辞，作为实践，是非常古老的，但作为一种理论，却过于年轻了。

那么，反讽的性质到底是什么？它有什么样的功能？有哪些构成要素？

事实上，如前所说，反讽甚至在今天依然是一种发展中的技巧和方法，这一事实不仅使我们过去对它的研究显得并不充分，甚至在今天，我们依然难以对它进行精确的界定和理论把握。反讽存在的普遍性与反讽运用的个体差异性和丰富多样性，增加了人们认识和把握反讽的难度，正如米克所说，“反讽很难理解”[①]：

> 在今天，“反讽”，对不同的人来说，有不同的意思。暂且不说在反讽问题上，因国而异的情况如同因人而异一样，即使在英语国家，也存在“广义”界定与“狭义”界定两种倾向，前者扩充反讽概念，直至使其成为想象性文学的基本性质或特殊性质；后者则把这一概念仅仅用于这种那种“纯粹的”反讽。[②]

前一种倾向似乎把反讽当作一种类似于批判性或否定性的内在精神，或把它当作一切作品产生复杂的审美意味和丰富的主题意蕴的一种必要因素，而后一种倾向，则显然是指英美“新批评”派理论而言。“新批评”理论强调反讽的意义和功能，引起人们对这一种修辞技巧的重视，但它在文本内部的“语境”中寻求反讽的“结构”，试图建立一个固定公式的做法，则显然是不妥的。如布鲁克斯把反讽定义为“语

①D.C. 米克:《论反讽》,1 页。

②D.C. 米克:《论反讽》,10—15 页。

境对于一个陈述明显的歪曲"[1]，就显得教条而空泛，并未说明反讽的本质特征，因为有的反讽，尤其是"新批评"派并不感兴趣的小说中的反讽，其反讽效果的形成，依赖于更为复杂的主体因素，如作者的声音或叙述语调，作者的介入性评价，作者对各种距离的控制等，它并不是由诗歌文本内部的那种单纯的"语境"单独形成的。

由于反讽构成要素的复杂性、反讽形式的多样性、反讽发展的未定性，对反讽这一概念的界定，就成为一个颇为棘手的问题。一般把它理解为表里不一，尤指字面意思与深层的真意的不一致，言在此而意在彼。这一界定的域界似乎逼仄了一些，浦安迪先生把反讽界定为"作者用来说明小说本意上的表里虚实之悬殊的一整套结构和修辞手法"[2]，突出强调的还是显意与隐意的不一致。布鲁克斯和沃伦在《现代修辞学》中也如此界定反讽："反讽总是涉及字面所讲与陈述的实际意思之间的不一致。表面上看，反讽性陈述讲的是一件事，但实际的意思则大为不同。"[3] 而对斯维林根来讲，强调反讽的多面性，似乎比单独强调某一方面更为可取，因为反讽"有时是一种用语上的技巧，有时是一种欺骗的行为，有时是一种富有效力的策略，有时又是这样一种情境，在其中，未被命名的'命运'，作为相反力量的'代理人'"[4]。维柯在《新科学》中，也对反讽作了并不严格的界定，在他看来，"暗讽（Irony）当然只有到人能进行反思的时候才能出现，因为暗讽是凭反思造成貌似真理的假道理"[5]。维柯强调了反思对形成反讽的重要性，把它当作形成反讽的先决条件，只有凭借这个条件，人们才可能通过"造就貌似真道理的假道理"的反讽，来达到以含蓄的方式揭穿假象的目

---

① 赵毅衡编选:《"新批评"文集》,335 页,北京,中国社会科学出版社,1988。

② ［美］浦安迪:《中国叙事学》,123 页。

③Cleanth Brooks & Robert Penn Warren, Modern Rhetoric, New York, 1979, 4th edited, p.291.

④C.J.Swearingen, Rhetoric and Irony, New York, 1991, p.130.

⑤ ［意大利］维柯:《新科学》,183 页,北京,人民文学出版社,1986。

的。同前述的定义一样，维柯也很重视反讽中言意悖反这一特点。N·弗莱对反讽的界定，与已有的对反讽性质的看法并无大的不同："反讽这个词就意味着揭示人表里不一的技巧，这是文学中最普通的技巧，以尽量少的话包含尽可能多的意思，或者从更为一般的意义来讲，是一种回避直接陈述或防止意义直露的用词造句的程式。"[①] 弗莱正确地指出了反讽的意义繁丰、方式隐曲的特点，有助于我们更全面地认识反讽的真面目。但是，当他试图通过与讽刺的比较，进一步说明反讽的时候，反倒把反讽的面目弄得模糊不清了。他认为：

反讽与讽刺之间的区别主要在于：讽刺是激烈的反讽，其道德准则相对而言是明确的，而它假定用这些标准可以去衡量什么是古怪和荒诞。纯粹的猛烈抨击或当面斥责是讽刺，原因是它很少含有反讽；另一方面，当读者肯定不了作者的态度为何时，或者说自己的态度应该如何时，就是讽刺成分甚少的反讽了。[②]

弗莱在此并没有为揭示反讽的本质增加什么新的见解，与其说他在试图说明讽刺与反讽之本质区别，毋宁说，他在描述反讽的两种效果层级。说"讽刺"是"激烈的反讽"，说明它仍然是反讽；说"讽刺"是"当面斥责"，而反讽则不然，无疑是正确的；但如果说，反讽的本质特征，就是读者对作者的态度为何，以及作者对自己的态度应该为何都浑然不知，则显然是不正确的见解。

事实上，作者自己的态度和读者应该有的态度，在成功的反讽中，并不是难以"肯定"的，而是读者在阅读时，经过在"假象"上的短暂阻留之后，完全可以"肯定"的，否则，就是反讽本身出了问题，反讽因此就不能再称反讽，而应叫作谜语。因为，判断反讽好坏

---

① ［加拿大］N. 弗莱：《批评的剖析》，16 页，天津，百花文艺出版社，1998。

② ［加拿大］N. 弗莱：《批评的剖析》，277 页。

和效果强度的最终标准，就是看它最终能否被读者理解，布斯对这一点非常重视，反复强调。[①]

总之，反讽是一个具有拓殖性的概念，它的意义边界，随着反讽技巧和手段在创作实践中的不断丰富，而不断地被拓展着。因此，切合实际的界定应该把言与意的错位与悖反这一因素考虑进去，但应该使之具有对更为丰富的反讽现象的包容性。基于这样的理解，本书对反讽修辞，作了这样的界定：它是作者由于洞察了表现对象在内容和形式、现象与本质等方面复杂因素的悖立状态，并为了维持这些复杂的对立因素的平衡，而选择的一种暗含嘲讽、否定意味和揭蔽性质的委婉幽隐的修辞策略。它通常采取对照性的描写或叙述、戏拟、独特的结构、叙述角度的调整、过度陈述（overstatement）、克制陈述（understatement）、叙述人评价性声音的介入等具体手法。

与反讽的性质密切联系在一起的另一个问题，是反讽的功能和作用。对这个问题，人们的认识比较一致。成功的反讽有助于作者含蓄有力地体现自己的修辞目的。作者将自己的态度或事实的真相暗含在似是而非的假象或含混陈述中，而读者则透过表象，领会其深在的含义，其情形有如世尊拈花，迦叶微笑，确实比耳提面命的直接宣白，更有力量、更有意味。所以，反讽的功能，正像米克在分析了 F. 施莱格尔、瑟沃尔、海涅、克尔恺郭尔等人的观点以后所概括的那样：

> 也许在于获得全面而和谐的见解，即在于表明人们对生活的复杂性或价值观的相对性有所认识，在于传达比直接陈述更广博、更丰富的意蕴，在于避免过分的简单化、过强的说教性，在于说明人们学会了以展示其潜在破坏性的对立面的方式，而获致某种见解的正确方法。[②]

---

① 参见［美］韦恩·布斯：《小说修辞学》，268、329、331 页。

② ［英］D.C. 米克：《论反讽》，35 页。

这样，反讽的功能，就在于可以避免作者以过于武断、直接的方式，把自己的态度和观点强加给读者，而是以一种曲径通幽、暗香浮动的方式，更为智慧、更有诗意地将作者的态度隐含于曲折的陈述中，让读者自己心领神会。例如，我们从《白鹿原》中白嘉轩的身上，就可以读出这种反讽性的东西。作者固然着力把这个人物写成中国传统道德风范的体现者，但另一方面，作者显然也不回避对他身上的缺陷进行反讽性的描写，这样就维持了艺术真实所要求的平衡与和谐。这部小说的第一句话，就是反讽性的，充分体现了反讽的作用和功能。陈忠实一开始就准确地把握到了白嘉轩这个人物的心理世界和性格构成的复杂性，并在一句话中揭示了这些复杂因素中极为重要的方面：并不高尚的虚荣心和并不纯洁的本能欲望。虽然作者后来并未具体描写他在什么情况下，对自己过去七娶六亡的婚姻感到豪壮，但他却以中国书画艺术的留白手法，含蓄地暗示了人物行为和心理的某种真实的状况——作为族长，作为白鹿村道德风范的督察者，白嘉轩内心深处也有极其卑俗、无聊的一面，这一面在他做了县长的父亲之后，在他向生活全面妥协之后的漫长而又无聊的日子里，是极有可能在他笑谈往事时被表现出来的。这第一句的反讽效果在后边的情节的比照和支持下，愈显强烈。正是这一面使他用尽心机，夺了鹿子霖的风水宝地；使他经过算计，利用兔娃给孝义传宗接代；使他对小娥缺乏丝毫的同情和怜悯；甚至使他后来同作了营长的孝文的父子和解，都透显出某种子贵父亲的虚荣心和功利动机。可以说，正是这些反讽性因素的作用，使得白嘉轩的性格构成中有了某些必要的杂质，也向读者显示了作者对人物全面的理解和评价态度。可以想象，如果《白鹿原》的开头并不是以这样一个看似引逗读者低俗的好奇心，实则展示人性复杂的句子冠领全书，而是换了一个显示人物纯粹品质的单一视境的修辞性起始模式，那么，反讽的力量就会荡然无存，也会让读者兴味索然。

反讽的性质的形成和功能的体现，决定于构成反讽的三个要素。

首先，作者在小说中的非直陈式修辞性介入，乃是构成反讽不可或缺的首要因素。作者在反讽性小说中的介入，是为了对构成反讽的对立性因素，尤其是对清晰与含混的对比，进行协调和控制，以保证读者准确把握反讽的意蕴。换句话说，作家必须为读者理解反讽提供必要的线索，“如果没有这种明确无误的线索，反讽总会带来弊病，而且我们没有任何重要的理由作出假定认为领会不了反讽是读者的错误”[①]。但是，这种“明确无误”的线索，绝不能以直接的方式来提供，作者在反讽中的修辞性介入，不能像非反讽作家那样，以直截了当的方式告诉读者事情的真相，他必须以巧妙的暗示，让读者经过转念一想，心领神会。也就是说，作者的控制，并不意味着只是从积极的一方面要读者明白他的命意是什么，同时，还要控制自己的沉默，即对一些问题，故意地不置可否，态度含混。这是一种必要的沉默，它建立在对读者正常的认识能力和判断力的了解和信任之上，“反讽的最有力的效果就基于——我认为每个人都知道这一点——这种对沉默的运用上”[②]。总之，反讽性小说家要避免非反讽小说家的那种峻急板直的单一视境，而要使自己大智若愚，以佯谬、隐曲的方式，构成一个不那么透明的多重视境，以阻留读者的注意力。这种多重视境，把多种矛盾的因素和谐地统一在一起，像米克所说的那样，“既有表面又有深度，既暧昧又透明，既使我们的注意力关注形式层次，又引导它投向内容层次”[③]。

对于从人物视点叙述的小说或让人物作为文内叙述者的反讽性小说来讲，往往要求小说家要有超越于人物之上构成多重视境的能力，

① ［美］韦恩 · 布斯:《小说修辞学》,331 页。

② ［美］韦恩 · 布斯:《小说修辞学》,448 页。

③ ［英］D.C. 米克:《论反讽》,35 页。

也就是说，通过人物视点的戏剧性展示的场景，往往需要作者的反讽性评述，才能避免它的非反讽性质。例如，奥斯丁在《爱玛》中，一方面“几乎总是通过女主人公的眼睛表现的叙述，和足以说明故事素材的戏剧性场景的交叉”这一双重发展的方法来说明素材的意义[①]；另一方面，与这种方法的要求相适应，“作者经常持一种反讽的态度，这种态度始终超越女主人公思想上的反讽习惯”[②]，对女主人公的行为进行委婉的批评。爱玛想把赫瑞特和埃尔顿先生撮合到一起，没想到埃尔顿先生竟误解了她的意思，反向她求爱。她觉得这是“一种耻辱”[③]。她也觉得“凡是这样勉强想把两个人撮合在一起，都是愚蠢而错误的。……她内心非常不安和羞愧，决心不做这样的事了”[④]。她为自己因为轻视一般的常情而造成的错误而痛苦。但是，作者的议论，却改变了从人物视点所提供的信息的性质，反讽性地暗示读者，爱玛离真正的痛苦和觉悟还远着呢：

像爱玛那样的生气勃勃和天生的活泼，虽然在夜里忍受着短暂的抑郁，但天一亮她便会精神十足。清晨的朝气蓬勃和清新愉快对她十分合适，而且影响着她。假如痛苦还没有强烈到睁不开眼睛，那么，朝气蓬勃和清新愉快一定会缓解痛苦，带来光明的希望。[⑤]

在人物充当文内叙述者的小说中，叙述者的观点并不是作者的观点。在反讽性的小说中，这种叙述者的观点，往往以自以为是的口吻讲述出来，这样，就需要在作者或者人物的话语中加入一些言过其实

① 参见朱虹编选:《奥斯丁研究》,271 页,北京,中国文联出版公司,1985。
② 朱虹编选:《奥斯丁研究》,272 页。
③ [英]奥斯丁:《爱玛》,120 页,海口,南海出版公司,1997。
④ [英]奥斯丁:《爱玛》,121 页。
⑤ [英]奥斯丁:《爱玛》,122 页。

的、虚假的成分，或者用外在于叙述者的暗示性的评论，来与文内叙述者的观点形成反讽性的对照，以显示其荒谬、可笑的实质。笛福在《摩尔·弗兰德斯》中有一段摩尔讲述自己偷东西的情节。[①]这段情节显然具有反讽的色彩，因为作者在人物的自白中，加入了自己的意在改变人物的单一的视境的修辞性成分。I.P. 瓦特注意到了这段话中摩尔措辞上的混乱和不一致，并且大惑不解，认为小说在艺术真实性上出了问题，比如，他说别的扒手都是“他们”，而不是“我们”；她说“另一位太太”喊叫起来，“是摩尔·弗兰德斯对自己穿着也像一位太太予以自嘲？还是笛福忘了她实际上并非一位太太？”[②]事实上，这些问题并不费解。人物的话语中已经被作者注入了反讽性的改变单一视境的另一种话语。所以，不能指责笛福写小说“漫不经心”或“前后矛盾”[③]，而要看到作者正是非常巧妙地通过人物自己的语言，来表达作者的反讽修辞态度。

反讽修辞的另一个构成要素，是两极对立因素的相互对比，没有这种对比，就只不过是单一视境，就不能产生多重视境条件下才会形成的反讽意味。几乎每一种反讽都是在具有反对性质的两种对立因素的对照中形成的，因此可以说，没有对比，就没有反讽。这种对比，可以是现象与本质的对照，或是人物的行为与情节事实或叙述者的评价的对照，或是人物的语言与自己的行为的对照，也可以是两种性质截然不同的品质、行为、事件或情境的对照，等等。这种对照之所以是构成反讽的要素，是因为两种截然不同的因素可以构成一个揭蔽去伪的互反关系。一般来讲，在其他许多条件都相同的情况下，对照越鲜明，越尖锐，则反讽的效果越强烈，越突出，最终使得“赞誉背后

①参见[英]笛福:《鲁滨逊漂流记　摩尔·弗兰德斯》,471—472页,北京,人民文学出版社,1997。

②[美]I.P. 瓦特:《小说的兴起》,107页。

③[美]I.P. 瓦特:《小说的兴起》,108页。

隐藏了讥刺，颂扬应当解说为挖苦，佩服或者恭维的言辞表示了莫大的轻蔑”[①]。20世纪给人印象最深刻的小说《百年孤独》和当代中国最有历史深度的小说《白鹿原》共同的修辞策略，就是充分强化对比的作用，把那些具有对立性质的东西对举陈述，从而使两种不和谐的东西，在鲜明的对照中显出强烈的反讽效果，例如，《白鹿原》与《百年孤独》都把两极对立性因素的对照，作为营造结构性反讽的原则和手段，即通过对悖反性因素——悲与喜、顺与逆、雅与俗、严肃与荒诞——的对照性组织，以获得一种反讽效果。白姓和鹿姓作为姓氏，阿卡奥和奥雷良诺作为名字的对照性结构，不仅显示了不同的角色定位或性格特征，而且形成了有趣的反讽性对照。神话与现实、超验的力量与人类愚妄的营谋，也形成了对照性反讽图式。在人物的性格结构和心理构成上，这种类似于浦安迪先生所讲的“二元补衬”（comlementory bipolarity）[②]原则，也被陈忠实和马尔克斯用来维持人物内心世界情与欲、雅与俗、灵与肉等二元对立因素的对照与平衡。即使对朱先生这样的具有圣人之风的人物，陈忠实也时时通过朱先生的自嘲等方式，来解构他的被夸大的神圣色彩和神秘性，甚至不避讳通过渎圣式的描写来强调他的凡俗性：“儿媳瞥见阿公腹下垂吊着的生殖器，不觉羞怯起来，移开眼睛去给阿公脚上穿袜子，心里却惊异阿公的那个器物竟然那么长……”这段描写表面上似乎在强调圣人必有奇相，其实，儿媳妇和阿公这种在中国人的两性关系中最隔绝、禁忌最多的伦理关系，在这种描写中被反讽性地打破了，中国人的缺乏分寸的崇圣意识及讳莫如深的性蒙蔽习惯，都得到极为有力的反讽性否定，最终，给朱先生的血肉之躯中注入了人之为人必不可少的凡俗性的东西。在《百年孤独》中，也“有不少这样的情形，在严肃的叙述中，往往插入非理

① 南帆:《反讽:结构与语境》,载《小说评论》,1995(5)。

② [美]浦安迪:《中国叙事学》,158页。

智的成分和怪诞的东西，从而产生喜剧性的效果或反讽性的对照”[①]。当霍塞·阿卡迪奥把自己辛辛苦苦炼的金子——一块黄澄澄的干碴放到儿子眼前问他：“你看这是什么？”儿子却坦率地回答：“狗屎。”严肃的问话，得到的是直接而粗俗的回答，形成了强烈的反讽效果，可见，正如乔治·麦克穆拉所说：“这种用讽刺的方法把对立的东西并置起来的方法是使这部作品的行文具有生气勃勃的特色的原因。”[②]也证明了瓦特对于讽刺的一个重要论断：“讽刺所依赖的正是明确坚持使两种分立的情况归属同一论题，不论它们是否分属伴随一种更实际考虑的或情感或抽象的两种极端。”[③]

可见，对照确实是构成反讽不可或缺的重要因素，缺少了对照，就不可能形成反讽所需要的多重视境，而只会是一种意旨直白的单一视境。

反讽的第三个要素是轻松自信的超脱感和距离感，它显示着反讽者的优越感和自信心，是反讽者认为自己高于对象，有能力控制对象的心理状态的表现。它使作者在评价和揭示对象时显得举重若轻、镇定自若，形式上给人一种漫不经心的印象，实际上却以一种极度的轻蔑态度嘲弄和挖苦着反讽对象。读者也受作者的这种超脱感和距离感的影响，觉得自己似乎也超然地高于讽刺对象。因此，对作者和作为反讽观察者的读者来讲，这种超然的因素具有肯定的性质，而对反讽对象来说，则显示着蔑视和不屑，具有否定的性质。对作者和读者来讲，这种超然的态度，具有让人心神舒悦的轻松愉快之感，托马斯·曼曾经描述过反讽的这一特点：

哦……说起来实在太令人兴奋了！太严肃了！正因为如此严肃，

① 陈光孚编:《拉丁美洲当代文学论评》,535 页。
② 陈光孚编:《拉丁美洲当代文学论评》,538 页。
③ [美]I.P. 瓦特:《小说的兴起》,33 页。

才必须以轻松的心情对待它。朋友，这是因为，轻松、轻率以及巧妙的玩笑，是上帝赐给人类最好的礼品，是我们关于我们称之为人生的那桩复杂而又可疑的事物的最深刻的知识。上帝既然把它赐给人类，人类那张严肃可怖的面孔，也许会被迫挂上一层微笑。①

他在《小说的艺术》中则明确地指出反讽是“无所不包，清澈见底而又安然自得的一瞥，它就是艺术本身的一瞥，也就是说它是最超脱的、最冷静的、由未受说教干扰的客观现实所投出的一瞥”②。总之，正如米克所说的那样，“观察者在反讽情境面前所产生的典型的感觉，可用三个语词来概括：居高临下感、超脱感和愉悦感。歌德说，反讽可以使人‘凌驾于幸运或不幸、善与恶以及生或死之上’”③。可以说，反讽的魅力，正在于它能把人从对反讽对象的厌恶、仇恨、无奈、沮丧、压抑、自卑等消极的感受和体验中超拔出来，使读者与之保持一种心理上的距离，最终体验到一种愉悦、轻松的积极感受。阿瑟·波拉德对这种距离感和优越感显然缺乏充分的认识，错误地认为反讽与讽刺（satire）的区别，就在于反讽“更为严肃正经”，“它的严肃性失去了对事物的乐观，而是以残忍与阴沉为标志”④。这是由于他把戏剧性命运反讽偶或表现出来的冷峻无情和宿命色彩予以扩大，当作一切反讽的共同性质，得出了不切实际的结论。

实际情况正好相反，反讽体现的正是作者深邃的眼力，过人的智慧，自信的心态，和并不形诸颜色的神圣的愤怒、愤世的气概和批判的态度，它以乐观的精神力量鼓舞读者，具有令人心悦诚服、净污化秽的巨大力量。笛福、菲尔丁、萨克雷的小说因为作者直接的介入，

① ［英］D.C. 米克:《论反讽》,51—52 页。
② ［英］D.C. 米克:《论反讽》,53 页。
③ ［英］D.C. 米克:《论反讽》,53 页。
④ ［英］阿瑟·波拉德:《论讽刺》,7—8 页,北京,昆仑出版社,1992。

而受到一些现代小说理论家（如瓦特和卢伯克）的批评，但这些小说却依然让人百读不厌，原因就在于它们的反讽带给人的欢乐和愉悦远比那些阴冷、沉闷的现代主义小说要多得多。

菲尔丁的《大伟人江奈生·魏尔德传》是根据英国 18 世纪发生的一桩轰动全英的离奇案子写成的一部长篇小说，案子的主角江奈生·魏尔德脚踏红黑两道，一方面是一个道貌岸然的出入法院的体面绅士，另一方面又是黑社会的魁首，暗中指挥着一帮专门从事偷盗抢劫活动的犯罪分子。这样他既替官府"拿贼"，又把可靠的情报提供给犯罪分子，让他们逍遥法外。他以索取高额回报的方式，替失主"找回"被盗窃的物件，当内部出现了不服从命令的异己分子的时候，他就向官府告发，借刀杀人，后来，这个恶棍终于露出原形，被施以绞刑。

作者在这部小说中选择的是一种超然轻松的反讽性叙述态度，这不仅使小说具有了摘心取肝的批判力量，而且也让读者在一种同作者一样的超然心情中，愉快地看着这个"伟人"的丑恶表演。例如，小说的第一卷第十四章在记叙了魏尔德的一系列行状之后，菲尔丁发表了长长一通议论。[①] 这些议论表面上看，作者似乎漫不经心，胡乱类比，无原则地贬低自己，说"自己属于低微的行列"，"是为了伟人的利益而生存的"，实际上正好显示了他在小说中轻松巧妙地运用反讽的能力和智慧，证明了菲尔丁是深谙反讽之道的，正如波拉德所说："这部小说假意颂扬着这样一个十足的无赖，以此来批评他们的价值观念。"[②]

（二）反讽的两级强度形态

对于反讽的分类，人们一般从以下几个方面着眼：性质、技巧或方式、反讽者、受嘲弄者和观察者，这样，就出现了诸如喜剧反讽

① 参见［英］亨利·菲尔丁：《大伟人江奈生·魏尔德传》，43—44 页。

② ［英］阿瑟·波拉德：《论讽刺》，44 页。

（comic irony）或悲剧反讽（tragic irony）或命运反讽（irony of fate）；语词反讽（verbal irony）、情境反讽（situational irony）、结构性反讽（structral irony）、态度反讽（irony of manner）、性格反讽（irony of character）；自我反讽（self irony）、浪漫体反讽（romantic irony）；布斯提出的稳定性反讽（stable irony）和非稳定性反讽（unstable irony）；弗莱在反讽的分类上采用双重标准，即从反讽者和反讽的性质两方面来分类，这样他就把反讽分为五个不同相位的形式。[①] 这些分类无疑有助于人们从不同的侧面认识反讽，但对于作者在小说中经营反讽的作用及反讽的效果往往注意不够。

本书试图从小说修辞的角度，具体地说，从作者为了达到影响读者的修辞目的，对反讽进行微妙的控制所形成的效果强度的角度，对小说中的反讽进行分类研究，希望借此说明反讽修辞效果的形成，与作者的主观介入和巧妙控制是分不开的，作者只有清楚地认识到这一点，才可能在实践上更自觉地运用反讽，更好地实现反讽修辞的目的。

1. 强性反讽。

强性反讽是指作者通过议论、强烈的对照或极度的夸张等修辞手段，强烈地显示了自己的态度，而且让读者也能清楚地看出作者的态度和倾向的修辞技巧。这类反讽接近于嘲讽（satire），但又不像嘲讽那样直接，曲折、隐幽依然是它的特点。

议论是强性反讽最常用的手段。作者直接出场对人物或事件进行评论，但这些评论依然是含蓄的，往往是用否定的形式强调肯定的意义，或者反过来，以肯定的形式表达否定的意义。鲁迅的《祝福》中的反讽，就属于这种以议论的手段造成的强性反讽。当作者说祥林嫂一死，则“无聊生者不生，即使厌见者不见，为人为己，也都还不错”的时候，当他在小说的结尾部分，叙述“我”在新年将至的喜庆气氛

① 参见［加拿大］N. 弗莱：《批评的剖析》，277—303 页。

中“懒散而且舒适，从白天以至初夜的疑虑，全给祝福的空气一扫而空了，只觉得天地圣众歆享了牺牲和香烟，都醉醺醺地在空中蹒跚，预备给鲁镇的人们以无限的幸福”[①]的时候，作者的真实情感是悲哀和愤怒的，因此，这段议论中凸显出的真意恰好是：麻木、冷漠、无情的鲁镇社会不配得到“无限的幸福”。菲尔丁的《大伟人江奈生·魏尔德传》也是通过议论来强化反讽的，他通过议论把“伟大”与“善良”对立起来，“‘伟大’的意思是给人类制造祸害，而‘善良’是给人类除掉祸害。因此，一个人很难同时既善良又伟大”[②]，“我们希望大家读了这本书说句公道话，承认我们没有这种混淆耳目的观念。在这部伟大事迹的记载里，每逢提到一星半点的善良，不论是隐约出现在他本人身上或是显著地出现在别人身上的，我们一律都把它作为卑鄙行为或是缺点看待，因为它们对于伟大的飞黄腾达毫无帮助”[③]，这样，此处的“伟大”就被注入了与它本来意思完全相反的内涵，被反讽性转化为与卑鄙、残酷、罪恶相近的语词。

强性反讽一般都把两种尖锐对立的因素，对照性地并置在一起，言过其实地肯定应当否定的东西，或否定应该肯定的东西，但这样做的结果，恰好是反讽性地否定了作者或文内叙述者表面上肯定的东西，或肯定了他们表面上否定的东西，而且这种实际效果与表面意思的悖离，往往表现得非常明显，每一个读者都看得出来。叶·扎米亚京的反乌托邦小说《我们》就属于采用这种技巧手段的强性反讽小说。作者选择的文内叙述者是一个敏感而胆怯的设计师，生活在千年以后的大一统王国里，在这个恐怖的王国里，几乎没有任何个人自由，也没有“我”和“你”这样的表示个体存在的概念，每个人都只不过是个“号码”，都作为整体的“我们”而存在。要么属于“我们”，要么作为敌

① 《鲁迅全集》，第 2 卷，21 页，北京，人民文学出版社，1981。

② ［英］亨利·菲尔丁：《大伟人江奈生·魏尔德传》，3 页。

③ ［英］亨利·菲尔丁：《大伟人江奈生·魏尔德传》，4 页。

人属于“他们”，此外你别无选择。一切基于正常人性的需要和活动，都被视为“古人”的可笑而落后的东西而遭取缔。自由、爱情、权利、个性都被当作消极有害的东西。绿色大墙使这里成为与外界隔绝的世界，一切从大墙那边进来的东西，都被视作邪恶的和野蛮的。冷酷无情的大恩主主宰着这里的一切，他被歌颂为比上帝更完美的人，他是所有人的亲人：

> 大恩主像最高司祭那样，庄严肃穆地慢步跨下台阶，缓缓地从观众中通过。他所到之处女人们都高举着如林的玉臂欢迎他，万众齐声欢呼，犹如狂涛一般。然后，人们又向护卫局全体人员同样地欢呼致敬。现在他们正坐在观众台上，就在我们身旁，但是我们看不见他们，谁知道，也许古代人所幻想的未来人类，正是这种护卫局的人——既体贴又严厉的大天使，每个人从你一出生他们就伴随左右，不离不弃。
>
> 整个祭典仪式，有些像古代宗教仪式，有时又像雷雨和风景一般能使人得到净化。有幸读到我的这段描绘的人们，不知你们曾否有过这种体验，如果你们还未曾领略过的话，那我认为你们是很可怜的……[1]

作者一方面写这个专制世界的恐怖和可怕，一方面又这样赞美大恩主和他的帮凶，情节事实与情感态度相互对照，相互冲突，最后使这种情感成为一种强烈的反讽性否定态度。

夸张性描写，不恰当的形容，相互矛盾的评价，甚至缺乏节制的过度陈述，也都是强性反讽常用的技巧和手段。马尔克斯在《百年孤独》的第十章讲述香蕉园大屠杀时，就采用了上述几种具体的技巧，从而使这部天才的、具有批判现实精神的伟大的小说充满了强性反讽的尖锐和力度。

---

① 参见［俄］叶·扎米亚京：《我们》，48—49页，北京，作家出版社，1998。

在街上经过的有三个团的士兵，他们在鼓声下整齐地行进，把大地都震动了。这是明亮的晌午，空气中充满了这条多头巨龙吐出的臭气。士兵们都很矮壮，粗犷。他们身上发出马汗气味和阳光晒软的鞣皮的味儿，在他们身上可以感到山地人默不作声的、大无畏的不可战胜的精神。尽管他们在霍·阿卡蒂奥第二面前走过了整整一个小时，然而可以认为这不过是几个班，他们都在兜着圈儿走，他们彼此相似，仿佛是一个母亲的儿子。他们同样显得呆头呆脑，带着沉重的背包和水壶，扛着插上刺刀的可耻的步枪，患着盲目服从的淋巴腺鼠疫症，怀着荣誉感。①

在这里夸张性的描写是显而易见的。而“可耻的步枪”和“盲目服从的淋巴腺鼠疫症”则是不恰当的形容，但它的反讽力量，却因这种形容词与被形容的对象的非耦合性，而得到了加强，矛盾的评价（如“整齐地行进”“不可战胜”显然与“兜着圈儿走”“呆头呆脑”“盲目服从”是互相矛盾、互相瓦解的），则使正面的评价和反面的评价都成为反讽性的评价。过度叙述的手法，按布鲁克斯和沃伦的定义，“是过多、冗长，即一个人实际说的比他需要说的更多。这个术语意味着为了追求一种效果而滔滔不绝地讲述”②。《百年孤独》对气味和士兵们的机械和刻板的描写，都属于为了取得反讽效果而采取的过度叙述的手法，它使这些镇压工人的士兵显得装腔作势、滑稽可笑，最终显示了作者对依靠血腥屠杀维持其存在的独裁政治的愤怒的批判态度。

2. 弱性反讽。

弱性反讽是与强性反讽相对应的一种反讽样态。在弱性反讽中，作者的修辞目的更为隐蔽，不像强性反讽那样鲜明、强烈。这种反讽

---

① [哥伦比亚]马尔克斯:《百年孤独》,280—281页,北京,北京十月文艺出版社,1984。

② Cleanth Brooks & Robert Penn Warren, Modern Rhetoric, New York,1979,4th edited p.293.

属于客观性的反讽，即作者通过对事象或人物行为和话语的相对客观的描写，来显示反讽性的意味。

强性反讽几乎等于说：“让我告诉你这一切是如何发生的，它究竟属于什么性质的事件或行为。”而弱性反讽则倾向于让读者自己去判断：“请您看看，正在发生什么事情，尤其要留意在表象的下面，是不是还隐含着别的深意。”这就是说，弱性反讽，类似于布斯所讲的非指令性反讽[①]，作者并不明确地引导读者把握反讽的深意，而是要读者自己去思考，去发现，去判断。

总之，所谓弱性反讽修辞，即是指那些并不十分明确地显示作家的主观态度的修辞策略和方法，它的反讽意味是暧昧不彰的，需要通过反讽性阅读，才能被有效地识读出来。这一点，通过对《百年孤独》与《白鹿原》的比较，可以清楚地看出来。如果说《百年孤独》属于强性反讽，那么《白鹿原》的反讽则更多地属于弱性反讽。《白鹿原》的情况与《水浒传》更为相似。在《水浒传》中，作者钟爱他笔下的英雄人物，很少明确对他们的弱点和缺陷进行公开嘲讽，但他却通过客观的展示来对他们的弱点进行反讽，如武松、宋江、杨雄的“厌女症”，如宋江的虚伪、阴险，如武松的嗜杀成性和偶尔流露的虚怯，都通过不露声色的反讽揭示了出来，从而使人物性格中的各种对立、冲突因素，得到适当程度的统一和平衡，使人物获得了内在的深度和令人叹服的真实效果。《白鹿原》也是这样进行反讽的。白嘉轩的纵欲、工于心计、狠毒，甚至虚伪的一面，朱先生的迂执、柔弱、幽闭的一面，都在作者的客观描写中，被反讽性地揭示了出来。这样，一方面，包括了作者对他的人物的既有欣赏、又有批评，既有同情、又有遗憾的复杂态度，另一方面，又有助于读者对人物的全面而均衡的理解和把握。

---

① 参见［美］艾布拉姆斯：《欧美文学术语词典》，161 页。

在《百年孤独》和《白鹿原》中都有两种声音存在，一种是事件的声音，一种是作为讲述者的作者声音。《白鹿原》努力不让讲述者的声音遮掩过事件本身的声音，也就是说作者不让自己过多地介入作品，对事件进行直接的议论，而是采取一种拟客观的口吻进行叙述，借事件的声音传达自己的声音，把自己的感情事象化，把自己的观点和态度隐含化。例如，对鹿兆鹏这个人物，叙述者未置一词加以评价，但却通过他不顾自己已有妻室，不顾白灵与自己的弟弟已有情约在先，而与之假夫妻做成真夫妻的情节事实，通过他最后不知所终的结局处理，反讽性地揭示了他无情无义的品质缺陷，显示了叙述人的一种潜含的道德评价。又如第二十五回通过小娥的鬼魂附着到亲手刃杀她的阿公鹿三身上的戏剧化反讽，批判了异化状态下的伦理原则的反人道本质，显示了神秘力量对人间罪错的公正惩罚，含蓄地表现了叙述人对小娥的同情，对鹿三的惋惜心理。相反，在《百年孤独》中叙述人的声音却在放任的叙述中得到宣达。这不仅表现在马尔克斯的语言具有强烈的夸张和评价等主观色彩，不仅表现在作者以主观的方式营造了著名的“轰毁式结局”，而且还体现在丰富多彩的非客观性的反讽修辞手段的运用上，具有梅尼普讽刺的一些特点。[①]

像强性反讽一样，弱性反讽同样要求作者要有自觉的修辞意识，最终使读者通过对客观形象的含味、咂摸，领会到作者深蕴于表象背后的反讽态度。否则，作者的描绘和叙述就会失去反讽的性质，使读者误以为小说表面所描写或叙述的，就是作者所认可或欣赏的，作者并不在乎读者对自己所认可的东西有什么样的看法，这样，它就成了耀斯所说的“拒绝认同的反讽”，并“导致了交流上的真空”[②]。《金瓶梅》中的反讽大都属于弱性反讽，属于曼殊在《小说丛话》中所讲的

① 参见李建军:《反讽修辞:〈白鹿原〉与〈百年孤独〉之比较》,载《小说评论》,1997(5)。

② [德]H.R. 耀斯:《审美经验与文学解释学》,286 页。

“侧笔”“暗刺”“痛语”“隐抑凄恻”①；鲁迅在《中国小说史略》中亦高度评价它，说“作者之于世情，诚极洞达，凡所形容，……或幽伏而含讥，或一时并写两面，使之相形变幻之情，随在显现，同时说部，无以上之”②，这其实也是在强调《金瓶梅》在反讽上的隐含性特点。如第八十九回《清明节寡妇上新坟 永福寺夫人逢故主》，张竹坡评论说作者的“阳秋之笔到底放不过月娘”，而“月娘之贪刻阴毒无耻，已皆于不言中写尽”③。西门庆死后，吴月娘骄横托大，将春梅、金莲等人尽行赶出。后来，春梅嫁了周守备，甚得恩宠，在永福寺遇到了家破人散的吴月娘。作者通过客观的描写，以春梅之大度知礼，同第八十回月娘发卖春梅时的狠毒无情，形成对比，一冷一热，一低一高，虽未直下一语之褒贬，而反讽暗刺之意隐然可见。张竹坡多次用“羞杀月娘”“丑尽月娘”④来点明这种反讽效果。但《金瓶梅》在很多需要强化反讽的地方，却连弱性反讽也取消了，只是一味地对需要讥刺和批评的行为，进行纯自然主义的展示，从而使这部小说中的很多描写，流于秽心污目的粗鄙和庸俗，丧失了反讽的性质，“导致了交流上的真空”。这样的问题，也大量地存在于当代的小说中，如纳博科夫的《洛丽塔》、贾平凹的《废都》，就缺乏通过修辞控制，把明确而有力的反讽贯彻始终的自觉意识。作者以自居的心理欣赏自己的人物，以单一的视境和自然主义的方式展开叙述，必然要导致弱性反讽的消失，使读者失去以反讽的眼光评价人物和情节所需要的基本依据。这是应该重视的教训。

---

① 侯忠义、王汝梅编:《金瓶梅资料汇编》,480页,北京,北京大学出版社,1985。

②《鲁迅全集》,第9卷,180页,北京,人民文学出版社,1981。

③ 兰陵笑笑生著:《金瓶梅》,张道深评,1410页。

④ 兰陵笑笑生著:《金瓶梅》,张道深评,1419—1420页。

二、象 征

在小说中，与反讽同样重要的另一种微观修辞是象征。尤其是对高度内倾化（如意识流小说）、物态化（如法国“新小说”）、变形化（如卡夫卡式的荒诞小说）的现代小说来讲，当作者的直接的修辞性介入被取消以后，当人物的地位被降低、情节的功能遭否定之后，象征就被用来代替传统小说中作者直接介入的说服性修辞因素，换言之，作品的主题意义和作者的态度，更多地通过象征来喻示，而不是直接地用议论来揭示，乃是许多现代小说的隐含性的议论，正如布斯所说：“现代小说中用来代替议论的许多象征，其实和最直接的议论一样，是充分介入的。”[①]

象征一般都暗示着作者对作品中事件或人物的看法和评价，尤其是那些贯穿作品始终的象征，极有可能就是作品主题的蕴藉的表达形式，是作者以形象的方式对读者所作的暗示，他借此引导读者对作品的内在意义进行思索和把握。正像美国评论家哈维纳·里克特所说的那样，“一个人绝不会随意为自己选择一种象征，看来是内心深处的某种需要使它自然而然产生的”[②]。可以说，几乎所有的最优秀的现代小说，如托马斯·曼的《魔山》和《死在威尼斯》、鲁迅的《药》和《故乡》、肖洛霍夫的《静静的顿河》、帕斯捷尔纳克的《日瓦戈医生》、马尔克斯的《百年孤独》、海明威和斯坦贝克的主要作品，都充满了作者精心营构的象征。这样，只有通过象征，我们才能更有效地进入小说，阐释作品，最终实现与作者的契合性交流和沟通。

---

① [美]韦恩·布斯:《小说修辞学》,219 页。

② 瞿世镜编选:《伍尔夫研究》,211 页。

（一）小说中的象征修辞概说：性质、特点、原则和类型

1. 象征修辞的性质和基本特点。

一切象征都具有一种具象化、符号化的性质。它是用一个形象来表征一种观念，一种对世界的情感态度。一般来讲，象征都借助于自然物象与主观情感在本质上的同构性或相似性，通过赋予主观情感以客观对应物的方式来含蓄地表达作者的情感态度。沃伦说，象征这一术语在文学理论中“较为确当的含义应该是甲事物暗示了乙事物，但甲事物本身作为一种表现手段，也要求给予充分的注意”[①]。沃伦的定义远没有黑格尔的界定来得准确：“象征首先是一种符号。……这里的表现，即感性事物或形象，很少让人只就它本身来看，而更多地使人想起一种本来外在于它的内容意义。”[②] 也就是说，一个符号，倘若不能让人注意并领会到丰富的“内容意义”，那么，它就是普通意义上的结构单一的形象，算不得意味深长的象征。

我们可以通过与反讽的比较，来了解象征的性质和特点。

它们共同的特点是含蓄性和非直陈性，即都以婉转的方式表达作者的情感，帮助读者理解作品。但它们的不同之处，也是显而易见的。如果说反讽是基于相异性和对比性，那么，象征则基于相似性和对应性。这是就构成方式而言。在显化方式上，象征必然以形象的感性形式来显现主观情志，而反讽则不一定，它可以是形象的描写与判断性陈述的混合与对照，也可以是由多重视境的讲述构成的对比。从修辞的效果性质上看，反讽一般具有明确的单义性质，而象征则具有丰饶的含混性和多义性。从作用于读者的效果实现方式上看，象征往往是静态地作用于读者，引导读者通过对形象本身的含玩，而后欣赏作品的智趣，领会作者深潜于形象背后的对人物或情节的评价和态度，而

① ［美］R. 韦勒克、A. 沃伦：《文学理论》，204 页。

② ［德］黑格尔：《美学》，第二卷，10 页，北京，商务印书馆，1979。

反讽则更多地以动态的方式作用于读者，它有如解冻的冰河，漂浮的冰块虽时隐时现，但那冲击的力量与碰撞的声音，却是站在岸边的人分明可以感受得到的。

象征与比喻，也是两种极为相近但又绝不相同的微观修辞。一种最新的倾向是无视二者的相异之点，把它们合称为象喻或象征性比喻。象征与比喻有时候确实以一种混合的形式并存于一个形象体系中，但比喻要成为象征，是有前提条件的，只有当比喻以重复的形式迭现的时候，才成为象喻，像《白鹿原》关于鏊子的比喻，由于重复而成了喻示小说主题的象征。

一般来讲，象征与比喻的区别，在于比喻的喻体和本体之间的意义联系是直接而明显的，即便是隐喻，人们也可以对它喻指的意义作出准确的指认和判断。象征则不同，它的寓意层面深潜而隐幽。它有一层类似于冬天里玻璃窗上的雪凌花一样的遮饰物，给人的是一种雾里观花，水中望月的隐约依稀之感。D. 洛奇认为二者的区别在于：“如果暗喻或明喻在于把甲比作乙，那么文学象征手法则是乙暗示着甲，或多个甲。”[①] 赵毅衡则从象征内容的性质方面考察二者的区别，他认为当喻指是一个或一些特定精神内容，而不是一个语象时，就不再是比喻，而是象征。[②] 这是一个不具有规约性的标准，似乎比喻是没有“一个或一些特定精神内容”的纯粹语象。事实上，比喻和象征作为符号，都如弗莱所说，是由意义和形式构成的离心运动和向心运动的统一体。[③] 所以，象征与比喻的区别，更多的还是体现在：象征是被反复强调的；它往往指涉着作品的主题或对重要价值的暗示；它的意味蕴藉而隽永，挹之不尽。而后一点，也就是它的多义性特点，乃是象征的最为重要的本质特征，正像劳·坡林所形容的那样：“象征好像蛋白

① ［英］D. 洛奇：《小说的艺术》，153 页。

② 参见赵毅衡：《文学符号学》，180 页，北京，中国文联出版公司，1990。

③ 参见［加拿大］N. 弗莱：《批评的剖析》，63 页。

石，它的光能在慢慢转动的不同角度下放射不同的色彩”[①]；“象征的含义是无限的。由于其所象征是无限的，读者便也有充分理由按自己的经验予以解释”[②]。王蒙也指出：“象征不是比喻，象征是说生活本身往往提供出大有深意的形象。这种深意却是相当含蓄而且因人而有不同的解释的，具有某种多义性。”[③]他与坡林所见略同，却是出于自己的切身体会。梁宗岱对象征的这一特点的诗意化描述就更为形象和精彩：

藉有形寓无形，藉有限表无限，藉刹那抓住永恒，使我们只在梦中或出神的瞬间瞥见的遥遥宇宙变成近在咫尺的现实世界，正如一个蓓蕾蕴蓄着炫熳芬芳的春信，一张落叶预奏那弥天漫地的秋声一样。所以它所赋形的、蕴藏的、不是兴味索然的抽象观念，而是丰富、复杂、深邃、真实的灵境。[④]

梁宗岱的这段高华之论，极有可能源自歌德对“真正的象征”的灵悟妙想：“特殊代表着一般，不是作为梦和阴影，而是有着生命力的深奥莫测的东西的瞬间显露。”[⑤]“梦”和“瞬间”等意象和概念，都是他们阐释“象征”的关键词。这种巧合，或许不是偶然的吧？

象征同寓言也是有联系的，有区别的。有时候，人们倾向于强调它们的相似性，就像人们把象征和比喻的界限划得并不那么严格一样。这主要是由于象征和寓言的表意方式是相同的：它们都是以形象来负载或暗示难于直接说出的意旨，也就是说，对它们来讲，表层形象要素和处于第二层的意旨的联系都是隐曲的，含蓄的。但它们的区

① [美]劳·坡林:《谈诗的象征》,载《世界文学》,1981(5),251 页。
② [美]劳·坡林:《谈诗的象征》,载《世界文学》,1981(5),252 页。
③ 王蒙:《关于〈春之声〉的通信》,载《小说选刊》,1981(1)。
④ 梁宗岱:《诗与真·诗与真二集》,66 页,北京,外国文学出版社,1984。
⑤ 叶廷芳编:《论卡夫卡》,180 页,北京,中国社会科学出版社,1988。

别却更为明显：寓言既是叙事性的“正式的文学体裁，同时又是服务于别的体裁的修辞手法”①，是人类生活经验的一种总结，“是人类精神活动的一种原型”②，拟人化、道德训诫性，是其突出特点，而象征却只是一种修辞方法，既不是一种体裁样式，也没有寓言的以拟人化的方式总结生活经验，进行道德规劝的性质。寓言有对人类生活经验从整体上进行归纳的意思，而象征则永远与个人的经验和表现特殊内容的需要联系在一起。威廉·戈尔丁的《蝇王》可以被看作一个寓言，因为这部小说虚拟的寓言色彩，已远远超过了附丽于现实的情节之上的具体象征。它是对人类在漫长历史中相互仇恨和相互伤害的悲惨境况的一种虚拟化的寓言性叙述。而麦尔维尔的《白鲸》却只能被看作象征性小说，因为它着重的还是对具体的个人经验的讲述。也就是说，它“虽然也有寓言性的含义，但这种手法还没有重要到使整个作品都可当成一个寓言看”③。

奥地利学者埃里希·海勒曾细致地考察过象征与寓言的不同之处：

象征就是它所代表的事物；寓言所代表的不是它自己。一则寓言牵涉的是抽象的事物，一个象征指的是某种特别的东西和具体的东西。……寓言总是可以合理地破译的；象征能否破译，取决于社会对这一问题的看法是否能从根本上和谐一致……寓言产生的可能性只有在人类不再抽象思考并不再能借用意象表达时才会消失。但是，象征意义的传导并非依赖理性的活动，而是靠一种细致复杂的经验，使思想和感觉统一于精神认识之中。④

---

① [美]理查德·泰勒:《理解文学要素》,219页,成都,四川大学出版社,1987。

② 姚一苇:《艺术的奥秘》,126页,桂林,漓江出版社,1987。

③ [美]理查德·泰勒:《理解文学要素》,219页。

④ 叶廷芳编:《论卡夫卡》,179页。

海勒正确地指出了寓言和象征在可理解性上存在着差异，但也至少在两方面作出了错误的判断：首先，无论象征还是寓言，都并不直接就是它所代表的事物，它们都指涉着至少一种言外之意，因而，无论象征还是寓言，都牵涉到“抽象的事物”；其次，无论是寓言还是象征，它的形成都离不开“抽象思考”和“意象表达”，没有前者，确立意义的向心运动就没有动力；没有后者，显现意义的离心运动也不可能完成。如果在后一方面寻求二者的差异，我们也许可以说，寓言的离心运动是以事为轴心展开，而象征的离心运动则以象为轴心展开罢了。事实上，它们的壁垒，有时并不十分森严，因此，对二者的区分越是精巧地教条化，倒越有可能像海勒自己担心的那样：“流于学究气。”

2. 小说中象征修辞的特点和原则。

小说中的象征修辞，除了具有象征的一般性质和特点之外，还有着小说这一特殊的文学体式规定下的特殊的性质和原则。

第一，依附性原则。从与人物和情节的关系看，小说中的象征是一种依附性修辞因素。小说的中心是人物，以及与人物密切相关的情节和背景。小说中的修辞因素，都必须服务于塑造人物这个中心任务，依附于人物、情节这些小说的基元性因素，否则，就会导致小说本性的丧失，导致小说的非小说化，同时，也必然要影响到小说象征修辞的意义深度和可理解性。对传统小说来讲，人物和情节既是联系作者与读者的纽带，也是将小说中的各种因素整合为和谐、完整的形象体系的主要因素，它们仿佛一个坚固的花架，支撑着象征、反讽、抒情、议论等修辞性因素的一片锦绣。对现代小说来讲，恰当地处理象征与人物及情节的关系，既可获得浑涵的诗性意味，也不减损小说的叙事性魔力。在这方面，中国 20 世纪 80 年代的小说创作提供了成功的经验。王蒙的《蝴蝶》和《风筝飘带》、张承志的《黑骏马》、张贤亮的《绿化树》、邓刚《迷人的海》及张炜的《古船》中的象征，作为一种包蕴和表现作者情思和主题意蕴的形象化载体，虽然也占了较大的比重，但是并没有淹没人物和情节，而是赋予它们灵动丰满的内在气韵。相反的例子，是张炜的长篇小说《九月寓言》。我认为，这部小说的“沉闷的象征形式和颓堕的叙述方式，不仅阻滞着阅读，而且严重地影响着意蕴的传达”①，究其原因，就在于这部小说中的象征不是依附性的，而是喧宾夺主，完全淹没了人物和情节，使人觉得是在读一部过于冗长的写景散文或拉长了的谜语，而不是以情节和人物为主体的诗性小说。戈尔丁曾正确地指出：“只有当象征手法完全渗入小说的事件、人物和基调时，它才能真正奏效。”②但现代小说似乎倾向于把象征当作可以摆脱人物独立自存的因素，张烽说伍尔夫“将小说相对稳定的格局击碎了”③，就是指她完全不是以连贯的情节和圆整的人物性格作为小说叙事的中心和主体，而把小说象征化为一个独立的总体意象，这使她笔下的人物成了福斯特所批评的那种“纸上的生命”，“却很少能创造出永恒的生命”④。台湾学者姚一苇曾指出小说中存在“人物个性被抽取一空而代之以抽象的意念”的“意念化人物”，但他似乎认为为了象征而牺牲人物是值得的，“人物的意念化的程度越大，他的真实性的程度便越稀薄”⑤，“当艺术作品越接近真实则它的象征性便越稀薄，越近似一种真实的记录；当艺术作品越远离真实，在一种完全虚幻的假设的条件下构成秩序，则它的意念性越大，思想性越大，进入了一个象征的世界”⑥。这实在是一种精致的偏见，至少对小说来讲，不能算是十分

① 李建军:《坚定地守望最后的家园:评张炜的〈柏慧〉》,载《小说评论》,1995(5)。

② 陆建德主编:《现代主义之后:写实与实验(英国小说研究,1945—)》,127 页,北京,中国社会科学出版社,1997。

③ 黄梅主编:《现代主义浪潮下(英国小说研究,1914—1945)》,57 页,北京,中国社会科学出版社,1995。

④ 瞿世镜编选:《伍尔夫研究》,12 页。

⑤ 姚一苇:《艺术的奥秘》,144—145 页。

⑥ 姚一苇:《艺术的奥秘》,150 页。

有效的原则。小说中的象征不仅要依附于人物，而且不能影响人物性格的丰富性和真实性，所以，把真实性与象征性对立起来，把象征性等同于抽象的虚幻性，对于小说来讲，乃是一种错误的观念，只会导致小说实践上的褊狭和小说性的丧失。

第二，强调性原则。从象征的生成方式来看，小说中的象征并不像卡勒所说的那样，一开始就“是一个自然符号，其能指与所指已不可分离地融合为一体”①，它的能指和所指，是通过逐渐地加强才最后被联系起来的，小说家正是通过强调才使形象转化为包蕴着作者的修辞目的的象征，才能引起读者的注意和追索性思考。即便是像海明威的《老人与海》，也因为作者对大海、鲨鱼、狮子等意象的强调性描写，而具有了象征的意义，尽管作者声明这里没有象征。②一个形象一旦让读者觉得它是被强调的，常常就被人们当作有深意存焉的象征来看待，就此而言，可以说，没有强调，就没有小说中的象征。小说家对象征的强调有三种方式：

（1）反复性强调。这是人们最常用的技巧。沃伦认为象征“具有重复与持续的意义。一个意象可以被转成隐喻一次，但如果它作为呈现与再现不断重复，那就变成一个象征，甚至是一个象征（或神话）系统的一部分”③。弗莱则从更为宏观抽象的模式化层面强调这一点，他认为一切象征都是某种原型的重复：

……象征是可交流的单位，我给它取个名字叫原型（archetype）：它是一种典型的或重复出现的意象。……在大量的诗篇中，某些自然界的普遍意象或森林的重复，这本身甚至不能被称作巧合（coincidence），巧合这个词是当我们无法为一件设计品找到一种用法

① ［美］乔纳森·卡勒：《结构主义诗学》，339页，北京，中国社会科学出版社，1991。
② 参见董衡巽编选：《海明威谈创作》，145页，北京，三联书店，1992。
③ ［美］R.韦勒克、A.沃伦：《文学理论》，204页。

的时候给它起的名字。①

弗莱的观点有几分道理，指出了文学中的象征在共同文化语境中的制约下反复出现的共性特征，但他似乎忽略了这些象征尽管有某种共性，受某种文化语境制约，然而，从根本上讲，具体作品中的象征乃是作者为了特殊的修辞目的而予以反复强调的结果，是作家的创造性和个性的完美体现。狄更斯的《双城记》第五章，浓墨重彩地描写了一大桶葡萄酒，掉在街上，裂开了，附近的人，全都赶到出事地点喝葡萄酒。他反复强调了酒的颜色：

这是红葡萄酒，它染红了巴黎圣东安区那条狭窄的街道上它倒出的地方。它也染红了许多手，许多脸，许多鞋和许多木鞋。锯木头的那个人的手在木柴上留下红印；奶孩子的那个女人的额头上，被她又缠在头上的那条破布的残酒染红。刚才贪馋地大嚼酒桶饭的那些人，满嘴红迹，像老虎的血口一样；一个爱开玩笑的高个子也那样满嘴红迹，他的头与其说套在一顶肮脏的长袋子似的睡帽里，不如说露在它的外面，他用指头蘸上带泥浆的酒渣在墙上胡乱写了一个字——血。②

到小说的结尾部分，作者再次写道：“那些死亡之车沿着巴黎的大街隆隆行驶着，响声沉重而刺耳。六辆囚车给吉洛廷送去当天享用的红葡萄酒。”③ 对红色的反复描写强化了葡萄酒与血的联系，从而赋予它们以丰富的象征内涵和作者对法国大革命的复杂态度：它是悲剧导致的狂欢，又是具有狂欢色彩的悲剧，它是死亡和流血，又是由此造成的疯狂复仇和普遍麻木，这些象征内涵，与作者在这部小说一开始关

① [加拿大]N. 弗莱:《批评的剖析》,99—100 页。
② [英]狄更斯:《双城记》,23 页,北京,人民文学出版社,1993。
③ [英]狄更斯:《双城记》,305 页。

于“时代”的那段著名的议论所表达的思想认识和情感态度，是完全一致的。

跟狄更斯一样，肖洛霍夫在《静静的顿河》中也是利用反复性的描写，赋予黑色的物象以统一的象征意义，包蕴着作者充满人道情怀的战争观和人性观，强化了作品的悲剧性质，体现了作者对人物的深深的同情和温柔的怜悯。“太阳在他们头顶上照耀着。黑色的雁群，忽而排成一个圆阵，忽而排成一个天鹅似的黑色人字形，高叫着在深蓝色的天空飞过。”④黑暗的天空。黑色的泥土。黑色的云片。黑色的艾蒿。黑色的乌鸦。黑色的尸体。黑色的深水。黑色的土崖……

在小说的结尾部分，格里高力用马刀挖了个深坑，“他在明媚的阳光下，把自己的阿克西妮亚埋葬了”，“在灰尘弥漫的旱风中，太阳渐渐升到土沟的上空。阳光把格里高力的没戴帽子的头上那密密的白发染成银色，阳光在他的灰白的、僵得十分可怕的脸上不停地晃动着。他抬起头来，好像从一场噩梦中醒来，看到头顶上是黑黑的天空和亮得耀眼的黑黑的太阳”⑤。这样，他就把黑色这种象征着悲戚、郁悒、寒凉、悄怆的颜色，强化为小说的主色调，自然物象也通过象征手法被事象化和主观化，“成了作者主观心志的诗性显化形式”⑥。

（2）布局性强调。这种技巧是指把具有象征意义的物象或对它的描写，安排在小说中特殊的、重要的位置，从而达到突出其象征作用的目的。

题目是一部小说的名字，它往往包含着对小说来讲最为重要的信息，并以最凝练的形式把这些信息传达给读者，引领读者准确地理解作品、正确地评价人物。题目的这种特殊地位和关键作用，使它常常被小说家用来强化作品的象征性。如《红楼梦》《水浒》《白鲸》《红字》《红

④［俄］肖洛霍夫:《静静的顿河》,1801 页,北京,人民文学出版社,1982。
⑤［俄］肖洛霍夫:《静静的顿河》,1395 页,桂林,漓江出版社,1986。
⑥ 李建军:《景物描写:〈白鹿原〉与〈静静的顿河〉之比较》,载《小说评论》,1996(4)。

与黑》《白轮船》《白孔雀》《白光》《白鹿原》《金锁记》《金碗》《黑骏马》《绿房子》《魔山》《草原》《大地》《边城》《静静的顿河》《北方的河》《长河》《愤怒的葡萄》《枯枝败叶》《锡皮鼓》《驴皮记》《绿化树》《合欢树》《城堡》《围城》等，都属于这种通过题目强化作品象征意味的类型。

作品的开头部分在小说中起着冠领全书的作用，许多小说家往往把象征性描写安排在这个部分，这样既可以为小说确立一个基调，也可以为读者理解小说提供必要的暗示。如《九三年》《复活》《红字》《荒凉山庄》《高老头》《金锁记》《围城》等一开始对大海上的天风狂涛和轮船、春天、监狱、大雾、住宅、月亮、海上旅途的描写，都具有丰富的象征意味，而绝不是无关宏旨的闲笔。

情节发展趋近顶点的高潮部分最能吸引读者的注意力，因此，把象征安排在这个阶段，可以起到强化的作用。《红字》的“牧师夜游”一节，是小说高潮阶段的一个环节，作者写道，丁梅斯代尔仰望天空，看见一个用暗红色的光线勾勒成的巨大的“A”字。[①] 又借教堂老工役恭维总督的话，对这个“A”字的象征意义进行暗示：“天空上显现出一个大红字母‘A’，我们都理解它代表‘天使’(Angel)。”[②] 这样，就为原来象征着对海丝特的污辱的红字中，注入了与她的纯洁的爱情、美好的心灵一致的新的象征内涵。在随后的一节里，作者又借众人之口，给红字“A”中注入“能干”(Able)的意义。由于作者对象征布局的巧妙的安排，不仅使“A”字获得了崭新而完整的象征意义，而且给读者留下了深刻的印象。

为人重晚节，行文看结穴。乔治·爱略特说：“结尾是大多数作者的弱项，但是大部分过失应归咎于结尾的本质，它充其量不过是一个否定。”[③] 也许，把小说的结尾象征化，既有助于强化象征的效果，又可

① 参见［美］N. 霍桑:《红字》,138 页,南京,译林出版社,1996。

② ［美］N. 霍桑:《红字》,141 页。

③ 转引自［英］D. 洛奇:《小说的艺术》,249 页。

以帮助作者摆脱“弱项”的尴尬。《红字》、《彩虹》（劳伦斯）、《蝇王》以及鲁迅的《药》、《故乡》等，都是把结尾象征化的范例。

（3）抒情化强调。一切象征都是由两个不同向度的因素构成的：一个方向是向心的或内部的，它指向作者的情思，另一方向是离心的或外部的，顺着这个方向，我们走到象征的外在形式，以及与之同一的客观世界。对于象征的强调，可以采取向心的抒情方式，尤其是在那些情感型、主观型作家的笔下，象征形象总是因为受到抒情性因素的强调而被凸显出来。肖洛霍夫是一个情胜于理的小说家，这样，《静静的顿河》中的景物描写显然表现出作家难以保持恝默的激情状态，从而不仅使景物描写在量上呈现出难以消减的繁丰和细密，而且往往包蕴着作者显化了的情感抒发，强化了小说的象征色彩。作者礼赞性的描写，使静静的顿河成为与喧闹、混乱的生活现实相比照的永恒不变的生活原则的象征；而顿河草原，则成为宅心仁厚、充满爱意的母亲形象的象征：

低低的顿河天空下的故乡草原呀！一道道的干沟，一带带的红土崖，一望无际的羽毛草，夹杂着斑斑点点长了草的马蹄印子，一座座古冢静穆无声，珍藏着哥萨克往日的光荣……顿河草原呀，哥萨克的鲜血浇灌过的草原，我向你深深地鞠躬，像儿子对母亲一样吻你没有开垦过的土地。[①]

这样的抒情化描写，不仅像马克·斯洛宁所说的那样，“使读者对俄国大地产生一种强烈的情感，一种渗透一切的民族精神”[②]，而且，使顿河草原成为一个不朽的象征形象。

第三，丰饶的复义性效果追求原则。小说中的象征，作为小说家

① [俄]肖洛霍夫:《静静的顿河》,718 页,北京,人民文学出版社,1993。
② [美]马克·斯洛宁:《苏维埃俄罗斯文学》,199 页,上海,上海译文出版社,1983。

高度自觉的修辞目的的体现，一方面应有一个容易寻绎的确定的意义层面，它保证了作家与读者在对象征的传达与领悟上的契会；但是，另一方面，正像黑格尔说的那样，它还“要使人意识到的却不应是它本身那样一个具体的个别的事物，而是它所暗示的普遍性的意义”[①]，也就是说，它还应该有可以满足读者涵茹吐弃之要求的多义性质。意义层面过于单一的象征，就仿佛一口浅浅的眢井，是没有源源不断的清水可供汲取的。象征的复义性，使小说如蓝田日暖，良玉生烟，给读者一种惝恍迷离，味之不尽的诗意之境。

我把小说象征效果追求的这一原则叫作丰饶的复义性原则。这是从 B.I. 史华慈教授的“丰饶的含混性”（fruitful ambiguity）化用出来的一个概念。丰饶的含混性是指，一个思想家或文学家在面对时代苦难或承担内心焦虑的时候产生了不相容的关怀和思绪；然而，这样的冲突与紧张（tensions）正是刺激创作活动的源泉。[②] 史华慈的原意是说作家内心的矛盾、焦虑和冲突构成的张力，乃是有助于产生文学成果的，是推动创作所必需的一种精神状态。在艾布拉姆斯看来，象征之所以成为“文学表达法的较高级模式”[③]，就在于它能够形成丰富的甚至无限的暗示性。

但是，我们似乎还应该指出，小说中象征的复义性，与诗歌中的象征意义的不确定性，还是有区别的。在诗歌中，很多象征的叙事性和观念性因素，往往被降低到最小的程度，这就使诗歌中的象征呈现出更大的含混性和多义性。而在小说中，象征是依附性的，它依附于情节事件和人物形象，这就为它的意义阐释提供了可靠的参照系统和知识背景。从另一方面来看，小说家修辞介入的自由度和灵活性，也比诗人要大得多，这也使得小说家能更好地处理象征的明确意义与暗

① [德]黑格尔:《美学》,第一卷,11 页。

② 参见林毓生:《热烈与冷静》,183 页,上海,上海文艺出版社,1998。

③ [美]艾布拉姆斯:《欧美文学术语词典》,366 页。

示意义的关系，从而使小说中的象征呈现出以明确意义为轴心的和谐的复义效果状态。我们在小说中看到的几乎所有完美的象征，都具有这种既确定，又丰饶的复义性特点。《红字》中“A”的象征是多义性的，它象征着“通奸”（Adultery），有人还认为它象征着“艺术”（Art）、“前进”（Advance），甚至“美国”（America），正像乔治·珀金斯教授所说的那样：“用英语写作的小说家很少有人能用如此少的字表达出像《红字》所表达的那么多的内容。”[①] 但是，这些象征意义，远不如体现小说家明确的修辞意图的象征意义，如“能干”（Able）、“天使”（Angle）等，更接近情节事实。

3. 小说中象征修辞的类型。

分类研究是认识事物之间的差异性和特殊性的手段。分类的原则不同，分类的结果也就不同。人们根据不同的分类标准，把象征分为多种类型。例如，根据意义与形象的联系方式的不同，象征被区分为意义与形象直接对应、有固定联系的寓言式象征，和浪漫主义时期的自由联想、无法“意释”的非寓言式象征[②]；而从可理解性的角度，象征又被区分为容易理解的传统象征和需要破译的个人象征及“自然的象征”[③]，或者像姚一苇那样，分为接近隐喻形式的“简单的象征”和“不容易界定”的“复杂的象征”[④]；林兴宅则按照是否喻示观念内容的原则，把象征分为喻指观念性内容的比喻性象征和不喻示观念内容的表现性象征[⑤]。林兴宅否定“比喻性象征”，排斥观念性因素和认识性活动对于象征的意义，这显然是不正确的，因为象征是一种高度自觉的修辞活动，它离不开认知性的判断，没有认知和观念，就没有象征。

---

① ［美］N. 霍桑：《红字》，141 页。

② 参见赵毅衡：《新批评：一种独特的形式文论》，149—150 页，北京，中国社会科学出版社，1986。

③ ［美］R. 韦勒克、A. 沃伦：《文学理论》，205 页。

④ 姚一苇：《艺术的奥秘》，156—157 页。

⑤ 参见林兴宅：《象征论文艺学导论》，230—232 页，北京，人民文学出版社，1993。

本书根据表现方式的不同，把小说中的象征分为陈述式象征和描述式象征。陈述式象征是一种通过作者或人物之口讲述出来的象征形象，它因为包含了讲述者的评价性态度，意义指涉比较明显，所以，也可称之为显化象征。例如，陈忠实《白鹿原》中的象征，就是以简短的具有肯定性质的陈述句式表现出来的：

"白鹿村的戏楼这下变成烙锅盔的鏊子了！"[①]

"我的戏楼真成了鏊子了。"（235—236 页）

"福贤，你的白鹿原成了鏊子了！"（250 页）

"白鹿原没出个白鹿，倒真个出了个狼。"（279 页）

"上帝其实就是白鹿，奶奶的白鹿。"（413 页）

"你变成一只白毛鹿了。"（632 页）

陈忠实赋予这些象征以质实、确切的内涵指涉，并通过不同人物之口反复陈述出来，从而获得一种令人难以抗拒的穿透力，一种对作品主题的深刻的喻示力，尤其是鏊子这个形象，"犹如一束利剑似的强光，一下子刺穿并照亮被严包密裹了几千年的中国历史，它不仅敞亮了中国社会和历史的本质，也揭示了人类历史本质的某些方面"[②]。

一般来讲，陈述式象征如果没有情节事实和其他背景性因素的充分支持，是很容易流为直露与苍白的，因此，也很容易丧失象征的韵味与魅力，就此而言，陈述式象征，乃是一种难度更大的象征类型。《双城记》、《红字》、《沼泽地》（芥川龙之介）、《百年孤独》、《狂人日记》、《金锁记》、《围城》的直陈式象征，都属于成功的范例。

与陈述式象征不同，描述式象征则主要是通过对景物、场面或情

---

① 陈忠实：《白鹿原》，235 页，北京，人民文学出版社，1993；本章其他出自该书的引文，只在引文后注明页码。

② 李建军：《一部令人震撼的民族秘史》，载《小说评论》，1993(4)。

节动作的描写创造出来的象征形象，它是一种比较客观的象征形式，作者的态度和观念比较隐蔽，具有更强的复义性，因此，这种象征也可被称为隐性象征。由于象征的效果追求原则要求它要具有复义性和隐含化的特点，而描述式象征正好最有利于带来这样的效果，所以，一般来讲，小说中的描述式象征总是多于陈述式象征。

描述式象征又可根据客观的物素、形素和主观的情素、意素所占的比例不同，分为两大类：内倾型的意态化描述性象征和外倾型的物态化描述性象征。前一类象征描写的大多是溶渗着作者或人物情素、意素的景观，类似于王国维所说的“有我之境，物皆着我之色彩”[①]的那种意境，具有明显的抒情性质，《约翰·克利斯朵夫》《静静的顿河》《边城》《社戏》《故乡》《呼兰河传》以及埃泽拉的《湖畔奏鸣曲》(原名《井》）等小说中关于河流、月下的西瓜地、树林、花卉、湖泊等自然景观的细致描写，都具有这样的特点；后一类象征则倾向于把作者的情愫和意素，从象征物象中滗出来，把小说中的心理内涵的比例，尽量削减，从而形成“不知何者为我，何者为物”的“无我之境”[②]，以近乎纯粹的物象，来寓含微茫难求的理念或主题。对大多数现代小说家来讲，运用描写型象征，要以恰当的分寸感和均衡感，来处理情愫、意素和物素、形素的比例关系，使读者既可以从象征形式中得到含玩、追索的审美满足，又不至于把捉不到作者的旨趣所在。

对读者来讲，在读到描写型象征的时候，特别是读到那些近似于隐喻的物态化展示性象征的时候，尤需留意，作者的寓意往往是深蕴在形象背后的，甚至是复杂抽象而晦暗不彰的，读者只有经过一个随物婉转与心徘徊的体味过程，才能把握到它。例如，《日瓦戈医生》的主题内容，在很大程度上，就是通过这种描写型象征表达出来的。作者以自然来比照社会，以大量的景物描写，来象征性地喻示自己的历史

① 王国维:《人间词话》,34页,济南,齐鲁书社,1986。

② 王国维:《人间词话》,34页。

观和伦理观，即人类应该接受大自然无所不在的启示，放弃浮躁、急切地改变一切的冲动与行为，摆脱血腥的混乱的生存境况，在渐缓、自然、切实的过程中，完成从兽的生活向人的生活的升华与跃迁。这样的理念，仿佛馥郁的气息，弥漫在小说的每一个象征形象中：美丽而慷慨的花楸树、消融的冬雪、潺潺的流水、茂密的森林、稠密的睡莲、跌落的瀑布、林中的鸟鸣、雨后麻雀的啁啾和雨水的滴答声……读者如果忽略了对这些象征性描写的谛视和细味，那就等于没有倾听到作者向你发出的呼唤，就无法实现与作者的修辞性交流与沟通。

（二）传统小说和现代小说象征的不同表现形态

传统小说和现代小说中的象征，有着不同的表现形态。这种不同，至少可以从三个方面看出来。

首先，从比例上看，传统小说中的象征是局部的，只占很少的比例，它仿佛点缀在万绿丛中的一树灼灼欲燃的桃花，是叙事整体中的一个部分。无论《复活》一开始对春天生机葱茏的景象的描写，还是《荒凉山庄》对大雾的描写，或是《红楼梦》《金瓶梅》对花园等环境因素的描写，都是点缀性的，局部的。通过塑造人物和展示情节来揭示主题，依然是这些小说的首要法则和主要内容。

其次，从性质上看，传统小说中的象征大都是具体的、质实的、形象的、容易理解的。谁也看得出《复活》对春景的描写，恰是对小说中人物灵魂复活的一种象征；再迟钝的读者也能感觉到《红楼梦》中每个人物的性格及命运与他的居住环境之间的象征性联系。换句话说，传统小说中的象征作为叙述的辅助手段，往往以较为明显的方式，帮助读者更好地理解小说的主题、情节和人物。

最后，从小说内部构成因素的关系上看，在传统小说中，讲述故事、塑造人物、描写环境乃是主体，是构成小说的重要基元，是作者传达修辞信息的本体性载体，而小说中的象征则是依附于这些主体因素的。这样，对传统小说来讲，象征便具有局部性、可理解的具象性、依附性三个特点。

相反，许多现代小说家由于以极端的反叛姿态，否弃传统小说的写作原则和方法，遂使他们的小说在象征上呈现出与传统小说截然不同的表现形态和特殊性质，并表现出这样一些修辞特点：

第一，与传统小说的可理解的质实的具象性象征不同，许多现代小说中的象征，显示出晦涩的抽象化特点。这一点，我们可以通过对人物命名的考察来说明。小说中人物的命名，从来就是小说修辞的一个重要组成部分。它是作者塑造人物的最初步骤：人无名不立，有名万物之母也。作者通过对人物的命名，向读者传达丰富的信息，揭示人物的品格、修养，暗示人物的命运，引导读者准确地认识人物（这种修辞因素，甚至在特殊时期里凝定成一些带有时代色彩的普遍规范，例如，在"文化大革命"期间，小说中的反面人物的姓氏多取刁、胡、蒋、黄、白、姚，他们的名字里则多有杰、仙、仁、魁、财等字样）。沃伦说："塑造人物最简单的方式是给人物命名。每一个'称呼'都可以使人物变得生动活泼，栩栩如生和个性化。"[①] 理查德·泰勒也指出："选择名字这样简单的事情是人物形象一个很生动的体现。"[②] D. 洛奇则强调："小说中人物的名字从来都不是毫无意义的，总带有某种象征意味，即便是普通名字也有其普通意味。"[③] 可以说，这三位理论家的结论都是在总结传统小说将人物命名形象化、性格化、象征化的经验基础上得出的。但是，现代派小说消解人物，对传统小说给人物命名的修辞方式也大加否定，萨洛特说：

① [美]R. 韦勒克、A. 沃伦：《文学理论》，245 页。

② [美]理查德·泰勒：《理想文学要素》，83 页。

③ [英]D. 洛奇：《小说的艺术》，40 页。

在那全盛时代（指巴尔扎克的时代——引者按），小说人物真是享有一切荣华富贵，得到多种多样的供奉和无微不至的关怀。他什么都不缺少，从短裤上的银扣一直到鼻尖上显出微血管上的肉瘤。现在他失去了一切：……特别严重的是他失去了最宝贵的一项：只属他一个人所特有的个性。有时连他的姓名也荡然无存了。[①]

她说："甚至人物的姓名——这是写人物必不可少的——对现代小说家来讲也成了一种束缚。"[②]她肯定卡夫卡和乔伊斯只用一个字母或几个字母作为人物代号的做法（如卡夫卡小说中的"K"，乔伊斯小说中的 H.C.E.），或纪德式的采用罕见的名字，因为这可以"像在一只小狗的鼻子底下，拿一块糖晃来晃去一样，这使读者不得不一直集中注意，保持警惕"[③]。同萨洛特一样，罗伯－格里耶也是从理论到实践都反传统的，他笔下的人物被抽象化、物化，也不再是传统意义上的人物，"不像传统小说有名有姓、处在确定环境中的人物那样有固定的形象"[④]；这些人物只有字母代号，如《嫉妒》中的人物就被命名为阿 X，而其中的"丈夫"则索性连字母代号也没有，他的电影小说《去年在马里安巴》中，人物的名字也是字母，如 X、A、M 等。可以说，"新小说"派真正实现了罗兰·巴特所倡言的把人物抽空以后辞格化的要求：

它不再是有关一个世俗姓名的义素的组合，而且生平、心理和时间也不能再占有它；这是象征关系的一种非世俗的、无人称和非持久的外形。像修辞格一样，人物可以在两种角色之间摆动，而且不需要这种摆动有任何意思，因为这种摆动是在生平时间之外（即在年代史

① 柳鸣九编选:《新小说派研究》,29 页。

② 崔道怡等编:《"冰山理论" 对话与潜对话》,下册,563 页。

③ 崔道怡等编:《"冰山理论" 对话与潜对话》,下册,563 页。

④ 柳鸣九编选:《新小说派研究》,533 页。

之外）发生的：象征结构完全可以逆转的：我们可以从各个方面来阅读这种结构。……人物作为象征的理想性，它没有年代的即生平的服饰；它不再有名字；它只不过是修辞格的一种经过（和返回）场所。[1]

巴特的理论是错误的，“新小说”的实践是失败的，说轻点，他违背了起码的经验和常识，说重点，他违背了捍卫个体尊严的人道原则。总之，在作为象征符号的人物姓名的修辞处理上，“新小说”虽然表现了大胆的革新意识，但具体的做法却是不可行的。它不是以充分的形象化、生动化、个性化来丰富姓名的象征内涵，而毋宁说，恰恰相反，常常以任性的抽象化，减损了人物的生动性、真实性及个性内涵的丰富性。

中国的所谓“先锋小说”，某种程度上讲，乃是西方现代派小说孕育的一些畸形的产物。他们背离传统，盲目地趋从西方怪异的新流派。例如，在对人物的看法上，余华的观点与萨洛特的观点惊人地一致：“事实上我不仅对（人物的）职业缺乏兴趣，就是对那种竭力塑造人物性格的做法也感到不可思议和难以理解。我竟看不出那些所谓性格鲜明的人物身上有多少艺术价值。”[2]

同萨洛特一样，余华也拒绝关注与人物密切相关的外在因素，而是强调深入“人的复杂层面”，“更关心的是人物的欲望”，这与萨洛特的“潜对话”在本质上是一致的。由于切断了人物与外部现实的具体、生动的联系，“先锋小说”便以抽象化象征手法来表现名为“人物”的实则是自己的“欲望”。余华说：“一部真正的小说应该无处不洋溢着象征，即我们住居世界方式的象征，我们理解世界并且与世界打交道的方式的象征。”[3] 这是一种含混而抽象的象征观，他以从人物命名到事

---

① [法]罗兰·巴特:《罗兰·巴特随笔选》,179页,天津,百花文艺出版社,1995。

② 余华:《虚伪的作品》,载《上海文论》,1989(5)。

③ 余华:《虚伪的作品》,载《上海文论》,1989(5)。

象本体的抽象化象征处理，从实践上证明自己的理论认识的片面和混乱。在小说《世事如烟》中，他用数字代表人物，将人物关系无序地抽象地数码化，借以否定传统小说的形象化、性格化命名，从而喻示作为作者自己的“欲望”和观念形态的“迷宫”式人生图景，象征人生的虚无和恐怖、混乱和阴暗。这篇小说中姓名被字母化和数字化的人物之关系，可以简化如下：

T：男人 /T 的妻子 /6：男人 /4：16 岁少女（6 的女儿）/3：60 岁的老妇 /3 的孙子（17 岁，与 3 有乱伦关系）/ 瞎子 / 算命先生 / 灰衣女人（幽灵）/2：抽象的男性人物 / 接生婆等。

据说，“这些数码与人物在小说中可以自由替换，从而如玩纸牌游戏，暗示了宿命，不可知”，而这些不同于传统小说中的“人物”，也“没有主次之分，他们都代表着一种抽象的，一种颠覆性的‘欲望’”[①]。真是匪夷所思，妙不可言，可惜这种纸牌游戏，只有诺斯特拉达姆斯或聪明的吉卜赛女巫才能玩得了。事实上，这种将人物姓名象征性抽象化的做法，恰像雅克·里拉尔所说的那样，是一种极为“表层”化的方法，它既缺乏形象性，也“剔除了对深度的向往”，“使我们在阅读时丧失意义这个心驰神往的目标”[②]，从而造成了读者阅读和理解上的困难，这足以说明，所谓“先锋小说”不仅在人物命名的象征修辞上是失败的，而且本质上是一种蜉蝣式的文学。

第二，从比例上看，现代小说中的象征，往往有普遍化和整体化的倾向，成为取代传统小说中的讲述、直接的抒情和议论的主要的修辞手段。这一点，无论从西方的现代派小说，还是从中国的“先锋小说”中，都可以看出。卡夫卡的《变形记》和《城堡》就是整体性的象征。这些小说是写意性的，本质上近乎寓言，其中的人物、事件都被虚拟化、象征化了，人变成大甲虫是明显不过的了。而《城堡》中

① 尹国均:《先锋试验》,78 页,北京,东方出版社,1998。

② 柳鸣九编选:《新小说派研究》,535 页。

的城堡和土地丈量员 K，也都被象征化了：城堡是一种类似于陷阱的目标，它神秘而难以接近；K 是盲目而又执拗、无奈而又无法解脱的人类生活状况的象征符号；小说的象征化主题则是人生无非是一出无可救助、虚无、荒诞的闹剧而已。总之，卡夫卡小说的这些象征，已漫漶到小说中的每一部分，孙晋三早在 20 世纪 40 年代就指出卡夫卡的小说“似乎被笼罩在一种神秘的气氛中，好像背后另有呼之欲出的东西，而要是细细推考，却又发现象征之内另有象征，譬喻之后又有譬喻，总是探测不到渊底”[①]，这其实也是在间接地谈论卡夫卡小说中象征的整体化倾向问题。

对法国“新小说”派来讲，当物成为小说中心，人被物化以后，当人的外在的客观生活内容和内在的理性意识被抽空以后，象征的整体化似乎就是一种必然的结果。克劳德·西蒙的长篇小说《佛兰德公路》中对物象的详细而沉闷的描写，远远多于对人的行动和情节事件的关注和讲述，而罗伯－格里耶的小说，更是典型地说明了这一点。无论是他的长篇小说（如《窥视者》《嫉妒》等），还是短篇小说（如《咖啡壶》《舞台》《海滩》等），都是以描写象征化的物象为主体的。这种整体化倾向，使他的小说存在着过度性反复的情况。所谓过度性反复，是指小说中某种或某些象征意象，以超过象征的强调原则所要求的合理限度的频率反复出现，占据了很大的篇幅，排挤了人物和情节，造成小说的沉闷、滞重、可读性差和象征意义贫乏等消极后果。在罗伯－格里耶的小说中，有些象征物象，如海滩、海鸥、悬崖、尸体、癞蛤蟆、8 字形等，不仅在一部小说中过度性反复出现，而且在多部或多篇小说中反复出现。例如，在《窥视者》中他对海鸥就有这样的象征性描写：“一只灰色的海鸥从船后飞来，……它把头侧向一边，用一只眼睛向下窥探，……一只浑圆的、毫无表情的眼睛。”[②] 这种对海鸥

① 钱理群:《二十世纪中国小说理论资料》,第 4 卷,282 页,北京,北京大学出版社,1997。

② [法]罗伯－格里耶:《窥视者》,4 页,上海,上海译文出版社,1979。

的几乎完全相同的描写，在接下来的篇幅中，至少重复了9次[①]，平均每隔25页就出现一次，而具体来看，在中译本中，它们出现的间隔有时非常小，例如，在第9页，第10页，第14页，一连出现3次，以从第9至第14页的篇幅长度看，它重复的平均间距还不足两页，即便以从第1页至第14页的篇幅看，它的平均间距也不超过5页，这足以说明象征已经成为这部小说的主体，已经以一种整体的形式存在于小说中，成为一种主宰性的修辞手法。

中国的“先锋小说”，如格非的《敌人》，余华的《世事如烟》《难逃劫数》，孙甘露的《请女人猜谜》，韩少功的《爸爸爸》，王安忆的《小鲍庄》，莫言的《红蝗》，也都有这种把象征整体化的倾向。《世事如烟》对声音、细雨、阴沉的天空的反复描写，充斥在整部小说中。格非的长篇小说《敌人》，更是一个堆满象征的大仓库，其中莫明其妙的大火、并无确指的“敌人”、灰色的光影、秋天灰暗的天空、死鼠、大水缸等晦暗不彰的象征，把整个小说构织成一个巨大的迷宫，像一堆纠缠在一起的乱麻，让读者理不出个头绪。

法国“新小说”和中国的“先锋小说”中的整体化象征，是一种停留在事物表面的极端主观化的创作倾向的表现。它们往往以牺牲人物性格的丰满、情节的生动和主题的深刻有力等效果为代价，因而，是一种缺乏内在深度、丰富意义和持久影响力的文学。洛奇曾批评这种大量表面化象征导致了“表面意义或象征意义扑朔迷离，却没有一个指称共核”[②]。布斯也批评“新小说”存在着“在事物表面产生的精确感觉转换”，“而不是在任何对于事物总看法的忠诚中”“追求现实”的倾向，并指出，“在法国的‘新小说’中，这种观点被发挥到令人难以置信的极端”[③]。詹明信则尖锐地指出：“在‘新小说’中，零碎的片断

① 参见[法]罗伯－格里耶:《窥视者》,10、14、69、125、203、206、222、225页。

② [英]D.洛奇:《小说的艺术》,153页。

③ [美]韦恩·布斯:《小说修辞学》,61页。

的材料，永远不能形成某种最终的‘解决’，只能在永久的现在的阅读经验中给人一种移动结合的感觉。”[①] 确实，普通读者从这些把象征描写整体化的小说中，往往既得不到确切而有意义的信息，也无法获得阅读小说惯常会有的那种契合性交流所带来的愉悦和满足，从而使现代主义小说成为一种抵拒阅读，难于理解的冷冰冰的巨形怪兽，正如布雷德伯里所评价的那样：“现代主义不仅意味着艺术的新形式和独特风格，也意味着艺术的极大的灾难。总之，实验主义不单单表明艺术上存在着深奥、困难和新奇；它也表达着凄凉、黑暗、异化、崩溃。”[②] 看来，现代艺术确实是深陷在困境中的，对诸如“新小说”和中国的“先锋小说”来讲，从修辞上寻求解决问题的出路，首先意味着把过度重复的、晦涩的、表面化的象征，从数量比例上予以削减，而强化其表现上的强度和喻示意义的深度，使之成为以塑造人物为中心的叙事整体中的一个有机和有效的构成部分，最终维持小说修辞诸因素在比例上的适度与和谐，将自己所把握到的生活内容完美地叙述出来，有效地传达给读者，从而实现作者与读者的修辞性交流。

第三，如前所述，对传统小说来讲，象征永远是一种依附性的修辞手段；人物是小说的核心，叙事是小说的根本，象征是缠绕在叙事主干上的紫藤。但是现代主义小说正像弗里德曼所说的那样，“不注重事件和人物的发展，而注重意象和象征的积累”[③]，他指出，詹姆斯、普鲁斯特、乔伊斯、康拉德、福克纳、伍尔夫等人的小说继承了法国象征主义诗歌的遗产，是一种象征主义的新小说，这种“新小说不像它的前辈那样注重按顺序讲故事和从生到死单刀直入地刻画人物；它更愿意分解叙述，把经验切割成小块的时间，通过重复出现的意象和象征，而不是通过事件来把这些零碎的经验连接起来。与从简·奥斯丁到

① ［美］詹明信：《晚期资本主义的文化逻辑》，292 页。
② ［英］M. 布雷德伯里等编：《现代主义》，11 页，上海，上海外语教育出版社，1992。
③ ［英］M. 布雷德伯里等编：《现代主义》，425 页。

屠格涅夫和莫泊桑的传统小说相比，象征主义小说不那么注重外部现实，而更注重其他艺术形式”[①]。

这样，现代小说中的象征从小说内部的诸因素的关系上看，就呈现出一种独立的主体化趋势。它放弃叙事的动态感、巨大的包摄性和裹携力，而以滞缓的甚至静态的象征形式，赋予小说以雕塑、绘画的质感和诗意的性质。萧乾先生早在 1947 年的一篇文章中就指出现代小说中存在人物被淡化而象征性意境被凸出的倾向，认为这是它们的“一个根本短处”：“它们能创造意境、型样、旋律，但是，创作人物，是非常吃亏的。吴夫人（指吴尔夫，即“伍尔夫”）的《波浪》当诗来读，字字珍玉；当小说来读，则六个人物有如六根无皮香肠一道煮入锅中。”[②] 形成这种结果的原因，从宏观修辞的角度看，是因为现代派作家偏重于运用可以形成客观印象和含混效果的展示手法，这可以使他们避免以直接介入的方式陈述事件和评价事件，而便于以间接的隐含的方式包蕴作者深在的心理体验和含混、矛盾的情感态度。从小说与外部生活和自我的关系来看，现代小说从总体上呈现出脱离外部现实而向心理世界倾归的倾向，而内倾化的无意识、非理性的心理活动，往往是很难用言语直接说明的，只有借助外在的对应性物象，才能完整、全面地得到外化与显化，这样，象征就摆脱了它在传统小说中的依附地位，成了现代小说中具有独立修辞地位的表现手法。俄国当代著名的文学评论家德·扎东斯基就曾指出卡夫卡小说中的象征与传统小说中的象征的这种本质区别：

许多现实主义作家，也时常采用象征的表现手法。但是在他们笔下，象征的外貌和内容总是存在直接的血缘关系。不但这样，象征的外部标记本身，对于现实主义作家也绝不是无关紧要的。它不是单纯

① ［英］M. 布雷德伯里等编:《现代主义》,423 页。

② 钱理群编:《二十世纪中国小说理论资料》,第 4 卷,421—422 页。

的概念符号，而是取自现实、跟现实保持着一定关系，并且不依赖于本身的更加广泛的象征内容而揭示着现实的含义的、本身就有价值的艺术形象。[①]

然而，在卡夫卡的小说中，象征就显示出一种摆脱对外部现实的依附性的“纯粹的姿态”，“一切都是象征，是可以作多样解释的、含混的、无法捕捉的象征。像一切象征主义者一样，卡夫卡笔下的象征，其外部标记和内容总不是处于辩证的联系之中。它们是彼此隔绝的，因此，外部标记就照例只是一种本身无内容的‘符号’”[②]；“甲虫式的人，这就是孤独的‘纯’象征，就是孤独的‘符号’”[③]。这种脱离叙事本体和现实生活的象征，是一种极端主观化和抽象化的修辞方式，它甚至于吞没了人物，把人物的个性和基源于现实生活的所有真实特征和有机联系，都从人物身上汰除了，使之成为一个纯粹的象征符号，从而产生了姚一苇先生所说的“意念化的人物”：

吾人知道作为一个真实的人物，都不应该是单纯的，都应该具有相当复杂的个性；亦即是说具有许多方面，多与不同的人物或事件的接触上会显示不同的面貌；只要它是一个真实的活的人物，他便或多或少具备某种应付的能力，具有相当的伸缩或弹性。但是当人物为抽象的意念所取代之后，那些作为一个真实的人物所应具备的性能被抽去，代之以只有作为应付某一特殊事物的行为能力，这便是人物的意念化，人物的意念化的程度越大，他的真实性的程度便越稀薄。[④]

---

① 叶廷芳编:《论卡夫卡》,448—449 页。
② 叶廷芳编:《论卡夫卡》,448 页。
③ 叶廷芳编:《论卡夫卡》,449—450 页。
④ 姚一苇:《艺术的奥秘》,144—145 页。

这样，小说家如何在象征所需要的意念化与塑造生动、富有生命力的人物所需要的真实性之间维持一种均衡而辩证的关系，就是一个至关重要的问题。一味地强化人物的意念化，就会使人物沦为作者抽象观念的苍白的象征符号，但是，如果小说家让意念化服从于真实性原则，使象征服从于、依附于塑造人物的整体要求，在二者之间维持一种主次关系，就可以既不减损人物的真实性，也可以使人物由典型层面而臻达象征境界，像阿Q、曹七巧、翠翠、桑提亚哥、马铁奥·法尔哥尼，以及《日瓦戈医生》中象征着“俄国文化女神”的拉拉。[①]

总之，象征化是大部分现代主义小说的共同倾向，而抽象性、整体性和非依附性则是现代主义小说象征的突出特点。这种象征固然增加了小说的诗意性质，但也减损了小说的叙事魅力，导致了人物形象的苍白，造成了读者理解上的困难，在这样的时候，现代主义小说就需要回头却顾所来径，从传统小说的经验中寻求启示。传统固然是需要超越的“障碍”，但传统也意味着成就和经验，因此，它常常可以当作指示前行方向的定位仪。而具体到小说中的象征这一修辞问题，传统小说的经验就是：只有当象征是形象的，并且作为一个有机的部分依附于以塑造人物为中心的叙事主体的时候，它才有可能与小说内部各种因素建立起和谐而均衡的辩证关系，才能更好地服务于塑造人物、喻示主题等修辞目的，最终有助于实现作者与读者之间的修辞交流目的。

---

① 参见赵一凡:《美国文化批评集》,104 页,北京,三联书店,1994。

第八章

小说的修辞效果

人类的所有自觉的文化行为都有实现某种价值的目的性，小说修辞也不例外。小说家写作小说的目的，就在于通过运用种种修辞手段增强作品的感染力和说服力，最终对读者的内心生活发生积极的影响。所以，光研究修辞技巧还不够，只有把对小说修辞效果的考察也涵括进来，我们对小说修辞的研究才是完整的。

伊格尔顿就认为，修辞学就是研究这种由自觉的“组织形式和构成方法在实有环境中的读者身上产生了什么效果”①。就连卢伯克也说，对于小说来讲，“问题的重要性在于要确切地认识到赢得的效果是什么”②；布斯也强调，“研究小说修辞不仅要判断手段，也要判断目的”③。可见，对许多研究者来讲，修辞的目的和效果都是一个值得关注的问题。

是的，技巧服务于目的，脱离开修辞目的玩技巧，是没有意义

---

① [英]特里·伊格尔顿:《文学原理引论》,240 页。

② [英]珀·卢伯克、爱·福斯特、爱·缪尔:《小说美学经典三种》,91 页。

③ [美]韦恩·布斯:《小说修辞学》,390 页。

的。换句话说，技巧必须有助于小说家更好地刻画人物、叙述故事、彰显主题，从而实现作者意欲在读者身上实现的道德感化目的和美学感染效果。总之，不联系技巧在一部小说中为什么被选择以及是否达到目的，我们就无法最终弄明白它是什么，有无价值。

修辞效果如此重要，但是对它的研究现状却不能令人满意。许多与小说修辞的效果相关的重要问题，还很少被系统地、深入地考察过。这一缺失造成的直接后果，就是既限制了人们对小说修辞活动进行完整、全面的认识，也不利于人们对作品进行更为细致的修辞效果分析。

一、效果的界定及影响小说修辞效果的诸因素

艺术的效果或效应，是实用批评最为关注的问题，我们甚至可以说，实用批评就是效果批评。离开效果或效应的概念，实用批评就失去了批评的中心，因为，实用批评的基本观点是，作品的目的就在于对读者产生影响（审美上的、道德上的、情感上的）。它倾向于以是否成功地达到上述目的来判断作品的价值。C.J. 杜卡斯就曾对“实用”和“效应”这两个概念下过比较宽泛的定义：“实用（practical）并非是试图创造某种‘有用之物’意义上的实用，而是效应（effect）意义上的实用，即导致事物的效用或对事物产生影响。”[①] 这个定义虽然不够精确、严密，但却正确地强调了艺术与其所产生的影响和效果的血肉一般的关联。

在对修辞效果进行界定之前，似乎有必要先弄清“效果”这个概念的含义。效果不同于结果，市川昭午就对效果和结果作了细致的比较和区别：

---

① ［美］C.J. 杜卡斯：《艺术哲学新论》，108 页，北京，光明日报出版社，1988。

在作为某种活动或原因的产物时，效果和“结果”是同义的。但是，“结果”既包括“好的结果”也包括“坏的结果”。相比之下，效果则主要意味着“好的结果”或“理想的结果”。虽然有时也会出现“负效果”或“逆效果”，但因为效果一词本身就具有正面的含义，所以也就没有再强调“正效果”或“逆效果”的必要。[①]

概括地说，效果通常是对某种活动所产生的结果的积极的评价，是指这种活动将对人产生有益的影响。这样，修辞效果就是指作者利用各种技巧手段，增强作品的表现力，并对读者所产生的积极的感染力和影响作用。而小说修辞效果，就是小说家利用小说艺术的各种技巧手段，对读者发生的积极作用，即通过说服读者接受作品所塑造的人物，认同作者在作品中宣达的价值观，从而最终在作者和读者之间达成精神上的契合与交流。可以说，每一部小说都以获得这样的效果作为自己的目的。或者，换句话说，每一位小说家都把让读者欢迎、喜爱自己的作品当作写作的根本目标，正像福斯特所说的那样：“什么原则啦、体系啦，对其他样式的艺术或许合适，但在小说这儿，却都不能应用，——或者说，即使应用了，效果也一定要受到复查的。……对一部小说的最后的检验将是我们对它的喜爱。”[②]

事实上，小说的修辞效果并不是一种被作者置入作品的固定的价值形态，也不是因某种单一因素获致的结果。就前者说，小说的修辞效果是变化的，具有差异性的，就后者说，小说的修辞效果的最终实现，决定于诸种因素间的合力作用。

---

① [日]市川昭午:《教育的效果》,3页,南昌,江西教育出版社,1993。

② [英]珀·卢伯克、爱·福斯特、爱·缪尔:《小说美学经典三种》,219页。

（一）作者因素

作者是在小说的修辞效果的形成过程中起决定和主导作用的因素。作者写得如何，在修辞技巧的选择和运用上是否恰当、合分寸，不仅直接影响到作品本身是否完美，也会直接影响到读者对小说的阅读。福柯在《什么是作者？》一文中说：“我们可以很容易地想象出一种文化，其中话语的流传根本不需要作者。不论话语具有什么地位、形式或价值，也不管我们如何处理它们，话语总会在大量无作者的情况下展开。”[①] 这些论断其实是靠不住的。因为，事实上从一开始，“作者”就参与到了“话语的流传”活动中。只有作者首先写好，才能指望读者最终读好，“话语的流传”才能最终实现。

作者的主导作用体现在，他不仅要为读者提供阅读的文本，而且，还得通过各种修辞手段来控制读者的反应，清除读者理解方面的不必要的障碍，努力使读者心甘情愿地认同和接受自己所叙写和表现的一切，从而实现作者与读者精神交流上的契合与共鸣。越是成功的小说家，在修辞上的控制力越强，其作品获得修辞效果上的成功的可能性就越大。如果一部作品让大部分读者读过之后，搞不清作者的意图和态度，不知道作者要他如何反应，那它的作者在修辞上所做的努力就是失败的。

为了实现小说的修辞效果，小说家必须正确地认识到自己应该承担的责任是什么。他不应该放弃作者的必不可少的介入和评价，否则，就会因为缺乏必要的阐释，因为缺乏人情味的反交流倾向而影响小说修辞效果的实现。法国“新小说”派就典型地反映出作者放弃自己的责任所导致的修辞上的严重问题。“新小说”派反对传统小说作者的介入和评价，“认为传统的现实主义因为强硬地加入了人类的意义与解释，歪曲了事实”，因此，“小说必须避免用人类的措辞去描写这个世界”[②]。

---

① 王逢振等编:《最新西方文论选》,459 页。

② 刘以鬯:《短绠集》,78 页。

事实上，“避免用人类的词”不仅没有使“新小说”的描写更接近“事实”，而且，还给读者的阅读造成了极大的困难，从而严重地影响了小说修辞效果的实现，正像杜夫海纳所批评的那样：

像福楼拜的作品一样，罗伯－格里耶的形式主义出自一种对对象的不信任甚至厌恶。他只是为了把对象放回原位，使之不可及，不能被支配和没有意味时才如此详细地加以描述。……作品似乎被还原成无意义，没有连续的时间，没有固定的距离，没有确定的对象，也没有明确的故事情节。……为什么要把微观物理学引进感觉领域中来呢？①

是的，这种“微观物理学”的方法，是一种反人性的、反修辞的方法。它加大了读者和作品之间的距离和隔膜感。戈德曼为“新小说”派的这种修辞上的失败辩护，把责任推给读者，推给社会。在他看来，“新小说”派在“可读效果”等方面存在的问题，一方面是由资本主义的“商品拜物教”造成的，面对罗伯－格里耶的小说，“批评家和读者之所以觉得内容那么难以捉摸，这倒不是作者的过错，而是大部分人以先入之见、固有情感和思想习惯去阅读作品”②。戈德曼的判断是靠不住的。首先，文学并不是现实的被动的依附性的衍生物，而是对现实的一种包含着目的性和超越性的积极把握。因此，不能把“商品拜物教”的现实，当作造成小说缺乏人性内涵的直接原因或决定性因素。其次，没有固有经验支持的阅读是不存在的：没有“先入之见”的审美期待和预想，就没有阅读的动力；而没有“固有情感和思想习惯”，就丧失了认识上的连续性和评价上的普遍有效性。布斯就反对那种无视个人欲求和已经形成的固有“习惯”的理论，他说：

① ［法］米盖尔·杜夫海纳：《美学与哲学》，197页。

② 吕同六主编：《20世纪小说理论经典》，下册，44—45页。

即使当我们阅读最非传统的故事时，我们也会给这个故事加上我们从阅读其他故事的体验中得来的大量的期待和推断模式。如果我们在阅读一篇故事时，对于这篇故事和其他故事的相近或相异之处缺乏预感，那么，我们就不可能再现一篇故事。[①]

一部小说的修辞效果，大体上可以被分为实质效果与象征效果或整体效果与局部效果。实质效果和整体效果，往往体现为一种清晰、完整的特征，而象征效果和局部效果则具有模糊性、不完整性和不确定性。一般来讲，实质效果和整体效果总是由作者通过各种修辞手段在作品中规定好了的；这些效果与主题、人物、情节等因素紧紧联系在一起，集中地显示着作品的美感强度和作者的思想深度。如果我们从作品中看不到由作者提供的实质效果和整体效果，只看到一些凌乱、含混的象征效果和局部效果，那么，我们的阅读和理解就会失去方向，就会受到阻滞，就很难体验到成功的交流和沟通带来的满足感。然而，在最近的多半个世纪里，作者在小说修辞效果形成中的主导地位和重要作用一再被降低。“新批评”、接受美学、结构主义、解构主义等理论都怀疑、贬低甚至取消作者在作品的意义阐释等方面的作用和地位。这种倾向一方面助长了阅读和阐释上的主观、任意的倾向，另一方面也容易导致作者写作上缺乏责任意识和丧失创导能力等严重后果，因此，是一种应该引起注意的现象和问题。

（二）读者因素

读者是影响修辞效果实现的与作者同样重要的因素。就像消费意味着生产的最终完成一样，阅读则意味着写作的最终完成。如果说，

---

① ［美］韦恩·布斯:《小说修辞学》，446—447页。

作品的价值只有通过阅读才能实现，那么，小说的修辞效果也只有通过读者的阅读才能被体现出来。伽达默尔说：“不涉及接受者，文学的概念根本就不存在。”[①] 是的，包含在一部小说中的可能性效果，正是通过读者的阅读，才被最终转化为现实性效果的。

事实上，读者在阅读小说作品的时候，常常处于一种矛盾状态和张力关系中。例如，他既要接受作者的修辞暗示和控制，同时，又得根据自己的主体情况对作品进行理解和评价。从正常的意义上来讲，读者如果完全拒绝作家的引导，不接受作者的控制，那他要么就根本不会去读他的小说，要么就难以卒读，因为，积极的小说阅读，首先决定于读者对作者的信赖，取决于读者对作品中的多种修辞性因素的认同和接受，至少是容忍。但是，另一方面，读者又必然因为性格、趣味、学识、经历、年龄、性别、种族甚至信仰等方面的原因，而对作品有着自己的理解和评价。这种理解上的个体差异性，极大地影响着小说的修辞效果的实现，使一部具体的作品的修辞效果，在读者的阅读中，呈现出千差万别的状况。刘勰就曾在《文心雕龙·知音》中指出“知多偏好，人莫圆该”的现象，但是，他反对那种“各执一隅之解，欲拟万端之变”的褊狭。刘勰对作者与读者之间的沟通和交流抱有乐观的态度。在他看来，通过“博观”，就可以达到“无私于轻重，不偏于憎爱，然后能平理若衡，照辞如境”的境界，从而成为“觇文辄见其心”的“知音君子”。一个优秀的读者，绝不人云亦云，也不是一个不动脑筋，只图看热闹的人。他倾向于信任作者，但是否最终接受作者在作品中所表现的一切，还得经过自己细致、审慎的思考和判断以后才能确定。他得克服两种可能存在的情况：一是无视作者的“误写”，即失败的修辞处理；二是放任自己的“误读”，即随意地阐释作品。他得随时提醒自己不要因为轻信而作了小说家的应声虫和盲从者，也不

① ［德］伽达默尔:《真理与方法》,237 页,沈阳,辽宁人民出版社,1987。

要将自我的存在无限放大，从而导致完全歪曲作者意图和作品本旨的过度诠释。

读者在阅读中还常常陷入另一种矛盾状态中，那就是，一方面，他要最大限度地保持一种感性的、纯真的、稚气的、活泼的状态，同时，又必须时时让自己的理智的分析能力发挥作用，对作品的思想和美学价值进行冷静的评估。感性上的纯真状态，有利于读者接纳一部作品，有助于他进入一种极为快乐的体验情境。这就是为什么人在年轻的时候，即使读稚拙的作品都会心旷神怡的原因。岁月流逝，学随年进，思想也渐趋成熟，纯真的读者开始用平视的姿态来审视作品，打量作者；他也许会接受作者的修辞处理，但也向作者提出问题，并陈述自己的理解和看法。当此时也，他再也体验不到在乐于相信一切的、无所用心的纯真状态下所体验到的强烈的快乐和满足——要求最少的时候，最容易满足；乐于认同的情形，也最容易给人带来快乐啊！然而，牺牲这样的快乐和满足是值得的，因为，无论怎么讲，没有理智的选择、分析和判断的介入，读者就不可能在更深刻的意义上体验一部作品，就不可能在真正的意义上与作者进行积极的对话和交流。质疑和辩诘乃是抵达作品内部的前提条件。因此，凭着纯真的心智状态和阅读心理，我们很容易就能获得满足的体验，但它不应该被视为一种积极性质的快乐体验。一个读者只有当他能在适当的程度上保持住那种纯真的阅读心理，同时，又能培养起自己的成熟的理性的分析能力，他的阅读行为才有可能是在修辞上具有创造性质的生产性的阅读，而不再是缺乏创造力的纯粹消费性的阅读。

总之，从是否有助于小说修辞效果实现的角度，我们可将读者分成积极的读者和消极的读者。积极的读者是指那种思考型的批评型的读者。他有较为丰富的阅读经验，有一定的思辨力和判断力。他从不把阅读当作被动的观看，而是把它当作积极的参与，当作与作者进行对话的一种方式。他通过认真的甚至是反复的阅读，对作品的意义和价值，对作者在修辞等方面的得失，进行客观的分析和可靠的评价。相反，消极的读者则是指那种在阅读上缺乏独立精神、分析能力的读者。他在阅读上永远都跟风趋时，别人读什么书，他也读什么书，当下流行什么作品，他就读什么作品。他就像没有自由意识和人格尊严的奴隶一样，乐意服从时尚的奴役和作者的摆布。他读书只图看热闹，只为消磨时光，而不是与作家进行对话。这样，他就把读书变成了叔本华所说的那种“单纯的阅读”：

> 大量的单纯阅读还会使精神丧失其全部灵敏而变得迟钝起来，并且只有在连续不断的刺激和推动下，才可能保持一种活力。一个人若不想耗费脑筋，思考问题，那么，他无须作任何事情，最好的办法就是手中拿着一本书。①

单纯的阅读意味着阅读者不用自己的头脑思考，而是盲目地附和别人的观点和不加分析地接受作者所写的一切。单纯的阅读就是粗糙、幼稚状态的阅读。这种热情有余理性不足的阅读只能造就消极的读者。一个读者倘若想成为积极的读者，成为一个在修辞层面上与作者建立真正的合作关系和交流关系的参与者，他就必须让自己成熟起来：不仅有纯真和热情，而且还有成熟的理性；不仅有倾听作者讲述的耐心，而且还有与他进行对话的勇气和自觉。纳博科夫在谈到“优秀读者”的时候说，一个读书人，如果“单凭艺术家的一片赤诚，往往会对一部作品偏于主观，惟有用冷静的科学态度来冲淡一下直感的热情。不过如果一个读者既无艺术家的热情，又无科学家的韧性，那么他是很难欣赏什么伟大的文学作品的”②。是的，做一个优秀的读者并不容易，它要求你具备平衡各种矛盾的能力。

---

① ［德］叔本华:《叔本华论说文集》,346 页,北京,商务印书馆,1999。

② ［美］纳博科夫:《文学讲稿》,24 页。

（三）技巧因素

小说的修辞效果的实现，与作者所选择的技巧、手段是分不开的。技巧本来就是为了加深读者的印象，为了更有效地表现作者的情感和思想，为了更生动地刻画人物、更巧妙地组织情节，才被运用到小说写作之中的。某种程度上说，写小说就意味着对技巧的选择和运用，而修辞效果能否充分实现，一定程度上，也要看作者是否选择了合适的技巧。也许正是因为这个原因，桑塔耶那才说："语言的主要效果在于它的意义，在于它所表达的思想。然而没有表达的方法就不会有所表现，而这种表达方法必须具有一个形式。这种表现工具的形式本身就是效果的一个因素，虽然我们在实际生活中因为急于注意它所传达的意义而忽略了它。"①

但是，也要看到技巧仅仅是影响小说修辞效果实现的多种重要因素中的一种，因此，不能认为，只要发现了一种全新的技巧，就一定能充分实现小说的修辞效果。然而20世纪小说写作的一个严重的问题，就是过度强调技巧的作用，甚至把技巧当作一切。马克·肖勒就曾说过这样的话："……技巧是作家用以发现、探索和发展题材的唯一手段，也是作家用以揭示题材的意义，并最终对它作出评价的唯一手段。"② 又说："技巧是使艺术素材具体化的唯一方式。"③ 这些话虽然不无道理，但确实把话说豁了边：他把技巧的作用夸大了，把复杂的问题简单化了。萨洛特也在《怀疑的时代》一文中说："由于顽固地坚持过时的技巧，小说已经变成次要的艺术了。"④ 问题是20世纪的那些"先锋"小

① 章安祺编订:《缪灵珠美学译文集》,第4卷,281页,北京,中国人民大学出版社,1991。
② 崔道怡等编:《"冰山"理论:对话与潜对话》,上册,174页。
③ 崔道怡等编:《"冰山"理论:对话与潜对话》,上册,179页。
④ 柳鸣九编选:《新小说派研究》,40页。

说家的新奇的技巧虽然改变了小说过去留给人们的印象，但是，小说过去的那种生命力丧失了，对读者的巨大的吸引力丧失了。这就告诉人们，一味追求技巧上的别致和新奇并不能解决问题，而必须把是否有助于吸引并说服读者接受作品，当作判断技巧好坏的尺度。这样，我们就不能以新旧来判定技巧的优劣，不能认为凡被前辈大师使用过的技巧，都是过时的、失效的。有的时候，一种经验和技巧之所以显得过时，是因为我们看不到它们的用处，是因为我们缺乏创造性地运用它们的能力。

不错，同现代小说的复杂的技巧手段和修辞方式比起来，19世纪的大师们的叙述方式和描写技巧确实显得简单，甚至显得笨拙。但是，从修辞效果上看，19世纪的大师们的技巧显得更有力量，更有助于刻画人物和组织情节，更能吸引读者的注意力，更能说服读者接受作品，更能让读者体验到持久的快乐和满足感。克利夫顿·法迪曼说：

凡是一伙气味相投的作家使用复杂技巧的地方，托尔斯泰用的是简单的技巧。我们这些聪明的年轻作家会怎样描写安德烈的昏迷的情景？可以想见：尽是达里式的幻想和混浊的意识之流。……托尔斯泰只给我们描写景象本身，又单纯又生动，然而取得了每一个预想的效果。[①]

这就说明，技巧作为影响小说修辞效果实现的一种因素，应该服从于塑造人物的需要，应该以是否能给读者以积极的影响作为取舍的标准，而不能简单地以新旧、好坏来下判断。同时，技巧和手段不应该被视为一种外在于作品的内容和意义的形式因素，而应该被视为内容和意义的构成部分。作家的修辞目的和他的世界观，与他所选择的

① 陈燊编选:《欧美作家论列夫·托尔斯泰》,333页。

修辞手段和修辞技巧水乳交融地成为一个整体。正像霍达谢维奇所说的那样："手段不是创作的目的，也不是创作的动机。但由于创作只有通过手段，甚至也正是在手段之中才能实现，手段已经不仅仅是表现内容的形式，而且成为内容本身。"①不仅如此，手段的运用，还取决于作家的世界观，因此，"手段的研究就是关于艺术家世界观的研究"②，而研究一个"优秀作家"风格的目的，也就"不仅仅在于理解他的文学手段，而且还在于理解他的个性和哲学本质"③。这种观点正确地强调了技巧对作家的"个性"及"世界观"的依存关系。它告诉人们，技巧确实是重要的，但绝不是一种纯粹的工具性的手段。只有当它与作者的世界观构成一种积极的相互关系，它才会成为一种积极的修辞力量，才有助于最终实现作者所追求的修辞效果和写作目的。

（四）外部因素

如果我们把作者、读者以及技巧当作影响小说修辞的内部因素，那就意味着还存在着影响小说修辞活动的外部因素。与作为内部因素的主体及技巧不同，外部因素通常以一种间接的潜在的方式影响着作家的修辞行为。

一般来讲，一个时代的政治的民主程度、法律的健全程度、出版的宽松程度、时代风气的正常程度、道德状况的完善程度，都会影响到作家的写作。外部环境越宽松、越自由、越安全，就越有利于作家正常地写作，就越有利于他们选择任何合适的方式和技巧来自由表达他们的意见和观点，从而实现自己的修辞目的。只有那些有勇气与之对抗的作家，才能超越不利的外部环境的窒碍，获得修辞上的成功。

---

①［俄］弗·霍达谢维奇:《摇晃的三脚架》,120 页,北京,东方出版社,2000。

②［俄］弗·霍达谢维奇:《摇晃的三脚架》,120 页。

③［俄］弗·霍达谢维奇:《摇晃的三脚架》,121 页。

扎米亚京说："……真正的文学不是由那些忠于职守、政治上可靠的官员创造的，而是由狂妄分子、隐士、异教徒、幻想家、叛逆者、怀疑论者创造的。"[①] 本质上讲，小说乃是一种以质疑的态度和批判的方式叙写现实生活的文学样式，是作者向读者显示并说服读者接受自己的情感态度、道德态度甚至政治态度的修辞行为。这样，写小说就意味着不可避免地要与外部世界发生关联甚至冲突。同时，也要求社会应该最大限度地为与自己发生冲突的作家提供自由感和安全保障。

一个时代的政治状况、法律状况、信仰状况、道德状况、新闻出版状况等因素极大地影响着一个时代的风气，甚至决定着时代风气的形成。时代风气又影响着一个时代的创作风气。一个政治腐败、法律废弛、信仰缺乏、道德败坏和缺乏言论自由的时代，必然会导致一种极为可怕的时代风气。人人明哲保身，人人自私自利，人人贪图享乐，人人目光短浅。在这样的风气里，正直、诚实、道德高尚、人格健全的人举步维艰，进退维谷，而人格卑琐的宵小之徒却春风得意，左右逢源，飘飘欲仙。投其所好地说假话，滔滔不绝地说空话，天花乱坠地说漂亮话，闪烁其词地说违心话，成了普遍现象。在这种充满庸人习气和市侩做派的环境里，怎么可能产生真诚、坦率、热情、能打动别人的修辞？于是，琐屑沉闷的描写，繁复刻板的叙述，油滑乏力的反讽，晦涩难懂的隐喻，意义暧昧的象征，名实两乖的夸张，缺乏节制的渲染，就成了在在可见的修辞景观。于是，大量的掉书袋、玩花活的"博尔赫斯"就应运而生了，大量的只写物不写人、蔑视"意义"的"罗伯－格里耶"就粉墨登场了。他们害怕面对现实，厌恶谈价值，谈主题，谈作者的态度和责任，谈任何让人心烦的与信仰、道德、良知和正义等重大问题有关的话题。在这些作家的作品中，你几乎看不到尖锐的质疑、真诚的态度和坦率的表达。他们对"技巧"问题津津

---

① [俄]叶·伊·扎米亚京:《明天》,63页,北京,东方出版社,2000。

乐道，但他们感兴趣的技巧只具有形式意义，而不具备与读者相关的修辞意义，因此，他们的技巧本质上是反修辞的、反技巧的，因为这些技巧无助于显示作者的世界观，无助于说服读者接受作者的观点和看法。

是的，一位作家以什么样的方式写作，选择什么样的修辞策略写作，固然是个人的事情，是每个作家自己自由选择的结果，但是，换一个角度来看，他的修辞行为和写作方式也或多或少地要受到时代风气的影响。尽管有少数清醒者能对抗自己时代的坏风气，甚至能反其道而行之，选择一种与时代流行趣味不同的方式进行写作，但这种对抗的效力毕竟有限，除非许多更有利的因素一同发生作用，否则，少数批判者就很难改变自己时代的社会风气和文学风气。歌德就认为艺术的兴亡很大程度上决定于“时代”，而不是“个人”：

> 说任何人能造成一种艺术的衰亡，我绝不赞成这种看法。有许多不易说明的因素加在一道起作用，才造成了这种局面。……一个时代如果真伟大，它就必然走前进上升的道路，第一流以下的作品就不会起什么作用。但欧里庇德斯所处的时代是多么伟大的时代呀！那个时代的文艺趣味是前进的而不是倒退的。[①]

事实上，更多的人都是时代风气的随顺者，是自己时代的影子，他们按照自己时代的流行标准和模式进行写作。是的，时代风气对文学的影响，对作家的写作和修辞方面的影响，远比人们想象的要大。时代风气和精神气候的变化往往会导致文学的写作风气和写作方式的变化。正像丹纳正确地指出的那样：

---

① ［德］爱克曼辑录:《歌德谈话录》,86 页。

必须有某种精神气候，某种才干才能发展；否则就流产。因此，气候改变，才干的种类也随之而变；倘若气候变成相反，才干的种类也变成相反。精神气候仿佛在多种才干中作着“选择”，只允许某几类才干发展而多多少少排斥别的。由于这个作用，你们才看到某些时代某些国家的艺术宗派，忽而发展理想的精神，忽而发展写实的精神，有时以素描为主，有时以色彩为主。时代的趋向始终占着统治地位。企图向别方面发展的才干会发觉此路不通；群众思想和社会风气的压力，给艺术家定下一条发展的路，不是压制艺术家，就是逼他改弦易辙。①

歌德也认为一个时代的风气是决定于这个时代能否产生伟大的作家和作品的具有决定意义的因素。在他看来，莎士比亚的出现很大程度上要归功于他所生活的时代：

如果以某种方式把莎士比亚从英国文学的氛围中单抽出来，假设把他作为一个孤立的人放在德国文学里来看，那就不免要惊赞那样伟大的人物真是一种奇迹。但是如果到英国他的家乡去找他，而且设身处地地把自己摆在莎士比亚生活的时代里，对与莎士比亚同时代的和后起的那些作家进行一番研究，呼吸一下本琼生、玛森格、马娄、博芒和弗勒乔等人所吹的那股雄风，那么，莎士比亚固然仍显得是个超群出众的雄强而伟大的人物，可是我们却会得到一种信念：莎士比亚的许多天才奇迹多少还是人力所能达到的，有不少要归功于他那个时代的那股强有力的创作风气；

如果有人不相信莎士比亚的伟大多半要归功于他那个伟大而雄强的时代，他最好只想这样一个问题：这样令人惊奇的现象在1824年今

① [法]丹纳:《艺术哲学》,35页,北京,人民文学出版社,1963。

天的英国，在今天报刊纷纷闹批评、闹分裂的这种坏日子里，能否出现呢？[①]

他还痛心疾首地批评18世纪和19世纪的恶劣状况对文学的消极影响：“在最近的这两个破烂的世纪里，生活本身变得多么孱弱啊！——这种状况对诗人却产生了不利的影响：外界一切都使他悬在虚空中，脚踏不到实地，他就不能从自己的内心生活里去汲取一切源泉了。”[②]是的，在破烂的时代里，生活变得沉闷而缺乏活力，像铁屋子一样令人窒息得喘不过气来；在这样的时代里，自由的空气稀薄，正直的人格受摧折，崇高的精神受嘲笑，伟大的价值受怀疑；在这样的时代里，不会出现莎士比亚，不会出现李白和杜甫，而只会出现咂摸着颓废的滋味，陶醉于残忍的想象，满足于草率的抄袭，沉湎于堕落的快感的消极写作者，也只会出现缺乏起码的责任感的极端个人主义的私有形态的反文化写作。

二、小说修辞的效果样态

小说的修辞效果是一个可以从多方面进行分类考察的问题。小说是由多种因素构成的，其中的每一个因素，都与小说修辞有关，都与小说的修辞效果有关。小说的修辞效果主要体现为与读者和写作相关的可读效果与可写效果，与作品的生命力和影响的持久性相关的长期效果与短期效果，与再现和表现相关的客观真实效果及主观真诚效果，与读者的伦理观念和道德行为相关的道德净化效果，以及与作品的核心理念及写作主旨相关的主题效果。

---

① [德]爱克曼辑录:《歌德谈话录》,16页。

② [德]爱克曼辑录:《歌德谈话录》,17页。

（一）可读效果与可写效果

读与写在传统的理解中是一个互相关联的同一性问题，而不是两个被分离开来的对立性问题。由于写是为了读，因此，选择最有效的修辞技巧以便让读者读懂和喜欢读，就成了写作追求的重要目标。就此而言，写是服从于读的，而阅读效果则成为评价写作效果的一个尺度，就像就餐者的满意程度是评价厨师工作的尺度一样。然而，读与写的这种同一关系，受到了现代主义小说写作和小说理论的质疑和颠覆。某些现代小说理论家倾向于把可读性与可写性分离开来甚至对立起来。

正如我们知道的那样，可写性与可读性的对立在实践上体现于法国“新小说”家的写作中，在理论上则完成于罗兰·巴特的表述。罗兰·巴特把作品分作两类：“可写文本”与“可读文本”。他抬高前者而贬低后者。这种理论鼓励一种艰涩、繁复的形式主义写作倾向，鼓励一种对交流和沟通抱漠视态度的写作倾向。巴特赋予“可写文本”以现代的先进的性质，而将“可读文本”视为落后的传统的作品。他否定写作是一种言志、达意的修辞行为，而主张降低作者在传统写作所占据的重要地位。他令人费解地把写作和作者分离开来，试图改变人们对作者与作品关系的那种牢固的观念。在他看来，“人们在日常文化中所能找到的文学意象，都专横地集中在作者方面，即集中在他的个人、他的历史、他的爱好和他的激情方面”[①]。这些传统的作家“与其作品之间存在着一种父与子的关系”[②]；相反，现代的作家不再是“作者”，而是“抄写者”，他与其文本同时出现：

> 他们不以任何方式具有先于或超出于其写作的某个人，他仅仅是

---

① [法]罗兰·巴特:《罗兰·巴特随笔选》,301页。

② [法]罗兰·巴特:《罗兰·巴特随笔选》,304页。

其书籍作其谓语的主语。除了陈述过程的时态，没有其他时态，任何文本都永远是此时和现在的写作。……现代的抄写者，在其先辈哀婉的眼光里，由于他埋葬了作者，便不会再相信他的手慢得赶不上他的思想或他的激情，因此，也就不会再相信他在建立一种必然性规则时应该强化这种迟滞和无止境地“加工”其形式；相反，在他看来，他的手由于摆脱了任何声音和只被一种纯粹的誊写动作（而非表现动作）所引导，因此可以开拓一种无起因的领域。①

现代的“抄写者”的写作，完全不同于传统作者的那种基于内在心性的自觉的修辞性写作：“抄写者身上不再有激情、性格、情感、印象，而只有他赖以获得一种永不停歇的写作的一大套词汇：生活从来就是抄写书本，而书本本身也仅仅是一种符号织物，是一种迷茫而又无限远隔的模仿。”② 由于现代的“抄写者”的写作已不再是修辞性的，由于作者拒绝介入作品，拒绝通过讲述对读者的理解进行引导、提供帮助，读者被迫介入“写作”，不再是作品成品的消费者，而必须是半成品的加工者。这样，读者的阅读就被当作补救写作之弊的“复合性写作”的一部分：阅读被写作化，读者被作者化。在巴特看来，只有这样，才能不再受一种“颠覆的欺骗”，从而“把写作的神话颠倒过来：读者的诞生应以作者的死亡为代价来换取”③。显而易见，巴特的观点具有激进的性质，而且是消极、有害的。写作与阅读毕竟不同，而作者与读者也不是你死我活、水火不容的敌对关系。他们之间是一种互相依赖的对话关系、合作关系。作者必须尽一切努力通过有效的修辞使自己的作品成为便于读者阅读的文本，而读者则必须把对作品的自主的读解与对作者的信赖很好地结合起来。

---

①［法］罗兰·巴特：《罗兰·巴特随笔选》，305 页。
②［法］罗兰·巴特：《罗兰·巴特随笔选》，305—306 页。
③［法］罗兰·巴特：《罗兰·巴特随笔选》，307 页。

从根本上讲，任何时候，可写性都必须为可读性服务。因为，小说修辞目的的实现，小说修辞效果的获得，最终取决于读者的阅读效果。因此，以“可写性”否定“可读性”，其结果必然是给小说的修辞活动制造混乱，它所导致的“扭曲的对立，将严重阻碍我们对小说的研究”①。更为严重的后果是，这种理论助长了写作领域的任性的反修辞倾向，产生了大批意义系统混乱、分裂的文本，极大地挫伤了读者的阅读热情，败坏了他们的阅读兴趣，最终使现代小说陷入缺乏活力、前景黯淡的困境之中。

是的，阅读效果是小说修辞必须追求的一个重要目标，换句话说，小说家必须通过有效的修辞努力，扫除读者在阅读理解上的不必要的障碍，因为，正像T.S.艾略特所说的那样，“正是我们读起来不费力的文学，才可能最容易和最不知不觉地影响着我们”②。也正是“读起来不费力”的可读性效果，使小说成为“能够影响最多数读者的文学样式”③。梁启超也看到了这一点，认为人们之所以“嗜他书不如嗜小说”，是因为小说“浅而易解”“乐而多趣”④。而在别林斯基看来，能否被读者接受，乃是影响文学生存的重要因素：“获得公众支持，也就是说，文学作品能被社会所注意，所接受，这构成文学的存在的最重要的条件之一。”⑤我们有理由认为，他所说的“文学”首先是指作为大众文体的小说。在中国小说的经验模式里，可读效果也是关于小说写作成败得失的一个重要的问题。冯梦龙（可一居士）在《醒世恒言序》中解释自己编的三部短篇小说集的书名时说：“明者，取其可以导愚也。通者，取其可以适俗也。恒则习之而不厌，传之而可久。三刻殊名，

① ［美］乔纳森·卡勒:《结构主义诗学》,286页。
② ［英］托·斯·艾略特:《艾略特文学论文集》,247—248页。
③ ［英］托·斯·艾略特:《艾略特文学论文集》,242页。
④ 李兴华、吴嘉勋编:《梁启超选集》,349页,上海,上海人民出版社,1984。
⑤ ［俄］别林斯基:《别林斯基选集》,第3卷,123页,上海,上海译文出版社,1980。

其义一也。”他批评过去的文言小说“尚理或病于艰深，修辞或伤于藻绘”，“不足以触俚耳振恒心”[①]。他在《古今小说序》（绿天馆主人）中对这一问题的论述更加透彻：

大抵唐人选言，入于文心，宋人通俗，谐于俚耳。天下之文心少而俚耳多，则小说之资于选言者少，而资于通俗者多。试令说话人当场描写，可喜可愕，可悲可泣，可歌可舞；再欲提刀，再欲下拜，再欲决脰，再欲捐金；怯者勇，淫者贞，薄者敦，顽钝者汗下。虽日诵《孝经》《论语》，其感人未必如是之捷而深也。噫！不通俗而能之乎？[②]

冯梦龙明确指出，小说的其他效果（如情绪感染效果与道德净化效果），都决定于小说是否“能俗”，能否满足大多数普通读者的阅读要求。宋人话本《冯玉梅团圆》中说：“话须通俗方传远，语必关风始动人。”这上半句强调的也是小说作品应该具有能为普通人所接受的“可读性”；孙犁先生说，这两句话“是当时的说书人、小说作家的座右铭吧。……也该是我们的座右铭了。我觉得这是中国小说很宝贵的传统”[③]。遗憾的是，中国小说的这一很宝贵的传统断裂了。某些现代派小说家的排斥讲述、无视读者的写作方法被中国的“先锋”小说家奉为金科玉律。病态的求新求变的风气，使他们把神秘、怪异以及晦涩难懂当作一种价值，把叙述上的任性和随意当作创新和潇洒；他们的“叙述圈套”只给小说家自己或极少数钻牛角尖的“学者”或“批评家”提供乐趣，而缺乏能为广大普通读者接受的平易、亲切的可读性。

对于小说来讲，积极意义上的可读性几乎意味着一切。缺乏这种向普通读者开放的可读性，不仅意味着小说家在小说修辞上的失败，

① 黄霖、韩同文选注：《中国历代小说论著选》，232 页。

② 黄霖、韩同文选注：《中国历代小说论著选》，224 页。

③ 钱理群编：《二十世纪中国小说理论资料》，第 4 卷，414 页。

而且还必然会影响到小说艺术的前途和未来。可以说，导致现代小说危机的一个重要原因，就是几百年来小说艺术所遵奉的可读性原则被抛弃了。许多现代小说家把面对他人讲述变成了几乎只面对自己的独白。他们的叙述晦涩而乏味，混乱而含糊，根本不能点燃、激活读者的阅读热情。像《尤利西斯》及罗伯－格里耶和中国的大部分“先锋”派小说家的作品，就属于这种似小说而非小说的怪物。读者费心劳力地读，收获的却是沮丧而懊恼的坏心情。这些小说家追求“技巧”上的新奇、怪异，以此克服前辈大师带来的“影响的焦虑”，但是，他们失败了。自负和傲慢解决不了问题。小说是一种家常、平易的叙述文体，它必须在意听者的态度，必须替读者着想，必须把“可读性”和“可读效果”当作判断一部小说是否成功的重要尺度。任何一位小说家都必须认识到这样一个简单而重要的道理，那就是，如果没有可读性，就没有小说艺术；如果放弃“可读效果”，就等于放弃小说本身。

小说的可读效果与人物形象塑造得是否成功密切相关。乔治·桑说：“一本小说如果不写人就算不上小说。”[①] 她说的对。人物形象是小说艺术的核心问题，也是读者在阅读小说时最感兴趣的问题。事实上，与其说读者读小说，不如说他们在读人物。人物紧紧吸引着读者的注意力。很多时候，读者读完小说后记住的首先是其中的人物，他们谈论一部小说也总是围绕着人物展开。然而，人物在小说中的地位和价值受到了相当一部分现代小说家的怀疑和否定。萨洛特就认为，传统小说中的人物显然过时了，“不断地日益失去了所有的特性和全部的特权”[②]；人物在布托尔的小说中也受到冷遇，他用“结构的效果”[③] 代替了对人的正常情感和日常生活的关注；罗伯－格里耶则将“小说的重点”，“放在环绕在人周围、对人加以定性的结构上，人物的特性、历史和心理好像都消

① [俄]A. 齐斯：《马克思主义美学基础》，44 页，北京，中国文联出版公司，1985。
② 柳鸣九编选：《新小说派研究》，29 页。
③ 柳鸣九编选：《新小说派研究》，522 页。

失了”[①]，在他看来，人物是几个“过时概念”中的一个：

“人物”病了50年，最严肃的散文家也多次给它开具死亡证明，但至今还没有任何东西成功地把它从19世纪的宝座上拉下来。[②]惟“人”独尊已经让位于一种范围更广、不完全以人为中心的觉悟。由于失去了主人公这一过去最强有力的支柱，小说开始摇摇欲坠。如果小说未能完全摆脱这个支柱，是因为它的生命曾与一个现在已过时的社会相联系；如果它摆脱了这个支柱，一个崭新的路就会向它敞开，带着新发现的承诺。[③]

对罗伯－格里耶等人的观点，索尔·贝娄拒绝认同，“总觉得有点不对劲”[④]，他站在诺贝尔奖坛上发表演说时说，作家以理论上个体至上的时代已经结束为理由来抛弃“人物”，“未免太荒唐。……他们谈小说时，除了赞许他们自己的意见之外，就看不到别的内容了吗？我们做人就是为了玩这种把戏？”[⑤]是的，把人物从小说中放逐出来确实是一种“荒唐”的做法，而且这种“荒唐”的严重程度，绝不下于把丹麦王子从《哈姆雷特》中驱逐出来。由于塑造人物形象的成功程度与小说的可读性成正比，所以，贬低人物的“荒唐”做法导致的最严重的后果，就是使小说变得与人无关，并最终与读者无关。

事实上，否定人物在小说中的地位，绝不是一种孤立的个别的现象，而是一种具有思潮性质的普遍现象。20世纪的相当一部分小说家和小说理论家更喜欢谈论的话题是技巧和形式，是视点和叙述方式，

① 柳鸣九编选:《新小说派研究》,523页。
② 柳鸣九编选:《新小说派研究》,523页。
③ 柳鸣九编选:《新小说派研究》,394页。
④ 毛信德等译:《诺贝尔文学奖颁奖演说集》,627页。
⑤ 毛信德等译:《诺贝尔文学奖颁奖演说集》,628页。

是话语的结构方式，是时间的空间化，是修辞上的陌生化效果，而人物以及与人物相关的一切则被视为陈旧与无关宏旨的话题。有必要指出的是，小说写作领域的这种贬低人物的倾向，还受到同时代的结构主义及解构主义文学理论的支持。福柯就把人物当作我们“认识上的褶皱，一旦认识体系的构形发生变化，人的目前形式就将消逝”[①]。仿佛人不是一种实实在在的生命体，而不过是“认识”的一种结果和产物。卡勒拒绝认同福柯等人的这种观点，他认为：

> 人物是小说的一个重要成分，然而，结构主义者却对它关注最少，而且处理得最不成功。虽然，对于许多读者来说，人物是虚构文学中一股主要的凝聚力——小说中的一切都是为了表现人物及其发展，但是，结构主义方法却把这一点当作一种意识形态的偏见，不把它当作阅读活动中的事实来加以研究。[②]

确如卡勒所言，人物的确是小说的一个重要成分，甚至可以说是具有核心意义的成分，因此，一个想增强小说的长效性的小说家，一个想获得令人满意的可读效果的小说家，必须把塑造人物当作一件重要的工作来做。

同人物一样，故事性也是影响小说可读性和修辞效果的一个重要因素。喜欢听故事是人的一种天性。小说便是以文字为媒介，利用巧妙的组织和方式讲述故事，从而满足人的这种与生俱来的心理需求。那么，人为什么喜欢和需要故事呢？对此，曹文轩的解释是：

> 如果人们突然感觉到他目前的时间，是完全的孤立的片断，而没有它的过去和未来，人们将觉得这个世界会失去基础，失去他们可以

---

① [美]乔纳森·卡勒:《结构主义诗学》,340 页。

② [美]乔纳森·卡勒:《结构主义诗学》,340 页。

安心存在的逻辑性。因此，人们总是顽强地想知道流逝岁月的情景，想通过深邃的历史隧道，重见往日。也因此，人们喜欢上了故事。①

他的说法很有道理。如此说来，如果放弃故事，小说艺术就会丧失吸引读者的一股重要的力量。也许正是因为这个缘故，福斯特才在《小说面面观》中说："小说就是讲故事。那是小说的基本方面，如果没有这个方面，小说就不可能存在了。这是一切小说共同的最高因素，……故事连贯着，像一根脊梁骨。"② 艾弗·伊文斯也认为："小说是用一种特殊的方式讲故事。"李健吾先生则把爱故事当作所有民族的爱好：

没有一个民族不喜欢故事的，尤其是中华民族。从很久以来，说故事和听故事已经成为我们一种特殊的习好。我们不仅有文人把它们写在纸上，更有民间用种种的方式或者艺术表演。……我们爱故事。这是儿童的魔术，农工的安慰，妇女的糗粮。③

梁实秋先生也强调故事在小说中的地位和价值："一般民众之所以要读小说，是因为要读故事。……故事是需要的，尤其是在小说里，故事是唯一的骨干，没有故事便没有小说。"④ 邵洵美先生则对20世纪30年代中国小说逐渐失掉故事性的现象作了尖锐的批评。他认为故事乃是小说存在的理由，没有故事的小说读者是不满意的："小说在中国已走到一条连走的人也不认识的路上去了。读者感觉到不满意而说不出原因。他们只会说：'这篇小说没有意义。'读者们是不会错的。没有故事，小说

① 曹文轩:《20世纪末中国文学现象研究》,82页,北京,北京大学出版社,2002。
② [英]珀·卢伯克、爱·福斯特、爱·缪尔:《小说美学经典三种》,220—221页。
③ 郭宏安编:《李健吾批评文集》,150—151页,珠海,珠海出版社,1998。
④ 吴福辉编:《二十世纪中国小说理论资料》,第3卷,257页,北京,北京大学出版社,1997。

还有意义吗？”[①] 是的，一个成熟的小说家，必然是一个善于利用故事来吸引读者的注意力，从而增强小说的可读性的小说家。故事的讲述方式及情节结构方式，乃是控制读者的反应的修辞技巧和手段。

小说家通过设置悬念、阻断情节发展的连续性等方式强化冲突性和紧张感，从而达到吸引读者注意力的效果。正像D. 洛奇指出的那样：“小说就是讲故事，讲故事无论使用什么手段——言语、电影、连环漫画——总是通过提出问题、延缓提供答案来吸引住观众（读者）的兴趣。”[②] 换句话说，为了取得吸引读者的修辞效果，小说家必须赋予故事情节以悬念感和紧张感。尽管悬念在现代小说中是一个被误解甚至不受欢迎的技巧形式[③]，但这并不能否定悬念的修辞价值。事实上，悬念不只属于通俗小说，而是一种在叙事文学中被普遍运用的修辞技巧。一般来讲，只要能与小说中的其他因素和谐、自然地统一起来，悬念就会增强小说的可读性，就会生发出无穷的魔力。总之，“悬念的意义，从读者方面来看，是为了引起读者的欲知原委的参知心理和审美期待心理，使读者在一张一弛的过程中获得一种强烈的美感体验，从而使读者的兴趣得到长久的维持”[④]。或许，正因为这样，“一些有声望的作家，特别是在19世纪，他们有意识地借用通俗小说的悬念达到自己的目的”[⑤]。

善于设悬布疑，巧于曲笔生花，乃是中国小说在叙事上的一个显著特点。中国小说家在这方面积累了丰富的经验，而小说批评家则进行了有价值的理论总结。中国传统小说在情节修辞上强调曲、险、疑、奇、慰，追求一种能给读者带来强烈而持久的阅读快乐的情节修辞效

① 吴福辉编：《二十世纪中国小说理论资料》，第3卷，105页。

② ［英］D. 洛奇：《小说的艺术》，14页。

③ “由于悬念总是与通俗文学形式联系在一起，因而现代的高雅小说家对之不屑一顾，至今认为它属于低等的形式。”（［英］D. 洛奇：《小说的艺术》，14页）

④ 李建军：《宁静的丰收——陈忠实论》，145页，北京，华夏出版社，2000。

⑤ ［英］D. 洛奇：《小说的艺术》，14页。

果。正如毛宗岗父子评《三国演义》时所说的那样："读书之乐，不大惊则不大喜，不大疑则不大快，不大急则不大慰。"① 金圣叹也非常重视悬念和情节的紧张感的美学价值。在他看来，好的小说必须有令读者"惊心动魄、闪心摇胆"② 的内在力量。他在《水浒传》第三十六回的回评中说：

此篇节节生奇，奇不尽不止；层层追险，险不绝必追。真令读者到此，心路都休，目光尽灭，有死之心，无生之望也。……真是脱一虎机，踏一虎机，令人一头读，一头吓，不惟读也读不及，虽吓亦吓不及也。③

小说的情节发展最怕平铺直叙，一览无余。曲折、回旋、幽隐从来都是中国小说在情节修辞上追求的效果。张启轩在评《岭南逸史》时说："文贵曲而不贵直。"④ 但明伦评《聊斋志异》时也说："为文最忌直率，最嫌急抢。"⑤ 冯镇峦则在评《聊斋志异·连城》时指出："故文人之笔，无往不曲，直则少情，曲则有味。"⑥ 冰玉主人评《平山冷燕》的一个情节云："事要凑巧，文要曲折，此一段写得颠颠倒倒，半明半暗，阅之殊觉有镜花水月之妙。"⑦ 显然，通过对断续、明暗、缓急、曲直关系的巧妙处理，增强小说的紧张感和吸引读者的可读效果，乃是中国小说在情节修辞上的基本倾向，也是中国小说值得珍视的经验资源。这一经验模式常常受到一些当代小说理论家的鄙夷和嘲笑，被当作落

① 孙逊等编:《中国古典小说美学资料汇编》,215 页,上海,上海古籍出版社,1991。
② 艾舒仁编:《金圣叹文集》,259 页。
③ 艾舒仁编:《金圣叹文集》,288—289 页。
④ 孙逊等编:《中国古典小说美学资料汇编》,157 页。
⑤ 孙逊等编:《中国古典小说美学资料汇编》,160 页。
⑥ 孙逊等编:《中国古典小说美学资料汇编》,160 页。
⑦ 孙逊等编:《中国古典小说美学资料汇编》,162 页。

后的观念和失败的技巧。事实上，这是一种误解，因为情节里的紧张、曲折的故事性，不仅影响着小说作品的可读性，而且还决定着小说的生命力。重新强调、重视小说情节的故事性和吸引力，有助于当代小说家解决可读性问题，有助于他们赢得更多的读者。陈忠实在《关于〈白鹿原〉的答问》中说：

可读性的问题是我所认真考虑过的几个重要问题中的一个。构思这部作品时，文坛上有一种“淡化情节”的说词，以为要彻底否定现实主义的过时传统，其中重要的一点就是要“淡化情节”，写一种情绪和感觉。……我们的作品不被读者欣赏，恐怕更不能完全责备读者档次低，而在于我们自我欣赏从而囿于死谷。必须解决可读性问题，只有使读者在对作品产生兴趣并吸引他读完，其次才可能谈及接受的问题。[①]

《白鹿原》作为当代中国最优秀的长篇小说之一，创造性地运用了中国传统章回小说的顶真式结构和悬念技巧，成功地解决了可读性问题，最终成为一部让人读来躁思顿清、烦襟尽涤的佳作。

总之，人物使小说充满活力，故事使小说充满魔力。人物和故事既是构成小说的重要基元，也是形成小说的可读效果的决定性因素，是任何一个想写出能被读者热爱的作品的作家都不能忽视的。

（二）小说修辞的主题效果

一部小说并不是由一堆纯粹的物性材料构成的。除了人物和情节、物象和事象，它还有一个意义世界。小说家写小说最终还是想告诉人们他对生活和世界的理解和判断，而读者在熟悉了人物、了解了故事

① 《陈忠实文集》，第5卷，440—441页，西安，太白文艺出版社，1996。

之后，也想弄明白作者到底想说明什么问题。这种包蕴在作品的事象体系中的意义层面或核心理念，就是作者想说明的东西，就是作品的主题。

1. 主题的价值以及它与母题之区别。

韦勒克说："不谈价值，我们就不可能理解并分析任何作品。"[①]我们有理由把作品的主题当作"价值"的具有重要意义的构成部分。某种程度上讲，主题对于小说，就像论题对于论辩一样重要。小说中的主题表现和显示得如何，是判断小说家在修辞上是否成功的一个重要尺度。在卢伯克看来，处理主题的能力，乃是小说家的具有重要意义的最基本的才能："能辨认出富有成果的思想，并把它抓住，这种能力是不同寻常的。正因为这个缘故，我们把小说家能否看出主题的眼力，看作他的基本才能。而我们不管是劝告，还是警告，在他的主题揭示出来之前都无话可说。"[②]而塞米利安则把主题看得更加重要。在他看来，主题乃是构成小说作品内容的主体："一部小说的内容就是它的主题加上作者对这一主题的态度。同样的素材，如果以不同的态度进行处理，势必产生不同的主题思想，而不同的主题思想则产生不同的故事情节。"[③]塞米利安对主题与"故事情节"的关系的解释也许有些不妥，但他对主题在小说写作中的作用的强调是有道理的。

然而，就像人物和情节的遭遇一样，主题在小说中的地位和作用，也受到了某些现代小说家的怀疑和否定。吉斯兰·杜南在《弗吉尼亚·伍尔夫：小说的信条》一文中说："……我们处在这样一个世纪：小说的主题已经失去优先地位了。既然一切价值体系都已坠毁，优先地位已经不存在，那就应当无所不谈。"[④]罗伯-格里耶则把主题当作"几

---

① [美]R. 韦勒克、A. 沃伦:《文学理论》,164 页。

② [英]珀·卢伯克、爱·福斯特、爱·缪尔:《小说美学经典三种》,17 页。

③ [美]利昂·塞米利安:《现代小说美学》,70 页。

④ 瞿世镜编选:《伍尔夫研究》,264 页。

个过时的概念”之一，反对小说中存在任何“意义的企图”，断然宣布：“主题小说很快成为令人羞辱的体裁……”[①] 罗伯－格里耶表达的是几乎所有“新小说”派作家的共同看法。克劳德·西蒙站在诺贝尔讲坛上说：“真正的小说不在于它是否与某个重要主题相联系，而在于它也像音乐那样努力反映出某种和谐。”[②] 事实上，对于小说来讲，主题并不是可有可无的，恰恰相反，如果没有深刻的有价值的主题，一部小说就很难说是一部完美的或完整的小说，也就很难说作家真正地完成了他的修辞的任务。主题是作品的灵魂，它是在小说的整个结构中具有核心意义和统摄作用的理念和认识。谢六逸先生说，主题是“一篇作品的骨干的观念”，是“一篇作品对于读者所要说的中心思想”：“作家只是借自己的作品，想要讲出点什么事情。这样的‘要说些什么’（what to say），就是文艺作品的主题（theme or thema）。”[③] 在他看来，主题与作家的人生观、世界观是同条共贯的：

> 作品中的“主题”无非是表示作家所具有的哲学。低调的“主题”的内容，就是作家的低调的哲学的指示。……主题是作家对于材料的理解之答案。且是透过自己的心与眼而作成的答案。他不是别人的，是自己的世界观、人生观、道德观的纯粹的披沥。所以“主题”不是借来的，无论在什么地方，都有其“独创性”。[④]

与直接否定主题的做法不同，结构主义者通过用母题取代主题来否定主题。在结构主义者看来，“主题并不是一组具体的语言成分的必然结果，相反，它只是我们从文本中发现的连贯一致的形式命名，或

① 柳鸣九主编:《从现代主义到后现代主义》,398 页。
② 柳鸣九主编:《从现代主义到后现代主义》,420 页。
③ 吴福辉编:《二十世纪中国小说理论资料》,第 3 卷,150—151 页。
④ 吴福辉编:《二十世纪中国小说理论资料》,第 3 卷,154 页。

对我们成功地将各种代码联系在一起，并呈现出条理的方法的命题”①。显然，在结构主义理论家看来，主题已不再是对作品意义和价值观念的概括性把握，而是一种形式上、结构上的功能性因素，成了“选择行为代码的最终结构”②。中国的一些试图摆脱政治实用主义牢笼的文学批评家，也表现出与结构主义理论相近的主题观。李洁非先生认为中国的权威的工具书把“中国文论术语‘主题’的所指表达得很清楚：简言之，在中国所谓的‘主题’就是指一件作品所包含和体现的思想观念（政治的、道德的或哲学的），而这些观念则说明作者对于社会的认识能力和立场”③。接下来，他又把中国的“主题”与外国的“主题”之间的联系一刀切断，下了一个靠不住的结论：

> 中国现存的“主题”概念与 theme 一词毫无共同之处。theme（题目、论题、话题或艺术的特别是一个音乐的主题）原意是泛指任何欲表达的对象，在艺术创作上则指表达任何表达目的：一段旋律、一种情绪或一桩故事的动因等均可；它之所以被俄国形式主义者加以研究，完全是出于艺术结构分析方面的原因，即任何完整的故事借以形成其情节叙述的一种单位元素。故而为避免误会，theme 应译作“母题”，不宜译作汉语中的“主题”④。

真实的情况到底是怎样的呢？为了“避免误会”，theme 真的应该被译作“母题”吗？且看看外国人自己是怎么说的。艾布拉姆斯的《欧美文学术语词典》（A Glossary Literary Terms），是被欧美学术界认可的一部权威的文学术语词典。艾布拉姆斯给“motif”（被译为“题旨”，

---

① ［美］乔纳森·卡勒：《结构主义诗学》，331 页。

② ［美］乔纳森·卡勒：《结构主义诗学》，331 页。

③ 李洁非：《小说学引论》，94 页，南宁，广西教育出版社，1995。

④ 李洁非：《小说学引论》，94 页。

也就是结构主义文论中的“母题”）下的定义是：“一类事件、一种手段或一个程式。”[①] 他对 theme 的解释是：

> 主题（theme）有时可以与“题旨”互换使用。不过这个词更常用来表示某个含蓄的或明确的抽象意念或信条。一部虚构的作品总是包含这个抽象意念或信条，并使之对读者具有说服力。……一些批评家宣称：所有重要的文学作品，包含抒情诗在内，都有内涵的概念上的主题，这个主题在作品不断展开的意思和意象中被具体地、戏剧性地表现出来。[②]

马克 · 肖勒在一篇研究《爱玛》的主题及其表现方法的文章中，也顺带给“主题”下了一个定义：“……我们探明了小说的主题（theme），即关于它的题材（subject）要说明什么。”[③]

这就清楚了。至少，theme 中的一个主要义项，完全等同于中国人通常所讲的“主题”概念，即“主题”是一种观念形态和意义形态，是作者表现在作品中的具有核心意义的(关于政治、道德、哲学等问题的)思想和认识。它作为作品的灵魂和主脑，是作者通过作者自觉的修辞努力追求到的。它是每一部作品都不可或缺的有机构成部分，是作者试图说服读者理解并接受的理念和思想。它近似于刘熙载所讲的“识”，不仅在作品的内在结构和组织上起着贯一而拯乱的作用，而且使作品在价值结构中占有至为重要的地位：“文以识为主。认题立意，非识之高卓精审，无以中要。才、学、识三长，识尤为重，岂独作史然耶？”[④] 是的，不仅历史著作的情况如此，文学写作的情况也不例外。

---

① [美]艾布拉姆斯:《欧美文学术语词典》,188 页。

② [美]艾布拉姆斯:《欧美文学术语词典》,199 页。

③ 朱虹编选:《奥斯丁研究》,269 页,北京,中国文联出版公司,1985。

④ 刘熙载:《艺概》,38 页,上海,上海古籍出版社,1978。

比较起来，“母题”（motif）指涉的是小说的情节模式和结构原则，是一个与方法相关的功能性范畴。表现主题是整个小说修辞活动中具有重要意义的一个组成部分，对其他方面的修辞效果的实现发挥着不容忽视的重要作用。因此，我们不能过分强调“母题”的意义，甚至用“母题”来取代、否定“主题”，认为“只有这样，母题研究才具有关系到小说叙事艺术的基本形式规律的价值”①，从而忽略了对小说的“主题”及主题修辞效果的关注和研究，从而助长了小说写作上的反修辞、非意义化的形式主义倾向。事实上，即使在俄国形式主义文论家中，也没有人主张用母题取代主题，相反，倒是有人非常重视主题的修辞意义和作用。托马舍夫斯基就在长篇论文《主题》中，强调了主题的客观存在及重要意义：“任何用语言表达的、有意义的作品都有主题。只有未来派那种莫名其妙的作品没有主题，正因为如此，它充其量不过是某些诗歌流派实验室里的活计”；“要使文字结构形成统一的作品，必须有一个贯穿全部作品的中心主题”②。不仅如此，“作品的确是靠同情感这一主要因素支配着兴趣、维持着注意力，以主题的发展深深扣住读者的心弦”③。托马舍夫斯基这里谈论的“主题”，显然就是不同于“母题”的主题，这种主题不仅是写作层面的重要的修辞问题，而且还影响着读者的阅读，是一种在读者和作者的精神交流中发挥重要作用的因素。

2. 主题的效果样态。

影响小说主题效果样态形成的因素当然是多方面的，但在其中起重要作用的是作者，因为，作者对主题开掘得是否深刻，把握得是否准确，以及选择的表现方式是否适当，都会影响到小说的修辞效果。

从修辞角度讲，主题的效果样态，最终还是决定于小说家如何处

① 李洁非：《小说学引论》，97 页。

② ［俄］什克洛夫斯基等著：《俄国形式主义文论选》，107 页。

③ ［俄］什克洛夫斯基等著：《俄国形式主义文论选》，110 页。

理意与象、隐与显、明与暗的关系。因此，根据作者对观念与形象的关系的不同配置及处理方式，至少可以形成三种小说主题修辞的效果样态：理念统摄形象的外显型主题效果样态，物似性大于精神性的幽暗型主题效果样态及内明外润的和谐型主题效果样态。我们不能简单地说哪种形态的主题呈现方式或主题效果样态是最好的，是所有小说家都应该选择的方法或追求的目标。我们只能根据具体作品表现主题的具体情况，来评价其作者在处理主题修辞上的成败得失。

（1）理念统摄形象的外显型主题效果样态。

在批评中国的长时期存在的根据虚假的观念进行写作的现象时，我们用过一个概念，即“主题先行”，视之为导致写作上的假、大、空的一大病因。其实，“主题先行”本身也许并不必然导致对文学来讲极为可怕的后果。带来麻烦的往往是“主题”本身。换句话说，这种“先行”的“主题”，并不是作家们自己通过自由、独立的体验与思考把握到的有价值的思想和见解，而是对在一个时代占统治地位的权威话语提供的根本靠不住的思想简单提取的结果。由于这些“思想”不是基源于作家自己的人生体验和感悟，因此，它就不能真正成为能够帮助作家进行积极写作的观念力量。

事实上，有相当一部分小说是主题生成形象的结果。这类小说的主题往往显得明确而集中，清晰地浮现在小说的情节事象之上，就像盛开的荷花亭亭玉立地绽放在碧蓝的水面上一样。从近代的启蒙运动，到西方的现代主义、后现代主义文学，有一种写作倾向是不曾消歇的，那就是，喜欢把小说当作哲学思想、宗教思想或社会政治思想的形象化的说明书。伏尔泰的《老实人》、狄德罗的《拉摩的侄儿》和《宿命论者雅克》，孟德斯鸠的《波斯人信札》都属于这种为了“阐释”作者的思想而创作的小说。车尔尼雪夫斯基的《怎么办》、戈尔丁的《蝇王》和法朗士的《泰绮丝》也都属于先有了主题，然后才对其进行说明的观念小说。而在20世纪影响最大的观念小说，当属那些具有存在主义哲学背景和思想倾向的小说。

这些小说在许多方面具有明显的相似性。它们往往选择变形、荒诞、隐喻、夸张、象征等写意型的修辞手段。但这些小说的主题却并不晦涩，相反，倒是很容易被还原成存在主义哲学的基本命题。例如，加缪的《局外人》的主题就是：世界是冰冷的，人与人之间的隔膜和距离是难以消除的，因此，烦和畏乃是人注定难以摆脱的日常性体验内容。为了说明这一主题，加缪通过冷静而夸张的叙述，以修辞上的极端强化的方式，凸显人物内心世界的孤独感和冷漠感。萨特的短篇小说《墙》的情节显然为了说明主题是虚构出来的，是主题的派生物。这篇小说的主题是：人有选择的自由但却常常被自己的选择所愚弄；人因为无法逃避选择而烦恼，因此，烦恼、孤寂、绝望等情绪就成了人领悟自由的基本方式。这篇小说中的"我"面对他人的痛苦无动于衷，面对死亡显得虚弱无力，喜欢胡思乱想。他本来无意出卖格里斯，他编造说格里斯藏在公墓里，也只是要捉弄一下敌人，结果他们却真的在公墓里抓到了格里斯："我"被自己的选择捉弄了。很显然，这篇小说的情节和人物都是为了说明和证明主题而以夸张的、巧合的方式营构出来的。海勒等人的充满荒诞性的"黑色幽默"小说也属于典型的理念大于形象、主题统摄形象的观念小说。海勒的《第二十二条军规》的主题是：人生是个圈套，生活是个骗局，一旦陷入，便很难摆脱，因为你走出圈套和摆脱欺骗的前提，正是导致你再次陷入圈套和骗局的原因。尤索林的命运和处境，就是人类的命运和处境。同样，放在存在主义的哲学背景下来看，罗伯－格里耶等人的小说，也不过是主题极为明显的观念小说而已。表面上看来，他们的小说似乎并不表现显而易见的哲学命题，而事实是，他们否定人物和情节，而选择以静态的方式写"物件"，这种修辞方式和写作策略本身就是存在主义的：它所宣达的主题显然是——正像罗伯－格里耶曾经表白过的那样——世界是无意义的，是人无法把握的一个自在之物而已，而人生也像世界一样，很难说有什么目的性和意义感。卡夫卡的寓言小说在主题效果上，也显现出观念引领形象、形象阐释观念的倾向和特征。他的《变形记》《城堡》《诉讼》等都是主题先于形象、主题大于形象的寓言性作品。尽管从外在形态上看，他的小说被层层的象征和整体上的寓言结构覆盖着，显示出象大于义的浑涵、模糊的特点，其实，这些象征和寓言是附着在主题之上的紫藤叶蔓，并不妨碍人们看到它的显而易见的观念形态的主题。这些主题被扎通斯基概括、表述为："人生是没有意义而可怕的；周围的世界很不公正；人不能帮助他亲切的人，他一片好心，却只能使亲切的人受害。"①

事实上，大部分寓言小说都属于这种主题修辞效果显豁、昭彰的观念先行小说。作者借小说的通俗有效的形式，来宣达自己关于社会改良和道德教育的思想。乌托邦及对其进行解构的反乌托邦或狄斯托邦（Dystopia）小说，在主题的效果样态上，就极为典型地表现出寓言小说的这一特点。如果说乌托邦小说的主题表现的是对人类社会未来前景的乐观态度，那么，狄斯托邦小说的主题表现的则是对人类的幼稚的乐观主义的嘲讽和解构：在后者看来，人类疯狂地追求不切实际的生活，最终的结果，不过是用无聊的生活替代无法实现的幻想而已。乔治·奥威尔的政治讽刺性质的反乌托邦寓言小说《动物庄园》和《一九八四》的主题就是对奴役个人的整体主义、强权暴政的尖锐讽刺和批判，揭示的是这样一种被假象遮蔽的真相，"历史包含着一连串的欺诈、愚弄：群众首先得到乌托邦承诺而受到鼓蛊，奋起反抗；然后，等到他们起过作用，反被新主子所奴役"②。

这些观念大于形象的小说的主题，虽然显而易见地表现着作者的修辞目的，也便于读者在观念层面上对小说进行直接的把握，从而显示出修辞效果上的直接性和外显性，但是，随之而来的修辞上的风险

① 叶廷芳编:《论卡夫卡》,450 页。

② 侯维瑞:《现代英国小说史》,369 页,上海,上海外语教育出版社,1985。

是，如果主题不能与人物的生动、饱满和情节的合理、自然和谐地统一起来，就会流于直露、苍白，缺乏耐人寻味、追索的丰富内涵。王安忆通过比较，发现传统小说和现实生活中的人非常接近，而现代小说则相反，不仅如此，后者在写作上还是主题先行、图解性质的：

> 它是经过概括和归纳的结果，每个人物都不是个别的、具体的、人性的人，而是普遍的规律性的、理性化的人。在这里不是要它去爱、去恨，而是要它去表现作者的思想，是作者思想的傀儡。它们是意图的象征，意图的替身……它非常理性化，是经过思想整顿的。①

这样一概而论地评价“现代小说”，虽然有些简单和草率，但是，她对那些观念淹没人物的过度理念化的创作倾向的批评和判断，则是很准确，很深刻的。是的，对那些试图把观念当作写作的动因和基源，试图把主题表现得彰明较著的小说家来讲，需要具备足够的明敏和审慎的主体素质，才能把主题的修辞效果恰到好处地体现出来，否则，就会使自己的作品成为主题明显但索然寡味的论文和说明书。

（2）物似性大于精神性的幽暗型主题效果样态。

与主题彰明的观念小说相对应的，是外在形象密实而内在意义世界幽暗的小说样式。从宏观修辞方面看，这种小说较少进行判断、评价性的讲述，而倾向于用细致、富有质感的文字描写、记录人物的心理活动和外部动作。戴维·洛奇把这种小说叫作“浮在表面”的小说：“当某个小说家仅仅描写人类行为的表面现象时，即便我们不能马上找出理由，我们也会认定其作品缺乏心理深度……”② 他通过对 M. 布莱德伯利的小说《历史人》（1975）的分析，说明这种写法一方面使我们难以进入人物，“叙述本身没有使我们接触到他的内心思想，因而我们无法

① 王安忆：《心灵世界：王安忆小说讲稿》，252 页，上海，复旦大学出版社，1997。

② ［英］D. 洛奇：《小说的艺术》，131 页。

判断他的动机”[①]；另一方面，由于主题的隐晦不彰，这部小说“在评价人物方面很难提供一种确定无误的指导性原则，而且读来令人不安”[②]。

可以说，这是许多“意识流”小说、象征性小说以及具有神秘主义色彩和不可知论性质的玄想小说在主题效果上的共同特点。亨利·詹姆斯、詹姆斯·乔伊斯、博尔赫斯的小说作品在主题效果上，都存在缺乏必要的明确性的问题。他们没有把作品的意与象、“物似性”与“精神性”的关系处理得恰到好处，没有将它们置于一种和谐的互渗共生的良性关系模式中。对于小说家来讲，赋予物象以意义，使之成为包蕴着丰富的主题内容的有价值的形象，乃是一项艰巨而又必须完成的工作。阿多诺就曾正确地指出：“艺术作品是趋于摆脱物似性(thing-like quality)的东西，……艺术作品的精神源自作品的物似性，而其物似性反过来又源于精神。”[③]这一观点告诉人们，如果小说家只满足对人们的心理或外部的情节事象进行拟自然的记录，而没有努力将其转化为“精神”，转化为富有主题意义的形象体系，那么，他的记录就仍然停留在“物似性”的层面上，而整个作品也不过是一堆由“物似性”主宰的缺乏意义感的“绣花碎片”而已。换句话说，由于纷乱的物象和事象没有被有效地主题化，他的作品就不能被视为真正有价值的作品。正像马克·肖勒指出的那样：“自然主义的技巧必然削弱主题，而且往往使主题停留在原处，即定义不明的社会经验的范畴内。”[④]

确实，如果认为只要细致地写出了事物就意味着写出了意义，就等于表现出了应该表现的思想和主题，那就错了。因为，抓住主题并以恰当的方式将它表现出来，绝不是仅靠自然主义的描写就能做到的事情。有人认为，生活本身是复杂的，因此，“要将你的所有发现都明

---

① [英]D. 洛奇:《小说的艺术》,132页。
② [英]D. 洛奇:《小说的艺术》,133页。
③ [德]阿多诺:《美学原理》,470页,成都,四川人民出版社,1998。
④ [英]D. 洛奇编:《二十世纪文学评论》,下册,53页。

确写出，是有巨大困难的”，而“克服这一矛盾的办法是将主题轮廓模糊，将主题淡化在整个作品中，而尽量客观地描写生活。符合生活真实了，丰富的思想也就一起蕴涵在作品中间了”①。有一定道理，但也不尽然。沃伦说：“文学任何时候都是为了某种特殊目的而从生活中选择出来的东西。”②而选择“东西”的目的，不是为了别的，而是为了表现思想。纽曼就坚信这一点。他说：“文学表现的并非人们所说的客观真理，而是主观真理；不是事物，而是思想。”③

是的，“真实”和事实并不等于思想。有的作品写得很真实，但却毫无思想。所以，解决问题的办法恐怕还是得先把问题想明白，把作品究竟要表达什么这一问题搞清楚，否则，整个写作就会因为缺乏目标感和方向感而陷入混乱和琐屑的状态。这样的貌似客观、深刻，实则不知所云、空洞无物的作品，我们见的还少吗？阿多诺说：“精神是照亮现象的光源，没有这种光源，现象也就失之为现象”，不仅如此，“如果不显现出精神，或者说没有精神，艺术作品就不复存在”④。确实，主题就是作品“精神”的一种非常重要的构成部分和显现形态，是从作品内部照射出来的一道“光源”。艺术家倘若把这道光源熄灭，把主题当作“现象”的被动的衍生物，那就等于把作品降低为一个幽暗而无序的世界。

将主题内敛化，使之成为一种含而不露、挹之不尽、味之无极的意义世界，不是一件容易的工作。换句话说，主题幽暗型的小说并不是完全不把主题当回事的小说，而是一种在修辞策略和表现方式上对作家要求更高的小说。正因为难度太大，所以，我们通常就很难看到通过有效的修辞手段将主题内敛化的成功的例子，相反，倒是失败的

① 曹文轩：《中国八十年代文学现象研究》，222页，北京，北京大学出版社，1988。

② [美]R. 韦克勒、A. 沃伦：《文学理论》，236页。

③ [美]艾布拉姆斯：《镜与灯》，386页。

④ [德]阿多诺：《美学原理》，157页。

教训更为多见。应该承认，相当一部分现代主义小说在主题修辞上存在着严重的问题。这些小说的主题含混、模糊、若有若无、忽隐忽现，缺乏必要的清晰感和稳定性，给读者的阅读和理解带来极大的困难和不便。吉斯兰·杜南批评伍尔夫说："伍尔夫所重视的现实是杂乱无章的，这是人们所感受到的种种印象的现实，是支离破碎的。印象中的每个人，都是现实的碎片。伍尔夫竭力要表现一种不连贯的悲剧感。一大堆现成印象是不连贯的，各个人物之间也毫无联系。"[①] 这样一来，"她的小说就变成一种带有局限性的写作。只有靠作者的敏悟力和想象力，形象才能显示其连贯性"[②]。他的批评是有道理的。但伍尔夫的小说还不是那种让人寤寐思服而不得其解的作品。与乔伊斯和博尔赫斯比起来，她的作品实在是好读得多，也好理解得多。她不像乔伊斯那样故意在语言上给读者出难题。在《尤利西斯》和《芬尼根们的苏醒》等作品中，乔伊斯不仅大量使用容易造成歧义的双关语，而且，还用自己杜撰的词汇来强化表达的陌生感和奇异感；他不仅大量地引用典故，而且还将多种语言文字夹杂使用，满足于在能指的形式层面快活地游戏，却对所指层面的主题漠不关心，对读者能否理解作品的主题毫不在意。值得庆幸的是，在中国，他的写作方式还没有出现过太多的效法者。

相比之下，博尔赫斯的公式化的形式主义套路，反倒更容易模仿。他的过于诙诡谲怪的想象带给中国小说家一种消极的自由感，他的神秘主义倾向和不可知论色彩，也为中国的"先锋"小说家提供了一种世界观。总之，博尔赫斯的背晦恍惑的写作方式，成了中国的20世纪80年代以来的"先锋"小说写作的具有主宰意义的模式之一。这种写作方式除了精神和价值视境上的封闭性，除了叙述上的卖弄和做作的匠人气，还有一个共同的特点，那就是缺乏主题上的明确性和力量感，换句话说，晦涩、暧昧和空洞无物乃是这种以"迷宫"为核心

① 瞿世镜编选:《伍尔夫研究》,265页。

② 瞿世镜编选:《伍尔夫研究》,269页。

意象的写作模式在主题上的一个显著特点。这一特点，我们在博尔赫斯的《小径分岔的花园》和《阿莱夫》等小说中可以看到，在博尔赫斯的模仿者格非、马原等人的“迷宫”式小说中也可以看到。

在所有的受西方现代主义影响的当代作家中，也许没有谁的小说像残雪的小说那样晦涩、迷离、恍惚，那样缺乏主题上的最起码的明晰感，那样令人读了不知所云，那样典型地表征着极端的反修辞和反交流倾向所导致的严重病象。残雪的小说从整体上看，呈现出一种封闭、重复、混乱、晦涩的特征。她的小说是一个具有明显的精神分裂倾向的叙述者病态想象的产物。残雪自己说：“我是属于那种精神有分裂倾向的人，冲动而暴烈。”[①] 在残雪的作品中，怪诞的意象和离奇的联想被随意地叙述出来。可有可无的游离成分太多，而可以对整个作品的主题和情节组织起关键作用的实质性成分太少。或者用托马舍夫斯基的概念说，在她的小说中，“关联细节”太少，而“自由细节”太多。所谓“关联细节”就是指“那种不可或减的细节”，而“自由细节”则是指“那些可以减掉而并不破坏事件的因果——时间进程的完整性的细节”[②]。残雪的小说中的大量的赘疣式的“自由细节”，使她的小说成为堆积意象的仓库，而不是成为由完整的情节和深刻的主题构成的有机的统一体。这样，在她的小说中，你永远看不到真正的事件，看不到真正意义上的情节，也看不到集中而有价值的主题。正像她自己承认的那样，她的小说乃是“黑暗心灵的舞蹈”。她似乎乐于在一种具有神秘色彩的非理性精神状态下写作：

我已经感觉到了，我要写的东西不在大家公认的这个世界里。……我两眼茫茫，但我内心跃跃欲试。通过不懈的、有点神秘的写作，我的信心一天比一天地增强——它在地平线之外，我的有限的视力看不

① 残雪:《中国当代作家选集丛书 · 残雪》,2 页,北京,人民文学出版社,2000。

② [俄]什克洛夫斯基等著:《俄国形式主义文论选》,115 页。

到的地方；它在深而又深的，属于灵魂的黑洞洞的处所；它在世俗之上，虚无之下的中间地带。……这一点，作者感到了，读者也一定可以感到。就这样怀着这种似乎无缘无故的模糊信念，我一篇又一篇地写下去了。[①]

读者也一定可以感觉到？未必。阎真先生就认为残雪的作品的“意义轮廓常常显得模糊、游移，处于一种难以穿透的状态”[②]，因此，“读残雪的小说经常有一种茫然感，不但无法确证象征的具体内涵，甚至连情绪性的方向也找不到。阅读过程中，读者始终处于一种读解象征的猜谜状态，很累，但却仍然无法穿透”[③]。阎真先生作为一位既有写作经验又有理论素养的读者，读起残雪的小说来，尚且如此其难，普通读者的情形就可想而知了。这一事实足以说明，从主题效果及可读性等方面看，残雪的小说乃是一种怪异的文学现象，是修辞失败的产物。别林斯基在谈到“天才”的时候说：“天才是自觉天性的雄伟而又强大的表现，因此，是一种稀有的现象；只有少数时代被这些华美的太阳照亮过，只有少数时代的地平线上辉耀过几轮这样的太阳。”[④]而这些“天才”的作品也不是根据“暂时的变化无常的艺术理解”写出来的，因为，“这些作品所表现的是永远易懂的、永远为我们人的感情所能理解的人和人类的伟大概念”[⑤]。是的，“自觉天性”“易懂”的可理解性，这些特征是“天才”作品的明显标志，而与之相反的作品的主要标志，则是修辞上的盲目性和作为其必然后果的晦涩难懂，就像残雪的小说所表现的那样。

① 残雪：《中国当代作家选集丛书·残雪》，2页。
② 阎真：《百年文艺与后现代主义》，64页，长沙，湖南教育出版社，2003。
③ 阎真：《百年文艺与后现代主义》，69页。
④［俄］别林斯基：《别林斯基选集》，第1卷，248页，上海，上海译文出版社，1979。
⑤［俄］别林斯基：《别林斯基选集》，第1卷，248页。

不错，神秘感、超现实、怪诞、夸张、隐喻、象征、重复等，都是有价值的修辞手段，但是，运用这些技巧手段要求小说家具有更强的理性意识和修辞上的自觉，要求小说家必须在作品的形象和主题间建立一种有线索可寻的逻辑关系。因为只有这样，他才能赋予作为能指的象征系统以丰富的主题内容，才能帮助读者“穿透”作品的混沌的形象体系，以至最终理解作品，把握到作品的主题。刘勰在《文心雕龙·隐秀》中说：“夫隐之为体，义生文外，秘响旁通，伏采潜发，譬爻象之变互体，川渎之韫珠玉也。……始正而末奇，内明而外润，使玩之者无穷，味之者不厌矣。”这是极有价值的写作理念，是值得那些只满足于在能指层面进行游戏的“两眼茫茫”的小说家深思细味的修辞原则。

（3）内明外润的和谐型主题效果样态。

任何一部伟大的小说，不，应该说任何一部真正意义上的小说，都必须表现对重大问题的思考，或者说，必须包含着重大的主题。虽然，在中国，“重大主题”是一个因为被误解而遭贬抑的概念，但是，我们必须恢复对包含在常识中的真理的敬意和尊重，必须给主题的“重大”性以足够的重视。要知道，我们时代的许多小说作品之所以给人一种轻飘飘的无价值感，一个很重要的原因，就在于这些小说缺乏丰饶的思想和重大的主题。

托马舍夫斯基就强调“重大主题”对于作品的意义，他在批评那些“应时之作”的时候说，正是由于主题“容量不大”，才导致这类作品“不能适应广大读者日新月异的兴趣。反之，越是意义重大的主题，越具有较长久的影响，越能维持其生命力”[①]。当然，“重大主题”要想在文学的意义上成为小说的构成部分，还必须经过修辞转化。韦克勒在谈到“思想”如何才能成为文学的“思想”的时候说：

---

①［俄］什克洛夫斯基等著:《俄国形式主义文论选》,109 页。

只有当这些思想与文学作品的肌理真正交织在一起，成为其组织的“基本要素”，质言之，只有当这些思想不再是通常意义和概念上的思想而成为象征甚至神话时，才会出现文学作品中的思想问题。[①]

对于同思想密切相关的“主题”来讲，情况也是这样。重大的主题是小说的肉中之肉、骨中之骨，需要借助情节来支撑，尤其需要丰富、鲜活的细节来承载，因为说到底，本质包含在细节中，正是细节赋予主题以生命。正像小说的形象的生动性和真实性决定于细节一样，小说的主题效果和力量也来自细节。正因为这样，托马舍夫斯基才把“细节”当作对整个作品的成败具有决定意义的因素：

如果细节或细节总体为作品配备得不理想，如果读者对细节总体与全部作品之间的联系感到不满意，那么他就会说这一总体从作品中“脱落”了。如果作品的所有部分之间不能较好地配合，作品就会“散架”。[②]

别林斯基也强调在“形式”与“概念”之间应该建立一种彼此依存、水乳交融的关系，并把这一点当作“评定”一部作品的重要尺度：面对一部作品，批评家要“发掘它的概念，指出这个概念同其表现处于一种什么样的关系，优美的形式把正确的概念突出到什么程度，正确的概念把优美的形式促进到什么程度”[③]。某种程度上讲，别林斯基所说的“概念”就是包含在一部作品中的核心观念——主题。总之，一方面，小说家必须开掘深刻的有价值的主题，另一方面，又必须创造完美的

① [美]R. 韦克勒、A. 沃伦：《文学理论》，128 页。

② [俄]什克洛夫斯基等著：《俄国形式主义文论选》，124 页。

③ [俄]别林斯基：《别林斯基选集》，第 3 卷，530 页。

形式，即发现能配合主题的细节，从而最终使形象与主题、内容与形式构成一种相辅相成的密切关系。

在所有的小说家中，也许没有谁像列夫·托尔斯泰那样有资格被视为小说艺术的立法者。他的写作经验当然不是人人可以简单仿效、如法炮制的公式，但是，他的作品里包含着伟大的启示，包含着有助于形成新的经验模式的经验资源。他的小说是深刻的，但又是容易理解的，是任何一个具有基本的阅读能力的人都能读懂的；他的小说是优美的，但又是朴素的，绝无故弄玄虚、华而不实的雕琢；他所运用的表现手法并不复杂，但他却能用这些简单的手法赋予人物以永远不死的生命，能创造出令人惊叹的神奇效果；他赋予小说以说教的性质，但同时又赋予说教以丰富的诗意和强烈的美感。而从小说的主题修辞方面来看，他的小说可以被看作主题及思想极为显豁的“观念小说”，但是，你却看不到令人厌倦的干瘪、生硬和乏味的影子——他把主题形象化，又把形象主题化，使小说的主题呈现出一种内明外润、内外俱美的效果样态。皮奥维涅高度评价托尔斯泰在这一方面表现出来的高超技巧和伟大成就。他说：

作家托尔斯泰擅于栩栩如生地描绘现实，拥有最伟大的讲故事大家的那种出神入化的本领，他不怕打断描述而插进历史的、社会学的、哲学的或心理学的议论，他把这些议论毫不修饰地交给读者，他所说的就是他要表达的。[①]

在他看来，托尔斯泰的小说是“观念小说”的“主要标本”：

所谓观念小说，我指的并非是有倾向的小说或训诫小说，而是指

① 陈燊编选:《欧美作家论列夫·托尔斯泰》,487 页。

这样的小说，他对思想的描写跟对行动的描写一视同仁，其中人物不仅仅在活动，而且显示并宣扬自己的世界观，正是在这里，我们接受了19世纪小说的伟大的、依旧活生生和取之不竭的经验教训，在这个体裁中托尔斯泰是最伟大的范例之一。①

事实上，无须讳掩，托尔斯泰的小说的确是“有倾向的小说”或“训诫小说”。但这并不降低一个伟大小说家的身份，也并不减损他的光荣。毫无倾向性或训诫意味并不是构成优秀作品的必不可少的条件，倒是有可能成为妨碍一部作品成为优秀作品的有害因素。问题的关键也许不在于要不要“倾向”“训诫”，而在于它是什么样的“倾向”和“训诫”，是以什么样的方式被表现出来的。伟大的小说多是包含着伟大的“倾向性”与伟大的“训诫性 ”的小说。它把这些“倾向性”与“训诫性 ”内容灌注到小说之中，并集中地通过有效的主题修辞将它们表现出来，即通过议论等修辞手段将它直接表达出来，尤其是指通过小说的形象体系将它展示出来或暗示出来。而像托尔斯泰这样的伟大的小说家就从不逃避作者在主题修辞上的介入姿态，从不服从任何被别的作家当作禁律的“必须”——多描写，少议论。他通过巧妙的方式阐述自己的观点，“说出”作品的主题，但绝不是那种赤裸裸的简单的宣白，而是用智慧的叙述和完美的形象体系来将这种理性的宣白抬升到美学的高度，从而使自己的作品成为能从思想和美感两方面对读者产生积极影响的伟大的精神现象。

《谢尔盖神父》算不上是托尔斯泰最好的小说。它在主题上类同于法朗士的《泰绮丝》，表达的是托尔斯泰毕其一生都非常关注的问题，即人如何摆脱虚荣、骄傲的羁绊，战胜肉欲的诱惑和考验，避免精神的堕落和内心生活的毁灭，从而过一种符合信仰原则和道德原则

① 陈燊编选:《欧美作家论列夫 · 托尔斯泰》,488 页。

的生活。虽然为了强化情节冲突的紧张感，托尔斯泰的叙述也有显得夸张的地方，例如他采用反复的方式来写几个女人对谢尔盖神父的引诱，并以夸张得有些过头的方式来写神父为了不被“一个离了婚的太太”引诱，准确地说，为了与自己的肉欲对抗，他甚至用斧头砍掉左手的食指：“她突然听到有液体滴下的声音。她低头一看，看见血正从他的手上沿着法衣往下流。”① “有钱而怪僻”的“美人”终于被神父的可怕行为征服了：她对神父说：“我一定改变自己的生活。别嫌弃我。”随后，“她号啕大哭，走出了修道室”。如果通篇只有这些明显是为了说明主题而设计的过分的情节，那这篇小说就不值得谈论了。托尔斯泰的非凡之处正在于，他能把一部明显是道德劝谕的观念小说写得血肉丰满，骨相清俊，充满令人信服的修辞力量和真实感。他对人物内心复杂、痛苦体验的描写极其细腻、生动，不仅如此，他还通过对外部环境的描写，既赋予小说以强烈的真实感，又借以烘托、渲染人物的内心冲突：

侍者走了，剩下他一个人坐在榆树底下的长凳上。

那是一个非常美丽的五月的傍晚，白桦、白杨、榆树、稠李和橡树上的叶子刚刚绽开。榆树后面的一丛丛稠李正繁花盛开，尚未凋落。一只夜莺就在近旁，另外两只或三只，在下面河边的灌木丛里婉转歌唱。很远就可以听到从河那边传来的大概是下工回来的工人的歌声；太阳落到了森林后面，透出层层绿叶，迸溅出万道金光。这一边，是一片璀璨的新绿，那一边，连同榆树，则是一片昏暗。甲虫在飞，又常常摔下，掉在地上。

这绝不是一段可有可无的文字。它是客观的景物描写，营造了一

① [俄]托尔斯泰:《列夫·托尔斯泰文集》,第四卷,351页。

种真实感和感染力极强的氛围，让人仿佛置身其中；同时，它又是隐喻，通过对大自然中的物象和生命现象的诗意描写，象征性地揭示了人也面临着“常常摔下，掉到地上”（即为欲望所诱惑而堕落）的可怕的境遇。托尔斯泰就是这样以完美的形象体系——对人物的心理活动、外部动作及环境、氛围的有意味的描写——赋予小说的主题以和谐的形式感和内明外润、相得益彰的修辞效果。在托尔斯泰的所有中短篇小说里，《克莱采奏鸣曲》也许最能体现他在小说的主题修辞方面的伟大经验。这部中篇小说是主题极为显豁的观念小说，但又是艺术上达到完美境界的经典之作。极强的观念色彩和明显的主题之所以没有使这部小说流于简单的说教，端赖他具有一般作家不具备的想象能力和修辞能力，正是这些能力，帮助托尔斯泰把观念小说提升到观念—艺术小说的境界。说来真是神奇，他竟然能用小说这种方式谈论重大的伦理道德问题，而又不落入常人很难逃脱的鄙陋、拙劣和乏味的窠臼！

托尔斯泰创作于1889年的《克莱采奏鸣曲》，是一部即使在今天依然会对读者的婚姻、家庭伦理观念带来冲击的小说。这部从第一人称角度展开叙述的小说探讨的主题是在两性之间有没有真正意义上的爱情，以及是否存在基于这种爱情之上的长久的家庭幸福。小说一开始就叙写几个不同性别、不同社会角色的旅客，围绕这个问题展开激烈的争论，并引发波兹内舍夫叙述自己与妻子由爱到厌倦到猜疑到嫉妒到仇恨到争吵到伤害的情感历程。他的叙述中充满了对当时俄国社会虚假的两性生活的嘲讽和批判，但也表现出对人类的爱及家庭生活本身的怀疑和否定态度。波兹内舍夫将本能层面的正当的两性生活，同精神层面的爱情生活对立起来，认为人由于不能摆脱自己身上的自然的本能冲动，因此，不可能有真正的爱情：“是我们的各种情欲在阻碍着我们。而在七情六欲之中最强烈、最凶恶、最顽固的一种情欲，就是性爱与肉欲之爱。因此，如果铲除了各种情欲，也铲除了它们之中最高和最强烈的一种——性爱，那么神启就会实现，人类就将大同，人类的目的就将达到，而人类也就无须再活下去了。”这显然是一种禁欲主义的消极的爱情观。

波兹内舍夫对人的理解是反人性的，充满了偏见和误解，而没有认识到完整的爱情从来就不是一种抽去人的本能欲望的抽象、空洞的情感。一方面，他看到了男人和女人之间的性别差异和冲突，以及人类的爱情和婚姻生活中存在的问题，但是，另一方面，却将这些矛盾和问题简单化。他将男人和女人之间的两性关系，描述为一种无法调和的对立关系：男人利用女人满足性欲，女人则通过性来控制男人，于是，他们互为奴隶。总之，厌世主义和禁欲主义使波兹内舍夫提出了一个重要的长期困扰人类的伦理道德问题，但却给出了错误的答案。因为，正像莫德在谈到包含在这部小说主题中的偏见的时候所说的那样：“天然的爱慕之情在我们的本性中是根深蒂固的，如果把它们当作令人厌恶的可怕的事情来对待，就是非常残酷的，而残酷总是错误的，无济于事的。”[①] 当然，这部小说尽管在主题上表现出显而易见的偏颇，但它也包含着一种积极的意义，那就是它明白地告诉人们：只有克制而不是放纵自己的本能欲望，尤其是性欲望，人才能体验到存在于平衡的道德情感中的美与和谐，才可能有充沛的精力和平静的心情完成那些高尚而伟大的工作。

然而，不管《克莱采奏鸣曲》在价值观上存在多么严重而复杂的问题，它的主题却是明晰的，“它把一个天才人物的诚实而强烈地感觉到的见解摆在了我们面前”[②]；又是有力量的，足以抓住你的思想，把你拖入紧张甚至是痛苦的思索之中。托尔斯泰不仅使他的小说的主题给人“一种清楚明白的气派”，而且，还为主题找到了合适的修辞方式和形象载体。你很难想象除了这个叫波兹内舍夫的人，还有谁更适合担当这部小说的主题的宣讲者和故事的叙述者。他既是一个因为放纵自

① ［英］艾尔默·莫德：《托尔斯泰传》，751 页。
② ［英］艾尔默·莫德：《托尔斯泰传》，756 页。

己而感到愧悔和痛苦的人，又是一个体验到“爱情”的欺骗和婚姻生活的折磨的人；既是一个对两性生活具有反思能力的人，又是一个在实际生活中缺乏理性自制力的人；他的关于性爱问题的尖锐而极端的态度，使他的思想具有一种吸引读者的魔力，但是，他的疯狂却又让人对他的思想的价值产生怀疑；他能言善辩，语势凌厉，咄咄逼人，但又以偏概全，以点带面，谈言不中，好发独断妄测之论。选择这样一个人物来表达作品的复杂的主题，确实能够表达得既有力又真实，从而给读者留下了极为深刻难忘的印象。

如果说小说中的主人公波兹内舍夫既是故事中的一个人物，又是故事内的讲述者，那么，“我”就既是文本内的叙述者，又是文本内的倾听者：作为叙述者，“我”向读者描述故事内讲述者波兹内舍夫的表情、心理活动和外部动作，而作为倾听者，“我”则是一个提问者和反诘者，通过诘问与波兹内舍夫构成一种对话关系，引发并推动他将自己的思想和自己的遭遇以强烈得足以抓住读者的方式讲述出来。最后的结果是，托尔斯泰所选择的修辞技巧不辱使命，将小说的情节冲突和情感冲突表现得惊心动魄，将小说的主题表现得鲜明有力。卢伯克说：最好的形式是能使作品主题发挥得淋漓尽致的那种形式——关于小说的形式的含义没有别的界说。写得好的作品，是主题和形式和谐一致又难于区分的作品——在这种作品中，主题凭借形式得到充分发挥，形式将全部主题表现出来。[①]

这实在是一种不易达到的境界，但是，《克莱采奏鸣曲》在主题修辞上创造出了内明外润、和谐一致的效果，达到了令人赞叹的完美境界。

---

① [英]珀·卢伯克、爱·福斯特、爱·缪尔:《小说美学经典三种》,29—30页。

三、小说修辞的道德效果

如果说艺术的价值结构中，总有一个道德的方面，而这种教谕因素，通常会因艺术样式的不同而有多少、强弱的变化的话，那么，小说也许是与伦理道德问题联系最密切、最广泛的文学样式了。之所以这样说，是因为作为一种叙事性文体，小说叙述的核心内容是人的复杂的内心体验和人格发展，关注的是人在情理冲突、善恶冲突、利害冲突中的精神危机和道德痛苦，也就是说，小说所叙之事，往往是处于特定的伦理关系和道德情境之中的人的"事"，而这些"事"里不仅包含着小说中人物的道德反应，也反映着作者的道德态度和道德立场。

从某种程度上讲，作者的态度甚至比人物的态度还要重要，因为作者的声音天然地具有一种权威性，具有一种能令读者乐意倾听并信服的力量。布斯看到了这一点，所以，他说："当人的行动被赋予形式，创造出一部作品的时候，创作出来的形式就永远脱离不了人的意义，其中包括人行动时就暗含于其中的道德判断"[①]；"作者有义务尽其最大的努力使他的道德立场明白清楚"[②]。是的，道德立场和道德判断是小说的价值结构中一个具有重要意义的构成部分，是小说修辞必须面对和解决的问题。因此，任何把小说修辞的任务当作仅仅描写精确的印象或追求诗意效果的观点，都是对小说修辞的误解，而任何试图凭借客观"展示"和"中立性"的叙述创造出伟大的作品的想法也注定是要落空的。

情节的曲折巧妙、人物的生动逼真、描写的精确客观，通常可以使小说吸引人，也可以让它给读者留下深刻的印象，但还不能最终使一部作品成为足以对人的心灵产生深刻影响的伟大的作品。梅内尔说：

---

① [美]韦恩·布斯:《小说修辞学》,409 页。

② [美]韦恩·布斯:《小说修辞学》,402 页。

具有多样统一性，或者对个人或社会各方面进行准确描写的出色的文学作品，并不具有第一流的价值，除非它对人生某个问题表现出或表达了一种强烈的道德关注。[①]

赫拉普钦科也曾指出：

艺术的力量在于吸引和掌握观众、读者和听众。与艺术的多种极为重要的功能相比，这绝不是某种次要的、附属的东西。任何重要的艺术作品都包含着，或者更准确地说，实现着自己的“最高任务”——激起人们一定的情感和思想，给他们以感情和道德上的影响。[②]

是的，一位伟大的作家之所以伟大，固然因为他的文学成就的伟大，但也因为道德精神的伟大，或者说，也因为他的作品能从伦理观和道德精神方面给人们带来积极的影响。屠格涅夫临终的时候，写信“诚恳地请求”托尔斯泰“回到文学活动上来”。莫德认为这是对托尔斯泰“关心人类福利工作”的“无知”，在他看来，托尔斯泰“最深刻地激起群众的兴趣，得到他们爱戴的，就是他正视人生问题，他给予人生以引导，以及——虽然他是一个地道的艺术家——为了某些东西他准备随时为之放弃艺术这一事实”，总之，托尔斯泰的价值和影响，首先来自于他的道德精神和人生态度，而“那些因为托尔斯泰从事宗教问题、道德问题和社会问题的研究而表示惋惜的人，正表明了他们自己的局限。甚至他的小说的大部分价值，也正是得力于他对真理和博爱的渴求，这种渴求是他从幼年到青年的特点”[③]。旨哉斯言！可谓知人之论，见道之语。关于文学的道德价值，斯达尔夫人也有极精辟的

① [英]梅内尔:《审美价值的本性》,55页,北京,商务印书馆,2001。
② [俄]赫拉普钦科:《赫拉普钦科文学论文集》,106页,北京,人民文学出版社,1997。
③ [英]艾尔默·莫德:《托尔斯泰传》,605页。

见解：

对那些善于吸收有益的思想感情的天才来说，伦理道德正是这种情感取之不竭的源泉，也正是依靠伦理道德，他才意识到自己的力量所在，放心大胆地信赖自己的灵感。古人所谓超凡入圣的精神，显然就是正直人心中的道德感，就是真理的力量加上天才的雄辩。①

的确如此。任何时候，善良的道德情感和正确的伦理态度，都是天才艺术家赖以展开积极的写作的基本条件。

然而，近代以来的艺术理念中的一个严重问题和有害的倾向，就是将美和善对立起来，从而使艺术与道德处于一种矛盾甚至对抗的紧张关系中。极端的唯美主义者和艺术至上论者只要一听到“道德”这个字眼，就烦得要命。他们藐视甚至嘲笑道德家的指责，乐意在远离柏拉图的“理想国”的地方快活度日。他们赞成在艺术审美（情）、哲学认知（知）和道德实践（意）之间划出判然可见、互不凌越的边界。于是，支持艺术与道德和认知的分离甚至对立就成了一种占据上风的美学倾向。最后的结果是，这样的律令成了新的美学“宪法”的主要内容，那就是：审美是无目的的；艺术是纯粹的、自足的、无依待的。于是，诗如瓦莱里所说的那样要成为“纯诗”，而小说家也必须把客观性和中立性当作自己的追求目标，而避免以介入性的修辞姿态进行写作，因为这容易造成可恶的非艺术的道德说教。从乔治·桑与福楼拜的争论中，我们可以看到这种美学独立运动引发的话语冲突曾达到何等尖锐的程度。而自19世纪以来的唯美主义、直觉主义、形式主义、表现主义及神秘主义等美学理论和艺术主张，也都在强化着这种脱离道德甚至反道德的倾向。克罗齐就断然否定艺术的“实践的判断”和“价

① [法]斯达尔夫人:《论文学》,336页,北京,人民文学出版社,1986。

值的判断”，认为“艺术对于科学、实践、道德都是独立的”[①]，而伦理层面的“真诚”,“也与艺术毫不相干”[②]。然而，正像坚持“地心说”的人否定不了地球围绕太阳运转这一事实一样，艺术、文学与伦理、道德血肉相连这一事实，也是任谁也否定不了的。A. 齐斯说：“道德问题总是出现在艺术作品中，而美学问题也总是包含伦理学问题，这种伦理学问题不是什么‘附加’给美学的问题，而是艺术自身的一个内在组成部分，是来源于艺术的人道主义本质。”[③]是的，美善有别，但它们之间不存在互不相容的对立。在其他的艺术形式中是这样，在小说中更是这样。

基于以上的认识，我们承认小说能带给人享受艺术的乐趣，具有消遣功能，但我们拒绝把小说只当作一种消愁解闷的读物，而是倾向于把小说当作既带来阅读快感，又带来道德上的升华和伦理上的净化体验的伟大的文学现象。确实，当我们把小说视为一种包含着积极的道德内容的精神现象的时候，我们就不觉得布罗茨基的观点是难以理解或难以接受的。布罗茨基在《小于一》中说：“狄更斯比斯大林和贝利亚显得更加真实。小说是最能影响我们的行为方式和谈话内容的一类书本，我们谈话百分之五十的内容也与小说有关。”[④]当然，一部小说是否真实，是否具有积极的道德力量，是否值得我们谈论，从根本上讲，决定于作家，决定于作家在写作的时候是否具有足够强的道德感和文化责任意识，是否能够通过有效的修辞，将自己的道德意图转化为具有极强的感染力和说服力的道德力量，或者说，是否在修辞上获得理想的道德效果。

毋庸置疑，作者对小说中人物的道德行为的态度和评价通常会直

---

① [意]克罗齐:《美学原理·美学纲要》,62页。

② [意]克罗齐:《美学原理·美学纲要》,63页。

③ [俄]A. 齐斯:《马克思主义美学基础》,106页。

④ [美]约瑟夫·布罗茨基:《从彼德堡到斯德哥尔摩》,437页,桂林,漓江出版社,1990。

接影响到读者的反应。尤其当小说中的人物在道德上存在严重缺陷的时候，就更需要小说家向读者显示自己的评价和态度，而不能采取含含糊糊、模棱两可的态度，否则，就会导致严重的价值混乱，就会产生消极的道德后果。艾略特说：

> 我们所阅读的小说影响我们对待别人的行为，也影响我们自己的行为形式。当我们读到小说中某些人物的行为，受到作者的赞许；作者通过对他自己所安排的这些人物的结果所表现的赞许态度来祝福这种行为。当我们看到这种情况时，我们就有可能受到作者的感化而决心今后采取同样方式的行为。[①]

有人也许会认为这种易受影响的读者只是少数，更多的人读小说，通常只是随手翻翻，并不打算从作品中获得道德上的影响。即使如此，小说家也不能对小说的道德修辞效果不加留意，更何况，小说影响读者的方式从来都是潜在的、不易觉察的，并不因为读者没有接受道德影响的愿望就不对他发生影响。

与19世纪的伟大的小说比起来，在现代主义、后现代主义及享乐主义和商业化原则影响下产生的小说作品就缺乏道德上的力量，在道德修辞上，显示出的是令人失望的冷漠和低能。阿诺德·凯特尔说《爱玛》的“主题确实在道德上，……那些试图把艺术价值从生活继而从道德价值中分离出来的人不会承认：我们在阅读《爱玛》中所得到的乐趣事实上是有道德基础的”[②]；“总的说，简·奥斯丁的最大优点是不把根本性的道德问题束之高阁”[③]。莫洛亚说：“可以说在很大范围内”，狄更斯用自己小说的道德影响力，“塑造了（英国）这个民族。卡扎米昂

① ［英］托·斯·艾略特:《艾略特文学论文集》,244页。

② 朱虹编选:《奥斯丁研究》,257页。

③ 朱虹编选:《奥斯丁研究》,262页。

先生说得好：‘一些道德方面的原因使英国免除了一场革命，狄更斯在这之中起到一定的作用’”[①]。虽然我们很难这样评价巴尔扎克、雨果和托尔斯泰，但是，这些伟大的小说家确实对他们时代及后来时代读者的道德和思想发生过积极的影响。事实上，重视道德，有“道德基础”，充满道德激情，确实是19世纪伟大的小说家共有的一种倾向和特征。而19世纪的小说之所以充满道德高尚、令人尊敬的美好的人物形象，原因固然是多方面的，但不管怎么说，小说家的稳定的道德立场和道德基础乃是保证他们塑造出这类人物的重要原因。

然而，进入20世纪，从总体上讲，小说中的道德问题出现了严重的混乱。导致这种结果的原因当然是复杂的，但是作家缺乏道德激情，缺乏关注道德问题的热情，是一个不容忽视的因素。这些小说家患了道德冷漠症。厄普代克在纳博科夫的《文学讲稿》的“前言”中说：“50年代强调个人的地位，蔑视公众事物，只感受脱离一切的单纯的艺术效果，信仰新批评理论，即全部信息都包含在作品本身之中。”[②]这其实是20世纪相当一部分小说家的共同特点。他们对道德问题不感兴趣，倾向于把小说当作一个仅仅给人带来乐趣的魔具。纳博科夫在《文学艺术与常识》一文里，明确地表达了包括他自己在内的很多小说家对文学与道德关系问题的看法：“我从来不认为作家的职业是改良他的国家的道德，和站在街头演戏台的高度指出高尚的理想。”[③]一个缺乏道德热情、拒绝“指出”高尚的“理想”的小说家，很容易成为一个放弃追求理想的道德修辞效果的人。纳博科夫的小说《洛丽塔》就是这样一部缺乏积极的道德修辞效果的小说。这部完成于1954年的小说，先后遭到四位美国出版商的拒绝，直到1955年，才由喜欢冒险的法国奥林匹亚出版社出版。1958年，美国的普特南出版社终于出版了《洛丽

① ［法］安德烈·莫洛亚：《狄更斯传》，2页，济南，山东人民出版社，1984。

② ［美］纳博科夫：《文学讲稿》，15页。

③ ［美］纳博科夫：《文学讲稿》，508页。

塔》的美国版，但《纽约时报》称之为一个“不幸”的“坏消息”。著名评论家埃德蒙·威尔逊和著名小说家玛丽·麦卡锡对这部小说非常失望，评价极低。

纳博科夫的道德冷淡使这部小说实在没法不让人失望。他所叙写的中年男人亨伯特与一个未成年少女的畸恋故事，既缺乏情感体验的深度和普遍意义，又不包含多少严肃的道德内容。我们从亨伯特的“这段纠缠不清的痛心史 ”中，感受不到深刻的道德痛苦，收获不到有意义的道德启示。在修辞上，作者选择了很容易对读者的情绪和观点发生感染和影响的第一人称叙述方式，而且，作家对这个由亨伯特自己担任的叙述角色极为信任，很少利用作者的合理的修辞介入，对亨伯特的叙述进行必要的补充和控制。亨伯特几乎是陶醉地炫耀似的向读者讲述他的奇异故事。他告诉读者洛丽塔有“勾人魂魄的微笑”，“她的面庞闪烁着一种梦幻般甜蜜的光辉”。读者从亨伯特的从容不迫而又跌宕曲折的叙述中，感受到了一种紧张感和刺激感，那种纳博科夫汲汲以求的“魔力”①，但是，同时，又会觉得这是一个本质上很乏味很无聊的故事。这一点都不奇怪：缺乏道德感染力的作品，往往都显得苍白而乏味。事实上，在写这部小说的时候，纳博科夫是主动放弃追求小说的道德效果的。他认为小说与道德无关，与“说教”无关。他说：“深感亨伯特与洛丽塔关系不道德的不是我，而是亨伯特自己。他关心这一点，而我不。”②他拒绝包含着教育目的的写作：“有一些文雅之士会宣称《洛丽塔》毫无意义，因为它什么也没有教给我们。对于说教小说我既不想谈，也不想写。”枯燥乏味的说教当然要不得，但错将任何道德性的内容都当作“说教”，也是一种可怕的偏见。

① 纳博科夫说：“我们期望于讲故事的人的是娱乐性，是那种简单不过的精神上的兴奋，是感情上的介入的兴致以及不受时空限制的神游。……最后，顶重要的还是这句话：大作家总归是大魔法师。”（[美]纳博科夫：《文学讲稿》，25页。）

② [美]纳博科夫：《洛丽塔》，4页，南京，译林出版社，2000。

如果说道德冷淡症容易使作者放弃对道德问题的关注和修辞表达，从而使小说丧失积极的道德力量，那么，缺乏理性制约的道德狂热，也同样会造成道德修辞上的混乱。从修辞的角度讲，前者是不介入，后者则是过度介入；不介入导致道德表达的缺失，过度介入则导致一种道德偏执，一种不稳定的、混乱的道德图景。

从表面上看，过度介入总比不介入要好，事实上，作者的丧失自制力的介入即使不比拒绝介入更坏，也绝不比它更好。为何这么说？这是因为，道德狂热导致的过度介入，通常会使作家失去叙述上的平衡感，而把表现一种偏执的道德观念当作中心任务，人物、情节以及其他形式的描写，都变成了这一观念的奴隶，都为彰显、宣达这一观念服务。

接下来，我们就以劳伦斯为例来考察道德狂热导致的修辞病象。像一切道德狂热者一样，劳伦斯宁愿把艺术现象首先看成是一种道德现象。他内心里充满通过写作介入道德生活的热情。他不仅怀疑固有的道德秩序，对它充满仇恨和敌意，而且必欲彻底瓦解并摧毁之而后快。任性和放纵是审美领域的道德狂热主义者的两个显著特征，也是劳伦斯的小说在叙写人的精神生活（尤其是两性生活）的显著特征。这真是一个有趣而耐人寻味的现象：劳伦斯本人是一个极为道德的人，但表现在他的小说中的道德主题，尤其是他的性观念，却是混乱的、片面的、浅薄的、有害的。而更为奇怪的是，劳伦斯从来都认为艺术行为就是一种道德行为。他在评价麦尔维尔的《白鲸》的时候说："艺术的首要作用是道德作用——但是，是一种热情的含蓄的道德，而不是说教。一种改变血液而不改变头脑的道德……"[1] 他的写作目标也很明确，那就是帮助读者解决如何"做人"这个大问题：

① [美]霍夫曼:《弗洛伊德主义与文学思想》,209页,北京,三联书店,1987。

要活着，要做活人，做活着的完整的人，这就是问题的根本。小说的最大好处是能够极大地帮助你，他能够帮助你不做生活中的死人。今天，一个男人一多半已经死气沉沉，像一具行尸漫步在街头和屋内；女人身上大半已完全没有生气，好像一架钢琴，一半琴键已经不能发出乐声了。[①]

不能说他看到的问题完全不存在，但是，他的全称性判断和陈述，确实显得有些夸大其辞。他对人的理解本身就存在严重的道德向度上的偏差。劳伦斯倾向于仅仅从肉体上解放人。他把灵与肉、爱与欲、道德与快乐对立了起来。他认为“性是一个人个性的最终表现”[②]。他否定已有的关于人、关于爱情的道德观念，甚至得出这样的结论：“基督教在其整个历史中都误解了爱情。”[③]就像纳博科夫向来对陀思妥耶夫斯基没有敬意，认为陀氏的绝大部分作品算不上“真正”的文学作品一样，劳伦斯也“在他极端具有活力，经常组织混乱的文章，……通过拒绝他的同行们的伦理道德标准，展示了自己的立场。例如，霍桑的《红字》是‘不健康的’，因为‘罪恶’令人作呕地受到了赞扬，得到了象征化”[④]。

劳伦斯的道德狂热，主要体现在对性问题的理解和叙述上。在劳伦斯看来，对人来讲，性意味着一切，几乎可以这样说：谈论生活就是谈论性，谈论性就是谈论生活。性的满足即意味着人生价值的实现。在他的笔下，人物之间的关系几乎就是纯粹的性关系；他将注意力更多地集中在人物的生理层面的本能释放和快乐体验，而不是心理层面的情感体验，不是爱的萌动、发展和升华。他缺乏将性提升到真

① 王春元、钱中文主编：《英国作家论文学》，514页，北京，三联书店，1985。

② [美]霍夫曼：《弗洛伊德主义与文学思想》，193页。

③ [美]霍夫曼：《弗洛伊德主义与文学思想》，195页。

④ [美]霍夫曼：《弗洛伊德主义与文学思想》，209页。

正的道德层面的升华能力。别尔嘉耶夫说："使人在精神上摆脱贬低人的尊严的性淫欲的奴役，使无意识的性的迷恋升华，是伦理学的基本要求。"[①]"升华"是一种创造性的指向，它意味着将性提升到爱和道德的高度，意味着培养对性的健康的诗性态度，意味着节制、平衡与和谐，而不是放纵、失衡与极端。由于缺乏这种"升华"能力，劳伦斯的以性为主题的叙事文本，就没有能为人们提供一个可靠的有深度的价值图景。

从修辞的角度看，极端的修辞态度导致了劳伦斯在修辞上的过度主观化和缺乏节制的宣抒倾向，而这种倾向反过来又强化了劳伦斯小说的道德混乱。《查特莱夫人的情人》是劳伦斯的最后一部小说，也是他的代表作。其中既包含着它的作者有关性的最完整的宣言，也表征着劳伦斯在处理道德与修辞的关系上存在的典型病象和严重问题。我们从这部小说中，可以看到劳伦斯对工业文明的警惕和恐惧，可以看到他对"金钱"和"荣誉"的仇恨和鄙弃，可以看到他针对富有阶层和特权阶层的对立情绪，可以看到他的流于情绪化的激进的反社会姿态，可以看到一幅幅灰暗、沉重、令人绝望和厌恶的生活图景。他对自己置身其中的社会毫无感情，压根不用温和的眼光打量它，用冷静的态度分析它。他加之于它的，除了傲慢的蔑视，便是失去理性的指斥与诅咒："社会是可怕的，因为它是癫狂的。文明的社会是癫狂。金钱和所谓的爱情，便是这个社会的两个狂欲，其中金钱尤为第一。在混沌的癫狂里，个人在这两种狂欲中——金钱与爱情——追逐着。"[②]不能说劳伦斯指出的社会问题不存在，但他的判断是夸大其辞的。他把写作降低为表达仇恨和放纵欲望性想象的方式，而修辞也被当成宣泄作者的情绪的消极手段。

在《查特莱夫人的情人》中，由于作者的过于激愤的主观情绪没

---

① [俄]别尔嘉耶夫:《论人的使命》,307页,上海,学林出版社,2000。

② [英]劳伦斯:《查特莱夫人的情人》,126页,长沙,湖南人民出版社,1992。

有得到适当的控制，遂使我们从这部小说的几乎所有方面，都可以看到作者的任性而蛮横的介入。本来，从修辞角度看，为了使人物更真实，更能被读者认可和接受，小说家必须尊重人物的个性，必须尽量客观地描写和叙述人物自己的心理活动和外部动作。但是，遗憾的是，劳伦斯笔下的人物却并没有体验到来自作者的这份体贴和尊重。他们被劳伦斯写成了自己的观念和情绪的符号化的载体，被当成了作者的道德观念和思想意识的容器。你在这部小说中可以频繁地看到“冷酷”“愤怒”“嘲讽”“戏弄”这样的字眼。作者这样写康妮和梅乐士见面的情景：“他们的视线遇着。他的眼睛是冷酷的，险恶的，充满着厌恶和轻蔑，漠然于未来的爱情。她的眼睛则是含恨的，盛怒的。”[①] 从修辞效果来看，这样的描写，既是简单的、笼统的，又是浮泛的、缺乏力量感的，根本不具有“说服”读者的真实性和准确性。有必要指出的是，这种失败的描写，在这部声闻过实的小说中绝不是个别的，而是在在可见的。

本来，景物描写作为一种修辞技巧，其目的既在于显化主题，也在于为人物的心理演变和性格发展提供一个有说服力的环境和氛围。但是，《查特莱夫人的情人》中的景物描写却没有这样的积极的效果，而是变成了宣泄作者自己的情绪的意义单一的写意画：“天色变成了灰暗了，雾环绕着那块小青天合拢了，好像盖上了盖子似的。这时天气冷起来，雪就要下了。一切都是灰色的，全是灰色！世界好像是衰疲了。”[②] 这样的描写像被弃置的老屋檐下的蜘蛛网，密布在小说的话语空隙里：“空气是软的，死的，好像世界末日到了。……树林里，一切都毫无生命似地静息着。仅有无叶的树枝上落下来的雨滴，发着空洞的微音。在老树丛中，只有无边的灰色，绝望的静止，寂寞，虚无。”[③] 这

---

① [英]劳伦斯:《查特莱夫人的情人》,117页。

② [英]劳伦斯:《查特莱夫人的情人》,58—59页。

③ [英]劳伦斯:《查特莱夫人的情人》,81—82页。

些近乎诅咒的描写，给人一种重复、空洞、冷酷、褊狭的印象。同样，由于修辞上的失误，被他用来显示“性”的美好的对于树林、花卉的描写，同样给人一种夸饰过度的、做作而别扭的感觉。他在细致地描写象征着性的活力和快乐的“树林”的时候，竟然也不放过对“树林”以外的世界的诅咒：“也许这是一个未被奸污的地方。未被奸污！而全世界却都被奸污了。”[①] 这足见劳伦斯的褊狭和偏执，也淋漓尽致地显示着他在修辞上的过度主观化病象。

议论从来都是所有小说修辞技巧中最能显示作者的声音，也最能体现小说的修辞性质的一种技巧。小说中的议论可以直接出自作者，也可以出自小说中的可靠的人物。但从修辞效果的角度看，无论由谁来议论，来谈论道德问题或其他重要的问题，他的议论都必须是合适的，具体地说，必须与人物的性格，与特定的语境是吻合的，而不是不自然地外加上去的，否则，就很难对读者产生积极的影响，就不会有理想的修辞效果。然而，《查特莱夫人的情人》中的议论多是失败的修辞。劳伦斯把自己混乱、消极的思想，强行塞进人物的大脑，并借人物的嘴巴宣讲出来。劳伦斯让梅乐士有一种黑火焰的灵魂，让他陷入一种极度颓废、消极、厌世的雅皮士状态，让他代自己对“生存的意义”高谈阔论：“我告诉你，那是看不见的。我不相信世界，我不相信金钱，我不相信进步，我不相信我们文明的将来。假如人类是有个将来的话，那便得有个大大的转换。”[②] 康妮问梅乐士“真正的将来是怎样的”，他的回答是“我不知道”，但他同时又告诉她：“我觉得我的心里有一种什么东西和无限的愤怒混合着。”“无限的愤怒”需要一个发泄的通道。在劳伦斯看来，性就是这个无可替代的通道。他把这样的观念借梅乐士之口传达出来，那就是，金钱已经把一切都破坏了，包括“普通的群众”和“工人们”在内的所有人。

① ［英］劳伦斯：《查特莱夫人的情人》，122 页。
② ［英］劳伦斯：《查特莱夫人的情人》，374 页。

他们的气血都死了。他们所剩下的一点，都给汽车、电影院和飞机吸引了。我相信：一代人比一代人更不像样了，食管是橡胶管做的。……世界随处都一样：把人性的真实性杀了，每条阴茎一英镑，每对睾丸两英镑！什么是“孔”，还不是性交的工具！随处都一样。给他们钱，叫他们把世界的阳具割了。[①]

在这部小说的作者和他笔下的人物看来，失去了“阳具”，“各色人种就成了驯服的畜生”，因为，“健全的心地是根植于睾丸之内的”。仇世倾向、怀疑进步的原始主义倾向以及强烈的阉割焦虑，使劳伦斯非常可笑地把性当作拯救世界、拯救生活的唯一手段。性被当成了宗教，劳伦斯试图通过这种变相的直接介入的修辞方式，宣传不容置疑的教义，以拯救那些被“金钱”“虚荣”“无知”“愚昧”以及爱情荼毒着的众生。然而，这是一种缺乏道德价值的新道德。它要求你要像康妮一样：“突然明白两腿的意义了。她觉得两腿的意义比脸孔更重要，因为脸孔的意义已经变成虚伪了。”[②] 它还会让你像康妮一样，对自己过去所信奉的一切大加怀疑和否定：

诗人和世人真是一些骗子！他们使你需要感情，其实你所最需要的是这尖锐的、销蚀的、有点可怖的肉感。找个无羞惧、无罪过、无内疚的大胆从事的男子！假如他事后觉得羞惧，那就令人寒心了！……所谓精神上的无上快乐这对于一个女人有什么价值？而且事实上，对于一个男子又有什么价值！那不过是把精神弄得一塌糊涂而且卑鄙罢了。[③]

① ［英］劳伦斯：《查特莱夫人的情人》，290—291 页。
② ［英］劳伦斯：《查特莱夫人的情人》，342—343 页。
③ ［英］劳伦斯：《查特莱夫人的情人》，334 页。

这些幼稚、混乱的思想是可疑的。它缺乏道德上的正确性和深刻性。这些思想，就像门罗·恩格尔在评价梅乐士在小说结尾处写给康妮的信时所说的那样，是“一个多么幼稚、无政府主义的梦想！……这些梦想是公然违反事实的，是不成熟的”①。尽管劳伦斯善于用雄辩的布道式的议论来强化小说的修辞效果，但这并不能改变它的“幼稚”的性质，反倒使它的“幼稚”和混乱更加严重，更让人难以接受。

确实，性是生活中极为重要的一部分，是应该受到保护和尊重的。健全的性观念和健康的性生活是构成完整、和谐的生活的重要内容。在性方面，任何病态和残缺，都有批评和救治的必要。但是，不能用克利福的境遇来象征人类的处境，更不能把性当作救世良方。性并不是工具，更不是武器，它消灭不了敌人，消灭不了对金钱的贪欲。性也不是生活的唯一内容或终极目标，它仅仅是生活的一部分，尽管是其中非常重要的一部分，但也只不过是一部分而已。把性当作生活的全部内容，而且还要缺乏节制地渲染它，就很可能把人降低为公牛和山羊。

性当然可以成为小说的叙述内容，但是，关于性的叙述却是一件考验人的工作。叙写性问题要服从道德尺度和审美尺度的双重制约。将这些尺度用之于小说修辞，就意味着要以含蓄、适度和具有真实性和说服力的技巧来描写和叙述人物的道德意识和道德行为，要以能引起读者的强烈的美感反应和积极的道德反应为鹄的，而不是仅仅通过生理刺激让人体验到一种缺乏道德情调的消极的快感。把一种私我化的体验无节制地展览性地进行描写，无论对作者还是对读者来讲，都是一件有伤体面和尊严的事情，都意味着修辞上的失败，不仅如此，道德和修辞上的狂热的偏激和放纵，常常将作者推到道德的对立面，

① 蒋炳贤编选:《劳伦斯评论集》,202—203 页,上海,上海文艺出版社,1995。

使他的写作成为一种缺乏德性的，甚至是反道德的写作。

T.S. 艾略特曾在《评劳伦斯》（1927）中尖锐地批评道："劳伦斯的小说写得非常之坏"，"令人感到无限单调乏味，除了作者令人信服的真诚之外，简直没有什么值得我们称道的"，在他看来，劳伦斯的小说中的人物在谈情说爱时，"不仅丧失了几世纪以来形成的使谈情说爱还算不错的所有一切礼节、文雅和高尚风度，而且还重新陷入进化的变形过程中，回复到远在人猿鱼类以前的原生质的丑陋的交媾状态。这种企图以原始生活解释文明社会的探索，以倒退来解释进步的探索，以'隐秘深处'来解释表面现象的探索，说到底是个现代现象（我是假定劳伦斯先生的研究是正确的……）。……说真的，劳伦斯先生对文明人既不信任，也不感兴趣，你在文明人中是找不到他的；他比卢梭走得更远"[①]。弗吉尼亚·伍尔夫对劳伦斯也有一语中的的批评："他的作品所提供给我们，让我们在它上面栖息、伸展并尽我们最大限度的力量去感受的唯一的东西，就是某种肉体的狂欢。"[②] 我认同艾略特和伍尔夫对劳伦斯的批评。

是的，小说不是写给自己看的日记，不是只写给一个人或几个人欣赏的个人私密生活的实录。它是写给无数的读者的。因此，写小说不是作家个人的事情，而是与大众的内心感受和道德体验密切相关的事业；不是一种仅仅为了"安妥"作家自己灵魂的方式，而应当被视为从积极的方面影响别人生活的手段：

> 它向上提升人，给人希望和力量，让人变得更温柔、更优雅、更有教养、更热爱生活。它也写丑恶，但以美好作底子；也写黑暗，但以光明作背景。他强烈地爱一切值得爱的人和事物，因此，无论罹受多么严重的摧折和不幸，它从不徒逞一时之快地诅咒生活，贬低人类

① 参见蒋炳贤编选:《劳伦斯评论集》,36 页。

② ［英］弗吉尼亚 · 伍尔夫:《论小说与小说家》,223 页,上海,上海译文出版社,2000。

的尊严。它任何时候都信持写作的最基本的道德原则和文化使命，那就是怀着温柔的善念和爱意，向人类和世界表达祝福的情感。[①]

可以说，小说修辞追求的终极目标就是实现对读者的精神生活的积极影响，就是对读者的人格发展和道德升华产生潜在而巨大的推动作用。这就要求小说家必须具有更为成熟的道德感和更为自觉的修辞意识，他不仅要认识到道德效果的重要性，而且要学会通过巧妙的修辞获得这种效果。卡莱尔说："没有手，一个人可以有脚，还能走路；如果没有道德，他就不可能有智慧；一个彻底的无道德的人根本就不知道任何东西。"[②] 他说的是真理。一个彻底的无道德的人，必然缺乏在修辞上获得成功的智慧，因此，我们也就不要指望他能写出在20年后或50年后"大放光辉"的真正有价值的小说作品。

① 李建军：《私有形态的反文化写作——评〈废都〉》，载《南方文坛》，2003(3)。

② [英]卡莱尔：《英雄和英雄崇拜》，176—177页，北京，三联书店，1988。

第九章

小说修辞病象的个案分析

一、傲慢与黑暗的写作

——评《尤利西斯》

1995年的冬天，我读完了三卷本的汉译《尤利西斯》。正文加注释，一百多万字，读来竟比读十部《战争与和平》那样的小说还要累人。如果单是疲劳，也算不得什么，问题是，你费时劳力读完了，收获的却是沮丧而懊恼的坏心情。唉！一部多么晦涩而乏味的小说啊！

即使你确实具有多于常人的丰富知识和高于常人的理解能力，那也无法保证你在读解这部作品的时候不陷入尴尬境地。记得我当时很想找一个朋友交换彼此对这部小说的看法，但是，问了许多人，得到的回答大都是：太难读，不曾读完。这些朋友是明智的。至于我，因为好奇和固执而自寻烦恼，受此折磨，也是活该。

不过，读这部小说也不是一无所获，它至少会从以下三个方面给你带来乐趣和心理补偿。一种乐趣是，当你问别人是否读过乔伊斯的这部天书，对方略显尴尬地作了否定的答复的时候，你便会欣欣然地体验到阿Q式的人无我有的快乐和满足。第二种乐趣是，你可以放心地拿这样的标准衡量一个作家的精神是否健康、趣味是否雅正：如果一个作家喜欢俄罗斯作家而不喜欢《尤利西斯》，那么，他的精神大体上是健康的，趣味基本上是雅正的；相反，如果他明确声明自己喜欢《尤利西斯》而不喜欢俄罗斯作家，那么，这位先生八成是个美学趣味低下的人。

最后一种乐趣是，你从此会注意人们对这部小说的各种各样的理解、判断和评价，你会从这些判断和评价中认识到这样一些事实：在文学的领域，很多时候，基于事实达成共识是一件十分艰难的事情；有的时候，人们面对一部失败之作竟会如此缺乏批评的自信和否定的勇气，以至于这些失败之作会因其失败和残缺，准确地说，会因为人们的犹疑和胆怯，而获得比一部好作品更多的崇拜和赞美；你还会发现《尤利西斯》至少在一个方面是非凡的，那就是，它不仅能让很多人因为难读难懂而将它奉为巨著，而且，还能让那些第一流的批评家因为在评价这部小说时意见相左而互相攻击。好了，让我们先置身事外作壁上观，看看因为《尤利西斯》这颗金苹果而引发的话语冲突有多么热闹。

弗吉尼亚·伍尔夫是我极为喜欢的一位作家和批评家，她对《尤利西斯》的评价坦率而尖锐，只一句话："《尤利西斯》是一场令人难忘的突然剧变——无限地大胆，可怕的灾难。"[①] 她的评价受到与《尤利西斯》中的利奥波德·布卢姆同姓的哈罗德·布卢姆教授的反对。他在《西方正典》一书中赞赏伍尔夫"对阅读的那份非比寻常的喜爱与守护"[②]，但是，他拒绝接受她的观点，他指出：

吴尔芙（伍尔夫——引者注）自己所做的文学批评，在我看来

① [英]弗吉尼亚·伍尔夫:《论小说与小说家》,284页。

② [美]哈洛·卜伦:《西方正典》,下册,611页,台北,立绪文化事业有限公司,1998。

颇为良莠不齐，她对当代作家的评断尤其有问题。她说乔哀思（乔伊斯——引者注）的《尤利西斯》是个“灾难”，还说劳伦斯的小说缺少“让事情功德圆满的最后一击”，这些都不像是吴尔芙如此学识丰富与认知敏锐的批评家该有的看法。但她仍堪称是本世纪（20世纪——引者注）最全方位的英国文人。①

《尤利西斯》还在我非常崇拜的两位英国大批评家之间引发了尖锐的冲突和对立：F.R. 利维斯说，“我以为，《尤利西斯》不是什么新开端；相反，它是一条死胡同，或至少是导向分崩离析的一个路程”②；T.S. 艾略特则针锋相对地说，“这本书是对当今时代最重要的反映，是一本人人都能从中得到启示而无从回避的作品”③。我虽然欣赏 T.S. 艾略特对个人与传统的关系及文学与宗教的关系的论述，欣赏他对劳伦斯作品的尖锐批评，但却难以接受他对《尤利西斯》的过高评价，正像我尽管欣赏利维斯对乔治·爱略特和狄更斯作品的精彩分析，但很难认同他对劳伦斯小说的过高评价一样。

不过，让我高兴的是，就我目前所掌握的资料来看，对《尤利西斯》的批评和否定，远比对它的赞扬和肯定要多。保罗·埃尔默·莫尔曾多次努力，试图理解这部小说，但他得到的只是“更大的震动”，他直言不讳地说：“在这本书中，我看起作用的不是罪恶的信念，而是被当作真理唯一仇敌的罪恶的终极原则。这种运用潜意识的手法，只不过是企图把这个世界和人的生活退回到无底的混乱的深渊中去。”④英国小说家、小说理论家福斯特的观点与莫尔接近，甚至还要尖锐，他说

① ［美］哈洛·卜伦：《西方正典》，下册，612页。

② ［英］F.R. 利维斯：《伟大的传统》，42—43页。

③ 侯维瑞：《现代英国小说史》，259页。

④ ［美］威德勒·索普：《二十世纪美国文学》，313—314页，北京，北京师范大学出版社，1984。

《尤利西斯》“绝不是优美的作品”[1],“它固执地要用污泥把宇宙抹黑，是维多利亚时代风格的逆流……”[2] 与乔伊斯同时代的英国作家理查·奥尔丁登则早在小说全部刊登之前就断言乔伊斯“用其出色的才能使我们对人类感到厌恶”，认为《尤利西斯》“是不真实的，是对人性的侮辱”[3]。英格兰著名诗人、小说家、文学评论家、散文家和翻译家爱·缪尔则在《小说结构》这部小说理论的经典之作中，对《尤利西斯》的技巧作了彻底的否定：“它的缺点明显：小说构思不定，发展无力，统一性可疑。”[4] 在我看来，这些否定性的观点，是慎重的、负责任的，是值得人们认真倾听的。

《尤利西斯》确实是一部混乱、晦涩、乏味的小说。它在修辞上的突出特点是傲慢，傲慢地蔑视被许多作者信持的具有普遍意义的小说写作规范，傲慢地蔑视读者在长期的阅读中形成的习惯和期待。乔伊斯的小说写作理念与福楼拜接近，但他在写作上却比后者偏离正道更远。福楼拜的小说虽然也存在冷漠的“客观性”问题，但却好读，也并不难理解，换句话说，福楼拜在写作的时候，并没有把替读者清除阅读理解上的障碍不当回事。福楼拜费尽心思寻找最具有表现力的那个词，努力把语言写得干净、优美而富有表现力。

然而，乔伊斯在写作《尤利西斯》的时候，则表现出一种冷冰冰的我行我素式的放任和孤傲。他不怕在小说中为难读者。他的语言缺乏概括力，缺乏朴素、简练、准确的风格。他把炫示知识当作一种快乐。他的密集的用典、缺乏明晰性的指代、牵强的戏仿，也许能满足极少数书斋型批评家卖弄学问的需要，但对普通读者来讲，体验到的却是煎熬一般的精神折磨和沉重的话语压迫。乔伊斯这部小说的修辞问题

---

① [英]珀·卢伯克、爱·福斯特、爱·缪尔:《小说美学经典三种》,299 页。

② [英]珀·卢伯克、爱·福斯特、爱·缪尔:《小说美学经典三种》,300 页。

③ 侯维瑞:《现代英国小说史》,272 页。

④ [英]珀·卢伯克、爱·福斯特、爱·缪尔:《小说美学经典三种》,409 页。

如此严重，就连替他辩护的纳博科夫也忍不住说：乔伊斯“随时动用各种各样的语言把戏，如双关语，词序变换，文字重复，或对动词的滥用，以及对声音的模仿。在这些以及过多地对当地情况的提及和外语词的使用，产生了不必要的晦涩，因为许多细节未被充分明晰地表示出来，而只为那些知识渊博的人作出暗示”[①]。荣格也看到了乔伊斯在修辞上对读者显示出来的傲慢，“一种主观心理同客观物质现实谵妄似的混乱，以及一种毫不考虑读者、一味滥用生造词、零碎摘引、声音与语词联想、突兀的转折和思维中断的方法”[②]。《尤利西斯》第十四章对古奥文体的模仿是笨拙的做作的。它的视点要么像石头人的眼珠一样永远不动，给读者一种厌倦至极的乏味感和疲劳感，要么毫无必要地频繁转换，令你眼花缭乱，头昏脑涨，如第十章从三十多个人的视点叙写了几十个场景里发生的事情及出现的人，但却集中不到一个焦点上，形不成有深度的意义空间。读者的眼睛忙活了一通，心灵却一无所获。由于没有兴趣集中地写出人的真正的内心冲突和事件的意义，乔伊斯便倾向于毫无必要地把人物符号化地摆放在字面上，他先后在几个地方整页整页地罗列人名[③]，却从不介绍人物的具体情况。读者不知道约翰·康米神父一路上遇到的两位太太——“议会议员戴维·希伊先生的太太”和“满头银发、仪表堂堂的麦吉尼斯太太”——有什么性格上的差异和气质上的不同，也不了解她们的过去和生活现状，作者之所以写到她们，就是为了让她们跟神父打个招呼就了事。事实上，不仅这两位“太太”，这部小说里的人物，大都是那种读者到终了都不知其详的面容模糊、性格不明的人物。

韦恩·布斯说，一个优秀的小说家，是一个“向我们讲话，想让我

① [美]纳博科夫:《文学讲稿》,389—390页。

② [瑞士]荣格:《心理学与文学》,152页。

③ 参见[爱尔兰]詹姆斯·乔伊斯:《尤利西斯》,上卷,南京,译林出版社,1994。在这部小说的中卷,作者先后将87人(204—205页)、18人(217页)、25人(228页)、27人(239页)的姓名不厌其烦地罗列出来(253页整整一页全是人名)。

们去阅读，尽一切可能使他的作品能被人读的一个人物”[1]。换句话说，尽可能让自己的作品被人理解和接受，应该是小说家追求的一个重要目标。而要达此目的，小说家就必须替读者着想，就必须使自己的小说具有明晰性的修辞效果。这种明晰性不能仅仅被理解为形象的视觉感受上的直接性和生动性，更重要的是，它还意味着人物形象和情节事象的性质及内涵的明确性和可把握性。这就要求小说家要在描写和讲述之间维持一种稳定而平衡的关系形态。

一个对读者的阅读反应更为关注的作家，通常会利用讲述性的修辞手段，有时甚至不避忌用议论的方式，向读者“说明”他认为重要的信息。作者这样做，是为了让读者不要把时间和精力过多地浪费在对不知所云的描写和暗示的猜测和琢磨上。同时，有必要指出的是，这种出于帮助读者的目的介入性讲述，并不必然地减损作品的美学效果。事实上，作者的介入如果适时适度，不仅会给读者一种亲切感，而且还会增强小说的修辞效果。这一点，我们可以从那些乐于在小说中进行近距离讲述和议论的大师的作品中，找到支持性的例子和有价值的经验。

然而，乔伊斯在这部小说中，却更乐意选择展示性的描写。他的描写在修辞上是失败的，因为这些描写常常使读者处于一种心理学上讲的“意盲”状态，即读者看到了作者描写的东西，但却不能理解其中包含的“意义”。我们甚至不难从《尤利西斯》中看到完全戏剧化的几乎只剩下对话的纯粹的描写[2]，但这些描写是凌乱的、平行并列的，并不具有真正的戏剧的充满冲突感和内在张力的情节性，因此，从本质上讲，又是非戏剧性的，是读者难于进入的一个世界。利昂·塞米利安说：“如果用戏剧性写作手法而失去的东西大于它所获得的东西，那

---

① ［美］韦恩·布斯:《小说修辞学》,112 页。

② 参见［爱尔兰］詹姆斯·乔伊斯:《尤利西斯》,411—577 页。

么我们就要对它在小说创作中的价值进行反思。”① 在我看来，乔伊斯的傲慢的写作态度使他的描写成了一种过度性描写。这种描写芜杂、累赘、缺乏亲切感和意义感。事实上，读者总是希望从作者的描写中读到一种“意义”。这正像布斯所说的那样：

读者总是面临着这样的问题，一种特殊的手势，一个具体的细节，究竟意味着什么呢？如果回答说，它不意味着什么，它仅仅是什么。这种回答远远是不够的。将精确观察到的细节毫无意义地堆砌起来，并不能长久地使我们满足；只有细节被勾画得能够讲述，只有它含有展示出的生活的意义，它才是可以接受的。②

这就是说，真正的描写必须满足读者对于“意义”的渴望，而不是那种除了描写本身之外别无他物的纯粹客观的描写。

其实，说穿了，修辞并不只是一个简单的技巧问题。根本上讲，修辞问题乃是一个意义问题，它决定于作者的价值观和世界观。别林斯基说：“世界观是文学的根源和基础。”③ 因此，在他看来，对文学来讲，“欠缺内心生活，欠缺生活内容，缺乏世界观——这才是真正的症结所在”④。这些观点一点也不新鲜，甚至还会让某些具有“先锋”追求和“后现代”情结的人厌烦，但是，没有办法，它确实是真理。乔伊斯缺乏的就是思想，或者说，就是世界观。考德威尔看到了这个问题，并且正确地指出：

乔伊斯缺乏以世界观形式出现的批评原则，因此他不得不把一种

---

①［美］利昂·塞米利安:《现代小说美学》,42页。

②［美］韦恩·布斯:《小说修辞学》,121页。

③［俄］别林斯基:《别林斯基选集》,第2卷,396页,上海,上海译文出版社,1979。

④［俄］别林斯基:《别林斯基选集》,第2卷,421页。

幼稚的结构形式——《奥德修记》的平行结构——加诸他的都柏林生活。荷马的《奥德修记》有了一部卖弄学问的续篇，其中有与原作相平行的都柏林生活中的“相应的”人物和事件。它是一件可怜的代用品，用来取代一个坚定、深刻的人生观中产生的计划。它是学究气十足的形式主义艺术。[①]

他进一步分析指出，由于乔伊斯“本人并不具有什么观点，因此，他企图用十分简单的办法——把演员们心里的全部内容统统呈现出来——来制造那个封闭的艺术世界”[②]。荣格也看到了乔伊斯缺乏“世界观”这一问题。他说，这部长达 735 页、让他“感到受了愚弄”的书“没有任何观点”[③]；“一个作家永远也不应该嘲弄读者，让他们显出一脸蠢像（相）；然而《尤利西斯》所干的就正是这种嘲弄读者的勾当”[④]；“乔伊斯令我乏味得哭；但这是刻毒而危险的乏味，是连最平庸的东西都不能诱发的乏味”[⑤]；“全书没有任何愉快、新鲜与希望，只有灰暗与可怕，只有惨（残）酷、尖刻与悲剧”[⑥]。一个没有深刻“观点”的作家，一个没有成熟的世界观的作家，是不可能深刻地认识生活、了解人的内心世界的。于是，他面对的生活越复杂、他所叙写的人物的内心生活越混乱，他的写作就越失败，他在修辞上暴露出来的问题也就越多、越严重，他的小说叙事就越有可能陷入混乱而黑暗的境地。

是的，黑暗，这就是《尤利西斯》在精神视境上给人留下的深刻印象。在这部小说的字里行间，散发着潮湿、腐臭的气息。这是一个没有光明的世界。在这个世界里，缺乏行动力量的人物，像鬼影一样

---

① ［美］克里斯托弗·考德威尔：《浪漫主义与现实主义》，114 页。

② ［美］克里斯托弗·考德威尔：《浪漫主义与现实主义》，114—115 页。

③ ［瑞士］荣格：《心理学与文学》，148 页。

④ ［瑞士］荣格：《心理学与文学》，149 页。

⑤ ［瑞士］荣格：《心理学与文学》，150 页。

⑥ ［瑞士］荣格：《心理学与文学》，150 页。

出现，然后，消失。一切的声音产生于黑暗之中，复又沉寂于黑暗深处。我们看到了生物意义上的人，却看不到人性意义上的人。在这部小说中，人的行为大都是本能性的，而不是精神性的或道德性的。我们看到了乔伊斯描写布卢姆如何“一边读着一边让粪便静静地排出”①；看到“布卢姆先生端详了一下自己左手的指甲，接着又看右手的。是呀，指甲。……我的指甲。我正瞅着指甲呢。修剪得整整齐齐。然后，我就独自在想着”②；看到了作者对“紧紧膘在一块儿”的两只苍蝇的反复描写③；看到了“我们是往一个孔里填塞食品，又从后面排出。食物，乳糜，血液，粪便，土壤，食物”④这样的无聊的句子；看到了“在公爵巷，一只贪吃的狗正往鹅卵石路面上吐着一摊令人恶心的肘骨肉，然后又重新热切地舔着。饕餮。把吞下的充分消化后，又怀着谢意把它吐了出来”⑤这样的令人恶心的描写；读到了对莫莉的心理活动的病态的夸张的描写（诸如“我就教他再搞上一遍，然后把他锁在煤窑里让他跟蟑螂一块儿睡觉”，等等）。总之，与其说乔伊斯用数十万字的篇幅，写三个主要人物及其他许多人物在1904年6月16日这一天18个小时里的活动，不如说他写的是黑暗本身，或者说，是与人及人性相反的动物及兽性本身。

那么，不能写“黑暗”吗？具体地说，不能写社会的残缺和人性的丑恶吗？当然能写，不仅能写，而且必须写。某种程度上讲，直面黑暗，叙写黑暗是文学的具有宿命性质的使命。文学乃是一种对抗黑暗的精神努力。但是，有必要强调的是，写黑暗本身并不是目的；伟大的作家是为了追求光明才叙写黑暗的，正像他们为了追求善而写恶，

① ［爱尔兰］詹姆斯·乔伊斯：《尤利西斯》，上卷，153页。
② ［爱尔兰］詹姆斯·乔伊斯：《尤利西斯》，上卷，195页。
③ 参见［爱尔兰］詹姆斯·乔伊斯：《尤利西斯》，上卷，328—329页。
④ ［爱尔兰］詹姆斯·乔伊斯：《尤利西斯》，上卷，329页。
⑤ ［爱尔兰］詹姆斯·乔伊斯：《尤利西斯》，上卷，333页。

为了追求美而写丑一样。他们写黑暗，就是为了显示光明的价值和意义，就是为了表达人们对于光明的渴望与追求，就是为了表现人性的高贵和伟大。人确实从他一出生的那一刻起，就开始与心灵世界和外部社会的黑暗作斗争，以实现自己的人格发展和道德完善。而文学的“启蒙”则意味着照亮，意味着给人们的内心世界提供更多的光明。

所以，我们反对“消极写作”，反对单单陶醉于叙写黑暗本身的写作，就是因为这样的写作从本质上讲是背叛文学写作的基本道德原则的写作，就是因为这样的写作已经助纣为虐地成为黑暗的盟友，与黑暗一起吞噬着人性的高贵和灵魂的尊严。正是因为对乔伊斯的傲慢而黑暗的写作有着这样的认识，我才不同意有人说莫莉的“沉沦是整个资产阶级社会堕落的缩影”[①]，就像我不同意把本·拉登的疯狂说成是“整个”人类疯狂的“缩影”一样；同样，我也不同意“布卢姆和斯蒂芬集中体现了这个社会（当然是指西方社会——引者注）里小资产阶级及其知识分子思想上的空虚和行动上的动摇”[②]，就像我不同意那种说《废都》里的没有灵魂的庄之蝶“集中”体现了我们这个社会知识分子“思想上的空虚”和“道德上的堕落”的观点一样。当然，我不是说我们从一部严肃的写实性的作品的人物身上找不到任何别人的影子，看不到一点点时代生活的内容，而是说一部作品之所以是这个样子，而不是那个样子，很大程度上决定于它的作者，或者说，一部作品很大程度上首先是它的作者的心灵世界和人格修养的镜像，因此，我们从小说中看到的首先是作者本人，其次才是小说中的其他人物。总之，在我看来，有什么样的作者，就会有什么样的作品，因此，一部作品不能给人们的精神生活提供光明，不能写出足以对读者的精神生活发生积极影响的东西，我们首先应该责备的是作者，而不是其他任何人。

福斯特在著名的《小说面面观》中谈到《尤利西斯》的时候说，

---

① 侯维瑞:《现代英国小说史》,272 页。

② 侯维瑞:《现代英国小说史》,273 页。

除了它的三个主要人物，其他的“次要的神化人物”也“蜂拥而至，大量繁殖，像一条毒蛇的鳞片之间的寄生虫那样。天空与大地都充满了恶魔似的生命，个性消失了，男女性别交替，直到全宇宙（包括爱享乐的布卢姆先生在内）都陷入了一种毫无乐趣的狂欢之中”①。厌恶和嘲讽之情溢于言表。然而，路透社 1999 年 1 月 18 日发自伦敦的消息却告诉全世界：“《尤利西斯》登上最佳英文小说榜首”。由英国的水石书店（Waterstone's）组织的这次“挑选”活动的这个结果，一点也不令我惊讶。文学上的事情就是这样。人们有时会根据受作品伤害的程度来表达对作者的敬意，受其伤害越深，人们反倒越倾向于认为作者更伟大，更值得尊敬。我称之为审美领域的期待刺痛的受虐狂心理。然而，“榜首”也罢，获得来自另外一个国家的“大奖”也罢，并不能给那些“黑暗”的、“消极”的写作带来真正的光荣，因为真正的光荣永远属于亲切的、温暖的、光明的和积极的写作。

二、是大象，还是甲虫？
——评《檀香刑》

据印在《檀香刑》封底的广告词说，这部小说“是莫言潜心五年完成的一部长篇新作”，“在这部神品妙构的小说中”，“莫言……用摇曳多姿的笔触，大喜大悲的激情，高瞻深睿的思想，活灵活现地讲述了发生在‘高密东北乡’的一场可歌可泣的运动，一桩骇人听闻的酷刑，一段惊心动魄的爱情”。“这部小说是对魔幻现实主义的西方现代派小说的反动，更是对坊间流行的历史小说的快意叫板，全书具有民间文学那种雅俗共赏，人相传诵的生动性。作者用公然（？）炫技的‘凤头—猪肚—豹尾’的结构模式，将一个千头万绪的故事讲述得时而让

---

①［英］珀·卢伯克、爱·福斯特、爱·缪尔：《小说美学经典三种》，301 页。

人毛骨悚然，时而又让人柔情万种”。总之，一句话，“这是一部真正民族化的小说，是一部真正来自民间，献给大众的小说”。一个读者想从小说里得到的东西，差不多全在这里了。

虽然出版社出于商业动机的广告词不是文学评论，用不着拿它句句较真，但是，在当前的中国，它却有着神奇的控驭力量，不仅能刺激读者的参知欲和购买欲，而且还成功地挟持了不少“批评家”的分析能力和判断能力，给他们指示出了互利共荣的路向：给已有的评价和结论，寻找更多的依据和更有力的支持。我得承认自己是个好奇而抵挡不住诱惑的人。放下职业和“知识”的重负，以一个普通读者的身份，读一部文势跳跃雨覆风翻的好小说，对我来讲，有节日一般的感觉。但是，这种感觉我在阅读《檀香刑》的时候并没有体验到。这是一部让人失望的作品。除了“骇人听闻的酷刑”，我们从这部小说中找不到广告词所许诺的东西。它离“真正民族化”的距离太遥远，因此，“雅俗共赏”“人相传诵”云云只可以被当作美好而不切实际的愿望。不过，尽管如此，这部小说的问题却不应该放过，依据常识和经验，对它进行细致的文本分析和价值批判，应当视为一件值得去做的事情。

（一）文体、语法及修辞上的问题

《檀香刑》的语言和文体，受一种在小说中被称为“猫腔”的地方小戏的影响，有很明显的唱词化倾向，作者很喜欢用四字一句的成语和句式，同时，如莫言自己在《檀香刑》的《后记》中所说的那样，也“大量地使用了韵文”[1]。但是，从文体效果和修辞效果来看，这部作品的语言并不成功。它缺少变化的灵动姿致，显得呆板、单一和做作；徒具形式上的“夸张”而“华丽”的雕饰，而缺乏意味的丰饶与耐人

① 莫言:《檀香刑》,517 页,北京,作家出版社,2001；本节其他出自该书的引文,只在引文后注明页码。

咀含的劲道。语言的粗糙和生涩，说明莫言在文体的经营上过于随意，用心不够。本着例不十，法不立的原则，我将从以下几个方面，对莫言这部作品的语言病象和问题，作较为细致的例示和分析。

一是不伦不类的文白夹杂。从鲁迅等人的经典文本中我们可以看到，恰当地运用文言语汇和句式，可以增强白话文写作的表达力，甚至可以获得蕴藉、典雅的文体效果。但《檀香刑》中的文白夹杂是生涩的，失败的，有的甚至文理不通，让人别扭。例如：

> 钱雄飞，你枪法如神，学识过人，本督赠金枪，委尔重任，将尔视为心腹，尔非但不知恩图报，反而想加害本官，是可忍孰不可忍也！本督虽然险遭你的毒手，但可惜你的才华，实在不忍诛之。但国法无情，军法如山，本督无法救你了。（232 页）

莫言让袁世凯在小说中讲的这一番不文不白，忽“尔”忽“你”的话，与人物的身份及学识修养，是不相符的，与中国古典小说所强调的人物语言与人物性格的同一性规律，即金圣叹在《读第五才子书》中所说的“一样人，便还他一样说话”，是不相符的；而“之”是“他”的意思，因此，面对事主说“诛之”是不通的。另，在打铁的孙丙身上，也存在这种忽“余”忽“尔”忽“你”的情况。（参见 327 页）

> （知县夫人的）一纸遗书放在身旁。上写着：……不敢苟活，猪狗牛羊。忠臣殉国，烈妇殉夫。千秋万代，溢美流芳。妾身先行，盼君跟上。……（506 页）

“溢美”与“流芳”，一为否定义，一为肯定义，意思并不相侔，故不可并列，而其他两句加点的句子似乎都太白，与上文语体及语境很不谐调，给人一种滑稽的感觉。

夫人啊！夫人你深明大义服毒殉国，为余树立了光辉榜样……（506 页）

“余”与“你”已够别扭，而将“余”与“光辉榜样”放在同一句中，完全破坏了家破人亡的悲剧感，给人一种荒唐、可笑的印象。

袁世凯笑着说，“铁路通车之后，高密县就是大清国的首善之地了。到时候如果你还不能升迁的话，油水也是大大的……”（475 页）

“首善之地”义同“首善之区”，意指一国之首都，或道德风化最好的地方，故不宜如此使用，或可改之为“最富的地方”。另，“大大的”似乎既不是“民族的”也不是“民间的”，出之于袁世凯之口，令人大跌眼镜也。

二是不恰当的修饰及反语法与非逻辑化表达。修饰要恰当，措辞要准确，表达合语法，形容合逻辑，这些原则是对语言的基本要求，文学语言更当如此。

咱家感觉到木橛子已经增添了分量，知道已经有不少的香油滋了进去，改变了木头的习性，使它正在成为既坚硬、又油滑的精美刑具。（380 页）

“习性”一般用于人或动物，用于无生命之物，是不妥的，其实“改变了木头的习性”这句话完全可以删汰；另，“正在成为”似亦别扭，汉语似乎并不如此强调时态的，故“正在”二字删之可也。

那时他打定了寻死的主意，对这些触目惊心的消息充耳不闻。（320 页）

用“触目惊心”形容“消息”，不当，可改为“骇人听闻”或“蛊惑人心”。

他暗自盘算着那辆骡车的容积，是否能盛得下三个身材高大的德国兵。（336页）

“的容积”三字，显系蛇足，可删。

从他身上散发出来的臭气，招引来成群结队的猫头鹰。他们在空中无声无息地盘旋着，不时地发出凄厉的鸣叫。（507页）

“成群结队”的形容不妥；“无声无息”与“不时地发出凄厉的鸣叫”矛盾。

婆婆挥舞着小脚，持着刀子扑过来。（148页）

“挥舞着小脚”，不可思议，用一“颠”字，岂不更佳？

事后他感到不寒而栗，如果当时被钱（丁）咬住脖子，他就会被连连地蚕食进去；如果被咬住耳朵，耳朵绝对没有了。（243页）

一个活人被另一个人“蚕食进去”？想象不出来。这显然属于措辞不当的问题。

尽管“的”“地”“得”这三个助词的用法确实让不少人头痛，但目前的语法规范似乎并没有否定这三个词的用法和功能，而是要求人们必须正确地区别、使用。但莫言却总是用错。虽然用不好三个助词并不影响一个人当作家，但错误还是有必要指出来的。

俺不由地（得）打了一个寒颤，上下牙齿打起了得得。（400 页）

这时，一直咬住牙关不出声的钱雄飞，发出了一声绝望地（的）嚎叫。（242 页）

赵甲眼窝子热辣辣地（的），眼泪儿差点儿流出眼眶……（226 页）

他听到身后的军官们发出紧张地（的）喘息……（234 页）

刽子手赵甲的心中稍稍地（可删）得到了一些安慰。（261 页）

在天真无邪地（的）追逐中……（273 页）

只有科场上拼出来的，才是堂堂正正地（的）出身……（273 页）

三是拙劣的比喻。比喻是文学语言的灵魂，是检验作家语言功力的一个尺度，是最常见也是最具表现力的一种修辞手法。绝妙的比喻，与天才的想象力和熟练的语言表达能力是密切相关的。一个好的比喻，是一粒落地生根的种子，会在读者心灵上绽放出永不凋谢的语言之花。比喻修辞的首要条件是贴切，其次是形象，第三是新奇。它要求出人意料，但不允许违情悖理。总之，比喻要有一种令人惊喜的强烈美感和生动性。按照这样的尺度来衡量，《檀香刑》里的比喻，大都不很成功，喻体形象单一，想象力贫乏，不合情理，缺乏美感。例如：

他抬头看看徒弟，这小子面色如土，嘴咧成一个巨大的碟子。（243页）

在他把脑袋歪过来的时候，俺看到他的脸胀大了，胀成了一个金黄的铜盆。（463页）

每门炮的后边站着四个笔直的德国兵，宛如四根没有生命的木棍子。（338页）

在这三个比喻中，喻体和本体之间虽有关联性，但是并不贴切，缺乏创造性的联想带来的"陌生化"效果，缺乏新奇感，而且，因为明显夸张过度，从而给人一种滑稽、不真实的感觉。另，"没有生命的木棍子"也令人费解，难道还存在有生命的"棍子"吗？

他的心就如遭受了突然打击的牛睾丸一样，痛苦地收缩了起来。（205页）

皎洁的满月高高地悬在中天，宛如一位一丝不挂的美人。（147页）

鸟枪手和弓箭手也满脸的尴尬，走在书院外的大街上，如同裸体游街的奸夫。（320页）

事后咱家才知道把头磕破了，血肉模糊，好像一个烂萝卜。（375页）

这里的几个比喻，不仅不贴切，而且不雅，不美，给人一种不伦不类的感觉。

四是叠床架屋的冗词赘句太多。汉语是一种要求简洁、凝练地体情状物的语言。特殊的语法和灵活的表达，给人们提供了巨大的腾挪游移的空间。但是，长期以来，中国作家的汉语水平每况愈下，越来越令人担忧。他们受那些拙劣的翻译文体的影响，表达越来越啰唆，欧化倾向越来越严重。莫言无疑是翻译文体的受害者。他的《檀香刑》中的语言问题已经严重到令人吃惊的程度。

她用可怜巴巴的眼睛看着他，正在乞求着他的宽恕和原谅。（194页）

挑水的人们，用惊讶的目光打量他们。（295页）

春生和刘朴用骑牲口骑罗圈了的腿支撑着身体，搀扶着知县。（295页）

他接过帽子，戴正在头上。（295页）

而后辗转数年，才得到了高密县这个还算肥沃的缺。（290页）

马嘶鸣着，扬起前蹄，将他倾倒在草地上。（290页）

上述引文中的加点字大都属于多余的冗词或赘语。“用……”短语，乃是对英语“with+器官”句式的模仿，但是，作者似乎忘了中国人习惯上是不这么表达的，他们合逻辑地把人人皆知的常识省略掉了。所以，倘用中文写作，当以简洁为宜，完全可以将“用……”这样的短语省略去。另，“戴正在头上”可改为“戴好”，“肥沃的缺”亦不妨直说为“肥缺”，而“倾倒”显然不如一个“撂”字更简洁、传神，更符合汉语的表达习惯。接着往下看：

> 爹的喊叫唤醒了俺的责任感，俺停止了逃跑的脚步。（468 页）

> 每打一下火，刘朴就吹一次火绒。在他的吹嘘之下，火绒渐渐地发红了。……他的心情更加地好起来。……知县的心中十分兴奋，他的眼睛闪烁着光彩，高兴地说……（293—294 页）

> 他没有死成之后，才感到德国军队……（320 页）

> 小甲将一个用牛角制成的本来是用来给牲口灌药的牛角漏斗不由分说地插在了孙丙的嘴里。然后他就将孙丙的脑袋扳住，让赵甲从容地将参汤一勺勺地灌进他的嘴里。孙丙的嘴里发出呜噜呜噜的声音，他的喉咙里咕嘟咕嘟地响着，那是参汤正沿着他的喉咙进入他的肚肠。（508—509 页）

就算“爹的叫声”可以唤醒傻子小甲的“责任感”，但没有必要让他文绉绉地说“俺停止了逃跑的脚步”，倒不如让他简短、准确地说：“俺停下了。”“在他的吹嘘之下”纯属欧化句式，在上述语境中，属于重复表达，完全可以删掉。“他没有死成之后”，也是可笑的多余，可径直用“后来”代替。“用牛角制成的”与“牛角漏斗”是一样的意思，它同“的嘴里”及最后的两个“他的”一样，都是不必要的。

五是油滑。《檀香刑》的语言恣肆放纵，谑浪调笑，憨皮臭脸，油腔滑调，既没有讽刺文学的尖锐锋芒和幽默的智慧，也没有雪莱所说的那种“最高意义的快感”，找不到“存在于痛苦中的一个快乐的影子"[①]。当语言的游戏成分，超过了形成强烈的美感所必需的庄严和静穆的时候，文学就成了近乎玩世的笑谈，就给人一种轻飘飘的、缺乏重心的感觉。莫言这部长篇小说的语言，就给人这样一种感觉。例如：

（孙眉娘的）两只骄傲自大的乳房，在衣服里咕咕乱叫。一张微红的脸儿，恰似一朵粉荷沾满了露珠，又娇又嫩又怯又羞。钱大老爷的心中，充满了感动。（175 页）

俺（孙眉娘）想起了亲爹孙丙。爹，你这一次可是做大了，好比是安禄山日了贵妃娘娘，好比是程咬金劫了隋朝皇纲，凶多吉少，性命难保……（7 页）

第一段文字写孙眉娘的外形，用语夸张而俗套，根本不切合人物的性格，因为，我们从小说所提供的情节事象中看到的孙眉娘，从来就不曾"又怯又羞"过，恰像第二段文字所显示的那样，她从一开始就是一个粗野撒泼的女人。这样，结论只有一个，那就是莫言的叙述语言缺乏必要的严谨和节制，过于随意和油滑。这样的例子在《檀香刑》中俯拾即是，有兴趣的读者可以自己去找找看。

（二）分寸感、真实性及杀人事象

对于文学创作来讲，分寸感是一个极为重要的问题，但也是一个容易被过于自大和自信的作家蔑视的问题。托尔斯泰曾经这样强调过分寸感的重要性，他说："没有分寸感从来没有、也不会有艺术家。"[②]

① ［英］雪莱:《为诗辩护》,转引自《西方美学家论美和美感》,219 页,北京,商务印书馆,1980。

② ［俄］托尔斯泰:《列夫・托尔斯泰文集》,第十四卷,375 页。

是的，艺术家几乎在处理每一个与创作相关的问题的时候，都必须服从分寸感的内在制约。分寸感是形成美感强度和艺术感染力的一个重要因素。合乎分寸感的作品，给人一种亲切、自然、合适、可信的感觉，它使你乐于接受作家所提供给你的一切。

与分寸感相关的一个重要问题是真实性。尽管它作为一个美学范畴和审美评价标准，受到了一些批评家的蔑视、嘲笑和否定，但它依然是一个有价值的概念，依然是一个有效的尺度。不可信的东西，是不可爱的；不真实的东西，是不美的。这是常识。自然，真实有复杂的呈显样态，有多种多样的存在方式，但无论如何，小说的真实，恰像冯梦龙在《警世通言序》中所说的那样："事真而理不赝，即事赝而理亦真。"而事实上，"真实可信"也一直是中国读者评价小说时的一个最重要和最基本的尺度。

然而，用这两个尺度来衡量，《檀香刑》是不能令人满意的。这是一部缺乏分寸感与真实性的小说。它的叙述是夸张的，描写是失度的，人物是虚假的。作者漫不经心地对待自己的人物，为了安排场面和构织情节，他近乎随意地驱使人物行动，让他讲不土不洋、不今不古的话，因此，人物的关系和行为动机经不住分析，人物语言的个性化和合理性也经不起细究。总之，从这部小说中，你找不到一个有深度、有个性、有活力的可信、可爱的人物。作家不负责任的随意和失去分寸的夸张毁了一切。莫言用自己的文字碎片拼凑起来的是一些似人而非人的怪物。

孙眉娘还在吃奶的时候，她的母亲就寻了短见："她不知道母亲已经喝了鸦片，横躺在炕上死去。她在穿戴得齐齐整整的母亲身上爬着，恰似爬一座华丽的山脉。……她嗅到了一股奶腥味。她看到一匹小驴驹正在吃奶。驴驹的妈妈脾气暴躁，被主人拴在柳树下。她爬到了母驴身边，想与驴驹争奶吃。母驴很恼怒，张口咬住了她的脑袋，来回摆动了几下，就把她远远地甩了出去。鲜血染红了她的身体。她放声大哭，哭声惊动了邻居。”（147 页）在这段文字中，“爬一座华丽的山脉”是一个失去分寸感的比喻，与母亲自杀、幼女失恃的悲惨场面是不协调的，给人的感觉也是不舒服的。如果“恰似爬一座华丽的山脉”写的是孙眉娘的感觉，则是不真实的；如果这个描写基源于作者，传达的是莫言自己的想象性体验，那么它既是不必要的，也让人看到作者置身事外的超然和冷漠。至于驴咬“她”的细节描写，显然夸张得失去了分寸，是缺乏真实性和可信度的。

莫言叙写人物的失去分寸感和缺乏真实性，还可以从刽子手赵甲奉召见慈禧太后这一情节中看出来。作者先是让慈禧问了赵甲一些完全不符合人物身份的扯淡话，根本不可信，最可笑的是到末了，太后对皇上说：“赵甲替咱杀了这么多人，连你那些亲信走狗都砍了，你不该赏点东西给他？”皇上说：“朕一无所有，拿什么赏他？”“我看呐，”太后冷冷地说，“就把你腾出来的这把椅子赏给他吧！”（377 页）稍微有点常识的人，都不难看出作者此处叙写人物对话的随意和缺乏分寸。龙椅乃是国之重器，是皇室权力和尊严的象征，具有不容亵渎的神圣性，慈禧再怎么跋扈、昏愚，也不至于到了强令皇帝把它“赏给”一个刽子手的地步。另外，一个已经失掉权力的“皇帝”，对事实上的皇帝“太后”自称“朕”，而且还以反问的语气回答她的问题，似不妥当，大有推敲、斟酌之必要。

鲁迅先生在批评了晚清的讽刺小说“张大其词”“近于谩骂”的缺点之后指出，“讽刺小说是贵在旨微而语婉的，假如过甚其辞，就失了文艺上底价值，而它的末流都没有顾到这一点，所以讽刺小说从《儒林外史》而后，就可谓之绝响”[①]。他虽然批评的是一个时期的讽刺小说，其实也揭示了小说创作的一个具有普遍意义的规律，那就是小说家必须有分寸感，要努力避免粗枝大叶的随意和“过甚其辞”的夸张，

①《鲁迅全集》，第 9 卷，345 页，北京，人民文学出版社，1981。

否则就创造不出既活在纸上又活在读者心中的真正的人物形象。《檀香刑》的失败，就给我们提供了应该引起注意和反思的教训，也从反面证明了分寸感和真实性对于小说创作的价值和重要性。

显而易见，暴力伤害和酷刑折磨带来的肉体痛苦，是莫言乐于叙写的题材，也是《檀香刑》的主要内容。但是，在这部小说中痛苦和死亡并没有形成有价值的主题。莫言对暴力的展示从来就缺乏精神向度和内在意义。他对暴力和酷刑等施虐过程的叙写，同样是缺乏克制、撙节和分寸感的，缺乏一种稳定而健康的心理支持。坦率地讲，在我看来，莫言对酷虐心理和施暴行为的夸张叙写，在不自觉中表现着欣赏的态度。这种态度其实是中国文学的一种消极的精神传统。1920年，周作人先生在对中俄文学作比较的时候说，“俄国人所过的是困苦生活，所以文学里自民歌以至诗文都含着一种阴郁悲哀的气味。但这个结果并不使他们养成憎恶怨恨或降服的心思，却只培养成了对于人类的爱与同情”，而“中国的生活的苦痛，在文艺上只引起两种影响，一是赏玩，一是怨仇。喜欢表现残酷的情景那种病理的倾向，在被迫害的国如俄国波兰的文学中，原来也是常有的事；但中国的多是一种玩世的(Cynical)态度，这是民族衰老，习于苦痛的征候”[①]。在相当长的时间里，由于暴力和仇恨一直受到鼓励，因此，对于伤害和痛苦的麻木和冷漠，几乎成了中国的一种具有普遍性的情感定势和心理倾向。这也影响到了中国的文学。莫言对于暴力的无意识鉴赏态度，就与这种影响有关。我们可以通过与鲁迅的比较，来考察莫言在叙写酷虐的暴力伤害方面存在的问题。

鲁迅也写杀人的情节事象，但他的态度是反讽的，批判性的，是对中国人的麻木、无痛感以及病态的“看客”心理的冷静展示和剖析；他的叙写是远距离的，着重写看客们的反应，而从不逼近了细致地叙

① 杨扬编:《周作人批评文集》,265页,珠海,珠海出版社,1998。

写杀人的场面和过程；他一般选用转述的方式或外在视点，而且多从看客的背后来观察、叙写杀人的事象。在《药》中，华老栓“看见一堆人的后背；颈项都伸得很长，仿佛许多鸭，被无形的手捏住了的，向上提着。静了一会，似乎有点声音，便又动摇起来，轰的一声，都向后退，一直散到老栓立着的地方，几乎将他挤倒了”，写到这里，鲁迅故意避过不写的杀人过程，也就结束了。在《阿 Q 正传》中，杀人的情节事象是经由阿 Q 的讲述来叙写的，而阿 Q 自己的被杀，也仅止于从阿 Q 自己的眼见和感受来写。《示众》则通过一个 12 岁的孩子的视点和所见，从背后来写围得密不透风的“看客”们的背景和动作，作者冷静的眼光和反讽性的态度因此被强烈地表现出来。

莫言就不同了。他往往是逼近了写，而且多是从杀人者的角度写，作者的超然而麻木的态度，使杀人者的病态的施虐心理和快感体验给人一种“骇人听闻”“毛骨悚然”的强烈刺激。在《檀香刑》中，作者对死刑的执行过程的叙写，分明显示着作者的“赏玩”态度。这部小说从刽子手的视点来写最具刺激性的杀人细节和过程。杀人这种职业往往会扭曲刽子手的人性，改变他们对死亡和痛苦的态度，瓦解他们的善念和对不幸者的同情心。倘若能将杀人者人性和心灵的扭曲过程叙写出来，那将是一个有价值的工作。但是，莫言仅止于写杀人者的病态心理。在莫言的叙述中，对杀人者来讲，行刑杀人是一桩确证自我价值的有意义的工作。他们对自己的工作的价值想象是不真实的：“他（赵甲）感到，起码在这一刻，自己是至高无上的，我不是我，我是皇上皇太后的代表，我是大清朝的法律之手。”（234 页）他们从被杀者的痛苦和恐惧中获得乐趣。对他们来讲，自己面对的不是生命，而是无生命的东西：“钱（雄飞）的掩饰不住的恐惧，恢复了赵甲的职业荣耀。他的心在一瞬间又坚硬如铁石，静如止水了。面对着的活生生的人不见了，执刑柱上只剩下一堆按照老天爷的模具堆积起来的血肉筋骨。”（233—234 页）杀人者的心理是病态的、扭曲的，而我们从莫言的细致叙写行刑过程的文字中，却看不到作者的明确、有力的批判态度。他对野蛮、酷虐的杀人过程的叙写是夸张的、“快意”的。《檀香刑》的第十六章，是从刽子手孙丙的角度展开叙述的，作者让人物面对“骇人听闻”的杀人场景，却没有基于正常人性的恐惧感、负罪感和痛苦感；他以极少的文字写了人物对于死亡的近乎受虐狂式的趋赴态度，而以大量的笔墨记写孙丙如何大谈“猫腔戏”。

从表面上看，在第九章里，莫言选择的是客观化的全知性第三人称叙述方式，但真实的情况是，这里所选择的叙述视角，乃是转述性的人物视角，或者，准确地说，是一种以人物视角为主的第三人称叙事。莫言的这种叙事策略，是一种缺乏叙事智慧和自觉的主体间（人物与作者）边界意识的叙事游戏，因为我们发现，在莫言笔下，作者与人物之间的界线是模糊的，我们从人物的口中听到了作者的声音：

师傅说女人中也有好样的，也有肌肤华泽如同凝脂的，切起来的感觉美妙无比。这可以说下刀无碍、如切秋水。刀随意走，不错分毫。师傅说他在咸丰年间做过一个这样的美妙女子。……师傅说，你可怜他就应该把活儿干得一丝不苟，把该在他身上表现出来的技艺表现出来。这同名角演戏是一样的。师傅说凌迟美丽妓女的那天，北京城万人空巷，菜市口刑场那儿，被踩死、挤死的看客就有二十多个。师傅说面对着这美好的肉体，如果不全心全意地认真工作，就是造孽，就是犯罪。你如果活儿干得不好，愤怒的看客就会把你活活咬死，北京的看客那可是世界上最难伺候的看客。那天的活儿，师傅干得漂亮，那女人配合得也好。这实际上就是一场大戏，刽子手和犯人联袂演出。在演出的过程中，罪犯过分叫自然不好，但一声不吭也不好。……师傅说观赏表演的，其实比我们执刀的还要凶狠。师傅说他常常用整夜的时间，翻来覆去的（地）回忆那次执刑的过程，就像一个高明的棋手，回忆一盘为他赢来巨大声誉的精彩棋局。……师傅的鼻子里，时刻都

嗅得到那女子的身体惨遭脔割时散发出来的令人心醉神迷的气味……（239—240页）

我之所以不惮絮烦之讥，引了这么长一段文字，就是想通过对这段极具典型性的文字的分析，来考察莫言在叙事以及对施暴问题的态度上所存在的问题。

在这段文字中有三种声音或三种话语：一种是“师傅”的声音和话语，一种是“我的”，一种是作者的。从形式上看，其中最具主宰意义的声音是“师傅”的，赵甲的话语受制于、依附于“师傅”的话语，但事实上，真正起主宰作用的是作者的声音和话语。作者的话语以乔装的形式潜入了人物的意识，借人物之口被传达了出来，并且试图变成人物的声音和话语。但是，从人物的意识及思想的实际状况来看，这些超乎日常经验范围的具有一定形而上色彩的认识是不可能从人物的意识中产生出来的，换句话说，这些充满矛盾的对于施暴、施虐的看法，只能来自小说的作者，一个在想象中将酷刑的施行过程诗意化、审美化的人。一般来讲，一个刽子手对于自己的职业的认识是不可能上升到“师傅”那样的高度的，而且，一般来讲，也不会对死刑犯“惨遭脔割时”散发出来的“气味”觉得“令人心醉神迷的”；杀人者固然会麻木、冷酷、无情，但是，要他对杀人的行为“感觉美妙无比”，要他“常常用整夜的时间，翻来覆去”地回忆一次“执刑”的过程，并且“回忆”因杀人而得来的“荣誉”，只能是作者病态想象的结果。

托尔斯泰在一个地方指出，他那个时代的“内容贫乏，形式粗陋”的艺术“为了满足上层阶级的要求”的几种方法之一，是“对外在感官的影响，往往是纯生理的影响，也就是我们所谓的惊心动魄或给人们深刻印象的方法。……主要是描写或描绘会引起淫欲的种种细节，或者会引起恐怖的有关痛苦和死亡的种种细节，例如，在描写杀人时，精细地描写组织的破裂、肿胀、气味、流血量和血的样子”[1]。莫言的《檀香刑》就属于托翁所批评的后一种情况。他精细地描写恐怖的细节，但却没有庄严的道德感和温暖的人性内涵。在这部“夸张”而“华丽”“流畅”而“浅显”的作品里，除了混乱的话语拼凑，就是可怕的麻木与冷漠。

“余看到血从他的嘴里涌出来，与鲜血同时涌出的还有一句短促的话：‘戏……演完了……’”（510页）

是的，戏演完了。

然而，我们并没有从中看到真正的人，并没有感受到深沉的快乐和丰富的痛苦。

这是一出乏味而冗长的闹剧。

如此而已。

（三）一次失败的“撤退”

写完一部小说，就发一通感慨和宣言，这已经成了一些中国当代作家的习惯。莫言在《檀香刑》的“后记”中说：“在对西方文学的借鉴压倒了对民间文学继承的今天,《檀香刑》大概是一本不合时宜的书。《檀香刑》是我创作过程中的一次有意识地（的）大踏步撤退，可惜我撤退得还不到位。”（518页）

莫言这次的宣言很明白，他要写一部具有民间色彩和民族风格的小说出来。但是，他的努力是失败的。如前所述，这部小说的人物语言是非个性化的，对人物的心理和行动的叙写是粗疏、简单的，缺乏可信的细节和日常生活氛围的支持。在情节构织上，则缺乏中国小说叙事智慧所强调的疏密有致、疾徐有度的节奏感，缺乏情节推进和转

---

①［俄］托尔斯泰:《列夫·托尔斯泰文集》,第十四卷,234页。

换上的合理性。在《檀香刑》中存在着一种我称之为“瞬间转换”的叙事模式,这是一种主观性很强的叙事方式。人物的心理及性格的变化,情节的演进和发展,常常是在没有充分的铺垫和前提的情况下突然发生。作者随意而任性地把小说当成了“公然炫技”的工具和“狂言”“浪语”的载体。“突然”“忽然”“很快”或“顷刻之间”之类的词,在《檀香刑》中出现频率极高。这说明莫言在状写人物、叙写情节时,有一个公式化的写作套板。

在写得极凌乱、无聊的第五章里,孙丙为了显示自己不同于众的豪壮,说了一句知县老爷的胡须“不如俺裤裆里的鸡巴毛”的粗话。他因此被“做公”的连踢带打带到了县衙大堂,在这里他受尽折磨。“他后悔自己图一时痛快说了那句不该说的话。”(134 页)于是,他跪了下来,可是,紧接着,“他忽然感到,不应该哭哭啼啼,窝窝囊囊。好汉做事好汉当,砍头不过一个碗大的疤”(134 页)。利用这种“瞬间转换”的叙事模式,莫言可以写出任何他想写的情景、动作、心理、冲突和事件:

她心中悲苦的情绪在一瞬间发生了迅速的转换,挑战的心理使她身上有了力量。(306—307 页)

孙丙抬头看到,大老爷的脸上,突然泄露了出(原文如此)一丝顽皮的笑容,但这顽笑(原文如此)很快就被虚假的严肃遮掩住了。(136 页)

顷刻之间,跨院里就塞满了看客,而大门之外,还有人源源不断地挤进来。(137—138 页)

大家刚被剪辫案吓得心神不安,突然又接到了德国人欺侮中国女

人的消息，于是恐惧在一瞬间转变成了愤怒。（191 页）

这种简单而虚假的“瞬间转换”叙事模式，被莫言频繁地用于对孙眉娘这个人物的叙写过程中，使这个人物形象显得矛盾而令人费解。她在月光下，比朱丽叶还要热烈，滔滔不绝地倾诉着对知县大老爷钱丁的爱情：“……鸟，鸟儿，神鸟，把我的比烈火还要热烈、比秋雨还要缠绵、比野草还要繁茂的相思用你白玉雕琢成的嘴巴叼起来，送到我的心上人那里去。只要让他知道了我心，我情愿滚刀山跳火海，告诉他我情愿变成他胯下一匹马任他鞭打任他骑。告诉他我吃过他的屎……老爷啊我的亲亲的老爷我的哥我的心我的命……鸟啊鸟儿，你赶紧着飞去吧，你已经载不动我的相思我的情，我的相思我的情好似那一树繁花……”（167—168 页）但是，就在这时，她爹的胡须被蒙脸人“薅了”，乃父的没有依据的猜测一下就改变了她对钱丁的态度，扑灭了她的爱情之火，使她不仅恢复了理智，而且把爱变成了悔恨和诅咒：“现在，她感到自己的相思病彻底地好了。回想过去几个月的迷乱生活，她心中充满了羞愧的后悔。……她暗想：钱大老爷，你实在太歹毒了，太不仗义了。……你这个人面兽心的畜生，我怎么会那么痴迷地爱上你？”（169 页）

莫言对孙眉娘爱情的变戏法式的叙写，既没有西方意识流小说潜入人物内心，分析人物的动机和心理变化过程的细致和准确，也没有中国古典小说和民间说唱艺术表现人物感情活动的含蓄和简洁。中国的说唱艺术为了吸引听众和观众，一般都忌讳孤立冗长的独白或心理描写，而是将对情感的变化过程的叙述，融入对人物的行动、言语和神态的外部描写之中，这既有助于含蓄细致地表现人物的心理活动，也有助于迅速推动情节的发展。莫言的高度主观化的“瞬间转换”叙事模式，显然是对中国民族和民间的叙事传统的背离，而不是对它的“保持”和“继承”。另外，莫言所写的孙眉娘的爱情心理，也是非“民族”、非“民间”的。她的爱情缺乏产生的充分依据，缺乏发展的合理过程，显得矫揉造作，荒唐离奇，既不可信，也不美好。事实上，真正的爱既是强烈的，也是执著、坚定的，而由爱到疑到怨到恨的过程，也必然是复杂而矛盾的。而对于中国人来讲，尤其对一个世纪前的中国人来讲，爱情是有着特殊的民族内涵和时代色彩的，要说明它固非易事，但可以肯定的是，它绝不是莫言所写的那种样子。

莫言向“民间文学”和“纯粹的中国风格”的“撤退”的失败，还可从他的叙述方式上看出来。中国小说及民间说唱文学的叙事策略，都肯定作者的超位叙述姿态及整体通观原则，多以第三人称的全知性叙述方式展开叙述，视点的转换受到严格的控制，只有在各种关系的平衡原则和真实性原则不被破坏的前提下，视点的转换才被认为是合理而必要的。这在那些追新逐奇地进行视点转换实验的人看来，也许显得呆板、笨拙，但却是一种极为有效的叙述方式。它更容易给人一种稳定可靠、平易亲近的感觉，更有助于全面、客观地写人叙事，它像汪曾祺先生所讲的那样，把小说变成了近之如春的“陪人聊天”的艺术。

然而，莫言的《檀香刑》却不是这样。它在叙述上显然走的是他所反对的“西方文学”的路子。他从人物的不断变换的视点展开叙述的策略，与福克纳的《喧嚣与骚动》何其相似乃尔。他的欧化色彩极重的人物对话，常常采用间接引语的方式，这与中国的强调人物语言高度个性化的直接引语规范，也是不相符的。他的结构技巧也不是真正中国化的“凤头—猪肚—豹尾”模式，因为这种叙事模式的根本特点是叙述时间的顺序性展开，是叙述视点的全知性和稳定性，它正像科尼在评论托尔斯泰的小说时所说的那样：“它按照时间顺序叙述事物，并且一下子使听的人坚定不移地顺着一条笔直的途径一直听到故事的结局。”[①] 在所谓的“猪肚部”，莫言把作者的语言与人物的以间接引语形式表现出来的心理独白之间的边界全部抹去，显示出极大的随意性和不确定性，这显然不是中国读者习见的“民族”风格和“民间”做派；失败的视点转换则使人物之间的关系以及情节事件的构织，给人一种杂乱无章的印象。

莫言对自己的这部小说其实并没有把握，因此，“每当朋友问起我在这本书里写了些什么时，我总是吞吞吐吐，感到很难回答”（513页）。可是，交出稿子的两天后，他就“突然明白，我在这部小说里写的其实是声音”（513页）。这可不是一个能让人满意的回答。

声音？什么声音？声音里有什么？莫言自然没有进一步解答，因为他说不出来。莫言担心“我的这部小说不太可能被钟爱西方文艺、特别是阳春白雪的读者欣赏”。他的担心并不多余，但他的关于文学欣赏的理念是错误的。真正的好作品并不拒绝哪一类读者，而是向一切具有正常欣赏能力的人开放。问题的关键在于无论作家还是批评家，都要有勇气指出什么是失败之作，正像我们应该有眼光辨别出什么样的作品才是优秀之作一样。

然而，现在的情形，正如托尔斯泰所说的那样，“辨别艺术的真伪更加困难，原因是虚假作品的外表价值不但不比真正的作品低，而且往往比真正的作品高”[②]。评论家常常会被这种“外表价值”所迷惑，因此，别林斯基的担心并不多余，他们在这样的情况下，确实很难分清“虚假的灵感和真正的灵感，雕琢的堆砌和真实情感的流露，墨守成规的形式之作和充满美学生命的结实之作”，到最后，他们便“无的放矢、语无伦次，错过了大象，却把甲虫当成了宝贝”[③]。坦白地说，《檀香刑》也只不过是一只“甲虫”，虽然它有

① 周敏显等译：《同时代人回忆托尔斯泰》，下册，281页，上海，上海译文出版社，1984。

② [俄]托尔斯泰：《列夫·托尔斯泰文集》，第十四卷，266页。

③ [俄]别林斯基：《别林斯基选集》，第一卷，223—224页。

色彩斑斓的“外表”，但这只能让我们称它为一只华丽的“甲虫”，而不能称它为“大象”。

三、随意杜撰的反真实性写作
——再评《废都》

贾平凹的长篇小说《废都》因其大胆的粗俗、衰朽的颓废和肆意的放纵，而成为近十年最具煽惑力的作品。它在非文学方面制造了巨大的成功，但在文学方面，却不过是一个巨大的失败：从精神品质上看，它缺乏真正的文学作品的丰神秀采、清骨俊相；从艺术价值上看，它显示出的是令人失望的贫乏和苍白。它缺乏令人信服的真、令人感动的善和令人欣悦的美。

是的，《废都》是一部缺乏真实感的作品。它在艺术上的致命问题就是做作和虚假。我知道，人们已经很少用甚至忌讳用真实性的尺度来衡量一部小说作品。拙劣的小说破坏了人们对真实的感受能力，而异化的小说理论则告诉人们：小说就是编造“谎言”、制造幻象的艺术；小说家的想象是不受限制的；小说就是虚构，而虚构出来的事象体系，是不能用客观性和真实性的尺度来衡量的。但在我看来，虚构不等于虚假。事实上，虚构并不是目的，而只不过是手段而已。虚构是为了追求更高意义上的真实，正像人们并不是为了桥本身才建桥，而是为了更快捷地到达彼岸而建桥一样。读者只有认为一部小说真实、可信，他才会接受它，就像人们相信一个人诚实可靠，才会同他做朋友一样。

当然，小说中的真实，同其他艺术样式中的真实一样，是一个复数形式的概念，呈现出复杂的生成方式和价值样态。但是，不管它多么复杂，真实的真正内涵不过是令人信服和让人乐意接受。就此而言，真实性乃是小说修辞应该追求的具有首要意义的目标，因为，一位小说家不管有多么高明，是不可能说服读者欣赏并接受一部虚假的作品的。小说修辞的真实性原则要求小说家在写作时，必须接受事实性和客观性的制约。加缪就承认并强调这种“强制”的意义和必要性。他赞成纪德的一句话：“艺术依赖强制而生存，但却因为自由而死亡。”他说：“这话千真万确。……如果艺术不强制自己，就会沉溺于胡言乱语，并成为仅仅是幽灵的奴隶。”[①] 对小说写作来讲，“沉溺于胡言乱语”，就是缺乏真实感和客观性的随意杜撰。而小说作为一种“客观性”的叙述文体，反对像曹雪芹在《红楼梦》第一回中批评过的“大不近情，自相矛盾”的杜撰，而要求创造一种细致、真实的叙述效果：“其间离合悲欢，兴衰际遇，俱是按迹循踪，不敢稍加穿凿。”

在巴赫金看来，这种“按迹循踪，不敢稍加穿凿”，就是要作者努力克服“自我主义”和“虚假”，不是把人物写成一个“奴隶”，而是把他写成一个“自由人”，不是把“创造”当作任性、随意的“杜撰”，而是把它当作对事实的尊重和发现：

> 创造并非意味着杜撰。任何创作既受本身规律的约束，也受它所利用的素材的制约。任何创作总为自己的对象以及对象的结构所决定，因此不能允许有任意性，实质上不是杜撰什么，而只是揭示事物本身的内容。人们可以得出一个正确的思想，但这思想有它自己的逻辑，因此不能杜撰出思想，也就说不能从头到脚地造出它来。同样，不论什么艺术形象，也不能是杜撰出来的，因为形象有它自己的艺术逻辑，自己的规律性。既然给自己提出了一定的艺术任务，就必须服从它的规律。[②]

几乎所有巴赫金的小说理论著作，都是在探讨如何才能以赋予人

① 王宁主编:《诺贝尔文学奖获奖作家谈创作》,28 页,北京,北京大学出版社,1987。

② [俄]巴赫金:《陀思妥耶夫斯基诗学问题》,104 页。

物尊严感的方法，真实地平等地叙述人物的性格发展和思想活动。

然而，贾平凹在写《废都》的时候，显然过于任性和自由。他的写作既不受“本身规律的约束”，也不受“它所利用的素材的制约”。他把穿凿附会的“杜撰”当作法宝，沉溺于近乎“胡言乱语”的叙述狂欢中。这种缺乏纪律约束的写作也许能让作者体验到一种消极的自由感，但也使《废都》成为一部“大不近情”的虚假的作品。小说是靠细节说话的，只有细节描写准确、真实的小说，才有可能在整体上形成真实、可信的叙述效果。然而，《废都》中的细节要么不真实，要么前后矛盾，根本经不住推敲。例如，作者这样写道：“庄之蝶抱了妇人，两人再没有说话，浑身颤抖着，使得那丁香树也哗哗哗地摇着响，惹得不远的一对男女往这边看。”[①]“浑身颤抖”竟然会把树“摇着响”，竟然会因此引起别人的注意？谁会相信呢？更何况作者在此之前已告诉我们，庄之蝶和唐宛儿并不是坐在树上，而是坐在“丁香树下的石头上”，“……一时坠入境界，庄之蝶倒把妇人端坐了怀里，将那一双高跟皮鞋脱下来挂在了丁香树上，摆弄得她如猫儿狗儿一般”（427页）。但作者却没有告诉我们，如此大的响动为什么没有引起“不远的男女往这边看”。又如，庄之蝶在“千米左右”的地方看见了阿灿，阿灿也看见了他，“猛地呆住，遂转身却（可删）往回跑。上车的人已经上了车，车门已关，她就使劲地敲车门，大声叫喊；车门开了，便一个侧身冲挤上去。庄之蝶刚跑到车门下，门呼地关了，阿灿的上衣后襟就夹在车门缝里，车开走了”（417页）。作者似乎缺乏空间距离感，就算一个人能辨认出一公里处的熟人，但是，要他在阿灿上车的短时间里跑完这么远的距离，追到她跟前，是根本不可能的。再如，“夜幕降临，庄之蝶提着一个大大的皮箱，独自一个人来到了火车站。在排队买下了票后，突然觉得他将要离开这个城市了”，但作者不会让他就

---

① 贾平凹：《废都》，428—429页，北京，北京出版社，1993；该节其他出自该书的引文，只在引文后注明页码。

这么离开，他要让庄之蝶读两则“西京奇闻”(一则是死于手淫的妇女，一则是“有首无肢，肚皮透明”的怪胎)，虽然“天很黑”，但庄之蝶却能“于昏残的灯光下”，看那古槐树上的“小广告”和“小报”，而且能看得清清楚楚，一个字都不少(517页)。然而，我们不佩服庄之蝶的眼力好，倒是惊讶作者胡编乱造的胆子大。西京市长和人大主任争权夺利，庄之蝶帮市长花钱在省报上发了一篇文章，“人大主任因此未能当选上”，庄之蝶也“遭人暗整”。这样的叙述本来就让人难以置信，但更虚假的是牛月清竟然将这件事告诉捡破烂儿的老头：“……如此如此，这般这般，说了一遍，希望老头能编个谣儿街上说出去，也给丈夫出出气儿”(130—131页，206页)。这样幼稚的事情，智商正常的小孩都不会去做。

有必要指出的是，这样的大胆的杜撰在《废都》中不是偶或一见的个别现象，而是一个所在多有的普遍现象。它提供了许多虚假的信息，如西京城里的种种“异事”，如毛泽东的《长恨歌》书法，如西京城的“肉声”、吹埙声和钟鼓楼上的成千上百只鸟类的“聒噪”。它叙述了许多令人难以置信的变态行为，如阿灿咬掉王主任的舌头，还用纸“包了那姓王的一疙瘩舌头肉，差不多要干臭了”(299页)，如庄之蝶在唐宛儿的怂恿和注视下，像禽兽一样把柳月变成了“他们的牺牲品”(328页)。它把粗俗的笑话和小品里的事象，当作真实的事情，放在了小说中的人物身上：孟云房若有其事地叙述的自己的见闻，其实是西安的不少人都听过的段子(参见95页)，而庄之蝶的疯疯癫癫的岳母拿下自己的假牙咬耳朵的事象，一点也不“幽默风趣”，因为，我们早就在相声和小品里听过、看过。它把人的情感游戏化、把人生闹剧化：庄之蝶不仅自己有工夫周旋于几个女人之间，还能忙里偷闲地以梅子的口吻写情书给单恋着她的钟惟贤；他先把信从西京寄到南方，再由别人按梅子的地址将信寄给钟惟贤——这样的游戏竟然持续了好多年，竟然能让钟惟贤信以为真并且从中感受到爱情的幸福，但这正像小说中的一个人物说的那样，不过是“替人拉皮条”（183页），实在荒唐、离奇得让人难以置信。

小说是写过程的艺术，小说家必须细致、真实、合逻辑地叙写人物的情感变化过程及性格发展过程。一部小说作品的真实性，就来自于作者对人物情感变化和情节发展的合理、合逻辑的过程化叙写中。郑振铎说：“如果净除了一切秽亵的章节”，《金瓶梅》“仍不失为一部第一流的小说”[①]，甚至是一部“很伟大的写实小说”[②]。从塑造人物、叙事写物的真实性角度看，郑振铎的评价并不过分。《金瓶梅》确实很善于通过细致的过程化叙述来写人，它的一个巨大的艺术成就，就表现在对日常生活情景和人物的内心活动与外部动作的生动、真实的过程化叙写方面。它几乎用了三回的篇幅，写西门庆“私挑”潘金莲，最终勾搭成奸的过程，曲折、细腻，令人信服，无论是“做张做致，乔模乔样”的潘金莲，还是“嘲风弄月的班头，拾翠寻香的元帅”的西门庆，都写得如活人一般。有人妄称《废都》为“当代《金瓶梅》”，实在是不着边际的胡言乱语：就过程化的写实技巧来看，两者之间就有一在天上，一在地下的差距。在塑造人物方面，贾平凹最致命的问题就是缺乏写过程的耐心，就是违背真实性原则的反过程化叙述。

贾平凹在《废都》的反过程化叙述的一个突出特点，是他从来不认真地分析和描写人物的行动由以产生的动机和复杂的心理变化过程。他只写人物的动作，而这些动作由于缺乏心理动因和内在依据，常常给人一种突如其来、无法理解的怪异印象。作者把自己的趣味和思想强加给人物，让他们服从自己随意的驱遣，草率地做事，鲁莽地说话。唐宛儿是《废都》中第一个见面就被庄之蝶的“名”迷得神魂颠倒的女人。她本是潼关县的一个普通工人，却舍下丈夫、孩子，与周敏私奔来到西京城，又在西京城里很快投入了庄之蝶的怀抱。这样迅

① 郑振铎:《中国文学研究》(上),226页,北京,人民文学出版社,2000。

② 郑振铎:《中国文学研究》(上),227页。

疾的情感变化倒不是不可能发生，问题是作者没有写出唐宛儿如此迅速地移情别恋的合乎情理的变化过程，没有写出她非得如此行动的充分的性格依据和内在必然性。唐宛儿同周敏和庄之蝶发生恋情的过程，都随意、简单得如同儿戏。最不可信的是唐宛儿给自己“嫁”庄之蝶找的理由。她知道自己没“本事”，没“社会地位”，“甚至连个西京城的户口都没有”，但她自信能给庄之蝶带来肉体的“快乐”，而有这种“快乐”，在她看来，就足够了：“我会让你活得快乐，永远会让你快乐！”（123 页）她是个完全没有女性意识的人，对她来讲，在两性关系中，男性处于主位，女性只为男性贡献自己的肉体，是男性实现自我价值的条件。她自轻自贱，连人的正常的个性意识和尊严感都没有。她把自己当作“一般人”，认为庄之蝶“和一般人不一样”：“你是作家，你需要不停地寻找什么刺激，来激活你的艺术灵感。”（123 页）她把“性”当作一切，认为庄之蝶“阴暗”的原因，“就是你平日的一种性的压抑”（123 页）。在她的理解中，作家有在性方面放纵的特权，享受着别的“一般人”不能享受的道德豁免权，因为写作的动力来自于“性”的不断的满足，这样，庄之蝶的“不停地”寻找“刺激”，就与“喜新厌旧”没有关系，而唐宛儿自己也因为甘愿为满足“作家”的“刺激”作出牺牲，也成为道德高尚、人格完美的人，至少不能算是“水性杨花的浪荡女人”：“不是的，人都有追求美好的天性，作为一个搞创作的人，喜新厌旧是一种创造欲的表现，可这些，自然难被一般女人所理解，因此上牛月清说她下辈子再不给作家当老婆了。在这一点上，我自信我比她们强，我知道我也会来调整了我自己来适应你，使你常看常新。适应了你也并不是没有了我，却反倒使我也活得有滋有味。反过来说，就是我为我活得有滋有味了，你也就常看常新不会厌烦。女人的作用是来贡献美的，贡献出来，也便使你更有强烈的力量去发展你的天才……”（123—124 页）虽然她的这番自轻自贱的话让庄之蝶“更觉这妇人可爱，一下子把她抱在怀里”（124 页），甚至让他半通不通地对唐宛儿说“但我又是多么哀叹我们认识得太晚了”（125 页），但是，我们却觉得她的高论宏议不仅像一句歇后语说的那样，“卖瓜子开箱子打喷嚏——琐碎一大堆”，而且还虚假，不真实。作者把自己的观点强加给了人物。他不仅将唐宛儿降低为庄之蝶发泄性欲的工具，还将她当作宣达荒谬观点的传声筒。一种观点总有它形成的原因和过程，但我们从贾平凹的叙述中根本看不到唐宛儿如此在“作家”面前拿自己不当人的理由和根据。她对“女人的作用”的理解，就是作者对女人的理解。

描写人物的语言，是小说家在塑造人物形象时常用的一种技巧，也是一种难度很大的技巧。对话作为人与人之间最自然的交际形式，往往最能显示人物的性格和最为隐秘的心理活动。但是，小说家只有下大力气，才能找到每个人物自己的语言风格和说话方式，才能使人物的语言成为人物自己的性格的真实显现，而不是成为作者思想的承载体。在《废都》中，叙述所占的比例极低，占不到全书的十分之三，性描写和对话描写则占了主要的篇幅。如果说《废都》中的性描写是千篇一律的、夸张的、病态的，那么，它的对话描写同样是死板的、拙劣的、虚假的。说穿了，贾平凹这部小说的对话描写，本质上是反对话性的。因为，对话的本质是尊重每个人的个性，是平等地显示每个人的个体差异性。真正的对话反对那种虚假的相似性和空洞的同一性，反对作者随意地、任性地把一种统一的话语风格强加给人物。

然而，在《废都》中，所有人物讲的正是这种由作者强加给他们的具有统一风格的语言。这是一种疙里疙瘩、别别扭扭的语言；这是一种半文不白、半通不通的旧小说中的语言；这是一种半死不活、半新不旧的僵硬而缺乏当代感的语言。（关于这个问题，我在《草率拟古的反现代性写作——三评〈废都〉》一文中有较为细致的考察，见《文艺争鸣》2003 年第 3 期）我们通过人物的对话，压根儿不可能识别出每个人物的个性特征。四大名人与四个女人（牛月清、唐宛儿、柳月、阿灿）的语言风格是一样的。赵京五和周敏的语言风格是一样的，庄之蝶的岳母与哲学牛的主人刘嫂的语言风格是一样的。一样的结果，就是虚假和不可信。在《废都》中，女人像男人一样对性充满病态的兴趣，一样喜欢谈论性、说粗话、讲黄段子，连牛月清和庄之蝶的老岳母也不例外。在对人物语言的描写上，《废都》既缺乏尊重人物个性尊严和话语权的现代意识，也缺乏中国古典小说借对话展示人物性格的成熟技巧。俄国汉学家马努辛评价《金瓶梅》时说：

作者运用对话的技巧是空前的。人物的展现不仅通过他们所说的内容，而且通过他们的说话的情态。在《金瓶梅》中第一次出现了个性化的语言，第一次把丰富的民间语言，不经修饰就以它独特的生动形式移入小说。每一个人物都有他自己独有的说话态度。①

但是，我们在《废都》中看不到这种“生动形式”的影子。而是一种每个当代中国人都会觉得陌生和虚假的语言。例如，“妇人（唐宛儿）说：‘这实在过意不去了，我们巴不得去认认门的，也该是见见师母了。可请那么多人，我们是什么嘴脸，给你丢人了！’庄之蝶说：‘已经是朋友了，就别说两样话。宛儿，是你托夏婕把一只玉镯儿给了我那口子了？’妇人说：‘怎么，师母不肯赏我的脸儿吗？’庄之蝶说：‘她哪里不肯收，只是觉得连面都没见的，倒白收的什么礼！’唐宛儿说：‘哟，什么值钱的东西！周敏念及孟老师给我们介绍了你，给夏姐儿送了一个镯儿，我寻思交夏姐儿一个了，也一定送师母一个的，就托她送了去的。’庄之蝶就从怀里掏出一个布包儿，说：‘你师母让我送回一件东西的，倒不知你喜不喜欢的？’”（82页）又如，“……牛月清就过来接了话机（筒？），说：‘唐宛儿有心，真谢了你的，你怎

① 徐朔方编选：《金瓶梅西方论文集》，254页，上海，上海古籍出版社，1987。

么不来家转呀？’唐宛儿说：‘我哪是不想去的，只是庄老师写作忙，怎么好去打扰呢？’牛月清说：‘你庄老师不在家，去开市人大会议了，恐怕（得开？）十天左右的，你来玩啊！’唐宛儿说：‘一定的，一定的。’”（118页）几乎《废都》中的所有人物，都喜欢频繁地使“了”字、“的”字和那些当代中国人在日常口语中很少用的语汇和句式。贾平凹把旧小说中人物的口语习惯，几乎不加变化地塞进自己小说的人物口中，给人一种极其别扭、虚假的印象。还有，频繁地使用儿化音，也不合陕西话的粗硬、浑实的语言风格，事实上，以关中方言为代表的陕西官话很少用儿化音，真不知道《废都》中的“西京城”到底是何方水土，竟然养了一些身在秦地却说着他乡话的怪人。

贾平凹在《废都》中不仅让人物讲不该讲的话，还让他们做不可能做的事，想不可能想的事。作者把自己喜欢把玩的书，强行塞到对这些书压根就不可能感兴趣的人物手中折磨他们。在贾平凹看来，自己喜欢的书，小说中的人物也应该喜欢，自己会有的感想，人物也应该有。就像让《土门》中的一个只上过中专的名叫梅子的女孩收藏明清家具一样，贾平凹让《废都》中的唐宛儿突然间成为一个喜欢读古书的人，她“一连数日不出门，只把肥嘟嘟一堆身子呆在床上和沙发里看书。书是一本叫《古典美文丛书》（贾平凹显然犯了个常识错误——“一本书”是不能被称为“丛书”的），里边收了沈三白的《浮生六记》和冒辟疆写他写董小宛的《翠潇庵记》。还有的一部分是李渔的《闲情偶记》中关于女人的片断。唐宛儿先读的是李渔的文章，读到女人最要紧的是有‘态’便对‘态’是什么不甚了了，待看到有态了三分人材便会有七分魅力，无态了七分人材也只有三分魅力，态于女人，如火之有焰，灯之有光，珠玉有宝气，她便连声称是，觉悟道：‘这态不就是现在人说的气质吗？’就自信于（可删）自己绝对是有‘态’的人。……”（144页）一个文化素养并不高的女子，随便翻翻这类书，权当它可信，但唐氏的“觉悟”，则显得虚假，事实上，这样的“觉悟”

完全来自于贾平凹，因为他在一篇题为《关于女人》的义理混乱、语言别扭的散文中，就已表达过自己对女人的“态”的这种“觉悟”。然而，贾平凹不仅要将唐宛儿写成一个好读古书而且能够“觉悟”的才女，而且还要把她塑造成一个洒爽风流、典则俊雅的诗人。他将西安的诗人小宛《消瘦的时光》中的诗句，不加任何说明地直接叙述为唐宛儿思念庄之蝶时想象出来的意境。贾平凹的这种做法不仅因为涉嫌抄袭受到诗人小宛的抗议，而且从根本上讲，属于一种失败的修辞处理。因为它带给人的不是诗意，而是虚假。“梨树举一树素白的花”，“睡在哪里都是睡在夜里”，“没有了爱情的人就像这天一样黑”，“消瘦的时光”，“书上写到下雨，起身到院子里，院里果然淅淅沥沥有了雨”，“墙里的花和墙外的他一样白”，“钟声把夜敲凉”，“也许，他还在招手，看了许久才发现那不是他，是风”，“没有去他那里的路子，如果想去，就在那棵树下期待”，这样的冰凉、清幽、孤寂而又涉想奇异的诗情体验，只能出自一个感觉精微、诗心精湛的诗人的想象，把它们派在只满足于在庄之蝶的玩弄中体验肉体快乐的唐宛儿名下［唐宛儿曾万分感激地对庄之蝶说：“你真行！”“你玩女人玩得真好！”（86页）还在被庄之蝶作践得“血水喷溅”的时候，奋不顾身地对庄氏说：“你只要高兴，我给你流血水儿，给你流血。”（259页）］，只能让人产生一种怀疑而又别扭的强烈感觉，用《金瓶梅》中的一句歇后语来形容，正是：“唐胖子吊在醋缸里——把你撅酸了。”另外，从尊重别人劳动的角度讲，把诗人的诗句引入小说中人物的“对话和自语”里，本来就应该注明出处。小宛说：“我作为一个诗人，有时为一个字要磨两年，比如‘钟声把夜敲凉’，作家要互相尊重劳动，你现在终于来了信，把我的诗还给了我。平凹，我只是要回我的诗。”[①] 小宛说的没有错，她的要求也是正当的。应该把诗还给诗人。至于唐宛儿“说话的情趣”也许应该“增加”，但不能

① 《贾平凹、宋丛敏谈〈废都〉抄袭事件》，见刘斌、王玲编：《失足的贾平凹》，167页，北京，华夏出版社，1994。

用虚假的编造和杜撰来解决问题，即使这编造和杜撰采取的是引用诗人的诗句这种高雅的方式。俄罗斯诗人霍达谢维奇曾尖锐地批评梅列日科夫斯基的小说作品，强调小说家必须把小说写得“合情合理”：

小说中的人物和事件应该合情合理，甚至什么都可以没有，但不能没有这一点。合情合理的标准也就是生命力，即有关主人公的全面和一致的信息。这是小说的法则。有一个聪明和敏感的人曾半开玩笑地说过，如果他不知道主人公的生活资金来源，他就不会相信小说中描写的事件。显然，一个真正的艺术家从来不会强迫主人公做他“不想”做的事情。小说中的人物描写具有一定的独立意志，而不取决于作者对这一意志的强迫——就是在艺术上的幼稚表现。[①]（难怪在孩子们的写作尝试中如此频繁地出现“突然”一词）

贾平凹对唐宛儿的浪漫情怀和诗意想象的叙写，缺乏的就是“合情合理”。他“强迫”人物做自己“‘不想’做的事情”。他的“强迫”具有幼稚和虚假的性质，给人的感觉是他硬要把潘金莲写成林黛玉，把摩尔·弗兰德斯写成安娜·卡列尼娜。

然而，在《废都》中，贾平凹的最为严重的杜撰和反真实性叙写，还不是表现在对唐宛儿的描写上，而是见之于对庄之蝶的刻画上。庄之蝶是这部小说的主人公，但也是最虚假的人物形象。贾平凹在处理自己与这个人物的关系时，缺乏必要的距离感。他太欣赏这个人物。他让这个人物承载了过多的属于作家自己的东西，换句话说，贾平凹通过对庄之蝶的夸张而虚假的叙写，消极地满足着自己的一种自恋性心理需要。[②]他通过对“名”的渲染，赋予作家这一角色身份以被夸大

① ［俄］弗·霍达谢维奇:《摇晃的三脚架》,348 页。

② 关于这个问题,我在《私有形态的反文化写作——评〈废都〉》一文中有较细致的考察,见《南方文坛》2003 年第 3 期。

了的征服力量，使得所有人，无论男人还是女人，官人还是商人，好人还是坏人，都对庄之蝶顶礼膜拜。然而，丧失距离感的叙述，带来的只是人物的虚假和苍白。人物成了作者任意杜撰的牺牲品。巴赫金说："只有保持距离，才能够保证对主人公的塑造具有真正的客观性。"[①]《废都》的失败证明了巴赫金的这一命题和判断的正确。

是的，庄之蝶是一个破碎、苍白而虚假的人物。他并不可爱，也不值得尊敬，更不值得崇拜。他给人留下的印象，除了被作者无限夸大的"名气"，就是不知羞耻地玩弄女人。他是一个性格软弱，内心世界极为阴暗的人。他确实多愁善感，但他的多愁善感里包含的不是对生活对他人的温柔，而是极度病态的自恋。他缺乏生活的热情和信心，整日沉浸在哀乐和埙声中，日子过得半死不活，有气无力。他离不开女人，但他对女人的态度更接近西门庆和薛蟠，却比这两个人更自恋，更易伤感。他随便就流泪，但他的眼泪里含情量很低，属于虽悲不哀的那种，与童心未泯、真宰尚存的贾宝玉之间距离不可以道里计。他是贾琏道德上的亲兄弟，"惟知以淫乐悦己，并不知作养脂粉"[②]。他言语粗俗，缺乏教养，喜欢说粗话，讲无聊的笑话。他对李洪文说："让你吃痔疮。"（68页）刘嫂给他和唐宛儿煎了荷包蛋，"庄之蝶却把自己碗里的两颗拨在妇人碗里，说：'你要吃的，你看这像不像那两件东西，你怎不吃？'妇人低声说：'这里可别骚情，人家把你当伟人看的！'"（414页）牛月清说赵京五"不会谈恋爱"，需吃"猪脑子"和"猪肠子"来补一补，庄之蝶说："京五失恋了？吃什么补什么，你就吃女人！"（39页）他逗自己的老婆牛月清骂人："让我听听你的书面骂语？"牛月清说："你们强词夺理，浑蛋、小王八羔子，操你的娘！"庄之蝶说："你说粗话说顺了，书面语言说着说着就滑了，操你娘应该说操你母亲的，这就更文明了！"（40页）他看不上别人讲的"笑

① ［俄］巴赫金：《陀思妥耶夫斯基诗学问题》，105页。

② 曹雪芹：《红楼梦》，第44回。

话”，极其无聊地讲道：“……我说一个。刚才在清虚庵我去上厕所，一进去，人那么多，蹲坑全占了，旁边还有等候的。有一个蹲坑的就给我笑，我想，这是谁呀，也是文学爱好者？或者听过我的报告？在书上看过我的照片？就走过去，那人却没有理。原来他是拉大便用劲，一用劲脸上就好像是笑了。”大家哄地笑了一片，唐宛儿说：“你这是在骂我们了，让我们一笑，我们就都在大便了！可你也在作践你自己哩，一个大作家说这种笑话？！”庄之蝶说：“自我作践着好。世上这事儿是，要想别人不难堪，也想自己不尴尬，最好的办法就是自我作践，一声乐就完了。以前照相时，为了让照相人笑，总是让说‘茄子’，以后照相，不如就说‘努屎’！这细节怎么样，这是专利，谁也不许用啊！”（221 页）我们从庄之蝶嘴里很难听到令人悦心悦志会心一笑的高雅谈吐。他缺乏高贵的气质。他口头上喜欢谈佛论道，追求不为外物所累的虚静淡泊境界，但骨子里却是极俗气的人，属于无特操的势利之徒。他很会溜须拍马。市长向他炫耀自己的政绩：“那几日几千人在那里敲锣打鼓，鸣放鞭炮，还作了匾送到市政府来。”庄之蝶说：“哎呀，这么好的题材，我们文联应该组织一些人去写写！”（130 页）他帮助市长在省报上发文章，让人大主任在换届选举时落选，作为回报，市长给了他一套房子，他将其题为“求缺屋”，当作搞无聊聚会的场所。他是一个生错了时代的人，是一个生活在现代的古代人。他的身上没有现代知识分子的科学精神和理性意识。他缺乏对世界和人生的理性认知能力。他是腐朽的神秘文化的信徒，喜欢看相、算命、抽签、打卦。为了打赢那场水杯里的风波一样无聊的“官司”，他竟然听信孟云房的鬼话，将尼姑慧明的“经血纸片”装在口袋里（参见 345—346 页）；作者在叙述语言中告诉我们“庄之蝶神鬼不怕的”（108 页），但他却出尔反尔地用更多的事实告诉读者，庄之蝶胆小如鼠，贪生怕死，常常被自己的神志背晦、阴阳不分的老岳母“吓得脸色寡白”，“越发害怕起来”（59 页，107—108 页），甚至会“被自己的影子吓得半死”

（108 页）。老岳母说庄之蝶的老岳父在阴间受新来的邻居的气，“令庄之蝶吃惊的是，就在爹的旧坟左右，果然有了一个新坟丘，上边的茅草还未生起，花圈的白纸被雨水零散地溻在泥土里，一时心想：‘这一定是爹所说的新来的隔壁了。’胸中怦怦紧跳。……庄之蝶吓得脸色寡白，知道老太太的话不假，忙到那新坟周围钉了桃木楔，扯着干表姐扭头就走。”（79 页）庄之蝶在贾平凹的叙述中，还是一个虚伪成性、言行不一的人，常常是说的一套，做的又是另一套。他嘟嘟囔囔对唐宛儿倾诉衷肠，说：“……我周围的一些人津津乐道杯水主义，我向来看不起他们这样做，也想象不来没有感情的投入怎么就干那事，如果死猫烂狗地见着就吃，吃过便走，真不如自个儿去手淫了！”（125 页）但没过多久，他就“满嘴口水地吻了柳月”（139 页）。他把自己玩弄过的柳月“赏给”赵京五，后来，为了巴结市长，又把柳月“转嫁”给了市长的残疾儿子大正，还这样哄骗赵京五：

柳月是一个心眼儿要嫁给大正的，我是劝说了多次，可有什么作用？我说柳月呀，甭论京五一表的人材，单那一身的本事，说不定将来成龙变凤，不愁你享不了的福！可她眼窝浅，反问了我：庄老师你这是给我画饼吧！你瞧瞧，她就是这般见识，我也没办法了……（474 页）

他心胸狭窄，睚眦必报，他将钱平铺在“鞋壳里”，因为，“以前我还在文化厅的时候，钱欺负过我，现在我就把它踩在脚下！”（70 页）他背过身对不给他帮忙的“秘书长”破口大骂，喋喋不休（185 页）。他缺乏真正的悲剧意识，因此，虽然常常悲悲切切，喜欢听哀乐、听埙，但并不能引发读者的深刻的悲剧体验，而是给人一种无病呻吟、虽哭不哀的滑稽感。他耐不住寂寞，总是往人堆里扎，总是浮在生活的表面。他虽为作家，但是，我们看不到他有什么过人的才华，言语粗俗，识见浅陋，实在平常得可怜。

他缺乏现实感，不关心大问题，没有批判精神，根本就不是一个真正意义上的作家。但是，贾平凹并没有客观地叙写庄之蝶。他没有深刻地写出庄之蝶性格的合逻辑的统一性和丰富性，没有把他写成一个真实的人。他没有把握到庄之蝶这个人物的主要的精神特征，没有写出他的灵魂。更为严重的问题是，他对这个人物的态度有问题，他在该反讽的时候，却没有批判的锋芒，而是表现出对他的同情甚至欣赏的态度。这样，他就在作品的客观事象与作者的主观心象之间制造了尖锐的冲突和对立，最终使庄之蝶这一形象给人一种破碎而虚假的印象。马修·阿诺德在评价《安娜·卡列尼娜》的时候说，托尔斯泰善于“运用他的异常精细的观察”，而且“真心实意地忠于这种观察所得的结果”，这样，“他在我们心中引起一种对他的人物和他们的行为的绝对真实感”①。但贾平凹似乎并不善于观察。他缺乏敏锐地捕捉具有真实感的细节的能力。他善于倾听，但不善于选择和判断。他将听来的逸闻趣事全都当作事实，通过违反常情和逻辑的想象和杜撰，构织成小说的情节事象，在读者心中引起一种对他的人物和他们的行为的绝对虚假感。

的确，《废都》是一部大胆的小说，但也是一部失败的小说。它赋予颓废、堕落以感伤的诗意和风流名士的浪漫情调，却没有真实地写出中国作家内心深处的困惑、焦虑、无奈甚至绝望，没有真实地写出他们与自我、与社会真正意义上的矛盾和冲突，没有为人们了解和认识特殊时期中国知识分子的生存状况提供可靠的信息。美国的一位小说家及小说理论家在批评美国小说创作的问题时说：“一般来说，美国作家所取得的最显著成就是塑造了一些缺乏思想，处于原始状态的人物，这些人物使欧洲人感到陌生和新奇，这就成为他们心目中的

---

① 陈燊编选:《欧美作家论列夫·托尔斯泰》,131 页。

美国人。”①

事实上，这个在许多中国当代作家创作中都存在的问题，在《废都》中有典型而集中的表现。对贾平凹和那些只是热衷于在低俗的层面写人的本能体验的作家来讲，只有克服虚假的编造和随意的杜撰，只有通过精细的观察和绝对真实的过程化叙写，才有可能写出让人觉得熟悉和可信的活的人物形象，而不是虚假、苍白、空洞的符号。

四、像蝴蝶一样飞舞的绣花碎片
——评《尘埃落定》

阿来的这部长篇小说，确实是一部值得研究的作品。无论从题材内容，还是从修辞技巧看，《尘埃落定》都有许多让人觉得新鲜和特别的地方。他叙写的是不少读者知之甚少又颇为好奇的人和事，具体地说，是发生在中国的边鄙之地的一群藏族土司之间的奇特故事。在这部小说中，我们可以感受到作者的精神气质和文学追求。他自觉地追求语言的诗性效果，善于用充满诗意情调的语言渲染氛围，抒情状物。有时，他甚至有能力把诗意转化为画境。小说一开始描写野画眉在雪中叫唤以及母亲在铜盆中洗手的情景，就仿佛一幅色彩明艳、生动逼真的风景画，读过的人，谁能忘得掉呢？还有，他的某些比喻修辞，也显示出颇为不俗的连类取譬的想象力，如：“太阳当顶了，影子像个小偷一样蜷在脚前，不肯把身子舒展一点。”② 阿来还是一个能心照神交地对天地万物进行观察和体味的人，这一点我们从他的这部长篇小说中的大量的景物描写中可以看出来。他对柔软、冰凉、气味、声音、颜色，都有极为灵敏、精微的感受力。

---

①［美］利昂·塞米利安:《现代小说美学》,163 页。

②《阿来文集·尘埃落定》,287 页,北京,人民文学出版社,2001；本节其他引文出自此书者,只在引文后注明页码。

然而，如果用严格的尺度来衡量，我们会发现，这部小说确实存在着不少令人无法讳掩的问题和残缺。在我看来，冷静地考察这些问题，客观地分析这些残缺，是一件值得去做的事情，因为，这样的工作不仅有助于人们全面地认识一部作品，有助于人们克服随便就把一部作品封为“经典”的盲目冲动，而且，还有助于作家更准确地进行自我认识，从而获得对于写作来讲至关重要的精神成熟和内在自觉。

（一）失败的不可靠叙述者

不可靠叙述者，按我的界定，就是指那些在智力、道德、人格上存在严重问题和缺陷的叙述者。从这样的叙述者的角度展开的叙述，通常具有混乱和不可靠的性质。叙述者只是从自己的角度，以无序或有序的方式，叙述自己破碎、零乱的内在心象（我们从白痴型的叙述者那里可以看到这样的情形），或者叙述自己的混乱的道德生活（我们从伯吉斯的《发条橙》、纳博科夫的《洛丽塔》那里可以看到这种状况）。小说家运用不可靠叙述者的目的，正像D.洛奇揭示的那样，“是想以某种诙谐的方式展现表相与现实之间的差距，揭露人类是如何歪曲或掩瞒事实的”[①]。事实上，要达到这样的目的并不容易，因为，运用不可靠叙述者是一种很有难度的修辞技巧：小说家巧妙地利用不可靠叙述者传达出来的信息，最终要像利用可靠叙述者传达出的信息一样妥实、可靠。君特·格拉斯在《铁皮鼓》中是利用作者的叙述支持奥斯卡的叙述来获得这一效果的，而在《喧哗与骚动》中，福克纳则是先从三个人物的视点叙述，最后由自己从全知视点叙述来获得这一效果的。

《尘埃落定》中的叙述者显然也是一个不可靠叙述者，但是，阿来对这个叙述者的修辞处理是失败的。运用不可靠叙述者这一技巧最

---

① ［英］D.洛奇:《小说的艺术》,170页。

难的，是如何实现从不可靠到可靠的连接和转化。如果叙述者纯粹是一个白痴或傻子，那他是不可能提供任何可靠的判断的。那么，怎么办？只有通过作者利用可靠的修辞手法来解决问题，用卢伯克的话来说，“正是作者健全的心智必须来弥补这个缺陷”[①]。阿来想用含混的办法来解决问题，也就是说，他既想赋予“我”这个叙述者以“不可靠”的心智状况，又想让他成为“可靠”的富有洞察力和预见能力的智者。作者虽然在“我”到底傻还是聪明这个问题上卖了很多关子，花了很大力气，但是，除了把问题弄得更复杂，除了给人留下别扭和虚假的印象，似乎没有带来什么积极的修辞效果。当然，在一个人身上同时体现出痴与智这两种极端的状态也不是没有可能，如果作家将人物放在一个纯粹的寓言结构里，他有权利有自由把人物写成这个样子。

问题是，阿来并没有这样的想法，相反，他倒试图在客观真实的意义上同时写出“我”的呆傻与聪明。作者曾在好几个地方假“我”之口告诉人们，“我”的傻是一个客观事实：“土司醉酒后有了我，所以我就只好心甘情愿当一个傻子。”（4 页）作者还通过对“我”的恋乳癖行为的叙写，来暗示读者相信“我”确实是一个心智尚处于童蒙状态的傻子。那么,“我”到底傻还是不傻？这个问题,“我”自己搞不清楚，小说中的其他人物也搞不清楚。“我往楼下走，他（父亲）跟在我的身后，要我老老实实地告诉他，我到底是个聪明人还是个傻子。我回过头来对他笑了一下。我很高兴自己能对他笑上这么一下。他应该非常珍视我给他的这个笑容。”（300 页）奇怪的是，作者让所有人都对“我”是傻还是聪明这个问题感兴趣，却又让小说里的人物永远也不能确知“我”到底是哪一种人。跟“我”接触最多的管家说：“要我说老实话，你也许是个傻子，也许您就是天下最聪明的人。”（193 页）这实在是不必要的疑问，因为“我”已经在管家面前充分地显示出了远比哥哥旦

① ［英］珀·卢伯克、爱·福斯特、爱·缪尔《小说美学经典三种》，63 页。

真贡布要高的聪明和智慧。更让人无法理解的是,“我”经常公开对人讲:“我只不过是个傻子。”(261页)但同时,“我”又知道自己是个聪明人,知道“麦子有着比枪炮还大的威力”(192页),知道“在有土司以来的历史上,第一个把御敌的堡垒变成市场的人是我”(251页),还得意扬扬地说“一个傻子怎么可能同时是新生事物的缔造者”(267页),希望“书记官”对此“会有一些深刻的说法”,能将自己的业绩载入史册。总之,阿来对“我”的心智状况的含混处理,至少造成这样一些消极后果:导致人物形象的分裂和虚假;显得矫揉造作,令人生厌;不利于形成强烈的真实性效果和深刻的主题效果;造成叙述的混乱。

是的,读者很难把“我”这样一个在许多方面都处于极端分裂和对立状态的角色,想象成一个真正意义上的文学形象。像“我”这样一个“傻子”,一个只认识“三五个”藏文字母的人(157页),不管怎么讲,都不会是一个文化旨趣很高的人,但是,在作者的笔下,在“我”的叙述中,“我”却既是一个诗人,又是一个哲人。“我”像一个诗人一样,仰观俯察,流连光景:“站在独木楼梯上,我看到下面的大片田野,是秋天了,大群的野鸽子在盘旋飞翔。我们这时是在这些飞翔着的鸽群的上边。看到河流到了很远的天边。”(87页)“和风吹拂着牧场。白色的草莓花细碎,鲜亮,从我们面前开向四面八方。间或出现一朵两朵黄色蒲公英更是明亮照眼。浓绿欲滴的树林里传来布谷鸟叫。一声,一声,又是一声。一声比一声明亮,一声比一声悠长。我们的人,都躺在草地上,学起布谷鸟叫来了。”(194页)这样的矫情而多余的描写,实在并不高明。它除了让人怀疑如此描写的必要性与合理性,怀疑“我”如此有雅人深致的可能性与真实性之外,并没有给读者带来真正的诗意享受。

不仅如此,阿来还极不真实地把“我”写成一个笛卡尔和帕斯卡尔式的哲人,让他絮絮叨叨地把“我是谁”“我在哪里”这样的存在主义问题挂在嘴上,让“我”不着边际、信口开河地乱发议论:“这个世界上就是有奇迹出现，也从来不是百姓的奇迹。这种疯狂就像跟女人睡觉一样，高潮的到来，也就是结束。激动，高昂，狂奔，最后，瘫在那里，像叫雨水打湿的一团泥巴。”（286—287 页）说实在的，让一个“傻子”，让一个不可靠叙述者谈论过于高深严肃的问题，无论怎么讲，都很难给人一种真实可信的感觉。

阿来对“我”这个不可靠叙述者的心智状况的含混处理，所带来的最为严重的消极后果，还不是这些，而是叙述上的混乱。阿来没有严格地把叙述限制在“我”的叙述域限里，换句话说，他应该让人物叙述他能叙述的，而不是把一些不可靠叙述者压根不可能感知到和体验到的生活内容，也交给“我”来叙述。“我”在小说中说过这样一句话：“用一个傻子的脑袋来回忆一个聪明人所布置的事情，真是太辛苦了。”（54 页）而让一个“傻子”型的不可靠叙述者完全承担所有的叙述任务，则不仅会让他“辛苦”，那简直是要压垮他哩。但阿来似乎不大顾及“我”的死活，把该自己干的活，派给了一个需要帮助的残疾人。他把限知性叙述变成了全知性叙述，把不可靠叙述者变成了超视超知的可靠叙述者。这样，他不仅在文本内导致了叙述的混乱，而且还让“我”这个可怜人出了丑。作者给了人物这样的特权：“是的，好多事情虽然不是发生在眼前，但我还是能看见。”（323 页）可是，谁会相信呢？“我”竟然能感知到父亲的“痛楚”和内心活动：“他感到一阵几乎是绝望的痛楚，仿佛看到珍贵种子四散开去，在别人的土地上开出了无边无际的花朵。”（121 页）父子之间，血脉相通，也许真的能够心有灵犀心心相印，因此，我们权当这样的叙述是真实的。但是，作者让“我”叙述父亲与查查头人的妻子在罂粟地里幽会的情景（49 页），叙述“我”的妻子塔娜与哥哥旦真贡布在一起乱搞的情景（309—318 页），则无论如何是不真实的，不可信的。

然而，类似这样的叙述不可靠叙述者根本不可能知道的内容的文字，在这部小说中，随处可见。而最令人不解的是，在“我”这个几乎一字不识的“傻子”的叙述中，竟然出现了这样的句子：“这是麦其土司领土上出现的第一家酒馆，所以，有必要写在这里。我听人说过，历史就是由好多第一个第一次组成的。”（271 页）

嗨，嗨，那是谁在说话呢？唉，是作者。作者一不小心，终于赤裸裸地把自己的话说出来了。还有什么话好说呢？事情明摆着，正是因为作者想借人物之口来说自己的话，才使得“我”这个人物成为一个复杂而又混乱的角色。

作者奴役着人物。作者的声音，淹没了人物的声音；而作者声音的这种失败的介入，不仅没有用“健全的心智”“弥补”不可靠叙述者留下的“缺陷”，反而使这种“缺陷”更为严重。“我”不仅被剥夺了做一个单纯的“傻子”的权利，还要为作者的“聪明”担负责任，岂不冤哉！岂不冤哉！

一位美国批评家在评价海明威的时候说：“在积极的方面，他教美国作家客观与诚实之可贵，清除文字里的感伤性、堆砌铺张，与一种浮面的巧妙。”[①] 阿来在《尘埃落定》中对不可靠叙述者的过于随意的利用，说穿了，只不过是一种“浮面的巧妙”，而缺乏基于对人物充分了解和尊重的客观性。他像佛克玛所批评的那种写作一样，用“假设的诗学手法”来解决对小说写作来讲至关重要的叙述方式问题。佛克玛批评某些“现代主义”写作者“对人物缺乏了解时，就会求助于丰富而复杂的假设”，并“用假设来填补他知识的缺口”；“现代主义在创作文学文本方面最重要的惯例，是选用表现不确定性和暂时性的假设性建构”[②]。“假设性原则”也是阿来写作《尘埃落定》的“最重要的惯例”，再加上作者在文本领域内的“暴政”和“专制”，人物的虚假和苍白，叙述的混乱和糟糕，几乎就是难以避免的。

---

① ［美］威廉·范·俄康纳编:《美国现代七大小说家》,227—228 页,北京,三联书店,1988。

② ［美］马泰·卡林内斯库:《现代性的五副面孔》,326 页,北京,商务印书馆,2002。

因此，一个需要强调的简单的原则就是，作者必须限制自己的权力，必须意识到在自己和人物之间有一道不允许随意跨越的界限，换句话说，作者必须充分尊重自己笔下的人物，充分地了解人物，把握他的个体规定性和丰富的心理内涵，只有这样，他才能写出有尊严有生命的人，而不是被奴役、无个性的苍白的符号。

（二）随风飘转的绣花碎片

现在来谈这部小说的语言。

阿来是诗人。但是，在诗人与小说家之间画等号并不那么容易，因为写诗与写小说不是一回事。诗的语言也未必一定是理想的小说语言。事实上，诗人写小说，要克服的第一个困难，就是必须遏抑自己试图用写诗的抒情化方式进行主观化叙述的冲动和倾向。巴赫金在研究小说中的话语构成和主体关系的时候，通过对不同文学体式的比较，揭示了这样一个规律，即体现作者与人物平等关系的杂语性和对话性乃是小说修辞特有的一种性质。他认为，在诗歌中，一种完整统一的说话者的个人特点是风格必备的前提，但在小说中，尤其是在长篇小说中，则不要求这些条件，而是要求语言的内在分野，否则，就会“以小说家的个性语言来偷换小说的风格，就会把问题弄得加倍地不清；这样做就歪曲了小说修辞的真正本质”①。换句话说，小说修辞的一个基本原则，就是不让人物和作者处于一种互相奴役的状态，尤其要避免作者以极度主观和任性的方式主宰人物，把自己的语言强加给人物。这样说来，诗人的“完整统一的个人特点”，即主观性极强的抒情性语言，就成了不利于实现小说修辞目的的一个障碍，是必须努力克服的。

然而，《尘埃落定》的语言，就是一种具有“统一的个人特点”的

① 钱中文主编:《巴赫金全集》,第三卷,43页。

语言，换句话说，就是作者自己的语言。小说中的人物都讲着一样风格的语言。几乎每一个人物说出的话，都不像人们在日常情境中所讲的平常话，而是带着书卷气和哲理色彩的。所有人的语言，都烙着作者话语风格的徽章。他们是作者话语的传达者，而不是自己话语的言说者。人物与人物之间、人物与作者之间的话语的“内在分野”不复存在。于是，人物的个性和生命，亦不复存在。

是的，《尘埃落定》就是一个由作者一人的话语疯狂独舞的舞场。在这部小说中，由作者主宰的话语，具有这样的语言风格：华丽，缠绕，充满感叹和忧伤的抒情色彩，同时，又显得复沓，飘游，散乱，破碎，仿佛随风飘转的绣花碎片，忽忽悠悠，落不下来。总之，一句话，阿来这部小说的语言，缺乏概括力，缺乏准确性，缺乏必要的朴素、自然与质实。

《尘埃落定》在语言上的第一个问题是啰唆，不够简洁、省净，用许多话重复说一件事，而这种重复并不具有积极的修辞效果，而是反映着作者叙述时的随意而主观的语言倾向。

后来，是我父亲而不是叔叔作了麦其土司。这样一来，寺院自然就要十分地寂寞了。父亲按照正常的秩序继位作了土司，之后，就在家里扩建经营……（20 页）

很显然，加点的字都属于多余的重复，完全可以删去。

行刑人知道大少爷英雄惜英雄，不想这人多吃苦，手起刀落，利利索索，那头就碌碌地滚到地上了。通常砍掉的人头都是脸朝下，啃一口泥巴在嘴里。这个头没有，他的脸向着天空。眼睛闪闪发光，嘴角还有点含讥带讽的微笑。我觉得那是胜利者的微笑。不等我把这一切看清楚，人头就用红布包起来，上了马背一阵风似的往远处去了。

而我总觉得那笑容里有什么东西。（124—125页）

在这段文字中，“利利索索”在“手起刀落”之后，可有可无，删之亦可；“通常砍掉……”一句则显得过于绝对、不真实，属于零信息表达，当删；“不等我把这一切看清楚”与前文叙述矛盾，因为，“我”已经把死者的表情和神态看得很清楚了；最后一句，也是蛇足马角，因为读者已经知道那“笑容里”有“含讥带讽”的“胜利者的微笑”。

广场右边是几根拴马桩，广场左边就立着行刑柱。行刑柱立在那里，除了它的实际用途以外，更是土司权威的象征。行刑柱是一根坚实木头，顶端是一只漏斗用来盛放毒虫，有几种罪（？）要绑在柱子上放毒虫咬。漏斗下面是一道铁箍，可以用锁从后面打开（？），用来固定犯人的颈项。铁箍下面，行刑柱长出了两只平举的手臂，加上上面那个漏斗，远远看去，行刑柱像是竖在地里吓唬鸟儿的草人，加强了我们官寨四周田园风光的味道。其实那是穿过行刑柱的一根铁棒，要叫犯人把手举起来后不再放下。有人说，这是叫受刑人摆出向着天堂飞翔的姿态。靠近地面的地方是两个铁环，用来固定脚踝。行刑柱的周围还有些东西；闪着金属光泽的大圆石头，空心杉木挖成的槽子，加上一些更小更零碎的东西，构成了一个奇特的景致，行刑柱则是这一景观的中心。（122—123页）

在这一段文字中，“行刑柱”竟然出现了七八次，至少有五六次是多余的。另外，加点的句子似乎都可以删掉。其中“有人说，这是叫……”一句显得虚妄不安，而最后一句则完全是赘疣式的啰唆，因为引领这一句的“行刑柱周围”一语同“行刑柱则是这一景观的中心”是一样的意思。事实上，对一个善于用简洁的语言描写和叙述的作家来讲，顶多用现在这段文字一半的长度，就可以解决问题。

头上的蓝天很高，很空，里面什么都没有。地上也是一望无际开阔的绿色。南边是幽深的群山，北边是空旷的草原。（223 页）

已经有了“很空”,“里面什么都没有”就显得多余；已经说它“一望无际”，紧接着的“开阔”就显得叠床架屋。

《尘埃落定》语言上的第二个病象，是逻辑不通或晦涩难懂。例如：

我们是在中午的太阳下面还要靠东一点的地方。（19 页）

那么，“我们”到底在哪儿呢？不知道。

他想对我们笑笑，但掩饰不住的恼怒神情的笑容变得要多难看有多难看。（45 页）

这种笑容也许真的很“难看”，但是，我想象不出来。

他认为时间加快，并不是太阳加快了在天上的步伐，要是用日出日落来衡量时间的话。（348 页）

这句话的意思实在令人费解。那么“时间加快”到底是不是“太阳加快了在天上的步伐”？如果不用“日出日落来衡量时间”，答案就是肯定的？

塔娜也笑了，说：“漂亮是看得见的，就像世界上有了聪明人，被别人看成傻子的人看不到前途一样。”（280 页）

“就像”前边和后边的两个句子必须具有联属性和可参比性，而且，一般来讲，必须在肯定或否定的语气上是一致的，这样才能使“就像”前边的陈述得到后边的陈述的支持。塔娜说的这两句话之间，根本就没有“就像”的联属关系，就像林冲和林黛玉没有血缘关系一样，就像张飞和张曼玉不是生活在一个时代一样。

阿来这部长篇小说的第三个语言病象是语法不通的地方太多。我知道，人们倾向于从语法上给作家更大的自由空间，但是，在我看来，自由是有边界的，而“语法”则意味着“法”，意味着“规范”，任何自由，都应该是规范内的自由，随意越出规范，就只能叫它任性，就必然要引致语法上的错误。

她本来是一个百姓的女儿，那么她非常自然地就是一个百姓了。作为百姓，土司只能通过头人向她索贡支差。（14页）

“作为百姓”置于“土司”之前，就意味着“土司”是“百姓”，而“土司”其实并不是“百姓”。前边的句号改逗号，“作为百姓”一语删除，句子就通了。另外一个加点的句子，也属多余的表达。

土司太太说：“是鬼吗？我看个把个你们没锁住的冤鬼还是有的。”（18页）

“个把”后边不加量词，带点的“个”字可删。

我们的人们就在地里喊着口号……（27页）

“我们的人”可以表达复数概念，添一“们”倒显不通。同样“一天红色汉人们把土司的消息传递给我”（418页）中的带点的“们”字，亦属多余。

茸贡女土司上台后，却没有一个哪个上门女婿能叫她们生出半个男人来。（200页）

汉语里没有在“哪个”之前加“一个”的语法习惯，可以删掉。

虽然我鼻子里又满是女人身子的撩人的气息，但我还是要说，虽然要我立即从要说的事情本身说起是困难的。（348页）

加点的“虽然”用错了，改为“尽管”或“即使”。

有必要指出的是，阿来的这些语法病象绝不是个别的，而是大量地见之于他的这部长篇小说之中。

《尘埃落定》的第四个语言病象是夸饰过度和“套板反应”性质的描写和形容太多。刘勰在《文心雕龙》中说：“神道难摹，精言不能追其极；形器易写，壮辞可得喻其真……故自天地以降，豫入声貌，文辞所被，夸饰恒存。”刘勰并不反对“夸饰”，但是他反对“诡滥”的夸饰，在他看来，“饰穷其要，则心声锋起，夸过其理，则名实两乖”，因此，好的选择就是“夸而有节，饰而不诬”。他讲的没错，但阿来做得不好。阿来在《尘埃落定》中的许多夸饰缺乏的就是“节制”，而他的一些描写则显得用心不够，过多地用那些人们常见的毫无新意的俗语套话来形容描写对象，从而陷入一种消极的“套板反应”模式中。

天哪，我马上就要和世上最美丽的姑娘见面了！

麦其家二少爷的心猛烈地跳动了。一下，又一下。在肋骨下面撞击着，那么有力，把我自己撞痛了。可这是多么叫人幸福的痛楚呀！（217页）

刚一落地，我们的嘴唇就贴在一起。这回，我们都想接吻了。我闭上眼睛，感到两张嘴唇间，呵护着一团灼热而明亮的火焰。这团火把我们两个都烧得滚烫，呻吟起来。（261 页）

这样的缺乏节制的夸张，正像龙应台在批评无名氏的三本爱情小说时所说的那样，“在讲究收敛和淡薄的现代尺度上，却显得‘浓得化不开’，令人浑身不自在”[①]。“我们两个都烧得浑身滚烫”，但却让读者不寒而栗。

阿来是一个喜欢在小说中写声音之宏大和女人之美丽的作家，但是，遗憾的是，他的描写总是显得那么缺乏新意和力量。他是这样写声音的：

从如雷声滚动的欢呼声里……（276 页）

人群立即发出浩大的惊叹声。（278 页）

在广场上我受到了百姓们的热烈欢呼。（282 页）

春雷一样的声音从北方茸贡土司的边界上传过来。（406 页）

炮在东方和北方两个方向，春雷一样隆隆响着。（406 页）

回到自己的屋子，上床的时候，楼下又响起惊心动魄的泼水声。（321 页）

---

①《龙应台评小说》，87 页，北京，作家出版社，1991。

要命的是，阿来竟然一连四次用“惊心动魄”这个词来形容泼水声（318—321页）。

我们再来看看阿来是怎样形容女人的美丽的：

我再一次发出号令，两个小厮和那两个美艳的侍女进来……（278页）

塔娜一张灿烂的笑脸转向了麦其土司。（279页）

父亲笑了，对我说：“你妻子的美貌举世无双。”（321页）

比这更重要的是，我得到了一个绝色美女做妻子。（263页）

阿来在形容水声和女人的美貌的时候，缺乏创造性，未能利用新鲜、朴素、节制的语言，形成耐人回味的修辞效果。他的夸饰显得虚张声势，而他的“套板反应”修辞则给人一种味同嚼蜡的感觉。福特说海明威作品中的“每一个字都打击你，仿佛它们是新从河里捞出来的石子”。确实，正像菲力浦·扬所评价的那样，海明威“往往只用短而普通的字，用得极经济，又用得异样地新鲜”，而获得的效果是“干脆、洁净、清晰与一种谨严的工整”①。好的小说语言，就应该是这样的语言。

总之，《尘埃落定》的语言，主观性太强，也许不乏诗意，但似乎并不是成功的小说语言；它实在太空、太飘、太碎、太绕，缺乏抵进人物内心世界的力量，不能在作者与人物之间建立一种平等的积极的话语关系，不能在作者与读者、读者与人物之间营构一种理想的精神

① [美]威廉·范·俄康纳编:《美国现代七大小说家》,228页。

交流情境。

……好多丝织的绣花的东西都剪碎了，门洞开着，一股风吹来，那些碎片就像蝴蝶在屋子里飞舞起来。风一过，落在地上，又成闪着金属光泽的碎片，代表着一个女人仇恨的碎片。(402—403页)

飞舞的绣花碎片，《尘埃落定》语言风格的极为传神的象征形态。对于阿来来讲，通过艰难的修辞努力，把这些“碎片”联结成一个整体，并赋予它以生命和活力，是一项具有挑战性的工作。但是，不管多么艰难，他必须努力完成这项工作，否则，即使他给每一块“碎片”都绣上花朵，那也不能让它像蝴蝶一样飞舞起来。

(三)主人、下人与女人

我有一个固执的看法，那就是，我们可以根据一部作品如何叙写女人和底层人来判定它的作者是不是伟大的作家，换句话说，在我看来，一个伟大的作家，必然是一个对女性怀有敬意，对底层的弱者和不幸者怀有同情心和怜悯心的人。

然而，遗憾的是，我从《尘埃落定》中没有看到这种令人满意的叙写。这部小说对“下人”的态度是傲慢的，对“女人”的态度是侮慢的。作者的叙述态度超然而冷漠。他似乎并不爱他叙写的任何一个人物，因为我们没有从他的叙述中读到对于写作来讲至关重要的热情。他笔下的人物的情感也是怪异的、病态的。爱伦堡说契诃夫“连无人性的东西都能有人性地表达出来”[1]，但阿来却把人写得不怎么像人，不像正常的人那样真实、可信、亲切。这样，《尘埃落定》就像阿诺德在批评

①[俄]爱伦堡:《捍卫人的权利》,92页,沈阳,辽宁教育出版社,1998。

《包法利夫人》时所说的那样，“成了描写僵化感情的作品；全书笼罩着一种怨愤、嘲讽、无可奈何的气氛；其中没有一个人物使我们欢欣慰藉；创造这种人物所需的清新和感情的源泉在这里并不存在”[①]。虽然现代主义的写作故意蔑视宗教关怀和人道主义热诚，刻意追求一种超然物外、不动感情的“零度叙述”效果，但是，一个简单的事实是，没有热情，没有对于人的朴素而热烈的爱，一个作家永远不可能真正地了解人，不可能完整而真实地写好人，更为严重的后果是，他常常会丧失对于高贵与卑贱、正义与邪恶、美好与丑陋的感受能力与分辨能力，从而使自己的写作成为缺乏可靠的人道原则和可靠的道德立场的消极写作。让我们通过具体考察，看看阿来在《尘埃落定》中叙写“主人”与“下人”、“主人”与“女人”的关系时存在着什么样的问题。

在《尘埃落定》中，“贵族”和“下人”的身份差异和等级序列，被叙述者强调到一种令人无法理解的程度。这种强调，在“我”的叙述中，是贯穿始终的，也是令人不快的。“我”津津乐道地炫耀自己的贵族身份，不可思议地渲染自己的优越感，而对“下人”和底层人，则显示出轻蔑和侮慢的嘲笑态度。

“我”在小说一开始就像写诗一样告诉读者：“我是个傻子。/ 我的父亲是皇帝册封的辖制数万人众的土司。/ 所以，侍女不来给我穿衣服，我就会大声叫嚷。”（4 页）土司的儿子可以骄纵地享受贵族的尊严，“下人”却只能咀嚼卑贱的“委屈”：“今天，下人们也打扮了，但衣服和他们的脸孔一样，永远不会有鲜亮的颜色。卓玛和这些人走在一起，我觉得着实是委屈了她。”（22 页）而卓玛这个“下人”的女儿，也显得很“委屈”：“她看我的眼光里，也充满了哀伤。”（23 页）在“我”的叙述中，“生来高贵的人”无论走到哪里，都会受到生来低贱的“下人”的追随和膜拜。“我”每经过一个地方，“下人们”就会“组成一

① 陈燊编选：《欧美作家论列夫 · 托尔斯泰》，139 页。

支越来越大的队伍”，“逶迤在我身后，没有人想超过他的主子到前边去。我每一次回头，都有壮实的男人脱帽致礼，都有漂亮的姑娘作出灿烂的表情。啊，当一个土司，一块小小土地上的王者是多么好啊。要不是我只是父亲酒后的儿子，这一刻，准会起弑父的念头”（23页）。而“下人们”也实在是贱得可以,“我”说要喝水，好几个男人立即“一溜小跑，脚后带起一股烟尘，在我的马前跪下，从怀里掏出了各种各样的酒具。卓玛把那些酒具挡开。那些被拒绝的人难过得就像家里死了人一样”（23页）。夸张而做作的叙述，炫示着“我”对于权势和自己的贵族出身的荣耀感，显示着“下人们”地位的卑微和人格上的卑贱。“下人们”的卑贱固然显得滑稽可笑，但“我”的洋洋自得的满足感也并不显得高贵，而是令人欲呕。小说中的“我”说：“而我也就知道，作为一个王者心灵是多么容易受到伤害。”（23页）但作者没有让读者了解到那些在文本内完全没有叙述权的“下人们”的真实的内心感受是怎样的。他们面对颐指气使不可一世的“主人”，除了趋奉和膜拜，有没有恐惧、厌恶、不满和仇恨?

作者把叙述的权力交给了“我”，就等于把无视“下人们”的存在甚至蔑视他们的人格和尊严的权力给了“我”，这种无视和蔑视在下面这段文字中达到令人愤怒的程度：“那个马夫的女儿塔娜也在我和土司出身的塔娜身后跪下来。我感觉她在发抖。我不明白，以前，我为什么会跟她在一起睡觉。”（279页）而在“我”的叙述中，“下人们”也像“我”和贵族老爷一样喜欢“权力”，乐意“体会”拥有权力的美妙感觉：“现在，卓玛也尝到一点权力的味道了。我想，她喜欢这种味道，不然，她不会累得汗如雨下也不肯把施舍的勺子放下。这样美妙的感觉，留在官寨里当厨娘，永远也体会不到。只有跟了我，她才可能对一大群眼巴巴盯着她双手的饥民，十分气派地挥动勺子。”（238页）“我”对卓玛的想象虚假、荒唐而无聊，好像一个女奴倘若不是因为喜欢“尝到一点权力的味道”，就可以拒绝“累得汗如雨下”的劳动。事实上，在“我”的眼中，“下人”永远是“下人”，他们只可以偶尔“尝到一点权力的味道”，而不可能像自己一样成为“主人”：当“我”看到“索郎泽郎，尔依，还有桑吉卓玛都被好多下人围着。看那得意的模样，好像他们都不再是下人了似的”（282页）。

作者为什么要写“我”对“下人”的这种轻蔑和嘲笑？他在这样的叙述背后寄寓着什么样的深意？我反复想，但没有找到答案。我最后的结论是，“我”对“下人”的侮辱是浅薄的，而作者的叙述则是轻率的、缺乏可靠的价值指向的。作者没有用有效的反讽修辞来消解“我”对“下人”的轻薄的侮慢，没有为读者提供一个博大的充满博爱情怀和平等意识的精神空间。也许有人对我所讲的这种“民粹主义”的底层意识大不以为然，会把它当作落后而矫情的道德作秀，但是，这不过是一种可悲的误解。在我看来，对处于社会底层的小人物充满由衷的同情、关怀甚至敬意，永远是伟大的作家的基本态度，是一个时代的文学精神健康和成熟的基本标志。纵观古今，横察中外，你找不到一部真正伟大的作品是蔑视底层人的。

然而，在《尘埃落定》中，最令人反感的，还不是这种“主人”对“下人”的傲慢与蔑视，而是“主人”对女人的侮慢和凌辱。同对“下人”的境遇漠不关心一样，在“我”的叙述中，小说中的女性几乎从未被当作正常人尊敬过、爱过、对待过。与“我”有过关系的几个女人，在“我”看来，都只不过是工具意义上的雌性动物而已。而作者阿来似乎也只满足于从纯粹生物学的意义上来叙述男人与女人的关系，不，应该说，男“主人”和女“下人”的关系。

小说中的“我”、父亲麦其土司、哥哥及其他的贵族男人，几乎全都是淫欲狂，除了喜欢权力，就是喜欢女人。尤其对“我”来讲，女人几乎就是乳房和性的代名词。小说如此频繁地写到“乳房”，写“我”对“乳房”的病态兴趣：

我的双手伸向她怀里，一双小兔一样撞人的乳房就在我手心里了。（3 页）

我在黑暗里捧起卓玛的乳房，也非常惊讶地叫了一声“哈”！（17 页）

在火红的罂粟花海中，我用头靠住她丰满的乳房。（44 页）

……我也叫满眼的鲜红和侍女卓玛丰满的乳房弄得头昏脑涨。（46 页）

他怀里的女人睡着了，圆润的双乳在黑暗中闪烁着幽光。（60 页）

卓玛走过来，用她饱满的乳房碰我的脑袋，我硬着的颈子开始发软。（69 页；这一页三次写到“乳房”）

后来，我把头埋在她双乳间睡着了。（82 页）

我在卓玛的两个乳房间躺了大半天。（107 页）

滚到我怀里来的是个滑溜溜凉沁沁的小人儿，小小的腰身，小小的屁股和小小的乳房。（112 页）

这个姑娘是一头小小的母牛，挣扎，呻吟，扭动，用一对硕大的乳房把我的脸掩藏……（252 页）

塔娜离开了床，她的两只乳房不像长在身上，而是安上去的青铜

制品。(291 页)

作者对人物的这种病态的恋乳癖的叙写显然缺乏节制，缺乏深刻的心理内涵和道德价值。与此相应，阿来对女性所遭受的性凌辱的叙写，也同样是过度的，乏味的，缺乏丰富的人性内容和伦理价值。阿来对“我”13 岁那年与 18 岁的桑吉卓玛的两次性关系的描写，都是夸张而拙劣的：“她嘻嘻一笑，撩起长裙盖住自己的脸。我就看见她双腿之间那野兽的嘴巴了。……她一勾腿，野兽的嘴巴立即把我吞没了。我进到了一片明亮的黑暗之间。我发疯似的想在里面寻找什么东西。她的身体对于我还在成长的身体来说，是显得过于广大了。许多罂粟折断了，断茎上流出那么多白色的乳浆，涂满了我们的头脸。好像它们也跟我一样射精了。”(46—47 页)这种过度渲染的性描写，同样见之于小说对“我”与马夫的女儿塔娜的性关系的叙写上(参见 113 页)。最为严重的是，“我”有一种将女人想象成动物或牲口的病态倾向：“于是，我就和她干那件事情。干事时，我把她想象成是一只鸟，带着我越飞越高，接着，我又把她想象成一匹马，带着我直到天边。然后，她屁股那里的味道叫人昏昏欲睡。于是，我就开始做梦了。”(169 页)“我”还从一个“连她叫什么都没有问过”的姑娘身上，闻到了“小母马的气味”(251 页)，把她比喻成“一头小小的母牛，挣扎，呻吟，扭动”(252 页)。

阿来在《尘埃落定》中也写“爱情”，但他笔下的爱情总是显得简单、虚飘而不可思议。女土司的女儿塔娜本来不爱“我”，但是，忽然之间，她“喃喃地”对“我”说：“我本来不爱你，但冲上山冈时，看着你的背影，又一下就爱上你了。”(261 页)事实上，这种瞬间发生的盲目冲动，根本就不是爱情；她后来对“我”的背叛，足以说明这一点。好在“我”也并不需要什么爱情。“我”需要的只是本能欲望的满足。作者很大方地给了他发泄的自由。“我”对自己的性体验的叙述是病态的，具有施暴的性质，缺乏对女性的起码的温柔态度和人格尊重：“是的，要是说把一个姑娘压在下面，把手放在她乳房上，把自己的东西刺进她的肚子里，并使她流血，就算得到的话，那我得到她了。”（264页）说实在话，自从贾平凹在《废都》中肆无忌惮地以猥亵的方式写性以来，这样的描写已经成了在在可见的普遍现象。人们几乎已经把这样的描写当作正常而合理的文学现象接受下来，已经丧失了对这种既不合审美规范又缺乏道德健康的描写方式的耻感反应。但是，我们真的应该为中国小说中的这种道德麻木和趣味堕落脸红。这是一种反文明反人性的野蛮行为，它像阿诺德说的那种“外部文明”一样，“凡是文化教我们所确立的几乎所有的完美品格，都遭遇到强劲的反对和公然的蔑视”①。文学应该像阿诺德所说的真正意义上的“文化”那样，“不以粗鄙的人之品味为法则，任其顺遂自己的喜好去装束打扮，而是坚持不懈地培养关于美观、优雅和得体的意识，使人们越来越接近这一理想，而且使粗鄙的人也乐于接受”②。

是的，一位小说家必须强烈地爱他笔下的人物，必须善于发现他身上的人性内涵，必须真实地写出他作为人体验到的幸福与忧伤、光荣与耻辱、爱情与仇恨。这正像莫洛亚在《最伟大的》（1960）一文中所说的那样，“为了吸引和打动人的心灵，作家必须对他们怀有真正的感情”；“真的，所有的伟大作家，从塞万提斯到托尔斯泰，他们的成就正在于善于塑造一些无论是优点还是缺点都使人疼爱的主人公”③。而这种“真正的感情”，首先意味着能平等对待小说中的人物，尤其意味着对穷人、对底层的受苦受难的弱者的尊敬、同情和热烈的爱。波德莱尔在评价雨果的时候说，诗人总是表现出他是一切软弱的、孤独的、悲伤的、一切具有孤儿性质的东西的温柔的朋友，而维克多·雨果在他的诗中就不断

① ［英］马修·阿诺德：《文化与无政府状态》，11页，北京，三联书店，2002。
② ［英］马修·阿诺德：《文化与无政府状态》，13页。
③ 陈燊编选：《欧美作家论列夫·托尔斯泰》，112页。

地对堕落的女人、对被我们的社会齿轮辗碎的穷人、对成为我们的贪婪和专制的牺牲品的动物发出爱的声音。很少有人注意到善良带给力量的魅力和愉快，而这在我们的诗人的作品中屡见不鲜。一个巨人的脸上出现了一丝微笑和一滴眼泪，这是一种近乎神圣的独创。①

波德莱尔的这段话为我们提供了评价《尘埃落定》关于"下人"和"女人"的叙述的尺度，也为阿来如何成功地在小说中塑造人物提供了有价值的经验和启示。

（四）主题、普遍性及悔言修辞

主题是我们对一部小说展开研究、进行评价的重要方面。如果说人物、情节及修辞上的成功决定着一部作品是不是小说，那么，从主题入手，我们才能弄清一部小说是不是深刻的有分量的好小说。也许正是因为这个原因，塞米利安才说：

一部小说的内容就是它的主题加上作者对这一主题的态度。同样的素材，如果以不同的态度进行处理，势必产生不同的主题思想，而不同的主题思想又将产生不同的故事情节。作者的态度奠定了作品的基调，为小说提供了微妙的内在统一的因素。不管作家的态度如何超然物外，不管是他自己作为叙述者，还是通过一个人物来说话，或者从一个人物的角度去叙述，归根结底，是作者对小说中的事件作出解释和评价。②

而卢伯克则把主题看得比技巧还重要。在他看来，技巧是服从于主题的：

---

① 参见《波德莱尔美学论文选》，100—101 页，北京，人民文学出版社，1987。

② ［美］利昂·塞米利安：《现代小说美学》，70 页。

能辨认出富有成果的思想，并把它抓住，这种能力是不同寻常的。正因为这个缘故，我们把小说家能否看出主题的眼力，看作他的基本才能。而我们，不管是劝告，还是警告，在他的主题揭示出来之前都无话可说。……探讨主题的快乐是强烈而持久的。[①]

那么，《尘埃落定》的主题是什么呢？或者，换句话说，阿来的这部小说宣达的是什么样的思想内容和价值理念呢？作者自云："这种小说，只是写出了我肉体与精神原乡的一个方面，只是写出了它的一种状态，或者说是我对它某一方面的理解。"（424 页）什么"状态"？对它哪一方面的理解？一概语焉不详。他在接下来的一段文字中，又告诉人们："这个时代的作家在处理特别的题材时，也有一种普遍的眼光，普遍的历史感，普遍的人性指向。特别的题材，特别的视角，特别的手法，都不是为了特别而特别。……我会在写作过程中，努力追求一种普遍的意义，追求一点寓言般的效果。"（425 页）这样的想法很好，但是，超越了"特殊"的"普遍的历史感""普遍的人性指向"以及"寓言般的效果"追求到了吗？我的回答是：没有。

这部小说的所有内容，都是从一个心智状况暧昧不明的"傻子"的角度讲述出来的。我们从中读到了"我"的怪诞的想象和异常的行为，但是，这些想象和行为缺乏"寓言效果"，缺乏"历史感"，缺乏"普遍人性"。在这部怪异的小说文本里，读者看不到一个具有内在深度和反讽指向的寓言结构，没有真正的寓言作品才有的那种纯粹的虚拟结构和深刻的主题开掘，而我们在读《变形记》《我们》《动物农场》《一九八四》《铁皮鼓》《蝇王》时，能够清晰地看到它们的寓言性的反讽指涉和主题建构；这些作品通过夸张和变形的象喻手段，把讽刺

① [英]珀·卢伯克、爱·福斯特、爱·缪尔：《小说美学经典三种》，17 页。

的锋芒指向人的异化处境，指向金钱、贪婪、暴力和独裁导致的人格扭曲和精神灾难。这些作品的寓言性主题有如此强烈的现实感、历史感和普遍意义，使得任何读过的人，都无法不沉思作品提出的问题和喻示的答案。

然而,《尘埃落定》却没有这样的寓言性的主题效果。它叙述了“我”与几个女人的缺乏情感内容和精神内涵的关系，叙述了几个土司围绕麦子、罂粟、土地和权力的钩心斗角，叙述了土司政治在“汉人”政权的更迭中不可避免的瓦解命运。但作者的叙述，从根本上讲，是封闭的、混乱的、破碎的。他仅仅满足于叙写“我”的飘忽的想象和怪异的行为。他没有将人物放置到一个具有广泛的关联性的生活场景里和寓言结构里。这样，小说的叙述给人一种单调、沉闷、虚假和陌生的感觉，这是一种难以避免的结果。总之，我们从阿来的文字里，感受到一种茫昧的怅惘，但却无法把握到有价值、有“普遍性”的主题。

我们知道，阿来确实有在这部小说中追求“普遍性”的强烈愿望。一部小说的内在价值和思想意义，就包蕴在这种具有“普遍性”的主题里。约翰生曾深刻地阐释过“普遍性”的意义：

除了给具有普遍性的事物以正确的表现外，没有任何东西能被许多人所喜爱，并且长期受人喜爱。特殊的风俗习惯只可能是少数人所熟悉的，因此只有少数人才能够判断它们模仿的逼真程度。幻想的虚构所产生的畸形结合可能由于新奇而暂时给人以快感，我们大家共同感到生活的平淡乏味，这种感觉促使我们去追求新奇事物；但是突然的惊讶给我们的快感不久就枯竭了，因此我们的理智只能把真理的稳固性作为它自己的倚靠。①

---

① 伍蠡甫主编:《西方文论选》,上卷,527 页。

他反对作家“违反可能性，歪曲生活，败坏语言”[①]，而赞扬莎士比亚“是一位向他的读者举起风俗习惯和生活的真实镜子的诗人”[②]，“把遥远的东西带到我们的身边，使奇特的事物变为我们熟悉的东西”[③]。哈罗德·布鲁姆在评价约翰生时说：“放眼古今，没有一个批评家能比得上他。”[④]他认同约翰生关于作家应将“特殊”转化为“普遍”、将“陌生”的东西写得让人觉得熟悉的观点。他用这个标准评价托尔斯泰：

托尔斯泰使得所有事物在他或她（指读者——引者注）眼前都好像从来没有出现过似的，同时也让他或她觉得自己已经看过了所有事物。陌生感和熟悉感似乎并不相容，但两种感受的结合，还是托尔斯泰制造出来的独特氛围。[⑤]

然而，遗憾的是，阿来在《尘埃落定》中并没有达到这种“普遍性”的高度。他没有把“陌生”的东西转化成让读者觉得“熟悉”的东西。他叙写的“特殊的风俗习惯”，也许满足了一些人的“好奇心”和“快感”。但是，这样的“新奇感”很快就被平淡感所取代。在他笔下，“违反可能性”的地方太多了，多到让人无法理解的程度，以至于使一群本来我们就对其知之甚少的人们的生活，变得更加怪诞和难以理解。而这一问题，在我看来，都是由于“缺乏真理的稳固性”造成的，或者说，由于缺乏深刻的主题造成的。

是的，阿来并没有对自己叙写的生活内容形成“稳固”的认识判断和可靠的主题把握。我们从他对“尘埃”意象的反复描写中，看到

① 伍蠡甫主编:《西方文论选》,上卷,528 页。
② 伍蠡甫主编:《西方文论选》,上卷,527 页。
③ 伍蠡甫主编:《西方文论选》,上卷,529 页。
④ [美]哈洛·卜伦:《西方正典》,上册,259 页。
⑤ [美]哈洛·卜伦:《西方正典》,下册,477 页。

了他的犹疑和不知去就的惶惑。这种情况最终将阿来拖到了一种接近虚无主义的地方。正是这种虚无主义，使得他虽然让一个“傻子”反复提出“我是谁”以及“我在哪里”的问题，却始终不能形成稳定的意义建构；使得他逃避“真实感”(424页)，不是根据可靠的事实写作，而是像佛克玛所批评的后现代主义者那样，“根据不可能性来写作”[①]。这种写作的典型特征是“坚持运用一种翻案或悔言修辞”[②]，也就是像布赖恩·T·菲奇指出的那样：“每一个措辞都会取消以前的所有句子……限制和修正不停地夹杂其间；刚刚说过的话马上就会被否认，然后又会被重复，如此等等。”[③]阿来也许并不是自觉地运用这种手法，但是，他通过“我”的“犹疑不决”的叙述，确实使一种“不确定的感觉不断被加强”[④]，令读者怀疑叙述的真实性，陷入依违两难的困惑之中。“我”看到那个“当初教会我男女之事的卓玛”,“她在我马前迈着碎步。我不说话，她也不说话。我不知道自己要干什么，我不会再跟她睡觉，那么，我又想干什么呢，我的傻子脑袋没有告诉我”(188页)。可以说整部小说就是在这种“不知道”的语气里叙述出来的。作品中的人物，会莫名其妙地对同一件事情，表达完全不同的态度和看法。比如,“我”的哥哥从一开始就是一个急不可耐地想当土司的人，他曾对父亲公开要求“权力”(317页)，甚至，在被仇人刺杀快要死的时候，还“幽怨”地对父亲说：“要是你早点让位，我当了几天土司。可你舍不得。我最想的就是当土司。”(327—328页)但是,“我”却在做了一件“聪明事”被众人“高呼万岁”的时候，告诉读者：“说老实话，哥哥并不是功利心很重，一定要当土司(的)那种人。我是说，要是他弟弟不是傻子，他说不定会把土司位置让出来。”(277—278页)又如，哥哥终于死了，

---

①[美]马泰·卡林内斯库:《现代性的五副面孔》,327页。

②[美]马泰·卡林内斯库:《现代性的五副面孔》,331页。

③[美]马泰·卡林内斯库:《现代性的五副面孔》,332页。

④[美]马泰·卡林内斯库:《现代性的五副面孔》,332页。

“大家都流下了眼泪”，而“我”告诉读者：“但没有一个人的眼泪会比我的眼泪更真诚。”（328页）然而，没过多久，我们就发现“我”对哥哥的死并不像自己说的那样“真诚”地悲伤：“后来，杀手，还加上一件紫色衣服合力把哥哥结果了……这个风流倜傥的家伙散发了那么多的臭气。想到这些，就像是我下手把哥哥杀死的一样。”（335页）这种犹疑的叙述和悔言修辞，我们还可以从“我”对土司政权瓦解以后的未来图景的展望和认知上看出来。“我看到土司官寨倾倒腾起了大片尘埃，尘埃落定以后，什么都没有了。是的什么都没有了。尘土上连个鸟兽的足迹我都没有看到。”（363页）也就是说，在“我”看来，土司制度终结以后，“这个地方属于看不清楚的未来”（366页），但是，紧接着，“我”就又很肯定地告诉麦其土司：“这里将成为一个新的地方，一个属于未来那个没有土司的时代的地方，越来越大，越来越漂亮。”（366页）这说明他不仅看得很清楚，还像一个预言家一样，看得很高很远哩。然而，读者的疑问是，他的话真实吗？他的判断可靠吗？他到底要说什么？要说给谁听呢？是父亲麦其土司，还是“那个和气的解放军军官”和“纯洁的红色汉人”？

总之，在我看来，无论从叙述、语言和寓言修辞上看，还是从作者对人物的态度、主题建构及“普遍性”追求等方面考察，《尘埃落定》都是一部应该进行质疑性批评的作品。它给人的总体印象，就像这部小说中的核心意象“尘埃”一样，散乱，轻飘，随风起落，动静无常。它远不是一部成熟的经典之作。如果说，对文学来讲，“尘埃落定”意味着终结和死亡，那么，就让我们把这部作品当作写作和阅读展开的起点，在宁静和笃定中，追求更大的丰收。

第十章

小说伦理与去作者化问题

小说无疑是文学家族中后来居上的重要的大众性文体。它产生于人类对传奇和故事的热爱，产生于人类保存生活记忆和交流人生经验的需要。它经历了千百年的由史而文、由粗而细、由直而曲的缓慢发展，分别在中国和西方两大文化板块，先后在18和19世纪进入了黄金时代，结出了丰硕果实。

进入20世纪，尤其是自现代主义思潮兴起以来，小说艺术进入了迍邅不前、情形复杂的“新世纪”。在纷纭多变的复杂格局中，在现代主义精英文化的强势影响下，小说这种本质上属于大众文体和大众文化的艺术样式，渐渐成了为一部分小众独享的“高雅文化”，渐渐失去了它家常亲切的性质和引人入胜的魅力。人们对小说的前途和未来越来越缺乏信心。小说艺术进入了“怀疑的时代”。“小说的消亡”成为人们经常谈论的一个话题。

早在1952年，美国学者菲德勒就“义无反顾地宣布”：“小说死了。”在他看来，小说从一开始就是对大众说话的艺术，这意味着它必须“用大众的语言说话，而不是用那些学院中人发明的只为创造某种精英或小圈子艺术的矫揉造作的语言”[①]。然而，美国小说却轻视小说艺术的“通俗流行性质”，转而效仿“欧洲的先锋派”，终于沦入“死亡”的悲剧。马库斯·克莱恩则在《二战后美国小说》中这样分析美国小说：“第二次世界大战结束以来，美国的小说曾经是虚无主义的，存在主义的，悲观主义的和心理分析的。……它在技巧上达到了相当精妙的地步，然而，这种技巧实际上是颓废主义的。……小说已经死了。”[②]几乎同时，在法国，罗伯－格利叶也对小说的命运下了更为悲观的判断：“小说艺术陷入这样严重的停滞状态——几乎整个批评界都注意到并指出了这种惰性——以至不能想象，如果不经过激烈改革还能苟延多久。在许多人看来，解决办法很简单——什么也改变不了，小说艺术正在衰亡。”[③]小说的危机，似乎已经成为一个具有普遍性的问题。

导致现代小说陷入困境和死亡焦虑的原因，当然是复杂的，但是，从主体精神方面来看，现代小说的危机，其实是一种与主体性相关的伦理性危机，具体地说，是由“去作者化”造成的危机。作为整个小说世界的创造者，小说家居于小说伦理关系最核心的位置，他不仅要在小说中处理伦理性的主题，处理人物之间的伦理关系，而且还要塑造作者自己的伦理形象，要积极地显示作者的伦理态度。所以，轻视作者在小说伦理关系中的地位，否定小说作者的主导性作用，就会造成各种小说伦理关系的断裂和小说艺术的没落。

这样，我们就有必要在小说伦理学的语境下，从形式本体论、人物主宰论、读者主体论等三个方面，反思现代小说理论和先锋小说家的创作中普遍存在的“去作者化”问题，重新认识作者在小说伦理关

① [美]莱斯利·菲德勒:《文学是什么？——高雅文化与大众社会》，68页，南京，译林出版社，2011。

② [美]约翰·霍洛韦尔:《非虚构小说的写作》，11页，沈阳，春风文艺出版社，1988。

③ [法]阿兰·罗伯—格利叶:《未来小说的道路》，见柳鸣九编选:《新小说派研究》，60页，北京，中国社会科学出版社，1986。

系中的地位和作用，重新确立那些对小说艺术来讲至关重要的信念和原则，最终阐明作者重归与建构伦理现实主义的必要。

一、小引：小说伦理的基本理念

现代小说研究，大体上讲，有四个不同的路向：一个是以文本为中心的客观主义研究，一个是以作者为中心的修辞学和伦理学研究，一个是以结构、技巧和“对话”为中心的叙事模式研究，一个是以读者的阅读反应为内容的阐释学研究。客观主义研究致力于研究作品的形式和肌理等内部规律；小说修辞学则试图从作者的角度，说明小说本质上是一种针对读者的充满目的性的说服行为；叙事学、结构学、符号学、原型批评和“对话理论”的任务，是通过对技巧和文本的研究，来揭示小说的叙事模式和“话语的内在结构”[①]；阐释学、阅读反应理论和解构主义则将关注的焦点，集中在对读者解读作品的自主性和创造性的考察上。这些研究互相推激，构成了一种积极的互补关系，使得现代小说研究趋于完整和自觉。但是，整体上看，现代小说理论对“小说伦理”问题关注不够，除了韦恩·布斯、利维斯、特里林等学者之外，把伦理问题当作小说学的核心问题来研究的，并不很多。

小说艺术的问题，本质上讲，就是小说伦理的问题。小说家的伦理态度和处理伦理问题的能力，决定了他会写出一部什么样的作品，会塑造出什么样的人物形象，会对读者产生怎样的影响。伟大小说家在写小说的时候，从不讳言自己对政治、信仰、苦难、拯救、罪恶、惩罚以及爱和希望等伦理问题的焦虑和关注。如何表现作者自己的道德意识和伦理观念，如何建构作者与人物的伦理关系，如何对读者产生积极的影响，如何获得积极的道德效果和伦理效果，乃是所有那些

① 吴持哲编:《诺斯洛普·弗莱文论选集》,19 页,北京,中国社会科学出版社,1997。

成熟的小说家最为关心的问题，正像布斯所指出的那样："他们都惊人地认同——虽然至今常常被表面所掩盖，不细心的读者发现不了——故事具有道德上的重要性。探讨这种重要性至关重要。这不仅因为故事好听、有趣，或很好打发时间，更因为故事会影响我们的风俗习尚——我们是谁、我们如何对待他人、我们的文化是怎样的。"① 阅读那些伟大的作品，读者固然会为其中的美感力量所吸引，但是，更会被它们所表现出来的道德诗意和伦理精神持久地吸引。斯坦纳在评价托尔斯泰和陀思妥耶夫斯基的时候说：他们的作品"是文学领域中涉及信念问题的重要典范，它们给读者的心灵带来巨大影响，涉及的价值观以非常明显的方式，与我们所在时代的政治形成密切关系，我们根本无法在纯粹的文学层面上对其作出回应。……存在主义的形而上学家以及某些死亡集中营幸存者公开表白，他们头脑中的陀思妥耶夫斯基形象和作品片段帮助他们清晰地思考，熬过那些艰难日子。信念是灵魂的最高行为，所以需要与之相称的对象。一个人是否可以说，自己'笃信福楼拜'呢？"② 从小说伦理方面来看，两位俄罗斯大师的作品的确达到了极高的境界，而他们的经验则为小说伦理学的建构，提供了很多有价值的资源。

显然，展现包含着道德内容的冲突性情境，表现充满道德意味和伦理性质的主题，乃是小说这一文学样式的重要特点。一个小说家影响力的大小，根本上讲，就决定于他是否具有严肃的道德态度和高尚的伦理精神。职是之故，美国批评家特里林就特别强调文学的道德价值和伦理意义。他把"道德职责"当作作家最重要的"知性"，甚至提出了"道德现实主义"的主张。在《风俗、道德与小说》一文中，他把小说视为"道德想象力最有效的媒介"。在他看来，小说最伟大的地

① ［美］韦恩·布斯：《修辞的复兴：韦恩·布斯精粹》，246页，南京，译林出版社，2009。

② ［美］乔治·斯坦纳：《托尔斯泰或陀思妥耶夫斯基》，286页，杭州，浙江大学出版社，2011。

方，就在于，在道德影响力和伦理感召力方面，它具有别的文学样式无法取代的作用和地位：“无论在美学方面，还是在道德方面，小说从来就不是一种完美的形式，它的缺点和失败也比比皆是。但是它的伟大之处和实际效用在于其孜孜不倦的努力，将读者本人引入道德生活中去，邀请他审视自己的动机，并暗示现实并不是传统教育引导他所理解的一切。小说教会我们认识人类多样化的程度，以及这种多样化的价值，这是其他体裁所不能取得的效果。”[①]他把道德效果当作评价一部小说价值的至关重要的尺度，他高度评价简・奥斯汀的小说，认为“《傲慢与偏见》最大的魅力和最具魅力的伟大之处便在于它能让我们将道德视为一种风格”[②]。总之，“在她之前，没有哪位作家能像她那样展示道德生活，也没有哪部作品会如此复杂、艰难和透彻”[③]。特里林高度评价巴别尔的小说，因为，他发现，巴别尔像简·奥斯汀一样关注道德问题和伦理问题，——在巴别尔那里，美学效果是为了更高的道德效果和伦理目的而存在的，是为了“非凡的责任感”而存在的：“我们很快就可以发现，巴别尔特别关注形式，关注美学的表层意义，而这种关注态度完全是为他的道德关怀所服务的。”[④]比较起来，伊迪丝·沃顿之所以让人失望和不满，是因为她缺乏这样的道德自觉和伦理精神，是因为她的小说《伊登·弗洛姆》不仅“根本没有表现任何道德问题”[⑤]，而且，还表现出严重的“道德的惰性”，而“文学喜欢能量，讨厌惰性。它独特地将道德表现为积极的行动”[⑥]。

美国学者韦恩・布斯像特里林一样质疑现代小说的狭隘的唯美主义倾向，也像他一样强调小说的“伦理性”。在已经成为经典的《小说

① [美]莱昂内尔・特里林:《知性乃道德职责》，119 页，南京，译林出版社，2011。
② [美]莱昂内尔・特里林:《知性乃道德职责》，304 页。
③ [美]莱昂内尔・特里林:《知性乃道德职责》，309 页。
④ [美]莱昂内尔・特里林:《知性乃道德职责》，317 页。
⑤ [美]莱昂内尔・特里林:《知性乃道德职责》，335 页。
⑥ [美]莱昂内尔・特里林:《知性乃道德职责》，339 页。

修辞学》中，他把小说当作一种“说服性”的修辞学现象，并根据这一理念反驳了在现代小说理论中流行一时的贬低“作者”地位和作用的观点，细致而精彩地分析了小说艺术的“不纯性”，揭示了作者介入叙事的必然性和承担伦理责任的必要性。在后来的《我们所交的朋友：小说伦理学》中，他以更加鲜明的态度强调小说的伦理性和作者的伦理责任。他发现，反伦理是许多现代美学一贯的倾向：“直到今天，仍有许多批评家反对将‘艺术’与‘生活’联结起来，反对将‘美学’与‘实用’联结起来。”[①] 所以，一开始，他对杰姆逊的“伦理学乃是我们时代占据主导地位的批评样式”的判断，深表怀疑，认为他“大错特错”，但是，经过进一步的研究，他发现杰姆逊的结论非常正确：“我现在不仅思考对‘形式主义’的各种新的伦理和政治的挑战：针对由男性主导的文学经典，女权主义批评提出了令人窘迫的问题——这些经典对男性和女性的‘意识’到底发生过什么样的作用；针对美国经典作品，黑人批评则提出了保罗·摩西式的种族问题；在欧洲的文学传统里，新马克思主义者发现了阶级偏见；对现代文学中的‘虚无主义’和‘无神论’，宗教批评发起了攻击。而且，我还在研究这样一种批评样式——在这种样式里，即便是那些一心一意保持对纯粹形式的兴趣的批评，在内心深处也有一个伦理性的构想……”[②] 总之，“无论如何，我们不能再自欺欺人地视伦理批评为过时的玩意儿。到处都在搞伦理批评，常常是讳莫如深地搞，心怀罪咎地搞，不成样子地搞，部分原因，是因为伦理批评确实是所有批评中最难搞的，而另外一部分原因，则是因为严肃地讨论伦理批评为何重要、为何目的、如何搞好的时候，实在太少了”。[③] 布斯把交流和沟通当作文学的本质，把文

---

①Wayne C. Booth, The Company We Keep: An Ethics of Fiction, Berkely and Los Angelos, California, 1988, p.5.

② Ibid., p.5.

③ Ibid., p.19.

学当作引导人类心灵生活的良师和益友，所以，他不仅强调作家和作品对读者产生了怎样的影响，同时，也提出了“读者伦理”（ethics of readers）的概念，认为读者对“故事”同样负有责任[①]。他关注包含在小说中的那些“极为严格的道德标准”，例如“诚实”“正派”“宽容”，但“‘道德判断’只不过是其中很小的一部分”，所以，他更关心与“性格”“人格”和“自我”相关的一系列效果。这样，他便对“伦理批评”做了这样的阐释：“伦理批评试图描述故事讲述者与故事阅读者或倾听者之间的情志的遇合。伦理批评不必一开始就抱着评价的意图，但是，它们的描述总是要对作品所叙写的价值进行评价。”[②]他说自己的伦理批评的“主要目的”，就是“找到讨论叙述经验的伦理品质的方式。当我们阅读和倾听的时候，我们在与什么样的伙伴交往？我们曾经拥有过什么样的朋友？”[③]虽然布斯的“小说伦理学”尚未形成充分完备的理论形态，也不像他的小说修辞学理论那样影响深远，但却是富有理论勇气和现实感的，为“小说伦理学”的建构提供了稳定的基础和深刻的启示。

那么，到底应该如何理解和界定小说伦理呢？虽然小说伦理是小说写作和小说文本中存在的客观事实，但是，关于它的“词典定义”（lexicographical）却是不存在的。不过，我们可以尝试着对它进行设定性（stipulative）的界定。按照我的理解，所谓小说伦理，是指小说家在处理自己与人物、人物与人物、作品与读者之间的关系的时候，在塑造自我形象的时候，在建构自己与生活和权力的关系的时候，所选择的文化立场和价值体系，所表现出来的道德观念和伦理态度，所运用的修辞策略和叙事方法；它既关乎理念，也关乎实践，既是指一套观念体系，也指一种实践方式。它涉及至少五个方面的因素：作者、

① Ibid., p.9.

② Ibid., p.8.

③ Ibid., p.10.

人物、读者、生活和权力，其中，作者从一开始就居于核心的位置，就发挥着选择、组织、判断和评价的主导作用。一部小说作品的成败、优劣，最终决定于作者能否以最佳的方式处理小说所涉及的伦理问题和伦理关系。作者与自我、作者与人物、作者（经由作品而建构的）与读者的关系，构成了小说的内部伦理，——这是就主体与主体间的关系而言；作者与生活、权力的关系，构成了小说的外部伦理，——这是就作者与外部的客体世界的关系而言。按照作者伦理意识的自觉程度，又可将小说伦理分为积极伦理和消极伦理：前者具有高尚的道德诗意，具有对人物的公正态度和同情态度，具有通过反思和批判来介入生活和建构生活的热情，具有净化和升华力量；后者则缺乏道德诗意和伦理情调，缺乏对人物的理解态度，缺乏批判精神和介入勇气的精神，缺乏净化和升华力量。在中国古典小说中，前者的典型文本是《红楼梦》，后者的典型文本是《金瓶梅》[①]。

在小说的领域，不存在纯形式的小说技巧。表面上看，技巧和手段似乎纯然是一个工具性的问题，而技巧的选择和运用则完全是美学领域的实践问题。事实上，隐含在技巧的背后的，并不只是单纯的美学意图，还有作者的包含着政治、宗教、性别等立场的伦理态度和写作意向，——按照布斯的说法，技巧的问题，说到底，无非是一个“技巧的伦理观”的问题[②]。譬如，给人物取一个什么样的名字，在描写人物的时候怎样来形容和比喻，选择从谁的视点和角度展开叙事，选择由谁来做叙事者，都包含着小说家的伦理态度，显示着他对人物之间关系的理解，最终显示着作者在小说伦理上所获得的效果，所达到的境界。斯坦纳精彩地分析了托尔斯泰的小说技巧里所包含的道德意味

① 关于“积极伦理”和“消极伦理”的较为细致的文本分析，可参看李建军文章《消极伦理与色情叙事：从小说伦理看〈金瓶梅〉及其评论》（《文艺研究》2008 年第 7 期）；关于“作者与人物的伦理关系”问题，可参看李建军文章《论〈创业史〉的小说伦理问题》（《南方文坛》2012 年第 2 期）。

② [美]韦恩·布斯：《修辞的复兴：韦恩·布斯精粹》，215 页。

和伦理品质："给予小角色专有名称，对他们在小说中露面之前的生活有所介绍，这种技巧看似非常简单，但是取得的效果不可小觑。托尔斯泰的艺术富于人文主义特征，他没有把人变为动物，变为寓言、讽刺、喜剧或自然主义小说为了实现自身目的而提及的呆滞对象。托尔斯泰尊重人的完整性，不愿让他沦为纯粹的工具，甚至在虚构中也是如此。普鲁斯特采用的方式提供了一个具有启迪性的对比：在普鲁斯特的世界中，小人物常常无名无姓，他们在字面和隐喻两个层面上都被用作工具。"[①]有时，技巧选择甚至会受到具有主宰性的"文化无意识"的影响，例如，汤普逊在研究俄罗斯小说的"帝国意识"和"殖民主义伦理"的时候，就发现，俄国作家很少站在被殖民者的立场、很少通过"本地人"的视角来叙事，结果，便是造成完全不同的历史意识和伦理效果[②]。显然，很大程度上，正是力量强大的国家意志和含而不露的民族情感潜在地影响了他们对小说的叙事角度的选择。

总之，伦理性是小说重要的精神品质和重要的价值构成。一个成熟的小说家，不仅不会否定伦理性，而且还会自觉地建构小说伦理的内部关系和外部关系，自觉地处理复杂的有价值的伦理主题，从而赋予自己的作品以伟大的伦理精神和深邃的伦理意义。相反，如果小说家将作品当作一个封闭的世界，将客观性和幻象当作最高的价值，如果人物的"声音"被不适当地抬高，以至于作者淹没在"众声喧哗"的声浪里，如果将"可写性"置于"可读性"之上，并赋予读者的阅读以无限制的自由，那么，小说的伦理关系就将陷入紧张的状态，小说最终就会因"去作者化"而成为一个缺乏亲切感、可读性和伦理价值的沉闷而破碎的文本世界。

---

① [美]乔治·斯坦纳:《托尔斯泰或陀思妥耶夫斯基》, 89 页。

② [美]埃娃·汤普逊:《帝国意识:俄国文学与殖民主义》, 88 页,164 页,北京,北京大学出版社,2009。

二、作品：客观性和幻象压倒主体性和伦理

将小说作品的"客观性"和美学品质当作高于一切的价值，并用它排斥伦理性的内容，进而来否定作者介入的意义，最终形成"去作者化"的倾向，这是现代小说理论和现代小说写作中最为严重的问题。小说伦理学承认小说艺术在塑造人物、描写细节的时候，要有事实感和分寸感，要追求与细节相关的准确性和真实性，要有曹雪芹在《红楼梦》"开卷第一回"中所说的"追踪蹑迹，不敢稍加穿凿"的认真态度，但是，它反对把"客观性"当作一种绝对的价值，尤其反对把它当作排斥作者介入叙事的理由。一部小说，无论它显得多么"客观"，其内里总是有一个"主观性"的内核，总是包含着作者自己的道德精神和伦理意识。一个优秀的小说家从不排除自己的"主观性"和"伦理性"，而是通过高超的技巧手段，使它们与"客观性"和"真实性"融为一体，从而建构起一种平衡而和谐的"伦理—美学"（"aesthet/hics"）[①]关系。

然而，过分强调"客观性"的价值，鼓励艺术家的孤芳自赏的精英意识，却是20世纪美学理论和小说理论中的一种普遍倾向。加塞特就以极端的姿态，表达了现代艺术的艺术主张：它否定艺术的人性内容，认为"透明的艺术"和"纯粹的幻象"排斥一切"人性化的东西"："关注作品中的人性情感与严格意义上的审美快感是无法相容的。"[②]在他之后，苏珊·朗格的美学理论，以更为系统的理论表述，强调了"形式"和"客观主义"的价值，并以此理念为基础，狭隘地阐释了小说艺术的特质。她把作品自身的形式感和美学效果当作最高的价值，把作品视为

① 近年来，美学的一个重大转变，就是把被割裂的"美学"和"伦理学"重构为一个整体，为了强调二者不可分离的整一性，沃尔夫冈·韦尔施甚至把"美学"和"伦理学"缩约为一个生造词"aesthet/hics"（伦理/美学）。这种新的美学理念，反对那种"表面的审美化"和"最肤浅的审美价值"——后者被认为是一种"不计目的的快感、娱乐和享受"（[德]沃尔夫冈·韦尔施：《重构美学》，6页，上海，上海译文出版社，2002）。

② [西班牙]奥尔特加·加塞特：《艺术的去人性化》，8页，南京，译林出版社，2010。

一个自足的世界，而排斥对作者的包括意图在内的主观性因素：“每一件真正的艺术作品都有脱离尘寰的倾向。他所创造的最直接的效果，是一种离开现实的‘他性’（otherness），这是包罗作品因素如事物、动作、陈述、旋律等的幻象所造成的效果。”① 在她的理解中，“他性”还有这样一些“描述语”，如“奇异性”“逼似”“虚幻”“透明”“超然独立”“自我丰足”（self-sufficiency），而它最重要的的特点，就是非现实性和自足性：“脱离现实的‘他性’——它甚至给实际的产品如一幢楼房或一只花瓶以某种虚幻的光泽——是至关重要的因素，它寓示着艺术的本质。”② 这样，她就排斥一切与作者有关的东西，把它看作破坏“幻象”的消极因素：“一个很有趣的作家甚至比一个无聊的作家更不可取，因为他在打断对故事的注意力时更有效。但是，这个问题是毫无意义的，因为它是从一种误解，即‘作者与故事毕竟有关系’引申而来的。”③ 如此一来，解读一部作品，就完全可以撇开作者不管：“诗批评的任务就不应该是通过个别的或所有现成资料去了解诗人的哲学观点、伦理观点、生活历史或精神变态，也不应从他的言谈中去了解他自己的亲身体验；而是就他所创造出来的幻象、就他创造的情感和思想的幻象或外部表现去评价。”④ 苏珊·朗格的错误，就在于她误解了小说的性质，没有看到诗歌与小说的区别，也没有看到造型艺术与叙事艺术的不同，所以，就削足适履地用诗歌和造型艺术的标准来要求和评价小说。她低估了伦理性对于小说艺术的意义，忽视了小说作者在建构伦理关系和对话情景的作用。小说的世界，是人的世界，是由作者和人物——一旦进入阅读领域，就还有读者——共同构成的世界；而主体之间的关系，本质上是一种复杂的伦理关系，体现着丰富的人性内容

① [美]苏珊·朗格:《情感与形式》, 55 页,北京,中国社会科学出版社,1986。

② [美]苏珊·朗格:《情感与形式》, 56 页。

③ [美]苏珊·朗格:《情感与形式》, 340—341 页。

④ [美]苏珊·朗格:《艺术问题》, 146 页,北京,中国社会科学出版社,1983。

和政治、文化、信仰、性别等多方面的信息；这一切，都不是“幻象”这一概念所能包含的。

从与小说创作和小说理论的因缘关系看，苏珊·朗格的小说美学，绝非突然出现的孤立现象，而是渊源有自的，——它是对福楼拜和亨利·詹姆斯的小说理念的美学概括。福楼拜说：“我一向禁止自己在作品里写自己，然而我却在其中写了很多。”[①]他对那些“必须具有伦理道德意义”“必须具有循序渐进的教育作用”[②]的要求大不以为然。他把写作当作纯粹个人的事情，“迫使自己只为自己而写作，为我个人的消遣，有如人们吸烟、骑马”。[③]他更关注作品而不是生活，所以，他说：“人民与人民之间的争端、此县和彼区的冲突、人和人的争吵都引不起我注意，这些事只有造出一副红底色的宏伟画卷时才会提起我的兴趣。”[④]他讨厌缪塞，因为他太爱表现激情，而“诗的基础更客观”[⑤]；他不喜欢《汤姆叔叔的小屋》，因为它的成功并不单靠“文学价值”；他也不喜欢《红与黑》，不明白巴尔扎克怎么会对司汤达“有如此的热情”[⑥]。他对小说的理解，跟苏珊·朗格如出一辙：“艺术的首要品质，它的目的，是幻觉。”[⑦]在他看来，斯陀夫人和司汤达的小说都缺乏这样的“品质”。

福楼拜的唯美主义的小说理念和小说经验，对20世纪的小说艺术产生了极大的影响。亨利·詹姆斯就是福楼拜的崇拜者，也是他的小说美学遗产的继承者和宣传者。他把福楼拜称作“小说家们的小说家”[⑧]。

---

① [法]福楼拜:《福楼拜小说全集》(下册),441页。
② [法]福楼拜:《福楼拜小说全集》(下册),446页。
③ [法]福楼拜:《福楼拜小说全集》(下册),449页。
④ [法]福楼拜:《福楼拜小说全集》(下册),451页。
⑤ [法]福楼拜:《福楼拜小说全集》(下册),485页。
⑥ [法]福楼拜:《福楼拜小说全集》(下册),491页。
⑦ [法]福楼拜:《福楼拜小说全集》(下册),520页。
⑧ [美]亨利·詹姆斯:《小说的艺术》,163页。

他反对皮赞特的小说观，尤其反对他的小说应该有一个“自觉的道德方面的目的”的观点，因为，“艺术的问题”与“道德的问题”是两个完全不同的问题。他把“真实感”当作小说的首要“优点”，同时，又强调作者要努力获得在“制造生活幻觉”方面的成功，因为，“这个成功之取得，对这个精致微妙过程的研究，就我的情趣来说，构成了小说家的艺术的开始和终结”[①]。他据此批评乔治·桑“所勾划的人物轮廓模糊，形象不够精细确切”[②]，还“缺乏形式”[③]，同时高度评价福楼拜的《包法利夫人》达到了“完美的境界”，“几乎举世无匹”[④]。亨利·詹姆斯在谈论小说艺术的时候，过多地强调了技巧和形式，而忽视了这样一个最基本的事实，那就是，同其他文学样式和艺术样式比起来，小说是一种更体现“复杂性”，也更依赖于“复杂性”的文学现象，正像布斯所说的那样：“在一切艺术中，小说最抵制纯化活动。它显然是由杂念构建而成的”[⑤]。而作者的介入，尤其是具有道德意识和伦理目的介入，更是小说写作的“杂念”的必不可少的一部分。就具体的描写效果来看，福楼拜在《包法利夫人》中也并没有完全排除作者的“杂念”。他的精确细致的景物描写，看起来似乎很客观，其实不然。例如，他这样写爱玛和她活动的环境：“天气好的日子，她下楼到花园里走走。露水给白菜镶上一道银边，一根发亮的丝，长长的，从一棵白菜挂到另一棵白菜上。这里没有鸟叫，一切都好像睡着了似的。樱桃树上盖着稻草，葡萄藤盘在房檐下，像一条生病的大蛇。在墙上可以看见许多多脚的土鳖在爬。在篱笆前的针枞树下，那位戴三角帽读祈祷经的神甫，右脚已经不见了，寒霜使石膏一片片剥落，脸上留下一块块白

① [美]亨利·詹姆斯:《小说的艺术》，15 页。
② [美]亨利·詹姆斯:《小说的艺术》，171 页。
③ [美]亨利·詹姆斯:《小说的艺术》，194 页。
④ [美]亨利·詹姆斯:《小说的艺术》，136 页。
⑤ [美]韦恩·布斯:《修辞的复兴:韦恩·布斯精粹》，136 页。

色的印记。"[①] 作者的描写精确细致，但态度却僵硬冷漠；他所选择的喻象，固然新鲜，但也令人不快和厌恶；在这些不乏美感的修辞表象后面，隐含着这样一种悲观主义和厌世主义的理念：在这个龌龊、庸俗的世界里，一切注定是低级可笑的，注定不会有好的收场。相提而论，福楼拜的比喻虽然确乎很精致，但缺乏温暖的诗意和情怀，显然不如托尔斯泰在《哥萨克》《复活》《战争与和平》等作品中的景物描写那样美好，那样充满热情和活力，那样给人带来深刻而持久的感动。

过度强调"客观性"必然导致"技巧拜物教"倾向，也就是说，很容易使人对技巧产生错觉，把它当作一种高于人的主体性的力量，或者把它当作外在于作者和人物的对象来看待。卢伯克的小说理论就存在把"技巧"进行分离化、外在化研究的问题。像福楼拜一样，卢伯克也特别看重小说的"逼真性"；像亨利·詹姆斯一样，他试图确立一种具有普遍适用性的描写方法。在《小说技巧》中，他反复申说戏剧化描写和"戏剧性场面"的好处，认为"场景"的重要性"居于首位"，故事各个场景的安排"将是头等大事"[②]，因为，只有通过"场景安排"才能获得清晰而生动的画面效果，而这种效果，对小说来讲，乃是最重要的效果。他又将"角度"当作安排场景和戏剧化的最具决定意义的因素。他说："小说技巧中整个错综复杂的方法问题，我认为都要受角度问题——叙述者所站位置对故事的关系问题——调节。"他反对作者直接介入的叙事，赞成由文本内的人物承担视点人物和叙事者，因为，"如果讲故事者本人就在故事里，作者便被戏剧化了；他的陈述便赢得了分量，因为那些陈述由于画面场景中有叙述者在场而得到支持。这就赢得了有利条件；作者已经卸掉了责任，而且这个责任现在落到了读者能看得见它，并且能估量它的地方；作者的说话声中随时

① [法]福楼拜：《包法利夫人》，73—73页，北京，人民文学出版社，1989。

② [英]珀·卢伯克、爱·福斯特、爱·缪尔：《小说美学经典三种》，191页，上海，上海文艺出版社，1990。

都能觉察出来的那种任意专断的性质，这时在他的代言人的说话声中就被掩饰起来了”[①]。卢伯克没有意识到，隐含在技巧背后的，首先是一个伦理性的问题：作者固然要追求“走向戏剧化”的“场景生动逼真”的“美学效果”，但是，他这样做却并不单单是为了“掩饰”自己说话的“任意专断的性质”，而是要借助“更有利的条件”来承担起自己的“责任”，来更好地组织小说中人物与人物的伦理关系，来显示作者自己的伦理态度。也就是说，美学意义上的“真实性”和“鲜明性”效果，只是小说家运用技巧追求的部分效果和“益处”，而追求与人物和读者的整个精神世界密切相关的伦理效果，则是他选择和使用技巧所追求的包含着更大“益处”的目的。

在现代的小说理论家中，卢卡奇无疑是最早洞察到小说形式中的伦理特性的人。在《小说理论》中，他发现了“小说形式的不和谐”：与其他艺术形式相比，小说的形式“更像是一个内容问题”，“它就更需要用伦理学和美学之更有力、更深入的合作来解决”[②]。他反复强调“伦理观念”对于小说写作的意义：“在小说创作过程中，伦理学和美学的关系便迥异于它在其他文学类型中的情况。……伦理观念在小说创作的每一个细节中都是清晰可见的，因此，它最具体的内容即在于它是作品本身的一个有效的结构成分。”[③] 卢卡奇明白小说艺术的奥秘，所以，他把“有机总体”当作小说家应该追求的目标：“最终的统一原则必须是创造性的主观性伦理，一种在内容上变得明晰的伦理。但是，这种伦理必须超越它自己，以便叙事者规范化的客观性能够实现。……它需要一个还是由作品的内容所决定的、全新的、自我修正的伦理机制（ethischen selbstkorrektur）。”[④] 卢卡奇的“创造性的主观性伦理”，显

---

① [英]珀·卢伯克、爱·福斯特、爱·缪尔:《小说美学经典三种》，180 页。

② [匈]卢卡奇:《卢卡奇早期文选》，46 页，南京，南京大学出版社，2004。

③ [匈]卢卡奇:《卢卡奇早期文选》，47 页。

④ [匈]卢卡奇:《卢卡奇早期文选》，57 页。

然是与小说作者联系在一起的，也就是说，小说家不仅要认识到小说的“伦理学”特质，而且还要有自觉的伦理意识和成熟的伦理观念，一旦进入具体的写作过程，则要追求一种和谐、平衡的效果：一方面要表现“明晰的伦理”，一方面又要实现“规范化的客观性”，也就是要在“伦理学”和“美学”之间建构起一种积极的关系与和谐的状态。换言之，无论出于多么迫切的美学目的，都不能取消“伦理”的向度，都不能让审美压倒伦理，不能让“客观性”压倒主体性，不能降低作者在小说中的组织性的作用和主导性的地位。

萨义德说：“不管一部作品只是如何具有美学价值，使人赏心悦目，它总是带出利益、权力、激情与欢愉的成分。媒体、政治经济和大众机构——总而言之，世俗的力量和国家的影响——都是我们所说的文学的一部分。”[①] 这就是说，无论小说家，还是小说理论家，若想完整地理解小说艺术，理解小说所表现的世界，就不能把技巧只当作技巧来看，就必须在关注“美学价值”的同时，充分注意那些同样重要的非美学的部分，尤其要注意作者在非美学部分的所表现出来的态度和意图。

三、人物：众声喧哗与作者的沉寂

人物是小说的灵魂，是小说世界的丹麦王子。小说的艺术，说到底，就是塑造人物的艺术。一部小说不朽的重要条件，就是创造出令人难忘的人物形象。

人物生活在特定的环境里，也存在于主体与主体的关系中。他与作者的关系尤其密切。小说人物与作者的关系，是小说伦理关系中具有核心意义的伦理关系，而如何处理这一关系，也是小说伦理学需要

① [美]爱德华·萨义德:《文化与帝国主义》，452页，北京，三联书店，2003。

解决的重要问题。尽管叙事人称和叙事视点是20世纪小说理论研究的热点问题，但是，对于小说艺术来讲，最难的技巧，其实并不是如何选择“叙事视点”或者“讲述者”，而是如何协调作者与人物、人物与人物之间的关系，如何控制作者与人物之间的各种距离，如何最终创造出个性鲜明、栩栩如生的人物形象。

在研究作者与人物的关系方面，有三种影响很大的模式：一种是像布斯那样肯定小说的修辞性质，肯定作者在小说伦理关系建构中的主导权，认为作者有责任通过对修辞技巧的巧妙使用，来控制对人物话语和行动的描写，来控制读者的认同意识和道德反应；一种是占统治地位的方法，即施坦纳、别尔嘉耶夫、赖因哈德·劳特、舍斯托夫、梅列日科夫斯基等学者和批评家在托尔斯泰和陀思妥耶夫斯基研究上所选择的模式——他们把作者与人物看作血脉相连、精神相通的共同体，把人物当作作者思想的承载者和折射体，所以便通过对文本、技巧和人物的分析，根据“生活中伦理与事件的因素”[1]，来研究作者的美学观、人性观和伦理观；一种是巴赫金的以人物为中心的“对话理论”研究。如果说前两种着眼于作者与人物的同一性，因而是关联性的研究模式，那么，后一种则着眼于作者与人物的差异性，因而属于分离性的研究模式。分离性模式往往都有程度不同的“去作者化”倾向，巴赫金的小说理论也存在这样的问题。巴赫金反对以作者为中心的“文艺学的修辞学”，因为，“它感兴趣的主要是作者语言”，而他自己的以人物为中心的研究，则是“语言的修辞学”，“主要感兴趣的是人物和讲述人的语言”[2]。他认为小说中的人物，都应该成为“思想家”，而他们的话语，则应该成为“思想的载体”[3]，这样，就须将人物从作者的话语中解放出来，将小说的伦理关系来一个彻底的改变：从果戈理、托

① 钱中文主编:《巴赫金全集》,第一卷,107页。
② 钱中文主编:《巴赫金全集》,第四卷,279页。
③ 钱中文主编:《巴赫金全集》,第三卷,119页。

尔斯泰、司汤达和巴尔扎克式的“作者中心”，转换到陀思妥耶夫斯基式的“人物中心”。

巴赫金的以人物为中心的小说伦理关系的确立，经历了一个从辩证化到片面化的过程。在早期的《审美活动中的作者与主人公》中，巴赫金就开始研究如何建构作者与人物关系的问题。他发现作者和人物在作品中显示“情感意志”的方式是不同的：人物的反应，是“现实主义的反应”，而作者的反应，则是“形式主义的反应”[①]。虽然他们的反应都处于“外位”，但是，人物的“反应”是依赖于作者的：“主人公及其感受，他对事物的情感意志的总体取向，并不是直接地就取得了纯粹审美的形式，而是首先受到作者的认识和伦理的界定；换句话说，作者在对其作出形式上的直接审美反应之前，需要从认识伦理上作出反应；然后再把认识伦理上经过判定的主人公，从纯粹审美方面加以完成。”[②] 在下面这段表述里，他进一步说明了作者在处理与人物的伦理关系的作用：“……须要强调作者及其对主人公的总体反应所具有的创造能动性，因为作者不是内心体验的载体，他的反应态度不是消极的情感，也不是接受性的感知。作者是唯一的积极的组织力量，这种力量不存在于心理学所指的意识之中，而存在于有稳定价值的文化产品之中。”[③] 巴赫金正确地指出了作者的“创造意识”对于人物的“意识”的渗透和笼罩[④]。虽然，巴赫金这一时期的作者与人物关系研究，具有抽象的形式主义的性质，但是，他对作者在小说中所占据的地位，对作者“组织”自己与人物关系所发挥的作用，还是给予了充分的强调。

后来，他在《长篇小说的话语》中，发现了欧洲小说修辞的两条

① 钱中文主编:《巴赫金全集》,第一卷, 84 页。
② 钱中文主编:《巴赫金全集》,第一卷, 91 页。
③ 钱中文主编:《巴赫金全集》,第一卷, 104 页。
④ 钱中文主编:《巴赫金全集》,第一卷, 108 页。

路线：一条是“托勒密式的”“一贯的纯粹独白体的风格”，一种是“伽利略式的”语言，它摒弃了“只有唯一和统一的语言这种绝对的看法”[①]。作者的语言必须转换为“众多语言的一部分”，也必须放弃它的简单而直接的主宰性；他的意向不仅不再是“基调”和“主旋律”，而且还必须变为“合奏”：“一切重要的作者意向，全变为合奏；全在不同角度上，通过时代杂语的不同语言折射出来。只有次要的、纯粹说明性的、旁白的成分，才出现在直接的作者语言中。小说语言成了多种语言艺术地组织起来的一个体系。”[②] 作者不直接表达自己的意向，而是借助人物的“特别的双声语”将它“折射出来”[③]。这些观点与他在《审美活动中的作者与主人公》一书中所宣达的主张，是基本一致的：审美文化就是边界文化，“作者的任务就是在小说中据守着自己的外在于人物的坚定而可靠的立场，长期地驾驭自己的力量而行动”，“创造和加工人的内外边界”[④]。应该说，关于作者与人物的伦理关系，关于作者的作用和任务，巴赫金在这里所表达的观点，是很有新意和建设性的：作者既是组织者，又是“合奏”者；他既不役使人物，也不被人物所役使，——他与人物因此形成一种积极的边界关系。巴赫金的理论改变了我们对作者与人物关系的看法，也有助于我们警惕和克服那种作者任意越界“侵犯”人物权利的叙事习惯。

但是，到了写作《陀思妥耶夫斯基诗学问题》的时候，巴赫金却将陀思妥耶夫斯基的经验教条化和绝对化，表现出明显的“去作者化”倾向。在这部影响甚巨的著作中，巴赫金更加系统、深入地论述了陀思妥耶夫斯基长篇小说的基本特点——“由具有充分价值的不同声音

① 钱中文主编:《巴赫金全集》,第三卷, 155 页。

② 钱中文主编:《巴赫金全集》,第三卷, 201 页。

③ 钱中文主编:《巴赫金全集》,第三卷, 80—81 页。

④ 钱中文主编:《巴赫金全集》,第一卷, 300 页。

组成真正的复调”[①]。在他看来，“主人公自我意识的种种内容要真正地客观化”，要“剪断”主人公与他的作者的“脐带”，否则，我们看到的“就不是一部作品”[②]。巴赫金没有看到这样一个事实，那就是，小说家与人物至少有两种“脐带”：一种是外在的话语形式的脐带，一种是内在的气质性和伦理性的脐带；前者是艺术和审美层面的，后者是精神和伦理层面上的；前者像面孔一样是属于人物自己的，但是，就后者来看，作者一定会在描写人物的话语的时候，通过多种多样化的方式，将自己的包含着情感态度、价值立场和伦理精神的脐带，紧紧地联系在人物身上。

巴赫金常常通过与托尔斯泰比较的方式，具体地说，通过贬低、否定托尔斯泰的方式，来肯定、赞美陀思妥耶夫斯基。他批评托尔斯泰因为没有“剪断”自己与人物的“脐带”，所以，才在《三个生命之死》中用独白的、“具有鲜明外部直观性”的方式展开叙事，一切都被写进了“独白型牢固的整体之中”[③]。与此不同，选择了“大型对话”式方法的陀思妥耶夫斯基不仅根本不会这样写，而且“托尔斯泰所理解的那种死亡，在陀思妥耶夫斯基的世界根本就不存在”[④]。诚然，托尔斯泰在处理自己与人物的伦理关系的时候，的确喜欢采用一种作者主导下的“独白型”的修辞策略，但它绝不是那种僵硬的粗糙的“独白型”，而是具有艺术上的典范性和伦理上的亲和性的一种模式，因为，托尔斯泰知道如何保护人物的话语权，如何让人物说自己想说的话，做自己想做的事。托尔斯泰利用“积极介入”的小说技巧，创造了多少有着鲜明性格、逼真形象的人物形象啊！他笔下的那些主要的人物形象，几乎个个都是充满生气的活人，给人的感觉是，只要他们自己愿意，

---

① 钱中文主编:《巴赫金全集》,第五卷, 4 页,石家庄,河北教育出版社,1998。

② 钱中文主编:《巴赫金全集》,第五卷, 67 页。

③ 钱中文主编:《巴赫金全集》,第五卷, 95 页。

④ 钱中文主编:《巴赫金全集》,第五卷, 97 页。

安娜·卡列尼娜、娜塔莎、列文、安德烈公爵、彼埃尔们，简直可以随时从书页里走出来，与读者面对面地交谈，就像茨威格在评价托尔斯泰的小说艺术成就时所说的那样：“我们在听他讲述的时候不觉得是在听一个艺术家讲话，而觉得是听事情本身讲话。人和动物从他的作品里走出来，就像是从各自的住处走出来一样。我们感觉不到有个激情满怀的作家跟在他们身后，唆使他们，给他们加热，就像陀思妥耶夫斯基总是用热情的鞭子抽打自己的人物，以致那些人物都焦躁地呼喊着跑进激情的角斗场。”①

虽然，我们没有必要反过来，以托尔斯泰为尺度来否定陀思妥耶夫斯基，但是，我们要认识到这样一个事实，那就是，比较起来，陀思妥耶夫斯基的写作方式，无疑更敏感、更主观、更依赖“脐带”，是一种别样形式的“独白型”叙事。他笔下的那些灵魂高尚的人物，几乎全都既痛苦又仁慈，全都有着孩子一样的心性。他们也都很相似，很极端，很病态，很虚弱，都给人一种异乎寻常的印象，就像创造他们的作者那样。舍斯托夫在陀思妥耶夫斯基的小说里发现了这一点，所以他说：“‘我讲的全是别的，我说的全是我自己。’‘正经的人能够说什么呢？说自己。’陀思妥耶夫斯基讲的永远只能是自己。”②陀思妥耶夫斯基自己也曾说过：“小说家的艺术性，就是通过小说人物和形象鲜明地表现自己思想的能力，要让读者完全像作者写作品时那样理解这个主题。”③他曾根据这样的理念，分析过托尔斯泰的《安娜·卡列尼娜》，认为列文这个“虚构的人物身上”，“部分地描述了作者本人对我们俄国当代现实生活的观点，这对每一个读过这部卓越作品的人来说，都是明白无误的。因此在评论这个事实上并不存在的列文时，我们

---

①［奥］茨威格：《茨威格文集》，第四卷，613页，西安，陕西人民出版社，1998。

②［俄］列夫·舍斯托夫：《在约伯的天平上》，63页，北京，三联书店，1989。

③［俄］陀思妥耶夫斯基：《费·陀思妥耶夫斯基全集》，第十七卷，120页，石家庄，河北教育出版社，2010。

评论的将是当代俄国最卓越的人物之一对当前俄国现实生活的观点"[①]。事实上，陀思妥耶夫斯基也借助"人物和形象"来"表现自己的思想"，所以，正像托多洛夫指出的那样："陀思妥耶夫斯基并不是他作品中许多声音的一种，而是作品中唯一权威的创造者，与作品中的所有人物根本不同。因为这些人物只能代表一种声音，而陀思妥耶夫斯基是这些众多声音的唯一的创造者"[②]；"巴赫金把作者与人物平等这种观点强加给陀思妥耶夫斯基，这不仅与陀思妥耶夫斯基本人的意愿相悖，而且，说句实话，这种平等在原则上就无法成立"[③]。托多洛夫的批评是合乎实际情形的：陀思妥耶夫斯基在自己的小说中不仅并不沉默，而且还负责任地发出自己的声音，自始至终都按照自己的创作构想控制着人物的声音。

由于过多地依赖了自己的"臆断"，所以，在具体的比较分析过程中，巴赫金就用自己从陀思妥耶夫斯基作品中概括出来的绝对原则，尖锐地否定了像果戈理、巴尔扎克和托尔斯泰等第一流大师的叙事风格和写作技巧。更为严重的问题是，巴赫金试图用作者与人物间的"形式主义"关系模式，来取代他们之间的正常自然的伦理关系模式。他的具有抑制作者的"去作者化"理论，很容易给人这样一种错觉：一种绝对化的修辞观念比多样化的实践式样更重要；只有按照这种唯一高明的方式和技巧来写作，写出来的作品才是可接受的，否则，即便是托尔斯泰这样的大师所写的作品，也是可以随意否定甚至拒绝接受的。韦勒克就尖锐地批评了巴赫金理论的"没有论证的臆断"[④]，质疑了他的"严重地言过其实"[⑤]，指出了他的"谬误之处"在于"否认陀思妥

① [俄]陀思妥耶夫斯基:《费・陀思妥耶夫斯基全集》,第二十卷，791页，石家庄，河北教育出版社，2010。

② [法]托多洛夫:《批评的批评》,86页。

③ [法]托多洛夫:《批评的批评》, 85页。

④ [美]雷纳・韦勒克:《近代文学批评史》,第七卷，599页，上海，上海译文出版社，2006。

⑤ [美]雷纳・韦勒克:《近代文学批评史》,第七卷，605页。

耶夫斯基表露了作者的声音和个人的观点"，认为他因为"不讲分寸地夸大了陀思妥耶夫斯基趋于戏剧的倾向"[①]，所以最终使陀思妥耶夫斯基显得"毫无锋芒"，"使他变成一个相对主义者"[②]。

其实，陀思妥耶夫斯基不会接受任何形式的"去作者化"观点。他对作者与人物伦理关系的理解，与巴赫金的"巨型对话"理论，迥然不同。在陀思妥耶夫斯基看来，作者就是作者，就是一个通过小说来说话的人，所以，完全没有必要畏畏缩缩地扮演一个口欲言而嗫嚅的谦谦君子："我们认为，光是忠实地再现人物全部的原有特征还是不够的；必须以自己艺术家的观察透彻地阐明人物。真正的艺术家绝不能与他笔下的人物处于平等地位，满足于人物的实在的真实这一点：这样造成的印象不会有真实感。"[③]陀思妥耶夫斯基是这么说的，也是这么做的。在自己的小说里，他积极地显示自己的存在，表达自己的思想，从来就是一个主宰者，——在"杂语"的众声喧哗的声浪中，他的声音高亢有力，是笼罩着、压过了其它所有声音的主导性的"思想基调"。

四、读者：僭越的阅读对作者的贬抑

小说是写作的艺术，也是阅读的艺术。小说写作是期待读者应答的呼唤，而小说阅读则是对作者呼唤的应答。阅读是对写作的致敬和回应，而不是对它的藐视和弃绝。如此说来，小说作者与小说读者的伦理关系，就是一种以小说作品为平台的对话关系和交流关系。他们对话和交流的前提是，一旦进入文本的领域，读者就要把作者当作故事的可信赖的讲述者，当作赋予了他的作品以生命、意义和价值的人，

① [美]雷纳·韦勒克:《近代文学批评史》,第七卷，595 页。

② [美]雷纳·韦勒克:《近代文学批评史》,第七卷，598 页。

③ [俄]陀思妥耶夫斯基:《费·陀思妥耶夫斯基全集》,第十九卷,115 页,石家庄,河北教育出版社,2010。

甚至要把他的写作构想和意图，当作读解作品的重要线索和“支援意识”。高明的读者，固然可以从作品中创造性地读解出丰富的寓意，但是，他也有必要尊重作者的意见，尊重他在作品中表现出来的伦理态度、价值立场和道德标准。读者应该这样理解作者与作品的关系，那就是，只要作品存在，那么作者就活着，而读者拿到一部作品的同时，就意味着同时面对它的作者，无论这个作者是已经去世两千多年的司马迁，还是活到了21世纪的马尔克斯，因为，只有这样，“只有非常兴奋地分享作者的全身心投入、作者的成就、作者的充分净化——只有这样完全上钩的读者才会发现与作者的融洽交流如何能改变自己的生活”①。即便面对的是一个佚名的小说作者，读者也可以通过对作品的分析，解读他的精神密码，研究他的道德风度和人格状况，从而最终在文化的意义上，重构和还原他的形象。

然而，20世纪的精神分析学、接受美学、解构主义和读者反应理论，似乎都在鼓励一种任性的阅读方法。以蔑视的态度对待作者的意图，以颠覆性的方式阐释作品的意义，已经成了一些批评家的时髦和习惯。非伦理化理念下的“去作者化”倾向，使贬低作者作用、解构作者形象，成了一种无节制的游戏。结果，正像布斯在一篇文章中所感叹的那样：“在这一令人感到震惊的提高读者、贬抑作者的运动中，不少批评家走极端，包括像Stanley Fishi那样的才华横溢的学者。”②而最极端、影响最大的例子，恐怕非米歇尔·福柯和罗兰·巴特的怀疑主义和解构主义理论莫属了。

福柯接受尼采对人的主体性地位的傲慢而消极的态度，并根据他的“上帝跟人都得死”的断言，宣布“作者已经消失”③。他倾向于把作

---

① [美]詹姆斯·费伦等主编:《当代叙事理论指南》,79—80页,北京,北京大学出版社,2007。

② [美]詹姆斯·费伦等主编:《当代叙事理论指南》,65页。

③ 赵毅衡编选:《符号学文学论文集》,514页,天津,百花文艺出版社,2004。

品跟作者分离开来。他认为,“必须剥夺主体(及类似主体)的创造作用,把它作为讲述的复杂而可变的功能体来分析”[①]。总之,作者只是一个飘忽不定的“移动点”,并不具备可靠的真实性,所以,追问一部作品是谁写的,已经没有什么意义。福柯的取消作者的主体地位的美学思想,与法国当时的文学思潮有着密切的共生关系。就在福柯发表《什么是作者?》的前一年,即1968年,罗兰·巴特就已经发布了《作者之死》的文章,就已经宣布了“作者”在小说中的无用和“死亡”。

在20世纪的小说理论家中,罗兰·巴特的理论无疑是最有解构激情的,但也是最具颠覆性和破坏性的;不仅是一种极为怪异的理论主张,而且产生了写作实践上的影响力。巴特的理论对包括中国的“先锋文学”在内的世界范围的文学观念和小说写作,都产生了极大的影响,——它鼓励了写作上的实验勇气,培养了作家探索新的叙事方法的兴趣,但是,它也助长了那种任性的将伦理性的“人性化叙事”降低为僵硬的“物化叙事”的消极倾向。

巴特的写作理论的问题和特点,典型地表现在他的“写作”理念和“作者”理论上。他对传统的写作方法极度不满,便构想了一种性质特别、形态特殊的写作:“这是一种毫不动心的写作,或者说是一种纯洁的写作。”[②]它具有沉默的、透明的、中性的性质,显示出的是一种“不在”的风格和“惰性”的状态。他对瞬间的感受、“心理震动”[③]和“展望性的幻想”[④]非常迷醉,所以,他喜欢日本的俳句,认为“应该探索一门关于虚空的诗学”[⑤]。文体之间的淆乱和纠缠,是巴特写作理论的一个致命问题。像苏珊·朗格一样,他研究的是小说,谈论的却是诗,并

① 赵毅衡编选:《符号学文学论文集》,第523页。
② [法]罗兰·巴尔特:《写作的零度》,48页,北京,中国人民大学出版社,2008。
③ [法]罗兰·巴尔特:《小说的准备》,127页,北京,中国人民大学出版社,2010。
④ [法]罗兰·巴尔特:《小说的准备》,96页。
⑤ [法]罗兰·巴尔特:《小说的准备》,80页。

用诗的“魔床”来切割小说。他把诗的“单纯性”当作一种“真正的美学原则”，当作包括小说在内的所有写作应该追求的境界，“必须遵从清晰的事实：一切内容都是按直接意义来读解的；因此‘单纯性’要求着、将要求着人们尽可能在直意上进行写作”①。

显然，巴特的这种性质绝对的“零度的写作”理论表现出明显的主观预设性，具有不切实际的独断论色彩，必然导致对作者的主体性的否定和取消。于是，在《作者之死》一文中，他便合乎逻辑地重新界定了写作，并断然地宣布了作者的无用和死亡：“写作是对任何声音、任何起因的破坏。写作，就是使我们的主体在中其销声匿迹的中性体、混合体和斜肌，就是使任何身份——从写作的躯体的身份开始——都会在中消失的黑白透视片。……情况大概总是这样：一件事一经叙述——不再是为了直接对现实发生作用，而是为了一些无对象的目的，也就是说，最终除了象征活动的练习本身，而不具任何功用——，那么，这种脱离就会产生，声音就会失去其起因，作者就会步入他自己的死亡，写作也就开始了。”②他认同马拉美的观点：“是言语活动在说话，而不是作者；写作，是通过一种先决的非人格性”③。他指责“古典批评”完全无视读者，于是便反其道而行之，不仅把读者置于作者之上，而且将他们之间的关系阐释为一种互相排斥的对立关系，而不是互相依赖的对话关系：“古典主义的批评从未过问过读者；在这种批评看来，文学中没有别人，而只有写作的那个人。现在，我们已开始不再受这种颠倒的欺骗了，善心的社会正是借助于种种颠倒来巧妙地非难它所明确地排斥、无视、扼杀或破坏的东西；我们已经知道，为使写作有其未来，就必须把写作的神话翻倒过来：读者的诞

① [法]罗兰·巴尔特:《小说的准备》, 438 页。
② [法]罗兰·巴特:《罗兰·巴特随笔选》, 294 — 295 页。
③ [法]罗兰·巴特:《罗兰·巴特随笔选》,296 页。

生应以作者的死亡为代价来换取。”[①] 在这里，写作不再是作者与读者之间的交流，而是读者独自的狂欢；在这里，“言语活动”脱离了“作者”和“自我”，“出色地表现”着自己，就像锄头不是因为劳动者的使用而成为工具，而是自己摆脱了被动的客体性而成为具有主体性资格的劳动者一样；在这里，读者不再“受骗”，不再被“扼杀”，并因为作者的“死亡”而得以“诞生”。

巴特鼓励读者成为阅读领域的叛逆者。在他看来，读者不能满足于做文本的阅读者，也不能满足于按照传统的最基本的方式来阅读，而是要僭越作者的地位，要取代作者成为他的作品的新作者，而作者也要放弃那些古老的写作规约，要写一种给读者留下空间的作品，要能让读者在这个空间里感受更多的快乐。他称“一切能引人阅读之文为古典之文”，而现代之文则是“引人写作之文”，为此，他创造了“可读文本”（lelisible）和“可写文本”（lescriptible）两个概念：前者“力求确立作者所意谓者，毫不顾及读者所理解者”，后者则“令读者作生产者，而非消费者”[②]。最后的结果，就是彻底的孤独和断裂：“正在创作的人被置于一边，已完成创作的人被打发了。被打发者并不知道自己已被打发。……作品既不是完成的，也不是未完成的：作品存在着。作品要表达的东西，只是这一点：即它存在着——仅此而已。”[③] 作者被驱逐了，主体与主体之间的伦理关系断裂了，只剩未完成的作品，以残缺的形式，孤独而无声地显示着自己的存在。巴特取消写作与阅读的界线，固然是一种新鲜的先锋理念，但是，他的“去作者化”理论，不仅像卡勒批评的那样，“很可能建立一种扭曲的对立，将严重阻碍我们对于小说的研究”[④]，而且，必然要造成这样的后果：一是助长了读者

---

① ［法］罗兰·巴特:《罗兰·巴特随笔选》,301 页。

② ［法］罗兰·巴特:《S / Z》,51 — 57 页,上海,上海人民出版社,2000。

③ ［法］莫里斯·布朗肖:《文学空间》,2 页,北京,商务印书馆,2003。

④ ［美］乔纳森·卡勒:《结构主义诗学》,286 页,北京,中国社会科学出版社,1991。

在阅读领域的自以为是的傲慢和任性，一是在削弱作者权威的同时减弱了他们的责任心——反正读者自己还要接着“写作”的，作者无妨写得随意、恣纵一些。

总之，从叙事伦理的角度看，无论是福柯的“作者”理论，还是巴特的写作理念，都缺乏充分的现实感与合理性，都无助于在作者与读者之间建构起积极的伦理关系，——既无助于作者的写作实践，也无助于读者的阅读。尤其是巴特的小说理论，更是典型地表征着当代小说和当代写作的危机，正像李幼蒸所批评的那样，“巴尔特的‘小说哲学’（有关现实主义小说的消亡和新小说的未来等）暗示着文学世界本身的消亡。他在各种先锋派作品表面之间游荡却难以实际投入；他的文学理论批评实践，也间接地反映着文学世界本身的萎缩状态”⑤。事实上，罗兰·巴特的《作者之死》所表达的小说观和写作理念，几乎从一开始，就受到尖锐的质疑。早在20世纪60年代初期，法国学院派的领袖人物雷蒙·皮卡尔就在一篇题为《新式批评还是新式欺诈？》的文章中，对巴特的写作风格研究进行了彻底的否定。他认为巴特的写作理论是一种“荒谬的学说”：“罗兰·巴特完全陷入了一种无法证实的、偶然的、过度的、无法控制的、荒谬的、纯学究的研究情形之中，而且不能自拔，在罗兰·巴特的笔下，‘到处’、‘总是’、‘从来’等字眼随处可见，然而他从不作任何具体的解释。……这部书最令人气愤的地方就是作者智力上的安全感：他决定，决断，而且敢于肯定。神秘本身对他来说就等于没有神秘，他深入一切，解释一切，知道一切：唯有细微的差别从他那里逃脱。在这部作品里，人们看不到科学思想的基本准则，甚至是非常浅显的思想，几乎每一页都有急剧发展的系统化的迷失，以偏概全，以点带面，把假设当论断，非矛盾的原则受到讥讽，本末倒置。所有这些混同情形都是用一种语言来掩盖的，而

---

⑤［法］罗兰·巴尔特:《小说的准备》,621页。

这种语言所夸耀的准确性则犹如海市蜃楼一般。”[①] 针对包括巴特在内的解构主义批评家否定作者的倾向，英国哲学家乔治·弗兰克尔这样批评道：“值得注意的是，解构主义者们似乎从不提及坚持某些观点、表现出某种个性、发展其自己思想的作家，而是通过一味地提及文本而将作者去个性化。作者之死是一个便利的办法用以对付可能遇到的有意义的交流；也不用区分什么是实质性的，什么是不那么重要的；所有的目的都是为了暗中破坏一个文本中可能包含的思想。解构主义者破坏意义的另一个杀手锏不是经常重复这一条：所有的文本都存在自相矛盾，因而文本自行解构。”[②] 乔治·弗兰克尔进一步尖锐地批评道：“通过否定作者、否定上帝的子民或理性之人，新哲学家们向知性的超我宣战了；他们宣布我们文化世袭的父亲们没有对我们说过一点有用的或独创的东西，这样他们便成为知性之父的谋杀者。然而很有趣的是，这使得儿子们从理性束缚中解放出来，容许他们胡说八道，鼓励语无伦次和莫名其妙的语言成为一种美德。他们发明出陌生和毫无意义的词汇。”[③] 德国学者 M·弗莱泽也拒绝接受巴特的“反作者”倾向，认为“应当借助于‘责任性’这一术语，来恢复作为核心的作者之地位，艺术的含义是围绕着这一核心而结晶的。根据 B· H·托波罗夫的见解，没有作者形象（不论这一形象被多么深深地隐藏），文本就会成为‘彻头彻尾机械的’，或是被降格为‘偶然性的游戏’，而那种游戏在本质上同艺术是格格不入的”[④]。林赛·沃特斯则这样批评罗兰·巴特的自动的、物化的“零度写作”：“对作者的本质特征的探求已经迷失了方向，把作者与主体区分开来的任何有意义的努力也都迷失了方向。”[⑤] 英国的马

① 刘成富：《20 世纪法国“反文学”研究》，198—199 页，南京，江苏文艺出版社，2002。

② ［英］乔治·弗兰克尔：《道德的基础》，72 页，北京，国际文化出版公司，2007。

③ ［英］乔治·弗兰克尔：《道德的基础》，73 页。

④ ［俄］瓦·叶·哈利泽夫：《文学学导论》，86 页，北京，北京大学出版社，2006。

⑤ ［美］林赛·沃特斯：《美学权威主义批判》，13 页，北京，北京大学出版社，2000。

克思主义文学批评家伊格尔顿则从社会和历史的角度，批评了巴特“阅读行为”的本质：作为一个“法国享乐主义者”，巴特呈献给我们的，“是私人的、脱离社会的、基本上是混乱的经验”[①]。

读者的傲慢和僭越必将造成“根本性的孤独”，也必将导致读者与作者之间正常的伦理关系的断裂，最终只能造成彻底性的放弃，即作者对自己的主体性的放弃，以及人们对交流的信心和期待的放弃。作家不再是那个通过完美的讲述给我们带来惊喜的人，而是一个低能的人，一个不值得信任的人：“作家并不是走向一个更可靠、更美好、更有依据的世界，在这个世界里，在公正的光辉指引下，一切都井井有条。作家发现不了向众人体面说话的语言。在他身上说话的，是这种事实，即不管何种方式，他不再是他自己，不再是任何人。”[②] 这是切断读者与作者伦理关系之后的必然结果。尽管有人喜欢这种像冬日黄昏一样的惨淡景象，但它还是让人觉得有些孤寂和凄凉。

我们应该与20世纪的以夸张的方式否定作者的“主体”地位的“后结构主义”告别了。我们要放弃那种把一切都当作不确定的“结构”的态度。我们必须把那些不该丢弃的东西再捡回来，例如，对作者的最起码的尊敬和信任，例如阅读作品时的谦虚、真诚、朴实的伦理态度。

五、余论：作者的重归与伦理现实主义的建构

如果说，20世纪的现代主义美学将伦理与美学对立起来，将善当作通向美的障碍，并由此造成了美学的纯化倾向和小圈子化的困境，那么，20世纪的小说理念则将作者的抱有道德关怀和伦理精神的介入，当作对小说艺术律典的冒犯，因而造成了小说艺术的委顿和读者群的

---

① ［英］特里·伊格尔顿：《文学原理引论》，100页。

② ［法］莫里斯·布朗肖：《文学空间》，10页。

流失。那些以作品的"客观性"、人物的独立性、读者的自由权为理由排斥小说伦理和"去作者化"的理论，基本上都狭隘地理解了小说艺术的特质和精神，并最终造成了小说作者的沉默和缺席。总之，作者介入的叙事方式，渐渐不再受欢迎了，正像英国小说家和批评家洛奇所说："许多人对什么都持怀疑态度，认为什么都是相对的。现代小说趋于压低或取消作者的声音，其实手段是要么通过人物的意识展示情节发展，要么把叙述任务直接交给人物。现代小说偶尔也使用作者叙述的语气，但通常带有某种嘲弄性的自我意识。"[①]这也不奇怪，因为，"去作者化"的"态度—认知"结构里，必然包含着唯美主义和形式主义的趣味倾向，往往具有否定小说的道德教诲和伦理影响的价值取向。

然而，伦理性内在地深刻地影响着小说家观察生活的方式，影响着他叙事和塑造人物形象的方式。托尔斯泰发现了这个秘密，所以，在谈到莫泊桑的小说的时候，他把"作者对事物的正确的道德态度"，置于构成"艺术才华"的"必备条件"的首位[②]。在他看来，由于长篇小说的任务是"整个人类或许多人的生活"，所以，"写长篇小说的人就应该对生活中的善恶有一个明确而固定的看法"[③]；这种态度和看法，甚至起着对作品内部的各种因素进行整合的结构性的作用："那种使一部作品凝结成一个整体，从而产生反映生活的幻象的凝聚物，并不是人物与环境的统一，而是作者对事物的独特的道德态度的统一"；同时，对读者来讲，作者的道德性的存在，也具有非常重要的意义："无论艺术家描写的是什么人，是圣人也好，强盗也好，皇帝也好，仆人也好，我们寻找的，我们看见的只是艺术家本人的灵魂。"[④]美国学者詹

① [英]戴维·洛奇:《小说的艺术》,10页,北京,作家出版社,1998。
② [俄]《列夫·托尔斯泰文集》,第十四卷,67页。
③ [俄]《列夫·托尔斯泰文集》,第十四卷,82页。
④ [俄]《列夫·托尔斯泰文集》,第十四卷,83页。

姆斯·费伦则从叙事伦理的角度，指出了道德和伦理在小说的全部伦理关系中的重要性：“故事的伦理维度涉及作者的读者赖以进行判断的那些价值，涉及叙事赖以运用那些价值的方式，最后，涉及对人物的经验加以主题化所隐含的价值和信仰。”[①] 这些论述，都深刻地揭示了道德态度和伦理维度对于小说叙事的重要意义。这就呼唤作者要以一种真正成熟的伦理意识来写作，以积极的姿态重归小说世界。

作者就在小说之中，而不在小说之外。无论表面看起来多么客观的小说，我们总能从中感受到作者的存在。作者的重归意味着小说家要认识到这样一个事实：小说家既是小说文本领域内的承担完全责任的主体，也是小说形象体系中的不可或缺的构成部分。对自我形象的塑造，是小说家需要完成的一个重要任务。没有一个成功的作者形象，就意味着一部小说在形象构成上是残缺的，就意味着它很难成为一部真正伟大的小说。当然，小说的虚构特点决定了作者不可能以一种直接的方式来呈现自我，而只能通过对人物形象的塑造来塑造自己的形象。他的形象就包含在他所塑造的形形色色的人物形象之中，正像君特·格拉斯深刻地指出的那样：“我认为，一个作家是他写的一本本书中的人物的总和，包括书中出现的纳粹党卫队员……”[②] 不仅如此，反映在小说文本中的作者形象，还是一个比在日记和自传里都要真实的作者形象。舍斯托夫说：“如果说陀思妥耶夫斯基写自己的自传，那个自传与斯特拉霍夫传记没有一点区别：无非把正面生活夸耀一番。斯特拉霍夫本人承认，《地下室手记》通过斯维德里盖伊洛夫向我们展现一个活生生的真正的陀思妥耶夫斯基。……果戈理也不是在《作者自白》，而是在《死魂灵》中讲自己。”[③] 乌纳穆诺则在谈论自己小说的一篇文章中说：“是的，一切小说，一切虚构作品，一切诗，当它们活着

---

① ［美］詹姆斯·费伦:《作为修辞的叙事》,72 页,北京,北京大学出版社,2002。

② ［德］君特·格拉斯:《谈文学》,《世界文学》,1987 (6)。

③ ［俄］列夫·舍斯托夫:《在约伯的天平上》,111 页。

的时候，是自传性的。作者创造的一切虚构的生灵，一切诗化的人物，都是作者本身的一部分。”[①] 的确，无论小说作者试图采取什么样的“客观性”策略将自己隐蔽起来，我们依然能从他所选择的包括叙述语调、叙事角度、修辞方式在内的多种因素里，看到作者自己的情感态度，看到他的趣味倾向和价值立场。他有时通过直接的议论和抒情来表达自己的思想和情感，有时用间接的方式，例如反讽、象征、隐喻、对比、重复、文体风格的变化等技巧，来曲折地表达自己的主观态度。任何一个感受力正常的读者，都可以从《复活》一开始对春景的描写里，感受到托尔斯泰对小说中人物和故事的充满博大爱意的态度；都可以从《罪与罚》和《卡拉马佐夫兄弟》的激烈而纠缠的话语里，感受到陀思妥耶夫斯基对苦难的敏感，感受到他对罪恶的严格而又宽恕的态度；都可以从《祝福》的反讽语调里，感受到鲁迅对“无痛感”的“国民性”的不满和对弱者的同情；都可以从《草原》和《苦恼》的描写里，感受到契诃夫的细腻而又略带感伤意味的情怀；都可以从《静静的顿河》的低沉舒缓的叙述语调和大量浓墨重彩的描写里，感受到肖洛霍夫的超越了现代局限的悲剧感和人道主义精神；都可以从《百年孤独》的揶揄的叙事语调里，感受到一种庄严、热情、有力量的正义感。在这些作品里，作者的内心情感、道德态度和伦理精神，像火焰一样，照亮了小说描写的生活场景，照亮了整个辽阔的小说世界。没有这团火焰，读者看到的，将是一个模糊而寒冷的世界。

显然，小说伦理的精神和要义，就是承认小说的道德教诲性和伦理建构作用，就是要求小说家以合乎伦理原则的方式来处理各种主体关系，就是主张并要求小说家以积极的伦理态度面对现实。从人物塑造的向度看，小说伦理强调作者在塑造人物形象的时候，要有尊重事实的求真精神和“公听并观”[②] 的公正态度，要有让人物发出自己声音

---

① ［西班牙］米·乌纳穆诺:《图拉姨妈》,138 页,哈尔滨,黑龙江人民出版社,1993。

② 司马迁:《史记·鲁仲连邹阳列传》。

的“对话”意识；从与现实和权力的关系看，小说伦理要求作者以积极的姿态介入生活，从政治、历史等多方面发现并揭示生活的真相，提出重大而迫切的问题，帮助读者认识自己所处的时代，帮助读者了解与现实密切相关的历史真相；从与读者关系的角度看，小说伦理要求作者要有自觉的责任意识，要通过积极的小说修辞手段，为读者的人格发展和精神升华提供切实的帮助，从而最终使自己和自己的作品，成为读者信赖和喜爱的良师益友。这就是说，无论从哪个角度看，小说伦理都关联着两个重要的方面：道德与人生，或者说，伦理与现实。它是伦理主义的，也是现实主义的，因而，必然是伦理现实主义的。

伦理关怀成为小说写作的动力，而伦理性内容则构成了小说最为内在的价值。伦理现实主义的最终使命，就是要让小说成为推进生活的力量，能对读者的伦理道德产生积极的影响作用。托多洛夫说：“如果我们去思考文学尤其是名著中的社会伦理价值，我们就会发现：索福克勒斯、莎士比亚、歌德和托尔斯泰的作品从根本上讲是教诲性的。”[①] 他质疑结构主义和符号学，质疑形式主义和唯美主义，为英国文学批评的“伦理的传统”辩护，为“绝对的真理体系”辩护，因为，在他看来，“所有的文学都有艺术与意识形态两个方面，对纯粹实体的寻求是徒劳的，浪漫主义可为前车之鉴”[②]。托多洛夫的“意识形态”显然是一个接近“伦理学”的概念，——他用这个概念来强调“教育小说”的伦理性质和现实主义性质。托马斯·曼则不仅发现了现实主义与伦理道德的这种水乳交融的同一性关系，而且，还强调文学的伦理只能是积极的，所以，他便径直用“健康”来指代“伦理”：“……不朽的健康，不朽的现实主义。因为在我们的意识中，健康和现实主义当然是永远不能分离的，在我们看来，它们永远是一个整体，它们体现着一

① ［法］托多洛夫:《批评的批评》,127 页。
② ［法］托多洛夫:《批评的批评》,136 页。

个姿态优美、心灵纯洁、天性高尚的世界。”① 一个优秀的小说家自觉地承担这样的伦理使命，即通过完美的叙事和描写，用最美好的情感和思想来影响读者的道德意识。作为现代最伟大的小说家，托尔斯泰就始终将伦理目标放在第一位，始终努力让自己的小说有益于读者的道德感受和伦理经验。莫德深刻地阐释了托尔斯泰在小说伦理上所取得的成就：“对他来说，生活是重要的，而艺术是生活婢女。他想要分清什么是善，什么是恶；想要助长前者，抵制后者。他的作品企图从生活的紊乱中理出头绪，而且因为这是人所能希求的最重要的事情，所以他的作品在现代文学中最受欢迎，而且占最重要的地位。他并不装作超然，把他的艺术与生活截然分开，或隐瞒希望善良战胜残酷的愿望。生活使他感兴趣、因此生活的反映也使他感兴趣，而艺术的问题，就是生活的问题：如爱情、感情、死亡和做一个正直的人的欲望。”② 正因为有这样的伦理自觉，所以，作为伦理现实主义的伟大典范，托尔斯泰的写作就没有沦为空洞的形式主义或琐屑的自然主义，没有沉溺在对感官的低俗的描写中，而是充满了道德的诗意和光芒。

在伦理现实主义小说的经验建构方面，拉美的现实主义文学也为我们提供了重要的资源和启示。20 世纪的拉丁美洲文学中的“魔幻现实主义”小说，以极为坦率和勇敢的态度，表现了伦理主义的精神和现实主义的热情。在他们的叙事中，很少看见自我中心主义的风流名士做派，很少看见对外在形式的唯美主义迷恋，而是充满介入生活的激情，充满改变生活现状的政治理想和改变读者的意识结构的文化理想。正像卡彭铁尔所说的那样：“我们的诗人一直或几乎一直是坚定不移地介入社会的，尤其是自 20 世纪。……我们这个时代，诗人的政治觉悟有增无已，因为他们知道人民熟悉他们的诗歌、支持他们，理解

① 陈燊编选:《欧美作家论列夫 · 托尔斯泰》,389 页。

② 陈燊编选:《欧美作家论列夫 · 托尔斯泰》,196 页。

他们、在倾听他们的呼声。”[①] 他在回答“拉美文学必须是介入的文学”的时候说：“是的，介入时世。这在我们拉美国家是一种传统。……今天的拉丁美洲小说正在深深地植根于它的时代——我们整个大陆历史的关键时期。……可以说拉丁美洲小说即介入，否则就没有拉丁美洲小说，至多是言史小说。”[②] 在拉美文学的小说伦理中，唯美主义毫无疑问是一种狭隘的、没有前途的主张。对优秀的拉美小说家来讲，文学就是生活本身，就是政治，就是道德，就是改变世界的巨大力量。正像加西亚・马尔克斯所发现的那样，几乎所有成熟的拉美作家，都具有伦理性的理想和目的，都把小说当作推进社会生活进步的力量：“在优秀文学作品里我发现总有一种摧毁已被确立的、被强加的东西和促进建立新的生活方式和新的社会制度的趋势。总之，是改善人们生活的趋势。”[③] 对拉美作家来讲，政治居于小说伦理结构中的重要位置，所以，他们从不逃避自己的政治责任，从不把文学与政治割裂开来。马尔克斯就曾这样强调政治与文学的血肉关系：“关于现实，我认为作家的立场就是一种政治立场。……改变那个社会的任务如此紧迫，以致谁也不能逃避政治工作。而且我的政治志趣同文学志趣都从同样的源泉中汲取营养：即对人、对我周围的世界、对社会和生活本身的关心。文学志趣是一种政治志趣，政治志趣也是一种文学志趣。两者都是关心现实的形式。”[④] 他认为作家应该承担起对读者的政治责任，应该在政治上作出自己的贡献：“作家的伟大政治贡献在于不回避他的信念，也不回避现实，而是通过他的作品帮助读者更好地懂得什么是他自己国家、他所在的大陆、他所处的社会的政治现实和社会现实；我认为这是件重

① [古巴]阿莱霍・卡彭铁尔:《小说是一种需要》,4 页,昆明,云南人民出版社,1995。

② [古巴]阿莱霍・卡彭铁尔:《小说是一种需要》,5 — 6 页。

③ 林一安编:《加西亚・马尔克斯研究》,154 页,昆明,云南人民出版社,1993。

④ [哥伦比亚]加西亚・马尔克斯:《两百年的孤独——加西亚・马尔克斯谈创作》,132 页,昆明,云南人民出版社,1997。

要的、积极的政治工作；我认为这是作家的政治作用。”[①] 他在与门多萨对话的时候，再次谈到了这个话题：“我经过长时间的思考，终于懂得了，我的职责不仅仅是反映我国的政治和社会现实，而且要反映本大陆乃至全世界的现实，绝不忽略或轻视任何一个方面。”[②] 拉美文学作为20世纪最重要的文学成就的一部分，再一次证明了这样一个事实：于19世纪达到高峰的关注世道人心的现实主义文学传统，不仅没有过时和失效，而且还依然有着强大的生命活力和引领力量。

1928年，在谈到20世纪的文学时，托马斯·曼说：“比之上一世纪，我们在道德方面退了一步，对这一见解我们不能不表示赞同。”[③] 波兰著名作家布鲁斯则对照着托尔斯泰的经验，来批评20世纪的小说：“我们生活在文学上肆意妄为的时代。……现代派的风格与托尔斯泰的风格之间有着同样深的鸿沟。‘现代派’拿来一根头发，把它分成十六份，每份极细的头发丝都给缠上名之曰隐喻、换喻、讽喻、夸张等等修辞的破布头。——结果它成了像船上缆索那样粗笨的东西，然而它却经不住苍蝇的重量，因为它里面空空如也……”[④] 两位现代作家的话语，表达了对自己时代文学的不满和焦虑，也揭示了两个最基本的问题：现代文学在美学和伦理两方面都存在缺陷，都比19世纪的小说要落后。

那么，对21世纪的小说写作来讲，摆脱困境的出路在哪里？从主体方面来看，就在小说家自己身上。我们应该向19世纪的伟大经验寻求支持，借以纠正在20世纪流行一时的形式主义和唯美主义的“去作者化”的小说理念，并用它来克服那种流于形式的反交流的叙事方式，从而回归充满勇气和热情的伦理现实主义的叙事传统。一个成熟的小

① 林一安编:《加西亚·马尔克斯研究》,178页。
② [哥伦比亚]加西亚·马尔克斯、门多萨:《番石榴飘香》,82页。
③ 陈燊编选:《欧美作家论列夫·托尔斯泰》,388页。
④ 陈燊编选:《欧美作家论列夫·托尔斯泰》,504页。

说家从不把伦理看成小说的敌人，而是把它当作小说的肉中之血与骨中之髓。他尊重甚至爱自己笔下的每一个人物。他希望读者能喜欢自己以及自己作品中的人物，希望读者能接受自己的生活理念和道德主张，希望自己的小说能帮助读者变得更加优秀。他理解并坚信这样一个关于小说的真理：没有伦理的现实主义是无力的，没有现实主义的伦理是空洞的，因此，只有在伦理现实主义的稳固基石上，我们才能建构起小说艺术的雄伟而不朽的层楼杰观。

参考书目

1. 韦恩·布斯．小说修辞学．付礼军译．南宁：广西人民出版社，1987

2. 韦恩·布斯．小说修辞学．华明等译．北京：北京大学出版社，1987

3. 珀·卢伯克，爱·福斯特，爱·缪尔著．小说美学经典三种．方土人，罗婉华译．上海：上海文艺出版社，1990

4. 钱中文主编．巴赫金全集．1—6卷．石家庄：河北教育出版社，1998

5. 巴赫金．陀思妥耶夫斯基诗学问题．白春仁等译．北京：三联书店，1988

6. 利昂·塞米利安．现代小说美学．宋协立译．西安：陕西人民出版社，1987

7. 乔纳森·雷班．现代小说写作技巧：实用文艺批评集．戈木译．西安：陕西人民出版社，1984

8. W. 肯尼．小说的分析．陈迺臣译．台北：成文出版社印行，1977

9. I.P 瓦特．小说的兴起．高原等译．北京：三联书店，1992

10. 热拉尔·热奈特．叙事话语·新叙事话语．王文融译．北京：中国社会科学出版社，1990

11. 米兰·昆德拉．小说的艺术．孟湄译．北京：三联书店，1992

12. 吕同六主编．20世纪世界小说理论经典．北京：华夏出版社，1995

13. 戴维·洛奇．小说的艺术．王峻岩等译．北京：作家出版社，1998

14. 李洁非．小说学引论．南宁：广西教育出版社，1995

15. 王安忆．心灵世界：王安忆小说讲稿．上海：复旦大学出版社，1997

16. 勒内・基拉尔．浪漫的谎言与小说的真实．罗芃译．北京：三联书店，1998

17. 坪内逍遥．小说神髓．刘振瀛译．北京：人民文学出版社，1991

18. 谢・安东诺夫．短篇小说写作技巧．白春仁等译．重庆：重庆出版社，1985

19. 哈贝马斯．交往与社会进化.张博树译.重庆：重庆出版社，1989

20. 肯尼斯・博克等著．当代西方修辞学：演讲与话语批评．常昌富等译．北京：中国社会科学出版社，1998

21. 高辛勇（Karl Kao）．修辞学与文学阅读．北京：北京大学出版社，1997

22. 大卫・宁等著．当代西方修辞学：批评模式与方法．常昌富等译．北京：中国社会科学出版社，1998

23. 麦克洛斯基等著．社会科学的措辞．许宝强等编译．北京：三联书店，2000

24. 雷蒙德・查普曼．语言学与文学．王士跃等译．沈阳：春风文艺出版社，1988

25.白春仁.文学修辞学.长春：吉林教育出版社，1993

26.骆小所.现代修辞学.昆明：云南人民出版社，1994

27.高长江.现代修辞学.长春：吉林大学出版社，1991

28.王一川.修辞论美学.长春：东北师范大学出版社，1997

29.D.C. 米克．论反讽．周发祥译．北京：昆仑出版社，1992

30. 阿瑟・波拉德．论讽刺．谢廉译．北京：昆仑出版社，1992

31. 詹姆斯・费伦．作为修辞的叙事．陈永国译．北京：北京大学出版社，2002

32. 查尔斯・查德维克．象征主义．肖聿译．山西：北岳文艺出版社，1989

33.姚一苇.艺术的奥秘.桂林：漓江出版社，1987

34. 严云受，刘锋杰．文学象征论．合肥：安徽教育出版社，1995

35. 林兴宅．象征论文艺学导论．北京：人民文学出版社，1993

36. 吴淳邦．清代长篇讽刺小说研究．北京：北京大学出版社，1995

37. 童庆炳．文体与文体的创造．北京：中国社会科学出版社，1988

38. 陶东风．文体演变及其文化意味．昆明：云南人民出版社，1994

39. 申丹．叙述学与小说文体学研究．北京：北京大学出版社，1998

40. 佛克玛，易布思．二十世纪文学理论．林书武等译．北京：三联书店，1988

41.R. 韦勒克，A. 沃伦．文学理论．刘象愚等译．北京：三联书店，1984

42. 理查德・泰勒．理解文学要素．黎风等译．成都：四川大学出版社，1987

43. 格・尼・波斯彼洛夫．文学原理．王忠琪等译．北京：三联书店，1985

44. 浜田正秀．文艺学概论．陈秋峰等译．北京：中国戏剧出版社，1985

45. 桑原武夫．文学序说．孙歌译．北京：三联书店，1991

46. 舒舍予．文学概论讲义．北京：北京出版社，1984

47. 陈传才．文学理论新编．修订本．北京：中国人民大学出版社，1999

48. 钱中文．文学发展论．北京：经济科学出版社，1998

49. 柏拉图．理想国．郭斌和等译．北京：商务印书馆，1986

50. 柏拉图．文艺对话集．朱光潜译．北京：人民文学出版社，1963

51. 亚里士多德，贺拉斯．诗学・诗艺．罗念生，杨周翰译．北京：人民文学出版社，1962

52. 爱克曼辑录．歌德谈话录（1823—1832）．朱光潜译．北京：人民文学出版社，1978

53. 章安祺编订．缪灵珠美学

译文集．第 1 卷．北京：中国人民大学出版社，1987

54. 亚里士多德．修辞学．罗念生译．北京：三联书店，1991

55. 黑格尔．美学．第一卷．朱光潜译．北京：商务印书馆，1979

56. 黑格尔．美学．第二卷．朱光潜译．北京：商务印书馆，1979

57. 黑格尔．美学．第三卷，上册．朱光潜译．北京：商务印书馆，1979

58. 黑格尔．美学．第三卷，下册．朱光潜译．北京：商务印书馆，1981

59. 克罗齐．美学原理・美学纲要．朱光潜等译．北京：外国文学出版社，1983

60. 科林伍德．艺术原理．王至元等译．北京：中国社会科学出版社，1985

61.H. 帕克．美学原理．张今译．北京：中国社会科学出版社，1985

62.K.E 吉尔伯特，H. 库恩．美学史．夏乾丰译．上海：上海译文出版社，1989

63.维柯.新科学.朱光潜译.北京：人民文学出版社，1986

64.朱光潜.西方美学史.北京：人民文学出版社，1963

65. 蒋孔阳主编．二十世纪西方美学名著选．上海：复旦大学出版社，1987

66. 朱立元主编．现代西方美学史．上海：上海文艺出版社，1996

67. 米盖尔・杜夫海纳．美学与哲学．孙非译．北京：中国社会科学出版社，1985

68. 阿多诺．美学原理．王柯平译．成都：四川人民出版社，1998

69.H. 马尔库塞．现代美学析疑．绿原译．北京：文化艺术出版社，1987

70. 伍蠡甫主编．西方文论选．上海：上海译文出版社，1979

71. 王逢振等编．最新西方文论选．桂林：漓江出版社，1991

72.R. 韦勒克．近代文学批评史．第 1 卷．杨岂深，杨自伍译．上

海：上海译文出版社，1987

73.R. 韦勒克．近代文学批评史．第 2 卷．杨自伍译．上海：上海译文出版社，1989

74.R. 韦勒克．近代文学批评史．第 3 卷．杨自伍译．上海：上海译文出版社，1997

75.R. 韦勒克．近代文学批评史．第 4 卷．杨自伍译．上海：上海译文出版社，1997

76.R. 韦勒克．现代文学批评史．第 5 卷．章安祺，杨恒达译．北京：中国人民大学出版社，1991

77.R. 韦勒克．西方四大批评家．林骧华译．上海：复旦大学出版社，1983

78. 卫姆塞特，布鲁克斯．西洋文学批评史．颜元叔译．北京：中国人民大学出版社，1987

79.D. 洛奇编．二十世纪文学评论．范仲英等译．上海：上海译文出版社，1993

80.E. 卡西尔．人论．甘阳译．上海：上海译文出版社，1985

81.S. 朗格．情感与形式．刘大基等译．北京：中国社会科学出版社，1986

82.S. 朗格．艺术问题．滕守尧等译．北京：中国社会科学出版社，1983

83.M.H.艾布拉姆斯.镜与灯.郦稚牛等译．北京：北京大学出版社，1989

84.N. 弗莱．批评的剖析．陈慧等译．天津：百花文艺出版社，1998

85.R. 英加登．对文学的艺术作品的认识．陈燕谷等译．北京：中国文联出版公司，1988

86. 莫里茨 · 盖格尔．艺术的意味.艾彦译.北京：华夏出版社，1998

87. 章安祺编订．缪灵珠美学译文集．第 4 卷．北京：中国人民大学出版社，1991

88. 雷蒙－凯南．叙事虚构作品：当代诗学．赖干坚译．厦门：厦门大学出版社，1991

89. 托多洛夫．批评的批评．王东亮等译．北京：三联书店，1988

90. 米克 · 巴尔．叙述学：叙事理论导论．谭君强译．北京：中国社会科学出版社，1995

91.D. 贝尔．资本主义文化矛盾.赵一凡等译.北京：三联书店，1989

92.王泰来等编．叙事美学．重庆：重庆出版社，1987

93.赫施．解释的有效性．王才勇译．北京：三联书店，1991

94.H.R. 耀斯．审美经验与文学解释学．顾建光译．上海：上海译文出版社，1997

95.W. 伊塞尔．阅读活动：审美反应理论．金元浦等译．北京：中国社会科学出版社，1991

96.张德寅编选．叙述学研究．北京：中国社会科学出版社，1989

97.金元浦.文学解释学.长春：东北师范大学出版社，1997

98.W. 马丁．当代叙事学．伍晓明译．北京：北京大学出版社，1990

99.赵毅衡．苦恼的叙述者．北京：北京十月文艺出版社，1994

100.P.D. 却尔．解释：文学批评的哲学．吴启元等译．北京：文化艺术出版社，1991

101.罗钢.叙事学导论.昆明：云南人民出版社，1994

102.胡亚敏．叙事学．武汉：华中师范大学出版社，1994

103.乔纳森·卡勒．结构主义诗学．盛宁译．北京：中国社会科学出版社，1991

104.罗杰·福勒．语言学与小说.昌切等译.重庆：重庆出版社，1991

105.荣格．心理学与文学．冯川等译．北京：三联书店，1987

106.什克洛夫斯基等著．俄国形式主义文论选．方珊等译．北京：三联书店，1989

107.赵毅衡．新批评：一种独特的形式文论．北京：中国社会科学出版社，1986

108.K.贝尔西.批评的实践.胡亚敏译．北京：中国社会科学出版社，1993

109.杰姆逊．后现代主义文化与理论．唐小兵译．北京：北京大学出版社，1997

110.詹明信．晚期资本主义的文化逻辑．张旭东编．陈清侨等译．北京：三联书店，1997

111.佛克马，伯顿斯编．走

向后现代主义．北京：北京大学出版社，1991

112.M.布雷德伯里，J.麦克法兰编．现代主义．胡家峦等译．上海：上海外语教育出版社，1992

113.马泰·卡林内斯库．现代性的五副面孔．顾爱彬，李瑞华译．北京：商务印书馆，2002

114.王岳川．后现代主义文化研究．北京：北京大学出版社，1992

115.罗兰·巴特．罗兰·巴特随笔选．怀宇译．天津：百花文艺出版社，1995

116.J.卡勒尔．罗兰·巴特．方谦译．北京：三联书店，1998

117.彼得·福克纳．现代主义．邹羽译．哈尔滨：北方文艺出版社，1988

118.克里斯托弗·考德威尔．浪漫主义与现实主义．薛鸿时译．北京：三联书店，1988

119.格罗斯．乔伊斯．袁鹤年译．北京：三联书店，1986

120.查尔斯·B·哈里斯．文学传统的背叛者．仵从巨等译．西安：陕西人民出版社，1987

121.莫里斯·迪克斯坦．伊甸园之门．方晓光译．上海：上海外语教育出版社，1985

122.罗伯特·E.斯皮勒．美国文学的周期．王长荣译．上海：上海外语教育出版社，1990

123.卢卡契．卢卡契文学论文集（1）．刘半九等译．北京：中国社会科学出版社，1980

124.吉列斯比．欧洲小说的演化．胡家峦等译．北京：三联书店，1987

125.凯特琳娜·克拉克，迈克尔·霍奎斯特．米哈伊尔·巴赫金．语冰译．北京：中国人民大学出版社，1992

126.T.S.艾略特．艾略特文学论文集．李赋宁译注．南昌：百花洲文艺出版社，1994

127.李瑜青，凡人主编．萨特文学论文集．施康强等译．合肥：安徽文艺出版社，1998

128.安·杰斐逊，戴维·罗比等．当代外国文学理论流派．卢丹怀等译．上海：上海外语教育出版社，1991

129.E.A.楚尔加诺娃等．当代

外国文艺学．王长春等译．上海：上海译文出版社，1993

130.萧乾．菲尔丁：英国现实主义小说的奠基人．上海：上海译文出版社，1984

131.亨利·菲尔丁．弃儿汤姆·琼斯的历史．萧乾等译．北京：人民文学出版社，1984

132.塞缪尔·理查森．帕梅拉．吴辉译．南京：译林出版社，1998

133.萨克雷．名利场．杨必译．北京：人民文学出版社，1957

134.乔治·爱略特．米德尔马契．项星耀译．北京：人民文学出版社，1987

135.安德烈·莫洛亚．狄更斯评传．朱延煌译．太原：山西人民出版社，1984

136.列夫·托尔斯泰文集．第十四卷．陈等译．北京：人民文学出版社，1992

137.列夫·托尔斯泰文集．第十五卷．冯增义等译．北京：人民文学出版社，1989

138.列夫·托尔斯泰文集．第十六卷．周圣等译．北京：人民文学出版社，1992

139.列夫·托尔斯泰文集．第十七卷．陈馥等译．北京：人民文学出版社，1991

140.尼·别尔嘉耶夫．俄罗斯思想．雷永生等译．北京：三联书店，1995

141.倪蕊琴编选．俄国作家批评家论列夫·托尔斯泰．北京：中国社会科学出版社，1982

142.陈燊编选．欧美作家论列夫·托尔斯泰．北京：中国社会科学出版社，1983

143.朱虹编选.奥斯丁研究.北京：中国文联出版公司，1985

144.王秋荣编．巴尔扎克论文学．北京：中国社会科学出版社，1986

145.冯春编选．冈察洛夫、屠格涅夫、陀思妥耶夫斯基、柯罗连柯文学论文选．上海：上海译文出版社，1997

146.别林斯基选集.第1卷.满涛译．上海：上海译文出版社，1979

147.别林斯基选集.第2卷.满

涛译．上海：上海译文出版社，1979

148.别林斯基选集.第3卷.满涛译．上海：上海译文出版社，1980

149.契诃夫.契诃夫论文学.汝龙译．合肥：安徽文艺出版社，1997

150.马克·斯洛宁．苏维埃俄罗斯文学．浦立民等译．上海：上海译文出版社，1983

151.谭立德编选．法国作家批评家论家左拉．合肥：安徽文艺出版社，1994

152.李健吾．福楼拜评传．长沙：湖南人民出版社，1980

153.法国作家论文学．王忠琪等译．北京：三联书店，1984

154.王春元，钱中文主编.英国作家论文学.汪培基等译.北京：三联书店，1985

155.皮埃尔·布吕奈等著.十九世纪法国文学史．郑克鲁等译．上海：上海人民出版社，1997

156.斯达尔夫人．论文学．徐继曾译．北京：人民文学出版社，1986

157.马修 · 阿诺德．文化与无政府状态．韩敏中译．北京：三联书店，2002

158.艾弗 · 埃文斯．英国文学简史．蔡文显译．北京：人民文学出版社，1984

159.毛姆．巨匠与杰作．孔海立等译．上海：华东师范大学出版社，1987

160.F.R.利维斯．伟大的传统．袁伟译．北京：三联书店，2002

161.黄梅主编．现代主义浪潮下（英国小说研究，1914—1945）．北京：中国社会科学出版社，1995

162.陆建德主编．现代主义之后：写实与实验（英国小说研究 1945—）．北京：中国社会科学出版社，1997

163.文美惠主编．超越传统的新起点：英国小说研究（1875—1914）．北京：中国社会科学出版社，1995

164.殷企平等著．英国小说批评史．上海：上海外语教育出版社，2001

165. 侯维瑞．现代英国小说史．上海：上海外语教育出版社，1985

166. 柳鸣九主编．从现代主义到后现代主义．北京：中国社会科学出版社，1994

167. 瞿世镜编．伍尔夫研究．上海：上海文艺出版社，1988

168. 马赛尔·普鲁斯特．驳圣伯夫．南昌：百花洲文艺出版社，1992

169. 勃兰兑斯．十九世纪文学主流·法国的浪漫派．第五分册．李宗杰译．北京：人民文学出版社，1982

170. 让伊夫·塔迪埃．普鲁斯特和小说．桂裕芳等译．上海：上海译文出版社，1992

171. 张若名．纪德的态度．北京：三联书店，1996

172. 柳鸣九编．新小说派研究．北京：中国社会科学出版社，1986

173. 柳鸣九主编．二十世纪现实主义．北京：中国社会科学出版社，1992

174. 董衡巽主编．美国文学简史．修订本．北京：人民文学出版社，2003

175. 丹尼尔·霍夫曼主编．美国当代文学．王逢振等译．北京：中国文联出版公司，1984

176. 威勒德·索普．二十世纪美国文学．濮阳翔等译．北京：北京师范大学出版社，1984

177. 柯恩编．美国划时代作品评论集．朱立民等译．北京：三联书店，1988

178. W.F. 俄康纳编．美国现代七大小说家．张爱玲等译，北京：三联书店，1988

179. F. 纳博科夫．文学讲稿．申慧辉译．北京：三联书店，1991

180. 董衡巽编．海明威谈创作．北京：三联书店，1991

181. 李文俊编．福克纳评论集．北京：中国社会科学出版社，1980

182. 柳鸣九主编．未来主义·超现实主义·魔幻现实主义．北京：中国社会科学出版社，1987

183. 陈光孚．魔幻现实主义．广州：花城出版社，1986

184. 陈光孚编．拉丁美洲当

代文学论评．桂林：漓江出版社，1988

185. 马尔克斯，门多萨．番石榴飘香．林一安译．北京：三联书店，1987

186. 陈众议．魔幻现实主义大师：加西亚·马尔克斯．北京：黄河文艺出版社，1988

187. 林一安编．加西亚·马尔克斯研究．昆明：云南人民出版社，1993

188. 加西亚·马尔克斯．两百年的孤独．朱景冬等译．昆明：云南人民出版社，1997

189. 胡安·鲁尔福全集．屠孟超译．昆明：云南人民出版社，1993

190. 巴尔加斯·略萨．谎言中的真实．赵德明译．昆明：云南人民出版社，1997

191. 阿莱霍·卡彭铁尔．小说是一种需要．陈众议译．昆明：云南人民出版社，1995

192. 吴守林编著．拉丁美洲文学简史．北京：中国人民大学出版社，1985

193. 叶廷芳编．论卡夫卡．北京：中国社会科学出版社，1988

194. 林骧华编著．西方现代派文学评述．上海：上海人民出版社，1987

195. 古茨塔夫·勒内·豪克．绝望与信心：论二十世纪末的文学与艺术．李永平译．北京：中国社会科学出版社，1992

196. 乌尔诺夫等．关于二十世纪文学的论争．雷光译．北京：外国文学出版社，1991

197. 金圣叹文集．艾舒仁编次．成都：巴蜀书社，1997

198. 金圣叹全集．一，二．曹方人，周锡山标点．南京：江苏古籍出版社，1985

199. 兰陵笑笑生．金瓶梅．张道深评．济南：齐鲁书社，1991

200. 侯忠义，王汝梅编．金瓶梅资料汇编．北京：北京大学出版社，1985

201. 周钧韬编．金瓶梅资料续编（1919—1949）．北京：北京大学出版社，1991

202. 陈庆浩编著．新编石头记脂砚斋评语辑校．北京：中国友谊出版公司，1987

203. 丁锡根编著．中国历代

小说序跋集．北京：人民文学出版社，1996

204．黄霖，韩同文选注．中国历代小说论著选．南昌：江西人民出版社，1990

205．孙逊，孙菊园编．中国古典小说美学资料汇粹．上海：上海古籍出版社，1991

206．王国维．人间词话．滕咸惠校注．济南：齐鲁书社，1986

207．鲁迅全集．北京：人民文学出版社，1981

208．浦安迪（A.Plaks）．中国叙事学．北京：北京大学出版社，1996

209．杨义．中国叙事学．北京：人民出版社，1997

210．刘若愚．中国的文学理论．田守真等译．成都：四川人民出版社，1987

211．叶朗．中国小说美学．北京：北京大学出版社，1982

212．石昌渝．中国小说源流论．北京：三联书店，1994

213．夏志清．中国古典小说导论．合肥：安徽文艺出版社，1988

214．夏志清．中国现代小说史．刘绍铭，李欧梵等译．香港：友联出版社有限公司，1979

215．朱光潜全集．合肥：安徽教育出版社，1987

216．米琳娜编．从传统到现代：19至20世纪转折时期的中国小说．北京：北京大学出版社，1991

217．陈平原．中国小说叙事模式的转变．上海：上海人民出版社，1988

218．陈平原，夏晓虹编．二十世纪中国小说理论资料．第一卷．北京：北京大学出版社，1997

219．严家炎编．二十世纪中国小说理论资料．第二卷．北京：北京大学出版社，1997

220．吴福辉编．二十世纪中国小说理论资料．第三卷．北京：北京大学出版社，1997

221．钱理群编．二十世纪中国小说资料．第4卷．北京：北京大学出版社，1997

222．郭宏安编．李健吾批评文集．珠海：珠海出版社，1998

223．金宏达，于青编．张爱

玲文集．合肥：安徽文艺出版社，1992

224.沈从文文集.第11卷.第13卷.广州，香港：花城出版社，三联书店香港分店，1984

225.杨绛作品集．北京：中国社会科学出版社，1993

226.钟敬文等主编．汪曾祺全集.1—8卷．北京：北京师范大学出版社，1998

227.刘以鬯．短绠集．北京：中国友谊出版公司，1985

228.白先勇自选集．广州：花城出版社，1997

229.钱中文．文学理论流派与民族文化精神．长春：吉林教育出版社，1993

230.方锡德．中国现代小说与文学传统．北京：北京大学出版社，1992

231.曹文轩．中国八十年代文学现象研究．北京：北京大学出版社，1988

232.陈顺馨．中国当代文学的叙事与性别．北京：北京大学出版社，1995

233.陆贵山等主编．中国当代文艺思潮概论．北京：中国人民大学出版社，1989

234.尹国均.先锋试验.北京：东方出版社，1998

235.林毓生．中国传统的创造性转化．北京：三联书店，1988

236.乐黛云主编．当代英语世界鲁迅研究．南昌：江西人民出版社，1993

237.陈忠实．创作感受谈．西安：陕西人民出版社，1991

238.陈忠实文集.1—5卷．西安：太白文艺出版社，1996

239.李达三，罗钢主编．中外比较文学的里程碑．北京：人民文学出版社，1997

240.W.C.Booth，The Rhetoric of Fiction，Chicago,1961

241.Cleanth Brooks & Robert Penn Warren, Modern Rhetoric,New York,1979,4th,edited

242.G.Becker ed, Movements of Modern Literary Realism,Princeton,1963

243.Brian Vickers,In defence

of Rhetoric,oxford,1988

244.C.Jan.Swearingen, Rhetoric and Irony:Western Literary and Western lies,New York,1991

245.Wright Morris, About Fiction,New York,1975

246.Edmund Wilson, The Triple Thinkers:Ten Essays on Literature,New York,1938

247.Charls Newman, The Post-Modern Aura:The Act of Fiction in An Age of Inflation,Northwestern University Press,1985

248.Allan Rodway, The Prospect of Postmodernism,The London Magazine,February-March,1981

249.I.A.Reachards, Principles of Literature Criticism,3rd ed,London,1928

美好的与温暖的（代后记）

爱伦堡在谈到司汤达的小说《红与黑》时，曾说过这样一句话：“假如没有这部书，我真难以想象伟大的世界文学或我自己渺小的生命是怎样。”说得太好了。它适用于对一切真正伟大小说的感谢和赞美。

是的，小说是一种美好的事物。它是生命的必需，是上帝给人类的馈赠。它意味着世事洞明、人情练达的人生智慧，因而可以添培你的人生经验。它永远是你忠实的朋友，可以满足你与他人进行精神交往的需要。它以通古今而观的诗人之眼和勇士般的英风猛气，纠正着官修正史的武断模式，揭破着“伟大”政客们的虚妄欺骗，反驳着马屁精们为专制和罪恶所作的阴险而狡诈的辩护。它是精神领域的罗宾汉，在它的内部总是流荡着一股掀天揭地的批判精神和大胆介入的勇气。

我已记不清自己最初读小说是什么时候，但有一点是肯定的，那就是我最初并不是读小说，而是听小说。大概是在20世纪70年代初，我母亲的同事中，有一位叫区兆彬的语文老师，二十五六岁，是个北京知青。他喜欢在晚饭后给我们一帮老师的孩子读小说。他读得非常投入，真可谓声情并茂，激动的时候，会站起来，边踱边读。回想那时被吸陷进去的感觉，真是太好了。尽管他读的不过是《艳阳天》《咆哮的松花江》和《钻天峰》之类的东西，但确实使我对小说入了迷，培养了我以后自己大量阅读小说的兴趣。不知他后来回到北京生活得可好？闲来是否还为自己身边的孩子读小说？

由于以上的认识和经历，我选择“小说修辞研究”作为博士论文的题目，实在是一件自然不过的事情。我无法脱离开给自己带来美好体验的小说，来谈论文学或研究文学，也不忍心用从万里之遥的地方趸进来的“话语”，把小说讲得非驴非马，谁也不懂。在我看来，小说就是一种非常朴素、自然的大众文体，是人人都能接近的文学样式。因此，我对过去，尤其是18、19世纪伟大的经典小说给予高度评价，而对晦涩难懂的现代主义小说多有批评，也就不难理解了。而在研究的方法上，我以自己阅读小说的体验为依本，通过对作品的分析和评论，生成概括性的理论判断，而不是从先验的空洞概念出发，衍生出像卡夫卡的“城堡”或中国官员的办公室表情一样冷漠呆滞、令人难以向迩的“理论体系”。总之，在我看来，文学理论，尤其是小说理论，无非是对经验和常识的捍卫，是对它们的平实、准确的描述和总结而已，而不允许会走路的两足书架逞才、炫博，不允许“后现代主义”浪子故意冒犯常识和蔑视经验。

三年的岁月，像天空中的云雀，倏忽间，就轻盈地飞了过去。现在，坐在四月的窗前，检视这三年的生活，我觉得自己事实上无论在哪一个季节，都常常感受到这四月的温暖。这种温暖，是我的导师陈传才老师和师母岳同老师带给我的。师母从很细微的方面关心我的生活，而导师则花了很多的精力和时间在学习和研究上指导我，帮助我。而我的收获，不仅在这些方面，他们的生活态度和做人的原则，也使我受益良多。师母在生活中表现出来的那种乐观、豁达，昭示着一种积极、健康的生活态度，而吾师的谦和、正直和精进不息的精神，更是我追攀的榜样。

最后，我还要感谢所有那些给我提供帮助的人们。陕西的作家朋友、评论家朋友和过去的同事，都一直关心着我的学习和生活，让我感念不已。我的家人则以他们的理解和支持，使我免去了后顾之忧，顺利地完成了学业。

李建军

1999年4月30日，于中国人民大学

向伟大的传统致敬（初版代跋）

当李艳辉女士把我的博士论文通过匿名评审，将被列入“新生代学人文丛”正式出版的消息告诉我时，我高兴地接受了评审专家和人大出版社的信任，着手整理、誊抄我的那些搁置了四年之久的草稿。虽然自信四年的风雨还不至于使我的文字枯萎、朽烂，但是，情随事迁，学随年进，今天看来，它确实还有不少地方需要刮垢磨光，修饰润色。这样，我的誊抄，就不再是简单意义上的旧文重抄，而是包纳了我此时此刻的体验和想法的改写。我希望这种必要的改写，可以使我的观点更妥当，材料更翔实，论析更有力。至于研究、批评的基本精神和观点，则是一以贯之，一如既往的。

那么，是什么样的“基本精神和观点”呢？简单地说，就是对传统的文学经验充满敬意，而对现代主义及“先锋”小说的问题和残缺，则保持警惕和质疑的批判态度。王元化先生说，他对19世纪比对20世纪有更多的感情：“我喜欢19世纪的文学处处渗透的人的感情、对人的命运的关心、对人的生活的注重、对人的美好情感的肯定。20世纪的文学大概不是这样写的吧？所以我在精神上是19世纪之子，是喝着19世纪作家的奶成长的。在思想和学术方面，19世纪也是群星灿烂的时代，20世纪似乎显得稍稍暗淡吧？缺乏第一流的大思想家、大艺术家，怎么不令人怀想19世纪呢？19世纪的思想和学术遗产都没有很好地消化吸收，我们的时代充满一知半解不生不熟的东西，在这个思想和观念变成走马灯的时代，我们容易看出19世纪的好处，毕竟那是一个对思想对学术充满着虔诚之心和潜心耕耘的时代。”①

先生之言善矣哉，于我心有戚戚焉！在我看来，从整体上讲，20世纪的小说，无论从精神视境上，还是从修辞技巧上，都没有超越19世纪，就像中国20世纪后50年的文学，没有超越前50年的文学一样。我们所看到的西方“先锋文学”，其实并不是真正意义上的进步，而是——容我不客气地说——从19世纪传统的后退和下滑。而中国当代的“先锋”小说，则盲目地认同西方的现代主义及后现代主义文学，通过对它的简单模仿，来显示一种幼稚的先锋姿态，来颠覆和背叛19世纪小说的精神传统和修辞经验，从而产生了大量的“假晶现象”式的小说作品。例如，余华这个被过高评价的“先锋”作家，就对19世纪文学充满误解和敌意。他在《虚伪的作品》一文中认为，“真实”与“想象”是互相敌对势不两立的，这样，他就顺理成章地蔑视“19世纪文学”的伟大经验，怀疑由19世纪文学提供的“普遍标准”：“有关20世纪文学评价的普遍标准，一直以来我都难以接受。……19世纪文学经过了长途跋涉之后，却把文学的想象力送上了医院的病床。”遗憾的是，他只有气冲斗牛志凌千载的宣判，却没有耐心和能力说明“19世纪文学”如何“经过了辉煌的跋涉”，又为何以及如何将对文学来讲须臾不可少的“想象力”送到了“医院的病床”。但这似乎并不影响他五体投地地接受现代主义的文学观，不影响他像他老师罗伯-格里耶一样，避开客观的外部生活，而将人的主观世界当作“真实”，从而对“不可捉摸”的东西发生了兴趣，就“更关心的是人的欲望”。他像他的老

① 王元化、胡晓明:《知识人与21世纪》，载《文艺争鸣》，2003(4)。

师罗伯－格里耶一样，认为“人物和河流、阳光一样，在作品中只是道具而已”。是什么样的道具呢？是“展现出完整的欲望的道具”。这样，余华就用“欲望”代替了“人物”，用“精神”置换了“生活”，用纯粹的主观世界否定了客观世界，最终，用“先锋”否定“传统”，否定“19世纪文学”。然而，事实上，他们否定的其实并不是“19世纪文学”，而是否定者自己。我写《小说修辞研究》的重要目的，就是想表达对19世纪文学的敬意和谢意，就是想揭示19世纪小说的价值，就是想说明现代主义及其“先锋”文学反叛19世纪文学的失败，就是想为我们时代的文学进行自我认知并最终走出反修辞、反交流的困境，提供一些微末的帮助。如此而已。

我不知道我的观点是否能被更多的人理解和认同。我的尖锐和偏执，也许会让有的作者和读者不快吧？如果真是这样，请他们原谅和理解。但我必须说出自己真实的感受和思想，因为，只有在真话之中，我们才能找到真理。这就是我不怕冒犯“著名作家”，不怕遭其误解甚至嫉恨的原因。

为了弥补分析文本个案方面的不足，我在第九章收录了我批评《尤利西斯》等四部作品的文章。希望这些文章既有助于支持我对小说修辞的问题的分析和判断，又能帮助读者理解小说修辞，帮助他们认识我们当下所面对的一些问题和困难。

事实上，这本书并不是我一个人写出来的，而是许多人合作的结果。在这本单薄的著作中，融入了太多人的劳动和付出。在这篇跋文的最后几行文字中，我要感谢那些多年来支持我的老师、朋友和亲人们，没有他们，我不可能顺利地写完这本书。尤其要感谢人大出版社的原本素不相识的李艳辉女士和邹莉女士，没有她们的努力，我的这本书肯定还静静地躺在幽暗的抽屉里做它自己的梦呢。

李建军

2003年中秋记于北京之北新桥

江船上那盏明亮的灯火（修订版后记）

公元 1986 年，我提前一年本科毕业，考入中国人民大学中文系读研究生。这一年，也是“新时期文学十年”。在 1976 年 10 月之后的将近十年的时间里，虽然“心有余悸”仍是屡屡见诸人们笔端的“高频词”，但喧哗鼎沸的极端无序状态，总算结束了。

文学摆脱了精神上的沉重羁縻，迎来了自己的寒意料峭的早春。它与被辜负的季节，与被毁伤的母爱，与被遗忘的爱情，与被撕裂的友谊，与那些值得珍惜的美好事物，与那些值得表现的主题，再度重逢。作家们开始学着用自己的头脑思考和写作了。他们终于可以叙写自己的心灵上的“伤痕”了，终于可以对着即将消失的晚霞表达自己的困惑和思考了。

各种形式的文学实验和探索，进入了空前的活跃期。几乎每天都能听到新鲜的观点，几乎每天都能读到让人欣喜的作品。《伤痕》《枫》《爱，是不能忘记的》《挣不断的红丝线》《人生》《李顺大造屋》《剪辑错了的故事》《犯人李铜钟的故事》《西线轶事》《人到中年》《三生石》《我的遥远的清平湾》《风筝飘带》《棋王》《受戒》《古船》《芙蓉镇》《许茂和他的女儿们》《干校六记》《人妖之间》《一百个人的十年》，许多好作品，譬若春花绽放，粲然可观。

然而，乱花恣意，荒草放情，有些纷纷纭纭的文学现象，却既让人觉得新奇，也使人颇感迷乱。就在我读研究生的前后几年，“先锋文学”气势汹汹，风头甚健，颇有睥睨八荒、一统天下之势，给人的印象是，现实主义已经背时过气，“现代主义”才是唯一出路。我强烈地感觉到了中国的“现代派小说”在叙事伦理上存在的问题，例如任性，极端，恋污癖，施虐狂，非逻辑化，道德冷淡症，以及作者在叙事上的反交流倾向，等等。

单就文学趣味来说，我一点也不喜欢这些后来被称作“伪现代派”的文学。作为保守的古典主义者，我更容易接受庄严而深沉的“常态文学”，而对那些包括“先锋文学”在内的“异态文学”，则抱着怀疑和排斥的态度。但是，对于自己意有未惬的文学现象，我一时也没有找到有效的方法来分析和批评它。

就在1987年，广西人民出版社和北京大学出版社几乎同时出版了美国学者韦恩·布斯教授的《小说修辞学》的汉译本。它来得正是时候！它是一股从山间吹来的醒脑的清风，是我们恰巧特别需要的藿香正气水。我们中暑了，中了“现代主义”的暑了。布斯的这部著作正好可以帮助我们解表化湿，理气和中。

《小说修辞学》是正本清源之作。它通过对文本的细致而深入的解读，反驳了“现代主义”兴起以来流行的悖乎常识的文学偏见，如排斥伦理的“唯美主义”和不动感情的“客观叙事”等理念。它告诉读者，小说从来就不是一个纯粹的审美现象，而是一种典型的修辞现象——小说家无论有意无意，都要通过显而可见的修辞性话语，显示自己在小说中的存在，并说服读者接受自己所塑造的人物和所表现的价值观；一个成熟的小说家要在美学和伦理两方面都负起责任，引导读者成为优秀的读者，也使自己成为一个优秀的小说家。在布斯看来，排斥作家的修辞性介入，否定文学的道德意识和伦理价值，既不符合小说写作的基本事实和规律，还必然会导致小说写作在价值上的混乱。“芳与泽其杂糅兮，唯昭质其犹未亏”，布斯的小说修辞理论，纠正了人们对文学尤其是小说的误解，有助于人们认识那些简单而重要的文学常识和文学真理。

《小说修辞学》引发了我的强烈共鸣。我从中看到了跟自己的文学体验和文学认知高度契合的东西。在20世纪80年代读到布斯的这部经典之作，就像一个人在“野径云俱黑”的暗夜里，徙倚彷徨，不知所向，忽见“江船火独明”，顿时有了方向和信心。对我来讲，《小说修辞学》就是江船上那盏明亮的灯火，是一座无可替代的里程碑，而它的作者则是20世纪最有理论勇气和学术建树的小说理论家。

我的博士论文《小说修辞研究》，就是在布斯《小说修辞学》的启示下写出来的。只是我们展开研究的语境不同——他针对的是西方现代主义，而我针对的则主要是陷入迷惘和混乱状态的中国当代文学。彼此所选择的研究方法，也有所不同——他是由问题进入文本，通过对小说的分析和对错误理论的反驳，得出自己的理论概括和基本判断，而我则是在基本范畴的层面建构起研究框架，主要通过对经典文本的分析，揭示小说修辞的重要的规律性现象。布斯的基本风格是论战性的，纵横捭阖，气势如虹，而我的基本风格是论证性的，一板一眼，循规蹈矩，如果没有出书时加进去的第九章“小说修辞的个案分析”，我的这部博士论文，简直就是一本“像火腿一样老实”的书呢。

小说不仅是一种修辞行为，还是一种伦理现象，因此，小说研究的边界，由“小说修辞”而扩展至“小说伦理”，就是一件自然而然的事情。所以，在《小说修辞学》之后，布斯写了《小说伦理学》（Wayne C. Booth，The Company We Keep: An Ethics of Fiction，Berkely and Los Angelos，California，1988）。这部著作虽然不像《小说修辞学》那样影响巨大，但也自有其不可忽视的学术价值，因为，它使“小说修辞”的体系结构研究更加完整，正像2005年10月10日，芝加哥大学在关于布斯逝世的特稿中所说的那样：他的小说理论贡献是“把技巧和伦理分析相结合，从而改变了文学研究的形貌”。这次修订再版《小说修辞研究》，我增加了第十章“小说伦理与去作者化问题”——它曾以论文形式发表于《中国社会科学》2012 年第 8 期，对全书整体结构的完善来讲，似亦顺理成章，略有小补焉。

拙著《小说修辞研究》（中国人民大学出版社，2003 年 12 月）自出版以来，《文学评论》《南方文坛》《小说评论》《当代文坛》《文艺理论与批评》《文艺争鸣》和《中华读书报》等多家报刊，发表了评论文章，多有肯定和鼓励。

十几年后，重蒙二十一世纪出版社之嘉惠，得以再版，我敝帚自珍，心里自然是高兴的。如果它能在黑暗的野径边，发一点微光，为读者走向辽阔而美丽的小说世界，提供一些微末的帮助，那么，我会体验到更大的欣悦。

李建军

2017 年 9 月 25 日，北京北新桥

图书在版编目（CIP）数据

小说修辞研究 / 李建军著 . -- 修订本 . -- 南昌：二十一世纪出版社集团，2018.6

ISBN 978-7-5568-3615-4

Ⅰ . ①小… Ⅱ . ①李… Ⅲ . ①小说－修辞－文学研究 Ⅳ . ① I054

中国版本图书馆 CIP 数据核字 (2018) 第 143721 号

小说修辞研究　李建军 著

出 版 人　刘凯军　　特约编辑　王雨婷
策　　划　张秋林　　封面设计　张纪鹏
责任编辑　谈炜萍　朱毅帆　　责任制作　熊文华

出版发行　二十一世纪出版社集团（江西省南昌市子安路 75 号　330025）
网　　址　www.21cccc.com　cc21@163.net
经　　销　全国新华书店　　印　　张　28.75
开　　本　720mm × 960mm　1/16　　版　　次　2019 年 1 月第 1 版
字　　数　350 千　　印　　次　2019 年 1 月第 1 次印刷
书　　号　ISBN 978-7-5568-3615-4　　定　　价　38.00 元
印　　刷　江西华奥印务有限责任公司

赣版权登字 —04—2018—304